国家出版基金项目
NATIONAL PUBLICATION FOUNDATION
"十三五"国家重点图书出版规划项目

主 编 石 斌

新兴大国崛起与全球秩序变革

第一卷 /

国际秩序的理论探索

石 斌 何晓跃 著

南京大学出版社

图书在版编目(CIP)数据

国际秩序的理论探索 / 石斌，何晓跃著. —— 南京 ：
南京大学出版社，2023.3
（新兴大国崛起与全球秩序变革 / 石斌主编；第一
卷）
ISBN 978 - 7 - 305 - 22815 - 5

Ⅰ. ①国… Ⅱ. ①石… ②何… Ⅲ. ①新的国际经济
秩序—研究 Ⅳ. ①F114.3

中国版本图书馆 CIP 数据核字（2019）第 299741 号

出版发行　南京大学出版社
社　　　址　南京市汉口路 22 号　　　　邮　编　210093
丛 书 名　新兴大国崛起与全球秩序变革·第一卷
丛书主编　石　斌
书　　　名　**国 际 秩 序 的 理 论 探 索**
　　　　　　GUOJI ZHIXU DE LILUN TANSUO
本卷主编　石　斌
本卷作者　石　斌　何晓跃
责任编辑　官欣欣
照　　　排　南京南琳图文制作有限公司
印　　　刷　苏州工业园区美柯乐制版印务有限责任公司
开　　　本　718 mm×1000 mm　1/16　印张 29.75　字数 395 千
版　　　次　2023 年 3 月第 1 版　2023 年 3 月第 1 次印刷
ISBN 978 - 7 - 305 - 22815 - 5
定　　　价　158.00 元

网址：http://www.njupco.com
官方微博：http://weibo.com/njupco
官方微信号：njupress
销售咨询热线：(025) 83594756

主　　　办　南京大学亚太发展研究中心

学术委员会

王月清（南京大学哲学系）

孔繁斌（南京大学政府管理学院）

石之瑜（台湾大学政治学系）

石　　斌（南京大学亚太发展研究中心）

朱庆葆（南京大学历史学院）

孙　　江（南京大学学衡研究院）

时殷弘（中国人民大学国际关系学院）

沈志华（华东师范大学周边国家研究院）

张凤阳（南京大学政府管理学院）

陈云松（南京大学社会学院）

陈冬华（南京大学商学院）

陈志敏（复旦大学国际关系与公共事务学院）

洪银兴（南京大学商学院）

秦亚青（外交学院暨山东大学政治学与公共管理学院）

阎学通（清华大学国际关系研究院）

蔡永顺（香港科技大学人文社会科学院）

蔡佳禾（南京大学中美文化研究中心）

樊吉社（中国社会科学院美国研究所）

编辑部：

主　　编：石　斌

副主编：毛维准

成　　员：祁玲玲　蒋昭乙　殷　洁

　　　　　曹　强　王婉潞

总　　序

　　"南京大学亚太发展研究中心"于 2016 年夏初创设并渐次成长,得"南京大学亚太发展研究基金"之专项全额资助,实乃一大助缘、大善举;众多师友、同道的鼓励、扶持乃至躬身力行,同样厥功至伟。

　　此一学术平台之构建,旨在通过机制创新与成果导向,以国际性、跨国性与全球性议题为枢纽,将人文社会科学诸领域具有内在关联之学科方向、研究内容与学术人才,集成为国际关系、国家治理、经济发展、社会文化等多个"研究群",对大亚太地区展开全方位、多层次、跨学科研究,并致力于承担学术研究、政策咨询、人才培养、社会服务与国际交流等功能。

　　所谓"亚太",取其广义,乃整个亚洲与环太平洋地区之谓。不特如此,对于相关全球性问题的关切,亦属题中之义。盖因世界虽大,却紧密相连。值此全球相互依存时代,人类命运实为一荣损相俦、进退同步之共同体,断难截然分割。面对日益泛滥的全球性难题,东西南北,左邻右舍,各国各族,除了风雨同舟,合作共赢,又岂能独善其身,偷安苟且? 所谓"发展",固然有"政治发展"、"经济发展"、"社会发展"等多重意蕴,亦当有"和平发展"与"共同发展"之价值取向,其理亦然。

吾侪身为黉门中人，对于大学之使命，学人之天职，理当有所思虑。故欲旧话重提，在此重申：育人与问学，乃高等教育之两翼，相辅相成、缺一不可。大学之本是育人，育人之旨，在"养成人格"，非徒灌输知识、传授技能；大学之根是学问，学问之道，在"善疑、求真、创获"。二者之上，更需有一灵魂，是为大学之魂。大学之魂乃文化，文化之内核，即人文价值与"大学精神"：独立、开放、理性、包容、自由探索、追求真理、禀持理想与信念。大学之大，盖因有此三者矣！

南京大学乃享誉中外之百年老校，不独底蕴深厚、人文荟萃，且英才辈出、薪火相续。于此时代交替、万象更新之际，为开掘利用本校各相关领域之丰厚学术资源，凝聚研究团队，加强对外交流，促进学术发展，展示亚太中心学术同仁之研究成果与学术思想，彰显南京大学之研究水平与学术风格，我们在《南大亚太评论》《现代国家治理》《人文亚太》《亚太艺术》等学术成果已相继问世的基础上，决定再做努力，编辑出版《南大亚太论丛》。

海纳百川，有容乃大。自设门户、画地为牢，绝非智者所为。所谓"智者融会，尽有阶差，譬如群流，归于大海"，对于任何社会政治现象，唯有将各种研究途径所获得的知识联系起来，方能得到系统透彻的理解，否则便如朱子所言，"见一个事是一个理"，难入融会贯通之境。办教育、兴学术，蔡元培先生主张"囊括大典，网罗众家，思想自由，兼容并包"。《论丛》的编纂，亦将遵循此种方针。

故此，《论丛》之内容，并不限于一般所谓国际问题论著。全球、区域、次区域及国家诸层面，内政外交、政治经济、典章制度与社会文化诸领域的重要议题，都在讨论范围之内。举凡个人专著、合作成果、优秀论文、会议文集，乃至特色鲜明、裨利教学的精品教材,海外名家、学术前沿的迻译之作,只要主题切合,立意新颖,言之有物,均在"网罗"、刊行之列。此外我们还将组织撰写或译介各种专题系列丛书,以便集中、深入探讨某些重要议题,推动相关研究进程,昭明自身学术特色。

要而言之,南京大学亚太发展研究中心所执守之学术立场,亦即《论丛》之编辑旨趣:一曰"本土关怀,世界眼光";再曰"秉持严谨求实之学风,倡导清新自然之文风";三曰"科学与人文并举,学术与思想共生,求真与致用平衡"。

一事之成,端赖众力。冀望学界同仁、海内贤达继续鼎力支持、共襄此举,以嘉惠学林,服务社会。值出版前夕,爰申数语,以志缘起。

石　斌

2018 年元旦于南京

主编的话

从跨学科视野理解"大变局"时代的全球秩序

这是由十个分卷构成的一部书,而不是各自完全独立、互不相干的十本书。虽然每一卷都有自己的研究重点和研究视角,包括不同的学科视角,因此也具有相对的独立性,但各分卷都是对主题的细化和展开,是一个不可分割的整体。

本书由来自国际关系、比较政治、国际法、经济学、历史学、军事学、环境科学等多个学科的 40 余位学者共同撰写,耗时多年且长达 300 余万字,因此需要交代的事情很多,然而篇幅本身已足够庞大,与其繁复累赘、画蛇添足,不如长话短说,仅就本书的研究目标、论述框架、研究方法和主要内容等略作说明。

一、研究之缘起与意义

从学术理论的角度看,国际秩序或内容更为广泛的全球秩序,其历史、现状与走向,是世界政治与国际关系发展进程中最具全局性、长期性与战略性的重大问题,因此是国际政治研究始终不可忽略的一个重要主题。由于民族国家迄今为止仍然是最重要的国际政治行为体,国际秩序自然也是世界秩序的核心内容,因此本书的研究重点和主要内容是"国际秩序",即主要与国家行为体有关、由民族国家交往互动所形成的秩序。然而很明显的是,当今世界的许多实际问题或现实议题已经远远超出了国家间关系和国际秩序的范围,需要从"世界政治""世界秩序"或"全球秩序"等更加广阔的视野来加以审视。要理解当今世界所面临的各种问题,仅仅关注国家间关系或国家间秩序是远远不够的。国际政治或国际关系研究日益走向世界政治研究或全球国际关系学,相应的世界秩序或全球秩序研究也日渐发展,实为与时俱进的合理之举和必然趋势。

从现实的角度看,当今世界正在发生许多堪称前所未有的深刻变化,"百年未有之大变局"便是就此提出的一个重大判断。这个大变局可能有多重含义,但核心是国际体系正在发生的结构性变迁,即国际力量对比的变化以及与此密切相关的国际秩序观念及国际交往规则、规范与制度的变化。这些变化的主要动力来自一批新兴大国和新兴市场经济体的崛起。国际体系的变化必然导致国际秩序产生相应的变化。近年来全球政治经济领域的一系列重要事态表明,国际秩序正处于某种调整或转型的关键时期。中共二十大报告指出,"世界百年未有之大变局加速演进,新一轮科技革命和产业变革深入发展,国际力量对比深刻调整,我国发展面临新的战略机遇。同时,世纪疫情影响深远,逆全球化思潮抬头,单边主义、保护主义明显上升,世界经济复苏乏力,局部冲突和动荡频发,全球性问题加剧,世界进入新的动荡变革期"。在这个背景下,国际秩序的走向再次成为国际社会普遍关注的一个重大问题。新一轮围绕国际秩序与全球治理体系变革的竞争正在迅速展开。各主要国际力量都在调整自己的对外战略,力图使国际秩序朝着有利于自身的方向发展。

21世纪是国际政治经济秩序大调整的时代,新兴国家群体的崛起是这个时代最具标志性的事件。战后以来,围绕国际秩序变革的斗争始终未曾停息,且出现过多次高潮,但由于发达国家在国际体系中的总体优势地位,改革进程步履艰难,国际秩序迄今主要反映的还是发达国家的权力、利益与价值偏好。因此,一大批新兴市场经济国家在冷战后的出现,特别是以中国为代表的新兴大国群体的崛起,为国际秩序变革提供了新的动力和可能性。在国际体系发生结构性变迁的过程中,新兴大国如何抓住机遇、应对挑战,推动国际秩序朝着更加公正、合理、和平的方向发展,同时进一步改善自己的国际地位与处境,是一个意义深远的重大课题。中国是最大的发展中国家和新兴大国中的佼佼者,是国际体系与国际秩序发展进程中的一个重要角色,中国学者更有责任从新兴大国的处境、需求和视角出发,就国际秩序与全球治理体系变革所涉及的各种理论与实践问题,特别是中国在其中的地位、目标与作用展开深入、细致的研究。

二、论述框架与研究方法

国际秩序或全球秩序是一个涉及国内、国际、全球等多个层面,政治、经济、安全、法律、文化等众多领域的宏大主题和复杂问题,任何单一学科的思维模式、研究路径或研究方法,都不免有盲人摸象之嫌,只有通过跨学科对话与交流才有可能获得更全面、更深入的理解。由于这个论题本身的重要性,有关国际秩序的研究论著即使称不上汗牛充栋,也可谓相当丰富,但总的来说还存在几个明显的不足:其一是缺乏跨学科综合研究,一般都是各相关学科按照自己的学科思维和研究路径,就自己擅长或关心的某些方面展开独立研究,鲜有学科间的对话与合作;其二是对具体实践领域的探讨还很不全面,一般都着重讨论传统的政治、安全或经济秩序问题,对金融、法律等重要领域或环境、能源、资源等重大新型挑战的关注还很不充分,对网络、外空、极地、深海等国际政治"新疆域"或"新场域"所涉及的秩序问题的探讨,甚至可以说还处于初始阶段;其三是以定性研究和规范研究为主,定量分析和实证研究很少见。国外的相关研究虽然更为丰富甚至更为深入,但也存在许多类似问题,何况国外尤其是西方学者的研究视角和智识关切与我们大不相同,因而并不能代替我们自己的独立思考。

因此,我们在研究设计上做了一些尝试,力图使我们的论述框架、研究内容和研究方法能够契合这一复杂主题本身的要求,更全面地反映国际秩序在理论、历史与现实等方面的发展脉络和重要议题,体现中国学者基于自身观察视角和价值关切所做出的学术努力。在研究视角上,我们主要立足于发展中国家的立场与视角,力图反映中国等新兴大国在国际秩序及其变革进程中的处境、地位、作用与需求;在研究框架上,我们试图建立一个相对完整的跨学科研究体系,将研究内容分为"历史考察→理论探索→议题研究→定量分析→战略思考"五个板块,并注意突出它们之间在逻辑上的相互联系和层次递进关系;在研究方法上,把定性研究与定量分析结合起来,使研究具有更多的科学—实证基础,以求获得逻辑与经验的统一;在研究议题上,除了讨论政治与安全秩序以及经济贸易与金融秩序问题,特别注意探讨国际政治学界过去较少讨论然而十分重要的国际法律秩序与制度规范问题,以及一些新兴政治场域和新兴战略领域的国际秩序问题。

总之,这是一项尝试将历史与现实、理论与实践、宏观战略思考与微观实证研究、定性研究与定量分析结合起来的跨学科探索。

三、主要内容与各卷主题

本书的总体目标,是从发展中国家的视角来探讨国际秩序的理论、历史、现状与发展趋势以及中国等新兴大国在国际秩序与全球治理体系变革过程中的地位与作用问题。基于对国际体系结构与国际秩序内涵的独立见解,本书试图从跨学科视野出发,构建一个相对完整的研究体系和有自身特色的分析框架,其中所涉及的基本要素包括:一种结构,即多极三元化的政治经济结构;三类国家,即发展中国家、新兴大国、发达国家;四个层次,即历史、理论、议题、战略;三大领域,即国际政治与安全秩序、经济贸易与金融秩序、国际法律秩序与制度规范。此外,国际体系与国际秩序还涉及一个更为深层、复杂且影响无处不在的因素,即作为其思想与观念支撑的文化价值基础与意识形态格局问题。这显然也是本书主题必然涉及一个重要方面,但我们没有采取集中论述的方式,而是在各卷相关部分联系具体问题加以讨论。

我们认为,当前国际政治经济体系早已超越了冷战时期的两极二元结构(东西政治两极和南北经济二元),日益呈现出一种多极三元化结构,即政治上日益多极化(包含中美俄日欧等多种政治力量),经济上日益三元化(发展中国家、新兴大国、发达国家三类经济水平)。就国际体系的力量结构以及与此密切相关的国际秩序观念与利益诉求而言,发达国家、发展中的新兴大国群体与一般发展中国家的三分法尽管也只是一种粗略划分,但相对于传统的南北关系或发达国家与发展中国家的二分法,可能更加贴近当今世界政治经济格局的现实。总之,我们有必要把中国等新兴大国视为具有许多独特性的国际政治经济力量。与此相关,发达国家、新兴大国、发展中国家这三类国家在国际体系中的实力地位以及它们在国际秩序观念与政策取向方面的共性与差异,或许是理解当今国际秩序稳定与变革问题的一个重要视角。就此而论,在中国的国际战略与对外政策实践中,如何区别对待和有效处理与这三类不同国家之间的关系,是一个值得深入研究的问题。此外我们还应该看到,中国等新兴大国目前尚未进入发达国家行列,但综合实力又明显强于大部分发展中国家,在某些领域甚至接近或超过了许多发达国家,因此随着主客观条件的变化,它们在国际身份、发展需求与实际作用等方面可能具有某种可进可退、可上可下的"两重性",这种两重性在国际秩序的变革进程中既是一种独特优势,也可能意味着某些特殊困难。深刻认识和准确把握这种两重性的实践含义,有助于新兴国家合理确定国际秩序的改革目标,准确定位自己的身份与作用,从而制定合理的外交战略,采用有效的政策工具。

本书内容由以下五个板块(十个分册)构成,它们在逻辑上具有内在联系,在研究层次上具有递进关系。

理论探索:即第一卷《国际秩序的理论探索》。旨在厘清国际秩序理论所涉及的核心问题;通过对当前国际政治经济体系结构及其发展趋势的重新界定和阐释,以及三类国家国际秩序观念及其成因的比较分析,揭示现有国际体系、国际秩序和全球治理相关理论在解释力上的价值与缺陷,特别是西方国际政治理论所蕴含的秩序观念、有关国际秩序的各种流行观点及其现实背景;最后着眼于新兴大国的理论需求与可能的理论贡献,为研究具体问题以及发展中国家参与国际秩序变革、应对各种实际问题提供理论参考或理论说明。

历史考察:即第二卷《战后国际秩序的历史演进》。目的是联系二战后国际体系的演变历程,厘清国际秩序的发展脉络,揭示当前国际秩序的历史根源、基本性质、主要特点和发展趋势;总结过去数十年里发展中国家在寻求国际政治经济秩序变革过程中的经验教训,凸显新兴大国在"大变局"时期所面临的机遇和挑战;此卷旨在为"理论探索"提供经验依据,为"议题研究"提供历史线索,为"战略思考"提供历史借鉴。

议题研究:包括第三卷《国际政治与安全秩序概观》、第四卷《国际安全治理重大议题》、第五卷《国际经济秩序的失衡与重构》、第六卷《国际秩序的法治化进阶》、第七卷《地区秩序与国际关系》。这是全书的重点内容,目的是讨论当代国际政治与安全秩序、国际经济贸易与金融秩序、国际法律秩序以及地区秩序等主要领域的具体、实际问题。其中对环境、能源等新型安全挑战,网络、外空、极地等新兴领域以及作为国际秩序之重要基础的国际法律体系的探讨,也许是本书最具特色的内容。从"问题—解决"的角度看,只有弄清楚这些重要实践领域的现状、趋势、关键问题及其性质,才能明确变革的方向、目标和重点。

定量分析:即第八卷《国际体系与国际秩序定量分析》。旨在通过比较分析新兴大国与主要发达国家在软硬实力方面的主要指标,了解中国等新兴大国在国际体系与国际秩序中的实际地位与发展需求,在重要实践领域的能力和影响力变化趋势,从而为合理的战略设计与政策选择提供较为具体、可靠的事实依据。

战略思考:包括第九卷《大国的国际秩序观念与战略实践》、第十卷《全球秩序变革与新兴大国的战略选择》。这个部分很大程度上是对上述议题的归纳、总结以及实践应用上的转换。国际关系是一个互动过程,在思考中国等新兴大国参与塑造国际秩序的理念与战略时,还应该了解其他国家的观点与政策,这样才能做到知己知彼。因此我们首先考察了各主要国家或国家集团的国际秩序观念、战略目标与相关政策取向,在此基础上进而探讨中国等新兴大国的战略选择。我们研究国际秩序问题,最终还必须联系中国特色大国外交的实践,回到当前中国自身的理念与政策上来。因此全书最后一章介绍了中国领导人的相关论述,实际上是对新时期中国的国际秩序观念和政策取向的一个分析和总结,故作为全书的一个"代结论"。总之,在思考中国等新兴大国推动国际秩序与全球治理体系变革的战略与策略问题时,我们主张遵循这样一些基本原则:吸取历史教训、注意理论反思、针对实际问题、基于客观条件、做出合理反应。

最后,感谢40余位作者的鼎力支持和辛勤劳动。各卷的主要作者,如宋德星、肖冰、葛腾飞、崔建树、舒建中、蒋昭乙、毛维准、祁玲玲等等,都是各自学科领域的优秀学者,也是与我们长期合作的学术同道;许多同行也给我们提供了很多非常具体、中肯和富于启发性的意见和建议,在此表示衷心感谢。特别要感谢南京大学出版社金鑫荣社长、杨金荣主任和诸位编辑工作者的支持和鼓励。尤其是责任编辑官欣欣女士,她不仅以极大的热情和坚韧的毅力襄助我们这项困难重重、久拖不决、有时几乎令人绝望的工作,还参与了有关章节的撰写和修订。

此书的研究和写作,先后被列入"十三五"国家重点出版规划项目和国家出版基金支持项目,这至少表明,此项研究本身以及我们的跨学科尝试,是一项有意义的工作。然而国际秩序或全球秩序是一个极为复杂的主题,且正处于一个重大转型时期。开放式的跨学科探索,其好处自不待言,但由于学科思维的不同,研究途径与方法的多元,观点上的差异乃至分歧也在所难免,对一些相关概念的理解也不尽相同,我们无法、似乎也不宜强求统一。我们的初衷是跨学科对话,在基本宗旨和核心关切尽可能一致的前提下,不同学科的作者可以从各自专业视角出发提出自己的见解。当然,在同一个论述框架内如何避免逻辑上的矛盾,如何更合理地求同存异,尤其是在核心概念和重要问题上尽可能形成共识,仍是一项需要继续努力磨合的工作。

更重要的是,由于此项研究本身前后耗时多年,研究内容复杂、时空跨度较大,而正处于"百年未有之大变局"的世界,变化之大、变速之快,出乎很多人的预料,许多新现象、新问题我们甚至还来不及仔细思考,遑论在书稿中反映出来。一些章节由于写作时间较早,文献资料或论断不免显得有些陈旧,我们也只能在有限的时间内尽可能做一些更新工作。尽管对这一主题的研究和思考不会结束,但由于各种主客观条件的限制,此项工作本身却不能无限期拖延下去。因此,缺点乃至谬误都在所难免,许多观点还很不成熟,各部分的内容和质量也可能不够平衡。总之,较大规模的跨学科研究其实是一件非常困难的事情。我们虽然自不量力做了多年努力,仍然有事倍而功半之感,希望将来还有进一步完善的机会。敬请学界同仁和读者诸君予以谅解并提供宝贵意见。

石斌

2022 年 10 月 1 日于南京

目　录

引　言

国际秩序或内容更为广泛的全球秩序，其历史、现状与走向，是世界政治与国际关系发展进程中最具全局性、长期性与战略性的重大问题，因此是国际政治研究始终不可忽略的一个重要主题。当今世界正在发生许多堪称前所未有的深刻变化，"百年未有之大变局"便是就此提出的一个重大判断。这个大变局的核心是国际体系正在发生的结构性变迁，即国际力量对比的变化，以及与此密切相关的国际秩序观念及国际交往规则、规范与制度的变化。这些变化的主要动力来自一批新兴大国和新兴市场经济体的崛起。历史经验表明，国际体系力量结构的变化必然导致国际秩序产生相应的变化。近年来全球政治经济领域的一系列重要事态表明，国际秩序正处于某种调整或转型的关键时期，国际秩序的走向再次成为国际社会普遍关注的重大问题。新一轮围绕国际秩序与全球治理体系变革的力量博弈与思想交锋正在迅速展开。

21世纪是国际政治经济秩序大调整的时代，新兴国家群体的崛起是这个时代最具标志性的事件。第二次世界大战（以下简称"二战"）后以来，围绕国际秩序变革的斗争始终未曾停息，但由于发达国家长期以来在国际体系中的总体优势地位，国际秩序迄今主要反映的还是发达国家的权力、利益与价值偏好。因此,一大批新兴市场经济国家在冷战后的出现,特别是以中国为代表的新兴大国群体的逐步崛起,为国际秩序变革提供了新的动力和可能性。在国际体系发生结构性变迁的过程中,新兴大国如何抓住机遇、应对挑战,推动国际秩序朝着更加公正、合理、和平的方向发展,同时进一步改善自己的国际地位与处境,是一个意义深远的重大课题。中国是最大的发展中国家和新兴大国中的佼佼者,是国际体系与国际秩序发展进程中的一个重要角色,中国学者更有责任从新兴大国的处境、需求和视角出发,就国际秩序与全球治理体系变革所涉及的各种理论与实践问题,特别是中国在其中的地位、目标与作用展开深入、细致的研究。

人文社会科学任何领域的学术研究,都需要首先就其中所涉及的基本概念和核心问题展开理论思考和理论阐释。理论是从实践中概括出来的关于自然界和社会的系统化的理性认识,是对现实中的各种相关规律或因果联系的反映。因此,理论是认识世界的工具,能够帮助我们更深刻地理解和解释现实世界中的现象和事物。理论是科学研究的基石,可以为科学研究提供思想基础和逻辑支持。理论也是实践指南,它不仅是知识和经验的概括和总结,而且为相关领域的实践活动提供思考框架、指导方针和方法论原则。理论也在社会和文化进步方面发挥着重要作用,它能够促进创新,并为创造社会和文化变革提供方向。最重要的是,理论既来源于实践,也在实践中得到检验和发展。只有在解决问题的过程中,理论才能发挥其实际作用。总之,理论是人类认识世界和改造世界的重要方式,有助于我们更好地理解和解释世界,还能指导实践、促进科学研究和创新,甚至帮助提高我们的思维能力和判断能力。

因此,在本书其他各卷就国际秩序和全球秩序所涉及的各种具体历史与现实问题展开多层次、全方位和跨学科探讨之前,首先有必要进行理论上的梳理、考察和思考。本卷所尝试的理论探索,主要内容包括:辨析和界定相关概念的内涵与外延,厘清国际秩序理论所涉及的核心问题;分析有关国际秩序问题的各种理论学说或观点的产生背景、思想内涵、精神实质；厘清世界上处于不同发展类型和发展程度、不同国际地位与发展需求的国家在国际秩序的思想理念和相关政策上的异同及其根源；通过对当前国际政治经济体系结构及其发展趋势的重新界定和阐释，以及三类国家（发达国家、发展中国家、新兴大国）国际秩序观念及其成因的比较分析，揭示现有国际体系、国际秩序和全球治理相关理论在解释力上的价值与缺陷，特别是西方国际政治理论所蕴含的秩序观念、有关国际秩序的各种流行观点及其现实背景；探究国际秩序发展演变的一般规律与主要动力，思考全球化时代和正处于动荡变革时期的当今世界，国际秩序与全球治理体系变革所面临的主要挑战、重要机遇和努力方向；进而思考发展中国家特别是新兴大国的理论与实践在国际秩序与全球治理体系变革和建设进程中的作用与意义，以及新兴大国在发展过程中的理论需求及可能为全球秩序变革做出的理论贡献，从而为研究具体问题及发展中国家参与国际秩序变革、应对各种实际问题提供理论参考或理论说明。

第一章
国际秩序理论的基本问题

秩序是社会的基本要素。凡社会,必有一定的秩序作为各要素相互联系且相对稳定的纽带;秩序可能有好有坏,不同程度上的失序则陷入不同程度上的混乱,全然无序本质上即非"社会",最多是一种"体系"。国际体系的形成是主权国家等行为体有足够交往互动的结果,国际社会则是国际体系进一步发展的结果,虽不存在统一的权威政府,但存在各种联系纽带和交往规范,也即由此形成国际秩序。鉴于国际秩序的内容纷繁复杂,且与各主权国家的生存和发展休戚相关,同时国际秩序又会随着时代发展变化而不断产生新内涵、新议题、新理念、新思想和新辩论,因而国内外学界围绕国际秩序的研究成果非常丰富。须客观看待的是,国际秩序包罗万象,同时又不断发展变化,且关于国际秩序的研究受到意识形态、主权国家利益诉求、学术累进等各种重要因素的影响,因此,国际秩序理论所涉及的基本问题需要根据国际关系实践的实际状况不断加以重新认识,并且这是一项十分重要的基础性研究工作。本章旨在厘清国际秩序的相关概念、国际秩序的学术论辩和政策实践所涉及的核心主题,以及全球治理与全球秩序之间的关联等基本理论问题。

第一节　国际秩序相关概念的重新厘定

概念是人为界定的。围绕同一事物，不同的主体基于不同的认知会做出不同的界定，甚至提出不同的概念。围绕国际秩序这一主题的研究，常常要涉及国际体系、国际社会和全球治理这三个关键概念，同时，在探讨国际秩序问题时，世界秩序、全球秩序这两个概念也在不同分析环境中被交替运用。对关键概念加以重新厘定，对于把握国际关系研究中的立场、观点和方法，以及分析国际关系演变过程中的各种现象、矛盾、性质、逻辑，无疑十分重要。

一、国际秩序、世界秩序与全球秩序

无政府性是国际社会相对于国内社会的根本特征。正因为国际社会的无政府性，缺乏统一管控、对无序的预期是诸多国家看待国际社会本质时的常有认知，而实力尤其是军事实力仍是维护国家主权、安全和发展利益的最后保障手段。但从国际关系的现实看，当前的国际社会大部分时候、在大多数领域是有序的，人类为了国际社会的和平、稳定、存续，以及经济社会发展水平的提高和文明的进步，同时鉴于各种能够在短时间内大规模摧毁人类生命和人类文明的武器和战争威胁，不得不逐步建立各式各样的原则、准则、规范和规则，在不同领域构建国际硬法和国际软法，因而国际秩序是国际社会的重要构成要素，是国际社会交往互动的各种规则、规范与制度。[①] 国际秩序主要指的就是国家作为国际关系的基本单位，是按照一定的方式和原则组织起来的。国际

---

① Hal Brands, *American Grand Strategy and the Liberal Order: Continuity*, *Change and Options for the Future*, Rand Cooperation Report, 2016, p. 2.

秩序不等同于国际关系,它是一个整体性的概念,是对国际关系的总体性把握,并规定着国际关系一个阶段的基本特征。①

　　国际秩序这个概念其实没有公认的定义,但各种各样的界定之间还是有一些共性。有学者经过总结认为,学术界对国际秩序的理解主要有以下三种。② 其一,从权力配置和次序上看,国际秩序体现的是一定时期里国际权力分配的一种结构状态,国际秩序一经形成与确立,便成为各国生存与发展的外在国际环境,各个国家特别是大国、强国和具有战略地位的国家秩序的发展影响着国际秩序的发展。③ 约瑟夫·奈(Joseph Nye)就持这种观点。他认为,国际秩序是"国际关系结构变革的复杂过程,是大国之间权力稳定分配的结果"④。其二,从规则和规范上看,国际秩序以国际社会所遵守的某种国际规则和规范为依托,即把国际秩序看作在一定时期内国际社会按照某种准则、规则和行为规范所形成的一种较为稳定的国家间相互关系状态及其运行机制。⑤ 其三,从目标和追求分析,国际秩序是对人类活动和国家行为所做的旨在维护世界稳定、和平、合作的一种合理安排。斯坦利·霍夫曼(Stanley Hoffman)对此做了进一步的解释,他认为国际秩序应包含三个要素:(1) 国际秩序是国家间关系处于和睦状态的一种理想化模式;(2) 国际秩序是国家间友好共处的重要条件和有规章的程序,它能提供制止暴力、防止动乱的有效手段;(3) 国际秩序是指合理解决争端和冲突,开展国际合作以求共同发展的一种有序的状态。⑥

---

　　① 陈玉刚:《国际秩序与国际秩序观(代序)》,载《复旦国际关系评论》第十四辑,上海:上海人民出版社 2014 年版,第 2 页。

　　② 薛亚梅、耿超:《诠释国际秩序——一种理论与现实相结合的视角》,载《学术月刊》2010 年第 9 期。

　　③ 邢建国等:《秩序论》,北京:人民出版社 1993 年版,第 293 页。

　　④ 倪世雄等:《当代西方国际关系理论》,上海:复旦大学出版社 2001 年版,第 471 页。

　　⑤ 张茂明:《国际法与国际新秩序的建立》,载《教学与研究》2001 年第 3 期。

　　⑥ 倪世雄等:《当代西方国际关系理论》,上海:复旦大学出版社 2001 年版,第 458 页。

通过分析秩序的主要构成要素,也可以获得对秩序内涵与性质的基本认识。有研究者指出,世界政治与国际关系层面的秩序,其构成要素主要有四个。其一是主体或称行为主体。秩序的行为主体主要是主权国家(在这个意义上构成国际秩序),也可以是多元的,既有国家行为体,也包括次国家行为体,超国家行为体,国际组织、跨国公司和非政府组织等非国家行为体(在不同的层面上可以分别构成世界秩序、全球秩序甚至人类秩序)。其中,实力强大的国家和国家集团,以及具有重要影响力的国际组织通常是世界秩序的主要支配者。其二是客体。表现为各行为体争夺的国际权力和利益,是国际秩序或世界秩序形成的基础和规范对象。根据具体领域的权力和利益的不同,还可以把秩序细化为政治、经济、军事、文化和社会秩序等等。其三是原则。不同历史时期的秩序所遵循的原则和指向的目标不同:历史上的帝国秩序维持的是等级制;威斯特伐利亚秩序倡导的是国家主权独立与平等原则;维也纳秩序的目标是维持大国均势;雅尔塔秩序主要体现的则是美苏争霸和大国原则。其四是规范。这是世界秩序的外在表现形式,也是无政府社会之所以有序的主要保障,包括以国际法、国际组织、国际惯例为主要内容的国际规范、国际制度与国际机制。①

还有研究者根据中性、整体性和一般性三项原则,将国际秩序定义为,国际社会中占据主导地位的行为者对彼此及其他社会成员的行为和交往进行一定程度的调节、管理和约束,从而达成的或默契或明确的安排。这是一个最小化的定义,只涉及秩序运行所需的最基本内容:秩序所覆盖的行为者,秩序的基本功能,以及秩序的表现形式。②

人们普遍认为,冷战后相对稳定的国际秩序正处在转型之中。秩序转型

---

① 张农寿、胡晓燕:《西方国际关系理论学派关于世界秩序范式的争论》,载《重庆邮电学院学报》2006 年第 5 期。

② 刘丰:《国际秩序的定义与类型化辨析》,载《世界政治研究》2021 年第 4 辑。

实际上是指秩序从一种形态演变为另一种形态。那么,一个必须厘清的问题是,如何对秩序的形态或类型进行分类。只有建立合理的分类标准,才能在具体的时空情境下对秩序的具体形态进行观察和比较,也才能厘清秩序转型的方向。

常见的秩序分类标准主要依据国际体系的结构和规则化水平。比如,伊肯伯里(G. John Ikenberry)在《大战胜利之后:制度、战略约束与战后秩序重建》一书中区分了均势秩序、霸权秩序和法治秩序三种类型。从管理原则和一体化程度两个维度出发,阿查亚(Amitar Acharya)区分了霸权秩序、协调/共主秩序、共同体秩序和协商秩序。孙学峰和黄宇兴确定了地区规则程度高低和是否存在单一力量中心两个指标,演示了霸权秩序、均势秩序、朝贡秩序和共同体秩序四种组合。

刘丰则从两个标准来划分秩序类型:一是权力结构,二是利益调整方式。根据这两个维度的组合,最终确定了七种秩序类型:帝国秩序、霸权秩序、两极均势秩序、两极协调秩序、多极均势秩序、多极协调秩序,以及共同体秩序(如表1-1)。与前述分类相比,这种分类在单极结构下增加了帝国秩序,在两极和多极结构下增加了协调秩序。这个分类标准既有助于分析整个国际体系的秩序演进,也可以用来考察不同地区体系的秩序形态。①

表 1-1 国际秩序的类型化

权力结构	利益调整方式		
	强制	协调	法治
单极	帝国	霸权	共同体
两极	两极均势	两极协调	
多极	多极均势	多极协调	

---

① 刘丰:《国际秩序的定义与类型化辨析》,载《世界政治研究》2021 年第 4 辑。

当然,世界秩序、全球秩序也可以在不同的环境下用来描述国际社会在不同领域所处的实际状态,或者秩序所涉及的范围和构成要素,更可以用来表达不同的秩序诉求和价值关切。总之,国际秩序、世界秩序与全球秩序三者之间既有逻辑联系也有重要区别。

从学术角度讲,国际秩序、世界秩序和全球秩序这些概念,都旨在为国际体系的秩序状态提供某种整体性描述。从字面上看,"国际秩序"的主要行为体是国家;"世界秩序"和"全球秩序"则可以涵盖许多非国家行为体;而"世界秩序"与"全球秩序"从字面上看并无太大区别,但在使用范围上却有微妙差异。在许多国际论坛上,包括联合国大会的发言中,国际秩序和世界秩序这两个概念经常交替出现,于是学者们力图区分两者的差别。[1] 赫德利·布尔(Hedley Bull)认为,前者比后者含义广泛,因为前者不仅包括了国际秩序,还包括了国内秩序,并且前者比后者更具实质性和原始性,因为人类社会的终极单位不是国家而是个人;蔡拓认为,现在国际秩序已经名不副实了,应该用世界秩序或全球秩序来代替;杨昊在接受布尔这个观点的基础上,还试图区分世界秩序与全球秩序的不同,他认为前者属于国家中心论,后者属于全球主义。[2] 按照杨昊的理解,全球秩序是规范性和可行性统一的概念,是国家、公民社会和商业力量互动的稳定状态,全球秩序以人类共同体的整体利益为价值导向,旨在克服全球问题对人类社会的挑战。[3]

值得注意的是,从当代国际关系实践的角度看,"国际秩序"更多地被用来强调以联合国宪章宗旨和原则为国际社会有序状态的基石,而"世界秩序"则有着深深的美国烙印。就理论与实践的结合角度而言,中国使用较多的是国际秩序而非世界秩序。

---

① 阎学通:《无序体系中的国际秩序》,载《国际政治科学》2016年第1期,第1-32页。
② 阎学通:《无序体系中的国际秩序》,载《国际政治科学》2016年第1期,第1-32页。
③ 杨昊:《全球秩序:概念、内涵与模式》,载《国际观察》2014年第2期,第16-29页。

国际秩序与世界秩序的核心都在于国际机制的安排。在当前的国际体系中，既有的主要国际机制安排均由西方发达国家主导确立，这不可避免地使现有国际制度带上鲜明的西方烙印，即西方发达国家能够利用制度的规制权最大化地追求和实现其国家利益，这也是造成当今国际体系不平等的根源之一。[1]

对此，美国人毫不隐讳。美国政策界、智库和学界普遍认为，"国际秩序由一系列或多或少反映了支配国利益的制度、规则和规范组成"。[2] 当前国际秩序的很多关键内容是由美国为代表的西方国家所主导的。所谓"美国领导下的世界秩序"有三根支柱：一是美式价值观，也被视作"西方价值观"；二是美国的军事同盟体系，构成美国在世界上发挥"领导"作用的基石；三是包括联合国在内的国际机构。[3] 就美式价值观而言，自由、民主、人权是其关键词，美国例外论是其信条，美式价值观是美国倾力于主导世界秩序的意识形态基础。崇尚盎格鲁-撒克逊文化体系的美国政治精英群体认为，美国的社会制度相比于其他国家具有优越性，美国有义务在全世界推广美式价值观和政治经济模式。二战后，美国发起的各种局部战争，涉及的各种对他国的隐蔽行动及颜色革命，美国政治精英在国内外各种场合的外交话语，都在有意无意地以美式价值观作为政策依据，并极力拓展美式价值观的覆盖面，美国的诸多外交行为都可以在其价值观中找到根源。但美国在价值观方面的盲目自信在于，其忽略了不同国家之间的差异性，美国笃信的价值信条在他国不一定具备生存的土壤，这也是美国屡屡试图打造的所谓自由、民主、人权样板终归失败的根本原因。

---

① Michael Mastanduno, "A Realist View: Three Images of the Coming International Order," in T. V. Paul and John A. Hall, *International Order and the Future of World Politics*, Cambridge: Cambridge University Press, 1999, pp. 19 - 36.

② Alastair Iain Johnston, "China in a World of Orders: Rethinking Compliance and Challenge in Beijing's International Relations," *International Security*, 44(2), 2019, pp. 9 - 60.

③ 傅莹：《国际秩序与中国作为》，载《中国人大杂志》2016 年第 4 期。

就美国的军事同盟体系而言,它是美国试图主导世界秩序的硬实力依据,也是美国发动局部战争、维持战略威慑、保护海外利益、实现外交目标的重要依托。美国的同盟体系在冷战后虽备受质疑,却始终得以维系。[1] 值得注意的是,美国现有的军事同盟体系并未跟上时代的步伐,美国与诸多关键盟国之间的关系不再同以前那样牢不可破,盟国之间屡生龃龉,在前进的大方向上经常不能达成一致,这造成了美国军事同盟体系的裂痕及其不稳定性的增强。

就包括联合国在内的国际组织或国际机制而言,美国长期在经济、政治、社会发展等领域的许多重要国际机构内占据主导位置,并且把上述国际机构作为实现国家利益的工具,事实上形成了"制度霸权"。在长期的实践中,美国给国际社会造成了一种印象,即美国并不尊重许多重要国际组织的功能,当国际组织的原则和目标与美国国家利益相一致时,美国便把国际组织当成工具加以利用,并要求其他国家遵守"规则";当国际组织的原则和目标与美国国家利益冲突时,美国便把国际组织当成包袱甩开,然后自行其是。

上述事实从一个侧面反映出两个问题的重要性:一是现有国际秩序中的一些主要制度安排需要改革和创新,从而提升发展中国家的代表性和发言权;二是国际秩序需要一些新的机制,这些机制可以由发达国家和发展中国家共同创立,也可以由发展中国家主导创立。如此,方能推动全球政治经济秩序朝着更加公正合理的方向发展。

从思想史演进的视角看,人们一般认为国际秩序和世界秩序具有共时性关系,国际秩序和全球秩序具有历时性关系。国际秩序和世界秩序存在于国际关系发展的同一时间断面,总的来说都承认主权国家是国际社会中最主要行为体这一基本事实,尽管在具体内容的应用和语言表达上,不同国家之间还存在重大差异。相较于国际秩序和世界秩序以国家为中心的概念建构,全球

---

① 孙茹:《美国的同盟体系及其功效》,载《现代国际关系》2011年第7期,第9—15页。

秩序更强调人类社会的未来发展方向。全球秩序的倡导者依据现有国际社会中的种种端倪,强调公民社会、人类个体的地位,重视全球公共领域问题的研究,从此种意义出发,全球秩序是以人为中心的概念框架。当然,国际秩序、世界秩序和全球秩序的关系逻辑需要辩证地加以看待,过多地强调以人为中心而忽视国家依然是国际社会最重要行为体这个基本事实,或是盲目地坚守国家间政治是国际关系永久不变的核心,而忽视相互依赖时代全球公共领域的拓展,都是不全面、不科学的。

二、国际体系、国际社会与国际秩序

国际体系和国际社会是国际关系研究中频繁出现的用语。从国际关系的理论发展史看,国际社会这个概念主要是由英国学派(国际社会学派)提出和发展的。该学派把已具有自觉和部分自我调节功能,有共同文化,并在地理上、政治上、经济上紧密联系的一组国家群称为共同体,并据此把 19 世纪的西欧定义为最早的国际社会。[①] 从英国学派的一般观点看,国际体系与国际社会的关系应该是:国际体系是条件和源泉,是最先存在的一种状态;国际社会则是国际体系发展的一个更高阶段和一种结果。[②] 而国际秩序是国际体系和国际社会的组织形式和构成要素。

体系是由不同形式相互关联的单元、物质和内容构成的集合体。20 世纪50 年代,社会科学中的行为主义革命和国际关系研究中实证主义的逐步盛行,促使研究者运用体系理论的语言,把国际政治行为体及其互动范围概念化为一个体系。国际体系又称国际系统,是各个国际行为主体之间相互影响与

[①] 刘鸣:《国际社会与国际体系概念的辨析及评价》,载《现代国际关系》2003 年第 12 期,第 54 - 61 页。

[②] 刘鸣:《国际社会与国际体系概念的辨析及评价》,载《现代国际关系》2003 年第 12 期,第 54 - 61 页。

作用所形成的有机统一体。

另一个常见概念是"国际格局",一般用来指国际体系的结构或力量对比。国际格局至少涵盖四个层次:其一是包括全球范围内所有行为体的"世界格局";其二包括主要强国在内的大国关系格局;其三是以某些大国相互作用为主的世界某一地区格局;其四是以中小国家为主构成的次区域格局。此外,国际格局还表现在军事安全、政治外交、经济贸易、国际金融、科学技术等五大具体领域。国际格局是上述四个层次空间角色与五大领域力量对比相互交织构成的相对稳定的国际关系体系。世界格局与大国关系格局是交叉概念,而非同一概念,但有时往往会被人们混淆。严格说来,世界格局的概念涵盖了大国关系格局,大国关系格局虽然不是世界格局的全部内容,但显然是核心。①

现实主义者把无政府状态界定为国际体系最大的特征。在无政府的国际体系中,没有超越主权国家的权威政府,体系中的各个国家把实现自身利益作为最优先事务。"极"是现实主义国际体系观中的重要概念。国际体系中的"极"是指国际体系中具有重要力量和影响力的国家或国家集团。根据国际体系中主要力量的分布状态,国际体系中的"极"可以分为多极、两极和单极。(1)多极。如果国际体系中有许多个有影响力的行为体,那么多极格局就形成了。多极格局通常还意味着多极均势。均势格局可以人为塑造,但是按照现实主义的权力相互制衡逻辑,实际上也会自然形成均势。在均势体系中,国家行为体清楚地知道和遵循体系中最核心的准则。在经典的均势体系中,行为体一般是 5 个以上的国家。如果其中的一个行为体不遵守约定或默认的行为准则,那么均势体系将变得不稳定。在多极格局中,联盟的形成往往出于特定时间段的明确目的,联盟的持续时间根据利益而非意识形态进行调整。(2)两极。这在历史上也是一种较为常见的体系状况。在冷战时期的两极格

---

① 刘江永:《世界大变局与国家安全学》,载《亚太安全与海洋研究》2019 年第 6 期。

局中,北约和华约为了避免大规模的正面冲突,都试图通过谈判而非武力来解决问题。在两极格局中,联盟体系是基于相对长期的共同利益而形成的,是较稳定的。在内部凝聚力较强的"紧密"的两极格局中,国际组织要么发展不起来,要么即使发展起来,作用也甚为微弱。在"松散"的两极格局中,国际组织可能被建立,其功能是调节两大力量之间的矛盾。(3)单极。即一家独大,且实力和影响力远远超过任何其他国家。这大致就是人们常说的霸权体系或霸权秩序。在单极格局中,一国在国际体系中拥有绝对的主导力。在冷战结束之初尤其是 1991 年海湾战争后的一段时间内,国际体系中似乎没有能够与美国相抗衡的力量,许多国家担心国际体系已经变成单极格局。但事实证明,这充其量只是美国的某种"单极时刻",因为美国虽然是唯一超级大国,但并不能完全左右国际事务。尤其是进入 21 世纪之后,随着新兴大国和一批新兴市场经济国家的逐步崛起,国际体系的多极化趋势越来越明显。

关于多极、两极和单极格局的管控和稳定性问题,现实主义者内部存在分歧。肯尼斯·华尔兹(Kenneth N. Waltz)认为,从长期看,两极格局是最为稳定的结构,因为两个大国的力量远远超过其他国家的力量,这使得两个国家的意志就能够决定体系的走向,这使得体系变得易于管理。[1] 两极体系营垒分明,主角较少,关系简单,这大概也是华尔兹等人青睐两极体系的原因。如约翰·米尔斯海默(John J. Mearsheimer)也认为,两极格局令人怀念,冷战后的国际体系冲突大大增多,更多的冲突必然导致更多的战争。[2] 但也有不少人认为,从理论上讲,多极格局比两极格局更容易管控。在多极格局中,各行为体之间产生大量的互动,在这种环境中,一个国家寻求构建某种特殊关系的

---

[1] Jack Donnelly, *Realism and International Relations*, Cambridge: Cambridge University Press, 2000, pp. 16 - 17.

[2] Glenn H. Snyder, "Mearsheimer's World: Offensive Realism and the Struggle for Security," *International Security*, Vol. 27, No. 1, 2002, pp. 149 - 173.

可能性变小。多极格局比两极格局(甚至某种三角关系)都更富有"弹性",个别国家的立场变化不一定影响大局,而两极格局则禁不起阵营内部重要成员的"背叛"。单极格局的支持者,或者"霸权稳定论"的支持者,认为单极格局是最稳定的体系。保罗·肯尼迪(Paul Kennedy)认为 19 世纪的英国霸权和二战后的美国霸权缔造了国际体系的稳定。当霸权失去权力且衰弱时,体系的稳定性则受到损害。[①]

关于国际体系演变的主要动因,即国际体系为何发生变化这个问题,现实主义者认为,国际体系的变化主要是体系中主要行为体的变化,以及主要行为体之间力量对比的变化所致。战争往往能够迅速、显著地改变国家之间的力量对比。这方面典型的例子是二战后国际格局的变化。二战使英国和法国的力量受到极大损害,德国和日本则因战败国地位受到重重限制,美国和苏联成为两个超级大国,原先战前的多极格局演变为两极格局。罗伯特·吉尔平(Robert Gilpin)认为国际体系的变化是不同国家在政治、经济和科技等方面不同的发展速度和水平导致的结果。技术因素也可能导致国际体系的改变。科技进步不仅拓展了物理地缘空间,也拓展了国际体系中的无形空间(如网络空间),这些变化会导致新的行为体的出现或行为体之间力量的变化。其中,核武器比其他任何科技进步对国际体系的影响都要大。虽然 1945 年后核武器在实战中从未被使用,若干非核国家试图发展核武器的努力受到国际社会的强烈抵制,有核国家不希望全球核现状被打破。

赫德利·布尔把"国际社会"定义为:国际体系中的各个单位的行为是其他单位做出行为前必须考虑的依据,同时彼此之间通过对话、共同的规则和机

---

① Kenneth S. Zagacki, "The Rhetoric of American Decline: Paul Kennedy, Conservatives, and the Solvency Debate," *Western Journal of Communication*, Vol. 56, 1992, pp. 372 - 393; Paul Kennedy, "The Rise and Fall of the Great Powers: Economic Change and Military Conflict from 1500 to 2000," http://vedpuriswar. org/Book _ Review/General/The％20rise％20and％20fall％20of％20the％20great％20powers. pdf.

制来建立关系、指导行为,在维系共同的规范时承认拥有共同的利益。① 这个定义清楚显示出国际体系与国际社会的区别。国际体系是更基本的概念——可以没有国际社会而有国际体系,但不可以没有国际体系而有国际社会。布尔认为,15 世纪欧洲的扩张创造了国际体系,但这时候国际社会还远未形成。事实上,一个真正意义上的国际社会是到 19 世纪晚期才出现的。国际体系的出现是因为欧洲强国通过扩张把相互孤立的人、社群和政治共同体联系起来。国际体系的存在需要以单元的存在为基础,这些单元之间有着不间断的系列互动。在国际体系中,单元是国家或政治共同体,互动关系包括战争、外交、贸易、移民和理念的扩散。相较于国际体系,国际社会更多地体现进程的影响而非结构的影响。在国际社会中,不同行为体之间不断产生多维的互动,行为体又从这些互动中不断加以学习。国际社会中的行为体不仅包括国家,还包括政府间国际组织、非政府间国际组织、跨国公司和其他非国家行为体。每个行为体与其他行为体都有互动。在国际社会中,国家的利益诉求是多种多样的,包括经济、社会和安全,等等。罗伯特·基欧汉(Robert O. Keohane)和约瑟夫·奈等人的新自由主义理论,把国际社会描述成相互依赖的,国家间通过多维的管道进行联系,在相互依赖的体系中总会出现各种各样的议程。② 按照英国学派的观点,在国际社会中,各行为体按照共同规则和机制行事,承认拥有共同的利益,有着共同的身份认同。没有这类联系纽带与秩序要素,国际社会是无法存在的。总之,国际体系是国家间作用的系统,其存在的前提仅仅是国家间有足够频繁的联系,以至各国的政策行为彼此构成影响。国际社会则是拥有共同的利益、规则、制度和价值观念的国家群体。据此,如果一个体系

---

① Hedley Bull, "States Systems and International Societies," *Review of International Studies*, Vol. 13, No. 2, 1987, pp. 147 - 153.

② Robert O. Keohane and Joseph S. Nye, "Power and Interdependence Revisited," *International Organization*, Vol. 41, No. 4, 1987, pp. 725 - 753.

成员并不认同该体系的主流价值和规则,则未必会被所谓主流国际社会(实质上是其中占主导地位的国家)视为该"社会"的成员。①

一般而言,国际社会这个概念本身就意味着有维系社会稳定的基本秩序,完全无序的状态很难说是真正意义上的"社会"。事实上,国际体系和国际社会的存续都有赖于国际秩序的存在,其中一个区别可能在于,国际体系这个概念突出强调的是体系的力量结构,以及体系的无政府性质,而国际社会则强调现当代国际体系的"无政府然而有秩序"的特点。国际体系和国际秩序有着各自在内涵上的侧重点,前者强调国家实力的结构性分布,而国际秩序作为一种运行机制和交往规范主要落脚在关系意义上,被认为主要指体系层面的国际法,多边或双边的国际政治、经济、安全等方面的制度、规则、规范等,或者超越了国家层面上升到系统层面,具有整体性意义,规定某一阶段全球国际关系基本特征的互动模式与国际行为规范。

三、国际秩序与全球治理

国际秩序与全球治理密切相关。"全球治理"的目的从根本上讲就是为了构建更加合理、稳定、有效的国际秩序甚至全球秩序,实现全球"善治"。全球

---

① 需要注意的是,西方国际社会与国际秩序理论往往有自身的价值取向,带有明显的"西方中心主义"色彩。以近现代以来中国加入国际体系,特别改革开放以来"融入"国际社会的过程为例,"强大但不确定的中国",成为最近十几年来西方社会议论中国时的一种流行话语。"负责任的大国"则似乎成了判断中国是否具备国际社会成员资格的主要标准。然而,究竟何谓"负责任的大国"? 按照西方的观点,国际体系中的大国负有共同"提供"和维持国际秩序的特殊责任。中国是否支持现行国际秩序中的"主导性规范"(dominant norms),换言之,是否愿意维持国际体系与国际秩序的现状,是占主导地位的西方大国(dominant powers)对所谓"负责任"的定义。而且,国际社会的"门槛"在冷战结束后似乎又被抬高了,这就是与人权和民主治理等概念有关的所谓"新文明标准"。一些西方舆论仍然拒绝将中国视为"负责任的国家",理由是无法确定未来中国将如何运用自己日益增长的实力,并认为中国的国内政治和人权状况增加了这种不确定性。有些人甚至认为,中国要满足这些"新标准"将极其困难,因为在他们看来,人权、民主治理与法治等观念尚未成为中国核心价值理念的一部分,或者与我们现有的主流价值观相抵触。这才是问题的实质。详见石斌:《重建"世界之中国"的核心价值观》,载《国际政治研究》2007 年第 3 期。

治理都有一定的价值目标导向，即追求正向结果，规避负向结果。何谓全球治理？学术界并无统一的概念界定。但一般认为，讨论全球治理，首先要考虑几个关键问题。第一，谁来治理？即治理的主体问题。第二，为何治理？即治理的目的或目标是什么。第三，治理什么？即治理的对象与议题是什么。第四，治理的手段与途径是什么？此外，无论是何种全球治理体系，都涉及不同的层次。全球、地区和国家层面的治理体系都有权威机构。从历史经验看，缺乏主权国家参与的超国家的治理机构总是缺乏权威。全球治理的机制特征在不同的维度存在巨大差异，包括治理的中心化还是去中心化、治理的合法性，以及治理的义务等方面的内容。

讨论全球治理问题，无法绕开全球化这个大背景。20世纪末，经济全球化的覆盖面由发达国家拓展至发展中国家。经济全球化对于全球治理的主体影响是显而易见的。

第一，全球治理的主体变得更加多元或者说多边化，发展中国家在其中的作用越来越大。在20世纪80年代以前，很多主要的发展中国家并未深度参与全球经济。随着内外经济政策的调整和对全球经济参与度的增强，发展中国家在世界经济体量中所占的比例越来越大，所牵涉的国家利益越来越多，因而它们对于全球治理的需求逐步增加，对于提高自身在全球治理中的话语权的诉求也在上升。以往由发达国家组成或主导的多边经济治理机构越来越不能适应时代变化，发达国家主导的治理规则及其所做出的治理决策也受到越来越多的挑战。

第二，全球化加强了政府间组织模式的多边主义，在这些组织中增加了新的主体；同时非政府组织也开始扮演重要的角色，使全球治理主体变得更加多样化。非政府组织与政府间机构之间的联系并不是一个全新的现象。政府间组织的模式在某些情况下明确承认了非政府行为体的作用。值得注意的是，跨国非政府组织为全球治理提供了新的议程，与现有的全球治理制度相互交织。非政府组织还要求对相关机构直接施加影响，而不是通过其国家政府。因此它们对全球治理进程做出了强烈的批评，希望争取更多的主导权。不过，非政府组织作为在全球治理进程中具有更大透明度的新主体，其主导权诉求有时可能与发展中国家希望对同一组织拥有更大影响力的诉求发生冲突。

全球治理与国际秩序相辅相成，相互作用。一方面，全球治理必须以国际秩序为依托，另一方面，国际秩序的构建要遵循全球治理的基本方向。全球治理和国际秩序在本质上牵涉一个核心问题，那就是国际机制或国际制度问题。要理解这个问题，新自由制度主义和英国学派之间关于国际制度概念的立场分歧，或许对我们有所启发。英国学派不仅把国际制度作为国际秩序的核心，而且对国际制度有着独特的理解。这是它区别于主流理性主义和新自由制度主义的一个重要方面。在国际制度问题上，新自由制度主义更侧重于分析随着时代发生的国际关系事实，而英国学派强调历史观点。一般的制度理论主要关注"正式或非正式组织的特定人类安排"，而英国学派更关注"历史建构的规范结构"。

第二节　国际秩序论辩的核心主题

国际秩序有自身长期面临的核心问题与重要主题，由于历史文化背景和现实需求等方面的差异，不同国家的政界和学界对这些主题有着不同的看法，并进行着持续的辩论。从理想的角度讲，国际秩序的变革和发展应以构建更加公正、合理的秩序为目标，服务于塑造和平、稳定的国际环境，并有利于多元文明的包容性共处和发展。然而，从国际关系的现实层面看，现有国际秩序还存在着各种缺陷，不同国家之间、不同区域之间的不公平现象还广泛存在，威胁国际体系和平稳定的因素依然层出不穷，不同文明之间的价值冲突与意识形态纷争远未消除。面对这些问题,国际秩序一方面需要不断调整和改善,包括增加一些新的机制内容,另一方面需要在理论上、思想上展开讨论,以求达成更多的治理共识。

一、当代世界政治中的秩序与正义

秩序与正义是政治生活中的两大永恒价值追求。在国际关系中,秩序与正义也是对立统一的两种核心价值。没有秩序,正义无从立足;没有正义,则秩序难以稳定。因此关键问题是:如何平衡这两种价值之间的矛盾。

对于世界政治中的秩序与正义这个根本性的问题,国际关系研究尤其是国际秩序研究中的国际社会学派或称"英国学派"有相当丰富和深入的阐述。[①] 关于秩序与正义之间的关系,英国学派的基本观点相当一致,大致都认为秩序与正义是对立统一的关系,没有正义的秩序最终会不稳定,但秩序在一般情况下尤其是与正义相抵触的情况下具有优先价值。

巴特菲尔德(Herbert Butterfield)从目标与手段两个方面来论证所谓"英明的治国方略"(wise statecraft)。在目标上,必须兼顾维护本国利益与维持国际体系与国际秩序。以国家独立性为前提的国际秩序和国家体系的道德价值不仅在于国家现在和可预见的将来都是最有效的政治组织单位,在限制暴力、促进人类文明方面起主导作用,还在于国家体系承认文化与政治的多样性,而世界国家或任何大一统的政治实体都可能导致极权主义。在手段上,必须兼顾道德准则与政治现实。控制暴力、维持有限的稳定与秩序往往是政治家所能实现的最高伦理目标。[②] 他进而指出,冲突得以控制,主权国家地位得

---

① 详见石斌:《权力、秩序、正义——英国学派国际关系理论的伦理取向》,载《欧洲研究》2004 年第 5 期。

② Alberto Coll, *The Wisdom of Statecraft: Sir Hertbert Butterfield and the Philosophy of International Politics*, Duke University Press, 1985, pp. 4 - 5.

以维持,说明可以追问国际秩序的道德价值而不必落入道德主义的盲目或纯粹现实主义的绝望;为了维持均势、秩序和体系的稳定,必须限制国家的野心与战争的规模。正义战争必须是出于自卫、维权和抑强扶弱的目的而非实现普遍正义,出于宗教或意识形态目标的国际干涉只能损害体系的基础,因此判断战争的正义性不但要看其起因还要看其对体系带来的后果;道德因素本身的意义及其背后的舆论基础使其具有不可忽视的实践意义,但外交不能固守原则而忽视具体条件。道德上的自以为是"比国家的贪欲更要命";[1]与其"技术性历史"一致,他还强调历史评价需要考虑客观环境因素对决策者的制约作用。政治家的最高武器不是道德言辞,而是审慎的外交,其前提是能够设身处地、理解对方对形势的看法。因此有人指出,尽管可以把巴特菲尔德看作现实主义和实用道德的代言人,但他的现实主义却为其历史观和英国悠久的外交传统所冲淡。[2] 从根本上讲,巴特菲尔德坚持的是"审慎"原则,强调权力与道义、秩序与正义的统一,反对教条主义和绝对主义。

怀特(Martin Wight)认为,国际秩序的维持既有赖于力量均势(因为这有助于防止国际社会被霸权体系取代并为国际法的运行创造条件),也有赖于一套共同遵守的国际规范,如抵抗侵略的原则、国际法,以及用正义来平衡秩序的原则,因此国际社会不仅要关注秩序,也要关注正义。[3] 以20世纪70年代南北矛盾与国际秩序问题的凸显为背景,布尔对这个问题做了更系统、清晰的阐述。其中主要涉及四个方面的内容:正义的内涵;秩序与正义的一般关系;

---

① Herbert Butterfield, "Morality and an International Order", in Brian Porter ed., *Aberystwyth Papers: International Politics*, *1919—1969*, London: Oxford University Press, 1972, pp. 339 – 343.

② [美]肯尼斯·汤普森:《国际思想大师》,耿协峰译,北京:北京大学出版社2003年版,第17页。

③ "Western Values in International Relations," in Butterfield & Wight, eds., *Diplomatic Investigations*, p. 103. 肯尼斯·汤普森:《国际思想大师》,第68页。

秩序与正义的价值等级或优先选择问题;第三世界的正义诉求问题。①

首先,布尔从内涵上对正义做了若干区分(普遍正义与特殊正义、实质正义与形式正义、算术正义与相称正义、交换/对等正义与分配正义)。其中他认为交换正义是国际正义的主要形式,分配正义(往往表现为通过把经济资源从富国转移到穷国来实现正义目标。这意味着富国可能更看重交换正义,穷国更强调分配正义)处于次要地位。布尔还根据权利与义务的不同主体将正义进一步区分为三个层次:国际正义或国家间正义(赋予国家和民族以权利和义务的道义规则,包括主权平等、民族自决等原则)、个人正义或人类正义(赋予个人以权利和义务的道义规则)、全球正义或世界正义(主要涉及对整个世界社会来说什么是正确或有益的东西),并认为国家间正义在世界政治中占据主导地位,人类正义次之,世界正义则几乎没有任何地位,因为"所谓具有共同利益的世界社会或共同体根本就不存在"。②

其次,布尔认为秩序与正义这两种价值既有矛盾性又有相容性。一方面,国际秩序或世界秩序与国际正义、人类正义、世界正义的目标是相冲突的。国家间正义在民族自决权这一点上存在着冲突的可能,因为民族自决权在一些国家内部对国家主权独立和领土完整会造成损害;世界正义的前提是存在世界社会,在国家体系和国际社会的背景中追求世界正义会损害现存秩序,颠覆国家社会;同样,除了有选择的和有限的方式之外,国际社会优先考虑人类正义(如保护人权)也会损害秩序。另一方面,正义只有在某种秩序的基础上才能成为现实,正义可以说是秩序的一个组成部分,因而两者不可分割,如果只专注一种价值而排斥另一种价值,就不能充分理解世界政治。

再次,优先选择问题。鉴于某种既定秩序与变革要求之间在道德上与实

---

① 主要见[英]赫德利·布尔:《无政府社会》,张小明译,上海:上海人民出版社 2015 年版,第 4 章;Hedley Bull, *Justice in International Relations*, Hagey Lectures:University of Waterloo, 1984.
② 赫德利·布尔:《无政府社会》,第 67 页。

践上始终存在紧张关系,他指出,秩序是实现其他价值的条件,其作用在于维护国际社会的稳定,防止冲突和战争,因此秩序(有时还包括和平或安全)一般被认为是比正义更高的善。但秩序并非总是优先于正义,例如在殖民主义时期,亚非国家关于民族自决和国家主权的正义诉求在道义上显然优先于西方殖民主义在该地区的国际秩序(甚至可以说,西方大国一般更关注维持秩序,第三世界则更强调公正变革)。

　　布尔还概括出三种传统观点:保守派认为二者必然冲突,应优先考虑秩序;革命派承认二者的冲突,但认为正义是最重要的价值;代表西方对外政策思想主流的自由派认为它们并不必然冲突,可以相互协调,秩序的维持有赖于满足一定的正义要求,正义的实现以一定的秩序为条件。布尔有保留地接受第三种观点,认为它们并非总是可以调和,有时需要依靠政治智慧在各种冲突的价值观之间进行抉择。秩序与正义孰先孰后,总是会被当事方根据特定个案的是非曲直来加以解释,因此在特定问题上,如果没有就现存秩序是否或多大程度上存在不公正现象做出判断,就不能宣称秩序优先于正义。而且,秩序与正义之间并不存在普遍对立的局面,同时追求世界秩序与世界正义也并非绝对不可能。秩序与各种正义目标能否成为现实,从根本上讲取决于国际社会特别是大国之间的共识。虽然目前支持公正变革的共识有限,但要求对现存秩序进行公正变革的斗争本身可能起着改变或建立共识的作用,正如殖民主义不合法这一国际共识正是反殖民主义斗争的产物一样。[①]

　　最后,布尔还注意到了第三世界的正义要求及其与西方的关系。他指出,正义就是使人们享有其应得的权利和利益。第三世界对西方列强主导地位的"造反"和正义变革的要求具有特殊的紧迫性,反映了人类大多数的要求。这

---

　　① Bull, *Justice in International Relations*, Hagey Lectures: University of Waterloo, 1984, p. 18;赫德利·布尔:《无政府社会》,第73－77页。

些要求体现了第三世界的正义观念,涉及主权平等、政治独立、种族平等、经济正义和文化解放五大主题。对这些挑战和要求,西方的态度应该是正确看待(认识到其合理性)、自我调整(放弃某些特权)并适当满足(即使主要从秩序而不是道德或经济方面考虑,满足合理变革的要求也符合西方的根本利益)。总之,尽管西方有其必须捍卫的合法权利,但非西方的"造反"所带来的政治变革总体上具有正义性和历史进步性。[1] 因此,无论从利益还是道义角度看,都必须重视第三世界关于重新分配财富与权力的要求及其在未来国际秩序中的作用。[2] 没有秩序固然谈不上正义,没有正义也不可能有持久的秩序。简言之,建立更加"正义"的国际秩序符合西方的根本"利益"。

关于秩序与正义的一般关系,文森特(John Vincent)的观点与布尔较为一致,即秩序优先于正义,"除非以秩序为媒介,否则很难发现正义的由来"[3],秩序与正义既始终存在矛盾又并非普遍对立。但文森特力图进一步克服布尔的多元主义和相对主义,主要从社会连带主义的角度来探讨秩序与正义问题,这势必更多地涉及与此密切相关的另外两个基本价值,即主权和人权,以及与此相关的国际干涉的合法性问题。实际上,对英国学派的这两组概念也必须联系起来考察方能完整地理解。

英国学派在"秩序"与"正义"问题上的偏重,带有明显的保守主义色彩。英国学派的国际秩序理论,很容易遇到一个常见的批评,即它的价值参照系和价值尺度的西方特性。其中一些学者强调欧洲历史经验和西方文化价值观对塑造现代国际体系与国际社会的关键作用,带有"欧洲中心主义"或西方文明优越论的色彩。在某种意义上,他们甚至认为欧洲列强在相互交往中所遵循

① Bull, *Justice and International Relations*, pp. 2 – 5, 32 – 34; H. Bull and A. Watson eds., *The Expansion of International Society*, Oxford University Press, 1984, pp. 217 – 228.

② Hedley Bull, "The International Anarchy in the 1980's," *Australian Outlook*, 37 (Dec, 1983), pp. 128 – 129.

③ Neuman and Wæver, *The Future of International Relations*, p. 41.

的行为准则并不适用于它们与东方国家、伊斯兰世界及非洲地区的弱小国家或政治实体之间的关系，认为当今国际社会如果有一个文化价值基础的话，可能并非多元文化碰撞、交流而产生的全球文化，而是西方文化的扩展和西方价值规范的主导地位。布尔坦率地指出，怀特的思想就有明显的欧洲中心主义色彩，他虽然对于伊斯兰世界和包括中国在内的东方文明有所论及，但对非西方文明显然缺乏深刻的理解。他把现代国际社会视为西方文化的产物，并对非西方世界的大部分是否已经融入西方主导的国际社会，持根本怀疑态度。[①]怀特的理性主义虽然承认西方之外的"他者"的权利，但那与"文明国家"所享有的权利并非一回事情。国际社会理论的一个潜台词是，只有"文明国家"才是国际社会的成员，在国际社会的边界之外，是作为强势文明开发、征服、改造和教化对象的野蛮人和原始人。[②]

自近代以来，政治思想家一般都把"社会"与"秩序"视为具有内在联系的概念。按照英国学派的定义，正如布尔的名著标题所示，"无政府社会"即无（世界）政府然而有秩序的社会。在这里，"社会"本身意味着秩序，维系秩序的要素包括共同利益、价值观念、规则和制度。布尔的国际社会理论特别强调（由国家和包括个人在内的各种跨国、亚国行为体构成的）世界体系、国际体系与国际社会，世界秩序与国际秩序，国际正义、人类正义与世界正义等几组概念的区别。在布尔看来，现实主义仅仅看到国际体系未免狭隘、短视，而康德式的世界社会或人类共同体则根本就不存在。布尔等人的一个判断是，随着国际体系的扩展，产生了全球国际体系，但远未形成全球社会或世界社会。但在讨论秩序时，却着眼于范围更广、实际上远未充分实现的"世界秩序"，而不是更为简单、现实的"国际秩序"。他的理由恰恰是世界秩序或"人类的秩序"

---

① Martin Wight, *International Theory: Three Traditions*, p. xxii.

② ［英］詹姆斯·马亚尔：《世界政治》，胡雨谭译，南京：江苏人民出版社 2004 年版，第 6-7 页。

比国际秩序"更重要、更基本",因为"人类大社会"(世界社会)的终极单位不是国家、民族、阶级等任何别的东西,而是个人。而就人类价值而言,世界秩序在道义上优先于国际秩序,国际秩序的价值仅仅在于它有助于实现人类社会的秩序这个目标。[1] 在不承认世界社会的前提下谈论世界秩序,这种论说逻辑虽然在理论上可以成立,但其中所折射出的"实然与应然"的矛盾与困惑是相当明显的。在英国学派那里,国家和个体孰轻孰重、主权和不干涉原则与世界社会能否兼容,国际社会的内涵、成员资格、边界、文化价值和道德基础以及未来前景究竟是什么,都没有确切的答案。说到底,他们是企图在国际体系和国际社会的框架下去解决世界主义者关心的问题,因此常常陷入两难境地。这正是英国学派漂浮于现实主义、自由派国际主义与世界主义之间,居无定所的生动写照。

显然,广大发展中国家不仅关注国际秩序的稳定问题,更关注国际正义乃至世界正义的实现问题。国际秩序必须要以公平正义为价值基准,失去这一点,国际秩序或者相关制度、规则的公信力、引导力便荡然无存。从这一角度讲,公平正义是国际秩序的灵魂和根基,而国际秩序是国际公平正义的重要载体和制度实现形式。不过,在传统现实主义学者看来,秩序与正义之间似乎存在先天的紧张关系,尤其是当秩序的维持需要权力的介入时,秩序与正义之间便起了化学反应,生成难以消解的张力。当然,在国际社会中,秩序与正义并不是一种普遍对立的局面,两者间有着一定的相容性。[2] 从本质上讲,国际秩序中的正义原则是围绕国际经济社会发展形成的正义原则,这直接影响不同类型国家对于关键资源的占有、话语权的分配、国内公众生活福利的层次,也直接影响国际秩序的实际成效及国际社会的未来走向。

---

[1]　赫德利·布尔:《无政府社会》,第 17、67 页。
[2]　刘涵:《赫德利·布尔的国际秩序观研究》,载《哈尔滨市委党校学报》2014 年第 2 期,第 78 - 81 页。

国际体系中的国家行为体在长期的互动过程中,为了维持国际社会的存续,确保人类整体能够相对和平、安宁地生产和生活,同时各国利益诉求的实现能够拥有可靠的预期,在相互尊重、主权平等、和谐共处等方面形成了一些最基本的共识,作为处理国与国关系时所需要遵循的基本原则。但这里有一个非常关键的问题是,各国形成的共识性原则只有在各国共同遵守时才有完整意义,假如一些国家都遵守,另一些国家不遵守,那么就遵守原则所形成的共识在一定程度上便失去了意义。在现实的国际关系实践中,不遵约、不守信的情况依然时常发生。由于国际体系仍然处于无政府状态,缺乏能够保证公平正义的权威性机构,国家实力依然是国家行为选项多少的最重要依托。例如,美国虽然在话语上经常强调一些冠冕堂皇的理念和原则,但其实际外交政策和行为却经常严重损害别国的主权、安全和发展利益。基于美国的全球影响力,美国的所作所为对于世界各国共同遵守平等、和谐、包容等原则起到了非常糟糕的示范作用。

在相当长的一段时间内,有关正义问题的讨论曾一直局限于民族国家的框架之内。约翰·罗尔斯(John Rawls)所讨论的分配正义原则假定了一个政治共同体。在现实生活中享受某国福利待遇的前提条件之一,就是国籍。迈克尔·沃尔泽(Michael Walzer)的多元正义理论把正义概念置于地方的背景之下,把地方性合法化了。正义只在某一个政治或文化共同体内有效,超出这一界限,正义理论就问题百出,甚至毫无用处。哈贝马斯(Jürgen Habermas)试图使正义概念越出地方背景,即正义可超出某一个政治共同体,具有全球意义。那么,正义理论可以用到国与国之间的关系上吗?可否说在国际政治上也有正义或者应该适用某些正义原则?政治现实主义者的回答是,权力关系支配着国与国之间的关系,在国际事务上并无道德可言。相对主义的社群主义者认为,正义只是存在于各种社群内部,国际正义最多只是一种互相不干预的原则。全球主义者则认为,在世界政府中国际正义是可以实现的,并拒绝承认国家是法律的源泉和不能化约的主体。①

那么,国与国之间如何遵守和实现公平正义的原则? 对此有两种基本的看法。

第一种看法是,国际秩序或世界政治中的公平正义的实现,必须以消灭国际体系的无政府状态为前提,建立一个有效的世界政府,如此世界范围内的公平正义才有实现的可能性。这是霍布斯关于国内社会支配的思想在国际关系领域的推演。霍布斯(Thomas Hobbes)把"自由"看成没有任何约束的状况,正因为每个人都有充分的自由去做他想做的任何事情,所以所有人无时无刻不在担心可能突如其来的厄运,从根本上讲,解决问题的办法只能有一个:每个人放弃他的自然权利,由一个最强大的中央权威来决定一切。② 如果把霍布斯的分析引申到国际关系中,那么得出的明确结论是:国家之间要想停止无休无止的猜忌,不再把武器瞄准对方,解决办法就是每个国家放弃自己的若干权利,由世界政府来管理国际事务。

第二种看法认为,实现世界政治的公平正义不一定要建立世界政府。其主要理由是,国家是理性行为体,在长期的国际关系实践中,各国在外交政策制定和对外关系实践中会逐步形成一种共识,即遵约守信、尊重国际道义、遵守国际规则,比背信弃义、违背国际道义、违背国际规则更有助于实现国家利益。这是因为,在国际体系中,一国如果违反国际公平正义原则,虽然可以获得某些短期利益,但从长远看,该国在国际社会中会留下极坏的声誉,从而导致未来的国家利益损失可能远远超过短期收益。因此,主权国家若想获得良好的国际发展环境,必须遵循国际社会的公平正义原则。然而值得注意的是,

---

① 何包钢:《三种全球正义观:地方正义观对全球正义理论的批评》,http://www.iolaw.org.cn/showNews.asp?id=13142。

② 王逸舟:《西方国际政治学:历史与理论》(第二版),上海:上海人民出版社2006年版,第34页。

国际体系中的众多国家行为体,其行为并非总是"理性的",如果一国采取非理性行为而未遭到应有的制约或惩罚,就可能会给其他国家的外交行为造成极大的负面干扰。同时,如果一国强大到能够不公正对待其对手而不遭受惩罚,或者一国的综合实力远远胜过国际体系中的其他国家,那么其违约行为必定难以受到相应的制约和惩戒。两次世界大战、冷战时期和冷战后的许多局部战争都证明,完全依赖国家的理性行为是难以实现世界政治的公平正义的。

也许可以认为,权威性的世界政府在可见的未来并不具备建立的可能性,但即使如此,关乎世界公平正义的基本原则仍然必须得到尽量遵守和大力倡导。在当今国际体系中,要完全实现公平正义显然不具备可行性,但积极倡导国际正义原则,努力扩大相关道德共识,仍然具有重要的现实意义。如果肆意突破世界政治中的法理和伦理底线,国际社会可能陷入混乱无序的状态,那将意味着人类文明的倒退。各国人民对于公平正义的向往是时代潮流中的一个重要趋势。就此而论,促进世界政治中的公平与正义,不仅是可欲的,也是可能的。

最后,值得指出的是中国在秩序与正义之关系问题上的基本立场。中国致力于推动国际秩序的合理变革,除了出于国家层次上的利益需求,还有体系层次上的价值追求,核心是中国对整个国际体系的基本态度。[①] 所谓"秩序",不是指世界政治经济的"一切安排",而是指生活在国际社会的成员国相互共存的"最低条件"。自威斯特伐利亚体系建立以来,主权制度构成了"最低条件"的主要内容。[②] 所谓"正义",包括"个人正义""国际正义""世界正义"等,无论正义被怎样界定、解读,它总是在探究资源应如何在社会成员之间合理公正地分配。[③] 对秩序与正义的不同偏好,或者对这个问题的基本态度,构成了

---

① 黄真:《论新时期中国关于国际秩序变革的基本原则》,载《学习论坛》2016 年第 6 期。

② 倪世雄:《当代西方国际关系理论》,上海:复旦大学出版社 2001 年版,第 458 页。

③ 布尔:《无政府社会》,第 64 - 67 页。

三种截然不同的立场与价值取向。秩序取向是这样一种价值观,即秩序是国际社会的根本,应该把保持秩序、维护现状放在最重要的位置;正义取向则把正义看作国际社会的终极价值,认为为实现正义可以牺牲秩序;介于这两种极端之间的"中间道路"则认为,秩序是正义的前提,应当在遵守或维持国际社会基本秩序的前提下,逐步促进不合理秩序的正义变革,从而实现秩序与正义的辩证统一。[①]

如果按照上述分类,中国的国际秩序观念与政策主张,显然更加强调秩序与正义的辩证统一与合理平衡。一方面,中国坚决维护以联合国体系为核心的战后国际秩序,坚决捍卫以主权平等为核心的联合国宪章宗旨和原则,并维护至今在全球治理方面依然发挥重要作用的其他秩序与制度安排;另一方面,中国也在积极推动国际秩序及全球治理体系的逐步改良和正义变革,使之更多地反映非西方世界的利益诉求和价值理念,更全面地反映人类的共同利益与共同价值。由此可见,中国与国际秩序的互动关系远比"维持现状"与"修正主义"两分法复杂,在现有秩序中崛起的同时"依法抗争"是中国国际秩序观的显著特点。[②]

总之,关于秩序与正义的关系,布尔的理论概括堪称经典:"任何形式的正义,唯有在某种秩序的背景之中才能成为现实,而且只有当存在着一个在某种程度上确保社会生活的基本或者主要目标得以实现的行为格局的时候,我们才可以追求更进一步的或者从属的目标。"[③]但我们不能因此认为,秩序在任何情况下都优先于正义。"虽然世界秩序是值得追求的东西,是实现其他价值的条件,但是我们不应该把它视为压倒一切的价值,而且我们不能因为某个特

[①] 李开盛:《国际关系理论的价值透视》,载《外交评论》2006 年第 2 期。

[②] 蒲晓宇:《中国与国际秩序的再思考:一种政治社会学的视角》,载《世界经济与政治》2010 年第 1 期。

[③] 布尔:《无政府社会》,第 68 页。

定制度或者行为方式有利于秩序的维持,就认为该制度是合适的或者这样的行为方式应该被加以采纳"。①

二、国际秩序之稳定与变革

国际秩序的稳定与变革的关系,同样是一个必须面对的重要且非常棘手的问题。不难理解,秩序需要相对的稳定性,稳定性是秩序的内在需求,否则就意味着国际秩序乃至国际体系的混乱与危机。然而国际社会与国际关系不仅需要国际秩序,而且要求这种秩序具有公正性与合理性。换言之,国际秩序的稳定性在很大程度上有赖于其合理性。不同的国家对于现有秩序有不同的看法,都希望国际体系中的秩序、规则、制度符合自己的需求,或者对自己更有利。这就意味着始终存在着改良秩序的要求。然而,秩序变革如果过于激烈,显然又会影响秩序的稳定性。用鲁迅先生的话说,"曾经阔气的要复古,正在阔气的要保持现状,未曾阔气的要革新"。② 国际处境与发展需求的不同,决定了国际体系中的"核心"国家与"外围"或"边缘"国家在秩序变革问题上的立场分野:前者一般更注重秩序与稳定,后者更强调变革与正义。这是国际政治实践中的一个非常突出的现象。

七十多年前,随着二战的结束,各国在吸取历史经验教训、广泛沟通的基础上,建立了以联合国为核心、以《联合国宪章》和宗旨为基本原则的国际秩序。如今,世界政治和国际关系已经发生了巨大变化,国际社会出现了许多新事物、新现象和新矛盾。在新的历史条件下,如何使联合国宪章的宗旨和原则得到遵守和发展,考验着国际社会的智慧。应该说,二战后建立的国际秩序,尤其是联合国框架下的许多原则在新的历史条件下依然适用,但以往的国际

---

① 布尔:《无政府社会》,第 77 页。
② 鲁迅:《而已集》,北京:人民文学出版社 1995 年版,第 127 页。

秩序存在诸多不足,随着国际体系力量结构等方面的变化,这些不足在当今国际关系实践中愈发凸显,这就说明国际秩序需要不断加以改革和完善。

(一) 战后国际秩序在稳定和变革关系上的一体两面

当前的国际秩序的基本框架是在二战后搭建的,其主要特征为联合国等国际组织的相继建立,以及这些组织在国际事务管理中的功能得到承认和应用。在经过 70 多年的实践检验后,战后所建立的国际秩序的若干核心原则依然是现代国际关系所应遵循的基本原则,这些原则是和平与稳定得以维系、国家间能够和谐相处、国际社会能够避免毁灭性打击的基石。其中最重要的原则大致有五项。

一是主权独立原则。主权独立是一个国家能够在国际社会上充分地生存和发展、国内公民能够尽可能提高生活福祉的根本性前提。《联合国宪章》明确规定"不干涉内政",这可以使各民族国家能够自主选择适合本国国情的社会制度和发展道路,能够施行有效的国内治理,维护国家的和平稳定。

二是各国平等原则。《联合国宪章》明确规定"所有会员国主权平等",这是至关重要的一条原则。由于各国自然禀赋不同,地缘政治环境各异,国内治理状况千差万别,这就决定了各国的国家实力存在重大差别。主权平等原则体现了国家不论大小强弱都拥有平等地位的基本原则,从而为各国之间平等相处、国际关系民主化提供了法理依据。

三是集体安全原则。《联合国宪章》对武力的使用做出明确限定,这有助于防止国家滥用武力从而造成不可控的战争风险。

四是大国协商原则。联合国安理会五大常任理事国在处理重大国际问题时具有重要话语权。由于五个常任理事国在国际体系中都拥有较大影响力,大致反映了国际力量结构的客观现实,这对于维护国际体系稳定和国际社会的可持续发展至关重要。

五是发展与安全并重原则。一方面,安全是发展的前提。很难设想一个国家可以在安全没有得到保障的前提下能够全心全意地进行国内建设,国家的安全问题是各国政府首先要关注的问题,国家安全得不到保障,国家政府就无法集中精力和资源来聚焦国内发展。另一方面,发展是国家安全得以维系的基础,没有经济社会的良好发展,强大的国防建设就无从谈起。国际政治实践也证明,只有不断推进国内发展进程,国家安全才有扎实的社会经济基础。联合国和各国政府牵头的千年发展议程,目的就是帮助落后国家摆脱贫困,有效推动国内治理体系的进步。因此,维系国际体系的和平环境,推进各国内部发展、提高人民福祉是国际社会必须遵循的基本原则之一。

上述原则体现了战后国际秩序积极进步的一面,从战后世界各国经济发展、人民生活水平提高、人类文明进步等方面看,这些原则为维护国际社会的和平稳定、为各国提供良好的发展环境起到了无可否认的正面作用。因此,战后国际秩序的若干基本原则是应该坚定加以维护的。然而,战后的国际秩序也存在很多的不足,《联合国宪章》的宗旨和原则并未得到完全遵守或实现,国际秩序中支持国际公平正义的原则在实践中并没有完全发挥作用,在很多时候甚至被抛弃。如在当代的国际体系中,霸权主义、强权政治、干涉他国内政等情况仍时有发生。

现行国际秩序之所以存在种种问题,一方面是因为二战后国际秩序有内在缺陷或者说先天不足,另一方面也是因为许多国际机制和内容未能与时俱进,跟上时代的步伐,此外也与国际体系力量结构长期以来并不平衡,尤其是美国在全球格局与国际秩序中所具有的主导地位有关。所谓先天不足,是二战后建立的国际秩序并非具有完全代表性的国际秩序。战后初期,以美国为代表的西方国家无疑具有显著优势。它们基于自己在国际秩序构建过程中的话语权,力图使关键国际机制的创设符合自己的价值取向和利益需求,这就使得广大非西方国家,尤其是发展中国家的利益诉求不能得到充分表达。此外,随着二战后国际体系与国际关系数十年的发展,二战后建立的国际秩序在许多方面已经不能跟上时代步伐,不能更加贴近国际体系的现实,并且受到许多负面因素的持续干扰。其一是美国对战后国际秩序造成的严重负面影响。美国虽然在战后国际秩序的构建中发挥了重要作用,但只是把这种国际秩序当成实现其国家利益的工具,在很多时候对国际秩序的重要原则随意加以歪曲和滥用,在发动、参与和支持局部战争与对外干涉行为时则无视联合国的地位和作用。其二是在冷战背景下,美国在全球范围内建立广泛的同盟体系和准同盟体系,包括欧洲的北约组织和东亚地区的美日、美韩等多个双边同盟。美国的同盟体系实际上成为二战后国际秩序尤其是安全秩序的重要组成部分,也成为美国主导国际秩序的重要工具。又由于冷战思维在冷战后依然阴魂不散,美国的同盟体系不仅没有解体,反而在不同程度上得到强化,尤其是成为美国遏制中俄等主要潜在对手的战略工具,从而给大国关系的良性发展蒙上巨大的阴影,也损害了现有国际秩序的公正性。值得指出的是,美国在战后还带头创设了许多具有自由主义性质的国际经济贸易与金融机制,这些机制在冷战时期主要适用于西方国家内部,在冷战后则成为全球秩序的一部分,对于推动全球经济的市场化起到了一定的积极作用,但是由于美国和西方在许多机制中的主导地位,或者说由于美国实际上拥有某种制度霸权,也使得发展中国家的权益长期受到抑制,客观上影响了许多国际制度公正性与合理性的实现。

与此同时,新兴国家的群体性崛起,也使得战后国际秩序的不合理性日益显著。新兴大国群体力量的相对上升,守成大国力量的相对下降,西方国家力量的总体下滑,非西方国家力量的稳步上升,造成了国家间力量对比的重大变化,而现有国际秩序并不能充分体现这种权力结构的变化,于是各方围绕权力、资源和话语体系的重新分配进行了激烈的博弈。随着全球化的不断扩展和深入,生产网络化、金融一体化、信息的全球自由流动、交通运输手段的进步,使各国的有形和无形边界日益变得模糊,国家治理和全球治理交叉的领域变得日益广泛,在应对跨国人口迁移、金融安全、气候变化、恐怖主义等全球性问题方面,战后国际秩序也显得日益乏力。不仅如此,随着文明多样性的日益凸显,不同文明文化和谐共处的思想日益深入人心,使各国的价值观念、意识形态和发展道路都很难再用西方的标准来衡量,亚洲文明、伊斯兰文明和西方文明的碰撞与融合,不同宗教价值之间的冲突与交流,都在改变战后国际秩序的伦理与法理基础。总之,尽管战后国际秩序的基础性框架依然在发挥重要作用,但变革与调整的动力越来越强,变革势在必行、已经发生并将成为未来世界政治的一个重大主题。

(二) 战后国际秩序对当代国际关系的深刻影响及变革方向

战后国际秩序的基础框架与当今国际关系现实之间存在诸多不相符之处,两者之间的张力凸显,突出表现为以下几个方面。

一是大国战略安全关系的稳定性面临严峻考验。就中美关系而言,由于两国相对实力的不断缩小,美国对华的战略防范心理日益上升,中美构建新型大国关系任重而道远;就美俄关系而言,两者因乌克兰问题、北约势力扩张、美国联合其他国家对俄实施经济制裁等问题而陷入僵局;就中日关系而言,历史问题、领土争端、美日同盟等问题始终是两国关系的梗阻和不稳定性的诱因。大国是维护国际体系稳定的主要因素,而当前的国际秩序并不具备有效的功能来化解上述分歧。

二是各种传统与非传统安全问题或新旧热点问题层出不穷,反映出国际社会的和平赤字、发展赤字、治理赤字与信任赤字。从某种意义上讲,2008年全球金融危机是一个重要的转折点,标志着所谓"后冷战时期"的终结,国际体系、国际秩序与大国关系从此开始发生重大变化。2008年的全球金融危机反映出国际经济管理机构在运转方面的重大问题,不能在全球范围内重大的经济问题产生初期对其进行有效监管,在全球性的经济问题出现后缺乏有效应对的能力,这反映出国际经济秩序亟待进行深层次的改革。与此同时,近年来恐怖主义袭击频发且恐袭的方式方法在不断变化；国际竞争除了在传统的海陆空领域继续展开，又延伸到外空、深海、极地，以及网络空间等"新疆域"或"新边疆"。尤其是网络空间安全问题成为国家安全的重要新场域，各大国围绕网络空间规则制定权、话语权、技术竞争的博弈异常激烈；此外，正如全球新冠肺炎疫情所示，区域性或全球性的流行性疾病层出不穷，而国际合作治理明显乏力。所有这些传统、非传统安全问题和国际关系中的新领域、新议题，都要求战后国际秩序必须不断进行调整和重构。

三是全球经济的全面恢复和发展面临困难。当前全球经济并未完全走出2008 年全球金融危机的影响，各主要经济体之间的经济发展速度差距明显，诸多国家缺乏支撑经济增长的创新动力。从深层次看，这与国际主要经济组织的结构设计不合理、功能没有得到有效发挥存在密切关联。全球化进程也许仍然是历史大趋势，但反全球化潮流和逆全球化现象越来越突出。包括美国在内的一些国家甚至开始奉行保护主义，许多做法与市场经济和贸易自由化原则背道而驰，这是一个值得注意的现象。

种种迹象表明，国际社会正处于旧秩序将退未退、新秩序将出未出的转型过渡期，如果不能及时做出合理有效的变革和调整，延续七十多年的国际秩序有可能难以为继。从当前的国际关系现实看，国际秩序的变革面临着两种可能的前景。一是现有的主要国家组织、主要国际规则能够以公平正义作为调整方向，这种调整方向将导向大融合的世界前景，即世界各国能够秉持共建命运共同体的理念，从推动人类文明整体进步的角度出发，在经济领域能够取长补短、广泛合作、合作共赢，在政治领域能够走出"修昔底德陷阱"、摆脱"囚徒困境"思维，积极倡导建立大国新型关系，各国之间能够包容互鉴。二是在主要国际组织、主要国际规则的调整中，新兴力量和守成力量之间展开激烈竞争和博弈，互不妥协，这种调整方向将导致大分裂的世界前景，即大国延续冷战思维，各国、各集团之间分化对立，欧亚大陆和亚太地区各种纷争、紧张对峙不断,危机频发。

我们认为,大国关系是解决国际秩序之稳定与变革问题的关键。大国构建和维持战略稳定关系是当务之急。但需要指出的是,战略稳定是一个系统、多维、跨学科的议题,涉及安全战略、地缘政治、军力结构、经济能力与科技水平等诸多方面。如何维护全球与地区层面,以及核武器和网络空间等具体领域的战略稳定,是当今世界政治中的一个日益紧迫的大问题。然而我们目前面对的是两种截然不同的战略稳定观:一种从维护超级大国的全球主导地位出发,遏制任何动摇或者可能动摇这一地位的挑战,为此继续奉行突出军事威慑、强化军事联盟、谋求军备优势、实施扩展威慑等的冷战思维;一种从维护普遍安全出发,防止冲突与对抗破坏各国得以和平发展的国际安全环境,为此必须强调和平共处、相互依存、互利共赢、睦邻友好的以合作促安全的理念。何去何从? 这是人类亟待做出的重要抉择。[①]

三、国际交换正义与分配正义

(一) 全球化非均衡发展与分配正义问题的突出

随着全球化的深入发展,现有国际秩序的不合理性日益明显。其突出后果就是国家之间在资源、财富、权利,以及责任与义务等方面严重的分配不正义,由此衍生的各种全球性问题对人类的和平与发展构成了严重挑战。因此秩序变革势在必行。[②]

联合国秘书长在 2009 年 8 月的工作报告中,第一句话就指出:"在新千年的第十个年头,决定全球新格局的结构性变化,范围之广,规模之大,正日渐清晰。"[③]

---

① 参见石斌:《大国构建战略稳定关系的基本历史经验》,载《中国信息安全》2019 年第 8 期。

② 本节内容主要取自石斌:《秩序转型、国际分配正义与新兴大国的历史责任》,载《世界经济与政治》2010 年第 12 期,第 69—100 页。

③ 联合国:《秘书长关于联合国工作的报告》,纽约 2009 年版,第 1 页,http://www.un.org/zh/ga/64/docs/1/a64_1supp.pdf。

冷战结束 30 余年来,随着全球化的深入发展,国际体系也在发生深刻演变。在全球金融危机的刺激下,国际秩序的走向再度成为国际社会关注的焦点。① 国内外舆论普遍认为,国际秩序正处于某种调整或转型的关键时期,其主要依据是全球政治经济发展的基本趋势。首先,全球化非均衡发展所导致的各种问题日益突出。如南北差距在许多领域继续拉大;国际金融风险增加,能源压力增强,世界经济秩序的不稳定因素增多;一些国家"新重商主义"或经济民族主义与反全球化浪潮上升。其次,国际体系发生重要的结构性变化。中国、印度、俄罗斯、巴西、南非等一批新兴市场经济国家相继崛起,成为世界经济增长的重要推动力和影响国际事务的重要力量。② 这在 2009 年得到集中反映:4月,伦敦金融峰会召开,20 国集团(G20)取代八国集团(G8)成为国际经济合作主要平台;6月,金砖四国(中国、俄罗斯、印度和巴西)首届峰会在俄罗斯召开;7月,"G8+5"(中国、印度、巴西、南非和墨西哥)峰会举行;同月,首轮中美战略与经济对话成功举行。新兴国家特别是新兴大国在国际金融制度改革、世贸组织(WTO)谈判、应对气候变化、反恐、防扩散等议题上,参与度和影响力不断增强,客观上对现有国际体系与秩序构成了冲击。最后,中美战略地位继续此长彼消。美国由于反恐、伊拉克战争、金融危机等众多难题,软硬实力均受到损伤。而中国则率先走出危机,且国内生产总值(GDP)总量超过日

---

① 一组以"国际新秩序:构想与现实"为题的专题讨论,可参见徐步:《关于国际秩序调整构建问题的思考》;蔡拓:《国际秩序的转型与塑造》;庞中英:《霸权治理与全球治理》,载于《外交评论》2009 年第 4 期,第 1-20 页。关于中国在其中的角色定位与作用,可参见"中国与国际体系的互动"专题讨论,参见秦亚青:《国际体系的延续与变革》;时殷弘:《中国历史之中的连续和变革与中国现当代民族主义》;朱立群、林民旺:《奥运会与北京国际化:理解中国与国际体系的互动》;唐晓:《欧美媒体对"中国模式"的评价及其启示》;陈玉刚:《全球关系与全球秩序浅议》,分别载于《外交评论》2010 年第 1 期,第 1-62 页。此外还可参见秦亚青等:《国际体系与中国外交》,北京:世界知识出版社 2009 年版;王逸舟、谭秀英主编:《中国外交六十年》,北京:中国社会科学出版社 2009 年版。[美]布鲁斯·琼斯等编:《权利与责任:构建跨国威胁时代的国际秩序》,秦亚青、朱立群等译,北京:世界知识出版社 2009 年版。

② 新兴市场经济国家(新兴经济体)主要包括"金砖四国""展望五国"和"新钻十一国"。参见金灿荣、刘世强:《告别西方中心主义——对当前国际格局及其走向的反思》,载《国际观察》2010 年第 2 期,第 11 页。

本,中美硬实力差距进一步缩小。同期海外还出现了"北京共识""中美共治(Chimerica)""两国集团(G2)"等舆论。①

国际体系结构的变化也决定了秩序的调整将是不可避免的。显然,各主要国际力量都希望国际秩序朝着有利于自身的方向发展。问题在于,这种变革的主要方向和基本性质是什么?

国际秩序的根本性质主要取决于其合理性程度,这就涉及秩序与正义这两种核心价值的关系。这也是战后以来历次关于国际秩序改良的大讨论都必须面对的基本问题。② 国际政治思想家们一般都认为,秩序与正义是对立统一的。没有基本的秩序,正义无从谈起;但没有正义的秩序最终会不稳定。③然而,由于既定秩序与变革要求之间在道德上与实践上始终存在紧张关系,国际社会面临如何优先选择的问题。国际秩序的主要受益者或"保守派"往往优先考虑维持秩序;国际体系中的弱势群体或"革命派"则强调公正变革。④ 此外,正义还表现为形式与实质、普遍与特殊、交换(对等或互惠)与分配等不同形式。其中交换正义是国际正义的主要形式,分配正义则处于次要地位,因为后者往往要求重新分配资源与财富。换言之,在国际关系中,实质与结果正义得到重视和实现的程度远不如形式与程序正义。⑤ 不过,连西方学者都承认,既然正义就是使人们享有其应得的权利和利益,那第三世界希望通过正义变

① Joshua Ramo, "Beijing Consensus," http://Joshuaramo. com, 2009-8-6; Zbigniew Brzezinski, "The Group of Two that Could Change the World," *Financial Times*, January 13, 2009.

② 详见赫德利·布尔:《无政府社会》,第4章; Hedly Bull, *Justice in International Relations*, Hagey Lectures: University of Waterloo, 1984, pp. 2 - 77.

③ 详见 Alberto Coll, *The Wisdom of Statecraft: Sir Herbert Butterfield and the Philosophy of International Politics*, Durham: Duke University Press, 1985, pp. 4 - 5; Brian Porter, ed., *Aberystwyth Papers: International Politics, 1919—1969*, London: Oxford University Press, 1972, pp. 339 - 343; Herbert Butterfield & Martin Wight, eds., *Diplomatic Investigations*, Harvard University Press, p. 103;肯尼斯·汤普森:《国际思想大师》,第68页。

④ Hedly Bull, *Justice in International Relations*, p. 18;赫德利·布尔:《无政府社会》,第73 - 77页。

⑤ 赫德利·布尔:《无政府社会》,第67页。

革实现主权平等、政治独立、种族平等、经济正义和文化解放的要求具有合理性与紧迫性,反映了人类大多数的需要,要维持秩序的稳定,就必须面对这一事实。①

总之,秩序与正义不可分割。无论从利益的角度还是从道义的角度看,都必须重视发展中国家关于合理分配财富、权利,以及责任与义务的要求及其在未来国际秩序中的作用。② 事实上,当今许多严重困扰国际社会的全球性问题,如恐怖主义、跨国犯罪、移民潮、贫富分化乃至市场失灵、金融危机等,其根源之一就是国际政治经济结构的失衡与秩序的非正义性。其中,南北差距所表明的国际分配正义问题最为突出。因此,促进国际分配正义、改良国际秩序是国际社会面临的首要任务。

从经济发展的角度看,国际正义可以分为交换正义和分配正义,但国际正义的落脚点在于体现实际结果的分配正义。国际分配正义包括两个层次,按照广义的理解便是全球分配正义;若按照狭义的理解,国际分配正义就是国家间的分配正义。在全球化时代,民族国家仍然是国际体系中最重要的行为体,因此,民族国家间的分配正义是最终实现全球性分配正义的必经阶段。③ 全球化的非均衡发展进一步扩大了南北国家在众多领域的差距,使国际分配正义问题日益突出,成为当前国际政治伦理论辩的重要议题。分配正义不仅涉及公正分配权利与利益,也包括合理承担"共同但有差别"的责任与义务。问题在于,南北在秩序变革上存在基本立场分野,核心国家改革动力不足而边缘

---

① Hedly Bull, *Justice and International Relations*, pp. 2 - 5, 32 - 34; H. Bull and A, Watson eds., *The Expansion of International Society*, Oxford:Oxford University Press, 1984, pp. 217 - 228.

② Hedly Bull, "The International Anarchy in the 1980's," *Australian Outlook*, Vol. 37, No. 3, 1983, pp. 128 - 129.

③ 赵川川:《全球化与国际分配正义》,载《徐州师范大学学报(哲学社会科学版)》2009 年第 4 期,第 102 - 105 页。

国家能力有限。①

　　国际秩序的正义问题涉及许多方面,但其中最突出、最复杂的是分配正义问题。当代世界的一个突出事实,是发展程度不一的国家之间在资源、财富、能力等方面广泛、深刻的不平等。世界银行在《2009 年世界发展报告》指出:"地区不平衡导致收入和生活水平的不平等现象是经济发展的显著特点之一。"②而联合国开发计划署(UNDP)发表的《2009 年人类发展报告》一开头就指出:"我们生活的世界是极不公平的。"③

　　经济全球化的实质就是市场经济的全球性扩展。现代市场经济体制在促进资源合理配置、提高经济效率的同时,其优胜劣汰的价值规律又不可避免地导致两极分化,使国家之间尤其是南北国家之间在人均收入、资源利用、商品消费和社会整体发展水平等方面的差距进一步扩大。经济不平等进而导致各国在政治、文化上的不平等。传统国际关系理论主要关注战争与和平问题,然而,在经济全球化时代,国际、国内冲突往往与一些国家的欠发达问题有关,贫富差距问题正变得越来越重要。因此,第三世界的发展或欠发达问题,已成为当代国际政治经济学研究的一个核心议题。但经济自由主义认为全球化将使所有人获益,并不断削弱国家的作用;现实主义(经济民族主义)则认为全球化并未改变国际政治经济体系的本质和国家的中心地位。面对这类或过于乐观、或过于保守的观点,新马克思主义学者提醒人们,全球化包含着等级化和剥削,经济力量正日益向主要工业化国家集中,必须采取措施使收益的分配更加合理和均衡。④

---

　　① 石斌:《秩序转型、国际分配正义与新兴大国的历史责任》,载《世界经济与政治》2010 年第 12 期,第 69 - 100 页。

　　② The World Bank, *World Development Report* 2009, Washington, DC, 2009, p. 1.

　　③ UNDP, *Human Development Report* 2009, New York, 2009, p. i.

　　④ 详见[加]罗伯特・杰克逊、[丹]乔治・索伦森:《国际关系学理论与方法》,吴勇、宋德星译,天津:天津人民出版社 2008 年版,第 260 - 284 页;[美]罗伯特・吉尔平:《国际关系政治经济学》,杨宇光译,北京:经济科学出版社 1984 年版,第 33 - 52 页。

　　无论如何,各国政治经济发展不均衡和人类生存状态严重不平等,是无可否认的事实。

　　第一,全球资源与财富的占有和消费严重不平等。世界少数人、少数国家掌握多数财富、消费多数资源,并且贫富差距越来越大,是不争的事实。① 1960 年,世界最富的 15 国国民收入是最穷 15 国的 30 倍,1989 年这一差距扩大到 60 倍。到了 20 世纪末,则扩大到 74 倍。1970 年代中期,占全球人口 18％的美、欧、日等富国拥有全球收入一半以上,在其余 82％的人口中,60％—70％是文盲,50％营养不良。② 到了 20 世纪末,从全球化经济中获益的发展中国家还不到 20 个,80 多个发展中国家的个人收入低于 10 年前水平。③ 全球生产和财富持续向那些在国际收入分配中占尽天时地利、人均收入超过 25 000 美元的国家集中。2000 年,3/4 的世界国内生产总值集中在北美洲、西欧和东南亚地区。而西欧、日本和美国的人口却不及世界人口的 1/6。④加纳、波兰和新西兰等中等规模国家的土地面积均约为 25 万平方公里,可其人均国民总收入分别为 600 美元、9 000 美元和 27 000 美元;纽约人一生的收入高达 450 万美元,赞比亚农村人口一生的收入却不足 1 万美元,"差距之大,令人瞠目结舌"。⑤ 占全球人口总数 5％的美国,消耗着全世界 25％的商业资源,其人均消费量相当于 147 个孟加拉国人或 422 个埃塞俄比亚人的消费量,为第三世界人均水平的 30—90 倍。⑥

　　第二,各国发展指数天壤之别。《2009 年人类发展报告》通过平均寿命、

---

　　① [美]约翰·塞兹:《全球议题》,刘贞晔、李轶译,北京:社会科学文献出版社 2010 年版,第 4 页。

　　② Michael Doyle, *Ways of War and Peace*, New York: W. W. Norton, 1997, pp. 422 - 423; 俞政梁等:《全球化时代的国际关系》,上海:复旦大学出版社 2000 年版,第 193 页。

　　③ UNDP, *Human Development Report 1999*, New York, 1999.

　　④ The World Bank, *World Development Report 2009*, pp. 5 - 8.

　　⑤ The World Bank, *World Development Report 2009*, pp. 1 - 2.

　　⑥ 何建华:《分配正义论》,北京:人民出版社 2007 年版,第 246 页。

入学率、人均 GDP 等计算得出的各国发展指数表明,尽管就全球范围而言人类发展水平较 1980 年提高了 15%,但各国贫富悬殊仍然是一个严峻和突出的现实。例如,在 182 个国家和地区中,排名最后的尼日尔平均寿命只有 50 岁,比排在第一位的挪威少 30 年;尼日尔人均每挣 1 美元,挪威人就挣 85 美元;日本人均寿命高达 82.7 年,而战乱不已的阿富汗人均寿命只有 43.6 年;列支敦士登人均 GDP 最高,为 8.53 万美元,而刚果只有 298 美元。[①]

第三,全球极端贫困人口居高不下。2009 年联合国《千年发展目标报告》指出,仅东亚地区的贫困率下降较明显,而这主要得益于中国经济的快速增长。其他地区消除贫困的进程发展缓慢甚至已经停滞。2009 年全球极端贫困人口比经济危机前的预计数高出 5 500 万至 9 000 万。撒哈拉以南非洲的极端贫困人口数量在 2005 年比 1990 年还多出 1 亿,尽管贫困率 1999 年后开始下降,但仍高居 50% 以上。同样,20 世纪 90 年代以来消除饥饿方面的进步趋势在 2008 年也发生了逆转。发展中地区的饥饿影响面从 2006 年的 16% 增至 2008 年的 17%。不仅撒哈拉以南非洲和大洋洲的挨饿人口比例上升,如果排除中国,东亚的比例也大幅上升。[②] 儿童首当其冲。发展中地区 1/4 儿童体重不达标,而世界上超过 1/3 的儿童死亡都是因为营养不良。此外全世界有超过 7 200 万失学儿童,其中半数从未踏入过教室。[③] 按照世界银行的最新统计,目前有 10 亿人口居住在发展中国家城市的贫民窟中,10 亿人口居住在国内落后地区,10 亿人口居住在全球最底层国家中。这些部分交叉的人口已成为全球发展所面临的"最严峻挑战"。[④]

第四,疾病和死亡与发展中地区如影随形。根据世界卫生组织统计,2006

---

① UNDP, *Human Development Report 2009*, pp. 11 - 12.

② 联合国:《千年发展目标报告 2009》,第 4 页。

③ 联合国:《千年发展目标报告 2009》,第 12 - 15 页。

④ The World Bank, *World Development Report 2009*, p. 5.

年有近100万人死于疟疾。其中95％居住在撒哈拉以南非洲,且绝大多数是五岁以下儿童。当年疟疾发病例为1.9亿—3.3亿,其中88％在南部非洲,6％在南亚,3％在东南亚;2007年,全球肺结核新发病例估计为930万,比2006年的920万和2000年的830万都见上升,且亚洲占55％,非洲占31％;同年,1/3以上的艾滋病毒新感染人数和38％的死亡人数出现在南部非洲。总计67％的病毒携带者居住在南部非洲。①

2006年,世界卫生组织的数据显示,各国人均寿命长短"两极"竟相差一倍以上! 富国寿长、穷国命短的趋势越来越明显。除贫富导致的生活质量差别而外,医疗资源占有的极度不均也是一个重要原因。南部非洲的病人人数占全球总数的24％,但是医务人员人数只占3％,医疗费用仅占1％;美洲的病人人数仅占世界的10％,而医务人员数量却占37％,医疗费开支占50％以上。② 美国人的工资水平是赞比亚人的上百倍,人均寿命也要高出30多年。更令人触目惊心的是,赞比亚农村孩子的人均寿命不及纽约市孩子的一半,在其短暂的一生中,收入仅为纽约人的1/200。③

安全分娩基本上是富人的特权。在所有卫生指标中,产妇死亡率是穷人和富人之间差距最大的指标。发达地区每10万名活产婴儿的产妇死亡人数为9位,发展中地区则为450位,其中14个国家至少为1000位。南部非洲和南亚的产妇死亡人数占全球的85％。而在降低产妇死亡率方面,整个发展中世界没有取得任何进展,如每10万活产婴儿的产妇死亡人数2005年为450位,与1990年的480位相比几乎没有什么变化。④

第五,国际债务问题日趋严重。由于各种原因,发展中国家的债务不仅总

---

① 联合国:《千年发展目标报告2009》,第34-38页。
② World Health Organization, *The World Health Report 2006*, Geneva: WHO Press, 2006, pp.168-176, xix.
③ The World Bank, *World Development Report 2009*, p.1.
④ 联合国:《千年发展目标报告2009》,第26-27页。

额巨大,由于高额利息等因素还在逐年递增。1982 年全球性债务危机大爆发时,发展中国家外债总额为 8 266 亿美元,至 1990 年,这一数字增至 1.3 万亿美元,相当于发展中国家国内生产总值的 45%。1995 年,发展中国家外债总额已超过 1.5 万亿美元。^① 到 1999 年,世界上 160 个发展中国家共欠债 2.5 万亿美元。其中拉美国家的外债危机尤为严重。在减免债务方面,尽管已实行了几次大额债务减免,但进口燃油和食品的价格居高不下,加上出口商品需求疲软,使许多发展中国家在外债偿还方面陷入困境。2008 年爆发的全球金融危机使更多国家陷入外债困境。债务问题不仅影响了发展中国家实现增长和社会目标的机会,而且影响了发达国家的经济可持续性。^②

第六,信息贫困与“数字鸿沟”雪上加霜。发达国家已全面进入信息经济、知识经济时代,而大多数发展中国家尚处于工业化的初级阶段,经济、技术落后所导致的信息贫困与“数字鸿沟”(即在信息技术发展和掌握应用方面的差距及由此造成的贫富差距)^③进一步加剧了它们的落后状况。例如,至 2007 年年底,发达地区有 64%的人口使用互联网,而发展中地区只有 13%,最不发达国家仅 1.5%。^④ 至 2007 年,非洲移动通信普及率不足总人口的三分之一,而发达国家则是 100%。发展中国家互联网固定宽带服务费也比工业化国家高十倍。^⑤

总之,全球贫富差距之大可谓触目惊心。20 世纪初是如此,20 年后的今天依然如此。值得指出的是,国际社会在解决不平衡发展、消除人类不平等现象方面进展缓慢。许多方面差距在拉大而不是缩小。随着全球化时代的演

---

① 颜声毅:《当代国际关系》,上海:复旦大学出版社 1996 年版,第 85 页。

② 联合国:《2008 年贸易和发展报告》,纽约和日内瓦 2008 年版,第 17 页。

③ 谈世中、赵丽红:《数字鸿沟与最不发达国家的贫困化、边缘化》,载《求是》2003 年第 11 期,第 57 - 59 页。

④ 联合国:《千年发展目标报告 2009》,第 52 页。

⑤ 《联合国千年发展目标差距问题工作组 2009 年报告》,http://www.un.org/zh/millenniumgoals/gap09/。

进,市场机制的作用所造成的全球贫富差距比过去任何一个时期都更为严重。

诚然,全球化是在经济一体化的基础上,世界范围内产生的一种内在的、不可分离和日益加强的相互联系,是一种不以人们意志为转移的客观历史进程。[①] 这一进程对人类发展的积极意义也无可否认。如果纵向观察,二战后以来发展中国家在工业化道路上取得了引人瞩目的成就。例如,人均国民生产总值在 1960—1997 年平均每年增长了约 2%;[②]极端贫困状况在 20 世纪后期整体上呈现减弱趋势;平均寿命在 1960—2000 年从 46 岁增长到 63 岁,5 岁以下儿童死亡率减少一半以上,文盲人口数量减少了近一半,人均收入增加了一倍以上。[③]

但如果与发达国家作横向比较,差距仍然惊人。除了少数产油国和新兴工业化国家,绝大多数发展中国家还是处在落后、欠发达的地位。实际上,近些年来发展中国家在消除贫困方面的进步及其在全球经济份额的上升,主要得益于一批新兴经济体的贡献。例如,在 20 世纪 90 年代,由于受金融危机影响,发展中国家整体增长势头受阻。但在 1980—2002 年,中国人均 GDP 从 440 美元增长到 4 475 美元,印度也从 670 美元增长到 2 570 美元。20 世纪最后 20 年,发展中国家在减少极度贫困人口方面取得了明显进步,但大多数的消减发生在中国所在的东亚和印度所在的南亚。例如中国在 20 世纪 80 年代初还有 60% 的极度贫困人口,是最贫穷的国家之一,20 世纪 80 年代末贫困率减少了约一半,90 年代又减少了一半。[④] 如果将这些新兴经济体特别是中印

---

① 俞可平:《"全球化译丛"总序》,载[美]约翰·塞兹:《全球议题》,刘贞晔、李轶译,北京:社会科学文献出版社 2010 年版,第 1—2 页。

② World Bank, *World Development Report 1999—2000*, New York: Oxford University Press, 2000, p.14.

③ UNDP, *Human Development Report 2004*, New York: Oxford University Press, 2004, p.129.

④ World Bank, *World Development Report 2005*, New York: Oxford University Press, 2005, p.27;约翰·塞兹:《全球议题》,第 5—6 页。

这样的人口大国的贡献排除在外,南北差距就更加明显。

显然,一个发展失衡、严重分化的世界是不可能稳定的。"贫穷和国内外更加普遍的人权、公正、平等以及分配正义问题是联系在一起的"。^① 恐怖主义、移民潮、跨国犯罪等全球性问题都是经济全球化不平衡发展的副产品。那么,全球经济不平等如何矫正? 富国对穷国是否负有责任与义务? 全球财富、资源再分配是否必要和可能? 如何改良现有国际秩序,实现社会正义,解决富人与穷人、富国与穷国之间的双重冲突?^② 这些问题所引发的思考,使得"国际分配正义"问题再度引起人们的强烈关注,成为国际正义的首要议题和当前国际政治伦理论辩的焦点。

(二) 有关国际分配正义的理论分歧及其现实背景

正义是一个良好的政治秩序所具有的基本属性。分配正义(distributive justice)是正义问题的核心。在当代政治哲学里,"正义理论已经典型地成为分配正义理论"。^③ 然而,尽管国际分配正义问题已经非常突出和紧迫,国际社会迄今仍未找到有效的解决途径。这种状况既源于思想观念上的分歧,更有其深刻的现实背景。

思想观念与理论层面的分歧主要表现在四个方面。

最基本的分歧是对分配正义的内涵有不同理解。兼顾公平与效率一直是人类理想的分配原则。在现代社会,主要有两种常见的社会正义观念:一种强调赏罚和功过,要求每个人的社会地位和获得的物质报酬应尽可能与其功过相称;另一种则强调需求与平等,认为应该根据每个人不同的需求来分配物品。以"需求"为基础的社会正义观念在当代主要表现为两种形式:一种体现

---

① Arie Kacowitz, "Globalization, Poverty, and the North-South Divide," *International Studies Review*, Vol. 9, No. 4, 2007, p. 575.

② Kelly-Kate S. Pease, *International Organization*, London: Prentice Hall, 2000, p. 156.

③ [英]杰弗里·托马斯:《政治哲学导论》,顾肃、刘雪梅译,北京:中国人民大学出版社 2006 年版,第 154 页。

为共产主义"按需分配"的理想;另一种体现在社会民主主义思想之中。后者实际上是试图调和"需求"和"功绩"两类要求,认为某些社会资源可以基于需要通过福利国家进行分配,其他资源则通过经济市场或行政过程按照功绩进行分配。这也是当今西方最流行的对社会正义的阐释。①

在当代西方政治哲学中,讨论分配正义不能不提及约翰·罗尔斯。在罗尔斯看来,"正义是社会制度的首要价值"。正义的对象是社会的基本结构,即用来分配基本权利与义务,以及划分由社会合作产生的利益和负担的主要制度。"所有的社会基本善,自由和机会、收入和财富及自尊的基础,都应被平等地分配,除非对一些或所有社会基本善的一种不平等分配有利于最不利者。"②但在主张"激进平等主义"的尼尔森(Kai Nielsen)等人看来,罗尔斯的平等观很不彻底。相反,哈耶克(Friedrich August von Hayek)和诺齐克(Robert Nozick)等人却认为它过于迁就平等主义,主张把正义理解为尊重法律和既有权利。这实际上是认为,正义主要涉及过程而非结果,只要获取或转移利益的程序是正确的,就无须讨论由此产生的结果正义与否。可见,有关社会正义的争论实际上反映了这样一种理论与实践上的冲突:一方面,正义与规则和程序有关,公正意味着以正当的方式适用相关的规则;另一方面,正义又与结果有关,人们有权关心他们应得或需要的东西。问题在于,当公正的程序产生并不公正的结果时,应该始终执行规则中包含的正义,还是应该修改或废除这些规则所要求的正义? 显然,最理想的正义原则应该兼顾两个方面。但在实践中人们对需求与功过、结果与程序等往往各有偏重,从而导致分配正义观念的差异。

人们对分配正义的理解还有狭义和广义之别。狭义的分配正义概念主要

---

① 〔英〕戴维·米勒、韦农·波格丹诺编:《布莱克维尔政治学百科全书》,邓正来译,北京:中国政法大学出版社2002年版,第408-409页。

② 〔美〕约翰·罗尔斯:《正义论》,第1-5、292页。

关注社会经济关系中物质利益即财富的公正分配,其核心是合理划分利益;广义的分配正义则不仅关注物质利益,而且关注社会政治经济制度的设计,所分配的是内容广泛的"社会善(goods)",即可供分割的物质与非物质产品——既包括经济财富和自然资源,也包括诸如教育、卫生保健、权力、地位、信息等方面的稀缺资源及相应的责任与义务——在不同的个人、群体或机构之间的分配。其目的是提供一种作为社会基本制度组成部分的权利和义务的分配办法,以确定社会合作的利益与负担的合理配置。[①] 在国际关系层面,则主要涉及全球资源、财富在国家之间的合理分配,国际制度的设计以及富国对欠发达国家的道德义务等问题。

简言之,完整的分配正义概念不仅涉及物质利益,也涉及非物质利益;不仅包括权利与利益的公正分配,也包括责任与义务的合理分担。但一些西方理论家常常对国际分配正义作狭义的解释,将其简单理解为发达国家向发展中国家转让财富或提供援助(一些公众甚至将其理解为富人对穷人的慈善行为);在直接影响国际分配结果的国际制度与规则的制定、维系和运用等方面,无视由于西方大国占据主导地位、发展中国家较少拥有甚至没有发言权,因而这些制度与规则主要反映西方利益的基本事实;在解决各种全球性问题的责任方面,忽视各国发展水平悬殊、能力大小不同的客观现实,强调单一标准和同等义务,拒绝"共同但有区别的责任"原则。

"国际分配正义"有时还被混同于"全球分配正义"。严格说来,二者的道德载体不同,理论出发点也不同。前者的主体或主要关注对象是国家;后者的主体则不限于国家,关注重点是个人。但这种混同本身也说明,对分配正义的不同理解,还体现在分配的主体、内容、原则和目标等方面。

关于国际分配正义的主体,根本分歧发生在现实主义等具有国家主义倾

---

① 何健华:《分配正义论》,第7页。

向的理论流派与自由派国际主义等具有世界主义倾向的理论流派之间。前者认为国家是国际分配正义的主体;后者认为分配正义只适用于个人,理由是国家不能像个人那样成为自身权利的道德主体,而且,将国家视为主体可能导致忽视个人的福利状况,即国内分配正义。但双方的观点显然都过于片面。一方面,民族国家迄今仍然是最重要的国际行为体,也是最成熟、有力的政治组织形式和人民福利与安全的主要保障机制。而且,国家权利与个人权利并不必然对立,例如,我们可以将发展权视为发展中的社会公民共同持有的权利,而不单是国家持有的一项集体权利。① 换言之,在现有历史条件下,以国家为主体的国际分配正义,比以个人为主体的全球分配正义更具有现实性。但另一方面,就道德目的而言,国家充其量只是"人权的容器",②它本身不可能成为终极关怀的对象。因此国际分配正义只能是全球分配正义的一种途径或手段。

关于国际分配正义的内容,从理论上讲应包括社会合作产生的收益和负担两个方面。③ 但人们往往只注重前者,忽视了负担或责任问题。至多是有的主张分配资源与财富,有的进一步要求分配"幸福、福利和能力"。④ 罗尔斯《正义论》中的分配对象是内容广泛的"社会基本善",但在国际关系中他却只限于提倡国际援助,特别是资金援助。世界主义者将罗尔斯的理论推演到国际层面,提出了著名的全球资源再分配理论,但却忽视了他所强调的社会制度因素。⑤

---

① Peter Jones, "Global Distributive Justice," in Andrew Valls, ed. , *Ethics in International Affairs*, New York: Roman & Littlefield, 1999, pp. 173 - 174.

② Michael Walzer, *Just and Unjust Wars: A Moral Argument with Historical Illustrations*, New York: Basic Books, 2000, p. 61.

③ Charles Jones, *Global Justice: Defending Cosmopolitan*, Oxford: Oxford University Press, 1999, p. 3.

④ Simon Caney, *Justice Beyond Borders*, Oxford: Oxford University Press, 2005, p. 104.

⑤ Stanley Hoffman, *Duties Beyond Borders*, Syracuse: Syracuse University Press, 1981, p. 155.

国际分配正义问题的提出,最初源于南北经济的不平等,首先表现为资源占有和财富收入的严重差距,因此人们过去主要关注富国对穷国的义务,全球资源、财富再分配及国际援助等问题。但随着全球化的深入,跨国公司的行为、经济全球化的负面效应乃至国际经济秩序对分配正义的影响也日益引起重视。实际上,正如完整的分配正义概念所示,资源、财富的再分配固然重要,但发展中国家最关注的还是国际秩序的合理性问题,即现有国际制度和规则能否使它们真正获得平等发展的权利,包括能否弥补因竞争起点较低、实力地位悬殊(而这与近代西方殖民掠夺有关,并不全是先天或内部因素所致)而产生的不平等结果。因为,分配正义作为实质正义,其结果也取决于相应的制度与程序。规则的平等是市场经济的重要特征,但不问规则与程序本身的内容与性质而仅仅强调一视同仁,即形式正义,这种正义观念至少是不完整的。亚里士多德早就指出,对不同等的人给予同等的分配,与对同等的人给予不同等的分配一样,都会导致不公正,[①]就像一场体育比赛不区分男女老幼一样。换言之,形式与实质、普遍与特殊、程序与结果、交换与分配等几组看似矛盾的正义模式,并不是绝对孤立和对立的,不能片面强调一个方面。

关于国际分配正义的基本原则,最重要的是世界主义者借鉴罗尔斯的理论所提出的"全球差别原则"。[②] 相对于实践而言这在理论上较少争议,因为国际分配正义问题的提出就是因为国家之间在资源、财富和能力等方面的不平等。这意味着必须平衡公正、平等与自由、效率等价值之间的矛盾。为此,制度设计就不能满足于程序公正与过程平等,也要关注结果平等。如果说正义是良好的政治秩序的一个基本属性,那么,国际层面的分配正义实际上就是

---

① ［古希腊］亚里士多德:《政治学》,吴寿彭译,北京:商务印书馆1965年版,第136、234、266、350页。

② Charles Beitz, *Political Theory and International Relations*, Princeton, N. J. : Princeton University Press,1979, pp. 129-132, 162.

要求国际社会建立一种能够区分不同国情,特别是能够为处境不利的国家提供特殊待遇的社会政治经济制度框架,即作为国际秩序的组成部分,创造实质性的公平竞争环境,从而矫正不平等的结果,实现实质正义。

因此,国际分配正义的目标,首先是在全球消除贫困,缩小国际与国内的贫富差距,这也是各国在联合国千年峰会上达成的一致目标。[①] 2003 年的《世界经济发展宣言》(也称《珠海宣言》)也指出:"收入和财富应该在国家之间和各国内部公正、平等地分配。"[②]其次是建立合理的制度与规则,以保证各国发展机会的平等,以及国际市场竞争过程的平等和公正。但这一目标在南北之间显然还存在分歧。再次是在全球资源问题上实现共同开发、共享收益,以改变少数国家占有和消耗绝大多数资源的现象,并避免因为资源的开发、利用和分配所导致的国际冲突。这同样要求南北之间通过有效对话建立基于平等互利原则的国际机制,因此并非易事。例如,穷国要求各国共享开发海底资源所带来的利益,发达国家则认为提供资金和技术的西方私营企业应享有大部分利润。

另一个关键问题在于,一些理论家对国际分配正义的可能性仍持怀疑态度。传统政治哲学的一个显著特点,是认为分配正义原则只适用于国家内部,而不宜或无法运用于国际或全球层面。[③] 斯坦利·霍夫曼指出,国际分配正义的实现之所以格外困难,首先是因为无政府国际体系下国际政治的竞争本质。而且,正是在分配正义问题上(无论国内分配还是国际分配),价值冲突最为激烈。由于文化与价值观的多样性,各国不仅在价值优先选择上有不同立

---

① 《联合国千年宣言》(联大 2000 年 9 月 8 日第 55/2 号决议通过),第 4 - 5 页,http://daccess-dds-ny. un. org/doc/UNDOC/GEN/N00/559/50/PDF/N0055950. pdf? OpenElement。

② 《珠海宣言》是根据《联合国千年宣言》的精神,由中国提出的一份旨在推动建立国际经济新秩序、促进世界经济发展的指导性文件。它由七位诺贝尔经济奖获得者和六位中国经济学家共同起草,2003 年 11 月在"世界经济发展宣言(珠海)大会"上发表。参见《人民日报》2003 年 11 月 7 日。

③ Simon Caney, *Justice Beyond Borders*, p. 102.

场,甚至对于什么构成正义或不正义等基本问题也存在严重分歧。① 因此,在国际关系中,人们更看重的不是分配正义,而是交换正义。交换正义主要涉及程序与互惠。强调的是游戏规则(主要表现为国际法、国际惯例)的公平性,要求所有国家都在同样的国际规则下博弈。而分配正义的核心观点是,穷国和弱国应该得到特殊对待,这意味着不是所有国家都适用同样的规则。② 不言而喻,国际体系中的强国与富国更倾向于强调交换正义。然而一个越来越明显的事实是,人类正面临两个相互冲突的趋势所构成的严峻挑战:全球化使国家之间的相互依赖和相互影响不断加深,同时全球两极分化却日趋严重。显然,仅仅强调交换正义远不足以解决这其中的矛盾。

出于对国际体系与国际政治根本性质的不同认识,主要国际政治伦理传统的立场也大相径庭。③ 自由主义者尤其是世界主义者一般对国际分配正义持积极态度。其思想的基本特征是以个人为道德关怀的主要对象,淡化国内政治与国际政治之间的界限,强调道德原则的普遍意义,并将分配正义视为国际正义的主要内容。虽然自由主义有多种形式,但总的来说,当代有关国际分配正义的主要学术贡献大致都属于自由主义范畴,其他传统主要作为批判者或修正者存在。

不难理解,秉持"非道德"政治论的现实主义者对国际分配正义持怀疑或回避态度。④ 他们认为,国际体系的无政府性质,决定了国家只能遵循自助原

---

① Stanley Hoffman, *Duties Beyond Borders*, pp. 141 - 143.

② 赫德利·布尔:《无政府社会》,第 62 - 64 页。

③ 主要国际关系思想传统的分野本质上是一种伦理分野。关于国际关系思想传统的著名划分,是怀特所概括的现实主义、理性主义和革命主义,见 Martin Wight, *International Theory: The Three Traditions*, New York: Holmes & Meiner, 1992;另一种常见划分是现实主义、自由主义和马克思-社会主义,见 Michael Doyle, *Ways of War and Peace*, New York: W. W. Norton, 1997。但这两种划分都不能充分反映发展中国家的国际伦理观,详见石斌:《国际关系伦理学:基本概念、当代论题与理论分野》,载《国外社会科学》2003 年第 2 期,第 13 页。

④ 关于现实主义的伦理取向,详见石斌:《"非道德"政治论的道德诉求》,载《欧洲》2002 年第 1 期,第 1 - 11 页。

则。权力与利益的竞争,各国、各民族发展水平的差异和文化价值观的多样性,以及超国家权威的缺失,使得国际分配正义的全球共识难以达成。总之,人们对本国同胞的责任和义务远远大于对整个人类的责任和义务。生物学家加勒特·哈定(Garret Hardin)提出的所谓"救生艇伦理",经常被用来论证这种立场。哈定认为,地球好比一艘救生艇,其空间和资源有限,只能容纳和维持固定数量的人生存。如果超过其空间或给养限度,就有倾覆或死亡的危险。① 这个比喻的意思很明显:已经抢先"上船"的富国或富人没有救助后来者的义务,这样做甚至是危险的,因此穷国或穷人只能接受被遗弃的命运。这种思想不仅在道德上过于冷漠和功利,也非常狭隘和简单化,因为它将社会结构固定化,无法反映现实政治更多的可能性。比如,国家会有兴衰,权力中心至少可能发生局部"位移";各国并非完全彼此孤立,穷国的困境会影响富国的可持续发展;愤愤不平的弱势群体必然要求改变秩序,甚至可能凭借数量优势成为"覆舟"的巨浪。因此"救生艇伦理"并不比肯尼思·博尔丁(Kenneth Boulding)所说的"太空船伦理"更有说服力,后者指出,集体生存要求所有人携手共渡难关而不是抛弃同伴。②

　　马克思主义及其影响下的激进主义传统对现代世界体系与秩序一贯持批判态度,因而原则上非常肯定国际再分配的必要性,但同时又强烈批判自由主义的各种改良方案,认为其根本目的仍是要维护国际垄断资本的利益和西方主导的世界秩序。在马克思主义者看来,正义、道德等概念具有历史性,不可能超越历史发展阶段或生产力发展水平。③ 自由主义强调通过制度设计来促

① Garrett Hardin, "Commentary: Living on a Lifeboat", *Bioscience*, Vol. 24, No. 10, 1974, pp. 561–568.
② 唐任伍:《论全球化带来的两极分化及其对策》,载《世界经济与政治》2002 年第 1 期,第 46 页。
③ Michael Doyle, "International Distributive Justice," *Political Science*, Vol. 19, No. 4, (Autumn, 1986), p. 857.

进国际分配正义,但在现有国际秩序背景下,那本质上仍不过是资本主义的制度和资产阶级的正义。只有通过社会变革实现权力转移,确立新型、平等的社会关系和公正、合理的世界秩序,才可能真正实现国内和国际的分配正义。

显然,自由主义、现实主义和激进主义各自的理论出发点、关切对象和价值取向大不相同。它们对各自关注的侧面均有独特见解,必须通过更多的对话来寻求共识。

最后,世界主义者以"罗尔斯推论"为基础的国际分配正义理论,仍然是西方理论界争论的焦点。世界主义倡导跨国界的全球分配正义观,并主要从功利论、权利论、义务论和契约论等角度加以论证。[①] 功利论者如彼得·辛格(Peter Singer)强调道德平等,认为正义原则必须考虑所有人的功利而不论其国籍。[②] 他在题为《饥馑、富足与道德》的著名论文中指出,必须将分配建立在诸如拯救生命、避免伤害等人类共同价值之上。正如我们负有挽救落水儿童的道德义务,同样也有义务帮助穷人摆脱贫困,何况在许多时候无须做出多大牺牲就可以防止灾难。[③] 但现实主义者却提出一个重要质疑:趋利避害是人和国家的本性,如果承担帮助他人或他国的义务确实需要付出很大代价,人们就会踌躇不前。[④] 权利论的代表亨利·舒(Henry Shue)则认为,人人都享有三项基本权利:安全、生存和自由。其中生存权即最低限度的经济安全(例如干净的空气、水源,足够的食品、衣物,避难所及基本医疗保障)是人们享受其它权利的必要条件,因而是分配正义的基本目标。[⑤] 奥诺拉·奥尼尔(Onora

---

[①]　Simon Caney, "International Distributive Justice," *Political Studies*, Vol. 49, No. 5, 2001, pp. 975 – 979.

[②]　Peter Singer, *Practical Ethics*, Cambridge: Cambridge University Press, 1979, pp. 14 – 23; Peter Singer, *One World: the Ethics of Globalization*, New Haven: Yale University Press, 2002, Preface.

[③]　Peter Singer, "Famine, Affluence, and Morality," *Philosophy and Public Affairs*, Vol. 1, No. 3, 1972, pp. 229 – 243.

[④]　Michael Doyle, *Ways of War and Peace*, p. 426.

[⑤]　Henry Shue, *Basic Rights*, Princeton: Princeton University Press, 1980, pp. 18 – 34.

O'Neill)等则从康德的"绝对命令"出发,认为帮助穷国消除贫困是不可推卸的道德义务。[1] 理论家们还提出了各种具体方案。例如经济学家詹姆斯·托宾(James Tobin)提出了著名的"托宾税(Tobin Tax)",建议对国际货币市场征税,并将收益用于减少贫困。[2]

其中最系统、最著名的理论框架,是一些学者借助"罗尔斯推论"(即将罗尔斯的分配正义理论推演到国际政治领域)所建立的以契约论为基础的全球分配正义理论。其中,罗伯特·阿姆多尔(Robert Amdur)的《评罗尔斯的正义论:国内与国际视角》一文较早探讨了这种可能性。[3] 罗尔斯的学生托马斯·波吉(Thomas Poggie)通过借鉴罗尔斯的理论、特别是其中的平等主义原则,提出了著名的"全球资源税收计划(Global Resources Tax)"。波吉认为,富国主导的国际体系和世界秩序是造成发展中国家资源和财富被长期掠夺并因此贫穷落后的主要原因。[4] 因此必须改革国际经济秩序。其全球资源税收计划的设想是:任何国家都对其领土范围内的资源具有所有权。如果要开发和利用这些资源,资源的使用者或污染排放者必须支付税收。这实际上是要求对资源的消费国征税,而收益可用于降低资源消耗和污染,以及改善穷人的状况。[5]

查尔斯·贝茨(Charles Beitz)则指出,随着全球相互依存的加深,国际和国内社会的相似性越来越多,如果相互依存是全球性社会合作存在的依据,那

---

① Onora O'Neill, "Transnational Justice," in David Held ed., *Political Theory Today*, Cambridge: Polity Press, 1991, pp. 300 – 4.

② James Tobin, "A Proposal for International Monetary Reform," *Eastern Economic Journal*, Vol. 4, No. 3 – 4,1978, pp. 153 – 159.

③ Robert Amdur, "Review Articles, Rawls's Theory of Justice: Domestic and International Perspectives," *World Politics*, Vol. 29, No. 3, 1977, pp. 438 – 461.

④ Thomas Pogge, "Priorities of Global Justice," *Metaphilosophy*, Vol. 32, No. 1/2, 2001, pp. 16 – 17.

⑤ Thomas Pogge, "An Egalitarian Law of Peoples," *Philosophy and Public Affairs*, Vol. 23, Issue 3, 1994, pp. 195 – 224.

么国家边界就不构成对社会义务的限制,罗尔斯的社会正义契约原则同样适用于国际社会。贝茨据此提出了全球资源再分配原则和"全球差别原则"。[①]贝茨认为,自然资源是大自然所赋予的,其全球分布很不均衡,这比个人天赋更具有"道德偶然性"。[②] 如果各国只能依靠其天赋条件,资源贫乏者可能永远无法改变贫困命运,因此任何国家或民族都不能无条件宣称是本土资源的唯一拥有者。但鉴于南北国家在自然资源的开发、利用、分配方面的尖锐矛盾,对资源的国际转移应本着人道主义和公平原则加以管理。于是他参照罗尔斯的理论提出全球资源再分配原则:自然资源应当在全人类范围内平等地分配,除非不平等的分配有利于人类普遍利益尤其是最不利群体。这样不仅可以为资源贫瘠的国家谋求经济发展和社会进步提供资源保证,从而避免因资源争夺而产生的冲突,而且有助于确立相关的标准来有效利用和保护资源。[③] 贝茨还认为,国际合作也会产生收益与负担不平等问题,如同在国内社会中一样,为了减少不平等,全球契约各方会选择差别原则(the difference principle)。他进而指出,国家间分配的不平等最终体现为个人间的不平等,个人才是真正的最不利者,因此国际分配正义的主体和差别原则的适用对象从根本上讲是个人而非国家。但贝茨承认,在实践中国家处于更有利的地位,因此在找到更好的途径之前,国家间的再分配是一种次优选择。[④]

但罗尔斯本人却并不认同"罗尔斯推论"。在他看来,一些社会落后的根源在于政治文化制度。[⑤] 不过,面对日益增多的全球性问题,在《万民法》一书

---

① Charles Beitz, *Political Theory and International Relations*, Princeton, N. J.: Princeton University Press, 1979, pp. 128, 143 - 160.

② Charles Beitz, *Political Theory and International Relations*, p. 139.

③ Charles Beitz, *Political Theory and International Relations*, pp. 141 - 142; Peter Jones, "Global Distributive Justice," in Andrew Valls, ed., *Ethics in International Affairs*, Lanham: Rowman & Littlefield, p. 172.

④ Charles Beitz, *Political Theory and International Relations*, pp. 152 - 153.

⑤ John Rawls, *The Law of Peoples*, Cambridge University Press, 1999, p. 117.

中,他也吸收了世界主义者的部分观点,阐述了自己的国际分配正义观:处境较佳的"人民"①有义务为处于不利条件下的"人民"提供资金援助,以帮助改善其政治文化制度与社会环境,但没有理由按照全球差别原则进行资源再分配或者改变现有国际秩序。② 罗尔斯反对将国内分配原则运用于国际社会,还出于对社群主义价值取向的认同和对文化多样性的认识。③ 世界主义强调个人的价值、平等,以及人类所有人彼此间的道德义务。其根本立场,就是将个人作为道德关怀的最终对象,其价值取向是个人主义。④ 而社群主义则认为,相对于个人,共同体具有优先性,相对于其他共同体,个人所属的共同体价值和利益更是具有优先性。同样,罗尔斯也认为,文化多样性阻碍了全球共识的形成,分配正义主要适用于共同体内部。⑤ 显然,罗尔斯主要从国内社会层面去寻找贫困的根源,忽视了国际体系与国际秩序中的不平等、不公正因素,这与他在《正义论》中强调社会基本制度的立场相比,不仅存在逻辑矛盾,也是一种道德退步。

可见,当代西方社群主义与世界主义这两大范式之间的分歧,与国际政治理论的现实主义与自由主义之争非常相似,都反映了文化价值观的相对主义与普遍主义之争。这在实践伦理上集中表现为对主权与人权的不同偏重。实际上,在全球相互依赖的时代,两者并不是截然对立的。在道德关怀上,普遍

① 罗尔斯用"人民"(peoples)一词来代替民族(nations)或国家(states),反映了在国家与个人之间的某种调和。但在讨论具体问题时这些概念的区分并不明确,参见 John Rawls, *The Law of Peoples*, Preface, p. 1;中文版详见[美]约翰·罗尔斯:《万民法》,张晓晖等译,吉林:吉林人民出版社2001年版,前言和引言,第67、95 - 100 页。

② John Rawls, *The Law of Peoples*, pp. 37, 110.

③ 社群主义(Communitarianism)本来是20世纪80年代以来西方政治哲学领域批判罗尔斯的一股思潮。罗尔斯早年的思想更接近世界主义,晚年却在许多方面接受了社群主义的观点。

④ Simon Caney, *Justice Beyond Borders*, pp. 3 - 4.

⑤ Charles Jones, *Global Justice: Defending Cosmopolitan*, p. 16;Kok-chor Tan, "Priority for Compatriots," *Economic and Philosophy*, Vol. 22, No. 1, 2006, p. 116;Peter Jones, "Global Distributive Justice," in Andrew Valls, ed., *Ethics in International Affairs*, p. 175

的人性与特殊的民族情感未必是非此即彼的关系。[①]

　　上述理论分歧,在很大程度上是当今国际政治现实的反映。在现有国际体系与国际秩序背景下,国际分配正义确实面临许多实际障碍。如果说国内分配正义能够以民族国家认同为纽带,通过国家意志来推动,事关南北利益格局的国际分配正义则有赖于国际社会利益与道德共识的形成和发展,且只能通过国际合作来解决,因此必然面临许多特殊困难。

　　首先,发达国家国际援助的力度不仅非常有限,也很不稳定。冷战结束后,由于西方大国对发展中国家的战略需求下降,欧盟、北美等发达区域内部合作的深化导致国际援助与投资分流,加上全球金融动荡,部分发展中国家贪腐严重、政局不稳等原因,发达国家对外援助一度呈减少趋势。由于往往附加了苛刻的政治经济条件,其援助的效率也很低。例如,从 1992 年到 1997 年,发达国家提供的官方援助金额下降了 20% 以上。[②] 美国的对外发展援助基金几乎削减了一半。2008 年,官方发展援助(ODA)净拨付额尽管增长了10.2%,也仅相当于发达国家国民总收入(GNI)的 0.3%,大大低于联合国设定的 0.7% 的目标。美国的比例一直在 0.1% 以内。[③] 欧盟的国内生产总值高达 8 万亿欧元,但 2007—2013 年的年平均援助资金额却不足 500 亿欧元。[④]尽管 20 国集团领导人在 2009 年 4 月重申要为最贫穷国家提供更多援助和债务减免,但在金融危机背景下,承诺的兑现仍然很成问题。[⑤]

　　其次,文化价值观的多样性的确影响了国际共识的形成。"夫物之不齐,

---

　　① Peter Jones, "Global Distributive Justice," in Andrew Valls, *Ethics in International Affairs*, p. 176.

　　② 孙玥等:《90 年代以来国际资本流动结构的新特点》,载《世界经济》1999 年第 6 期,第 20 - 23 页。

　　③ 联合国:《千年发展目标报告 2009》,第 7、48 页。

　　④ The World Bank, *World Development Report* 2009, Washington, DC, 2009, p. 5.

　　⑤ 联合国:《千年发展目标差距问题工作组 2009 年报告》,http://www. un. org/zh/millenniumgoals/gap09/。

物之情也。"多样性是世界的现实。这使得人们对正义的内涵及其与秩序的关系有不同理解,对于共同面临的问题及其解决途径也缺少足够的共识。除了罗尔斯,迈克尔·沃尔泽(Michael Walzer)和特里·纳丁(Terry Nardin)等著名国际伦理学者也认为,与文化多样性有关的正义观念的差异甚至冲突,是国际社会不能就分配正义原则达成广泛共识的根本原因。[①] 思想共识的缺乏,使得各国在发展水平、国际处境和利益需求等方面的客观差异难以得到有效协调。

最后,更大的问题在于,国际社会长期缺乏有效的保障机制和足够的推动力量。国内社会结构是等级制的,解决国内分配问题可以依靠政府的权威。国际社会则处于无政府状态,联合国因为各种原因也未能充分发挥作用。超国家权威的缺失,国际秩序的保守与变革力量长期不平衡,使得公正、合理的国际分配体制难以形成,市场机制的缺陷无法矫正,极端的利己行为难以约束。显然,在发达国家和跨国资本利益占主导地位的国际体系与国际秩序背景下,要建立超国家的权威或相应的国际机制来促进国际分配正义的实现,几乎是不可能的。

此外,在一些学者看来,国际分配正义还受到以下几个重要因素的影响。第一,各国的自然资源禀赋和地缘政治环境是极不相同的,由于自然资源禀赋和地缘环境是影响国家发展和国家治理的基础要素,那些拥有丰富自然资源、拥有良好港口和海岸线、不易受到战争侵扰的国家在经济社会发展方面天然地具有优势。第二,各国在全球化时代的发展基点是极不相同的,全球化的影响覆盖了整个国际体系,但各国基于不同的历史情况有着不同的发展起点,有的国家本身是全球化的牵引者之一,这类国家在进入全球化时代后大部分发

---

① Peter Jones, "Global Distributive Justice," in Andrew Valls, ed. , *Ethics in International Affairs*, p. 175.

展得很好；有的国家虽然在全球化以前发展得并不好，但把握住了全球化的时机，改变了以往处于国际经济社会较低层次的发展状况，使国家整体实力发生明显改观；也有的国家在全球化时代依然停滞不前，甚至出现倒退现象，这些国家与前两类国家的差距越来越大。第三，从公民个体的角度看，有的人出生在发达国家，有的人出生在发展中国家，有的人出生在贫穷国家，那些出生在治理状况良好、经济社会发展水平高的国家的人在个人福祉方面天生具有优势，只是因为这个偶然性因素导致的贫穷对穷国之穷人来说是极为不公正的。[1] 为此，斯坦利·霍夫曼认为，为了满足第三世界的需求，对贫穷国家进行救助，必须适当超越传统的国家主权观念。不过，他承认，由于各种主客观原因，不同的主体对于其他国家的义务之范围，在不同时间和地点是各不相同的。[2]

总之，国际正义本质上是一种分配正义，而不是主要关注形式或程序公正的交换正义。国际分配正义要求国际共同体在全球层面对财富和资源进行再分配。这种国际正义观支持了全球治理的观念。关于如何实现全球分配正义，学术界主要有以下几种观点。

第一种观点是，为了使全球资源在各国家和各地区之间实现平衡，有必要由某种机构施行诸如"全球税收"的手段。那么由什么机构来实施这种全球税收呢？联合国是合适的机构。按照此种观点，联合国可以将发达国家GDP的一定比例作为对欠发达国家、地区和难民的援助。联合国可以在全球分配正义中扮演越来越重要的角色。联合国实施全球税收的设想实质上是国内税收

---

[1]　Charles R. Beitz, *Political Theory and International Relations*, Princeton, New Jersey: Princeton University Press, 1999, p. 294.

[2]　Stanley Hoffmann, *Duties Beyond Borders: On the Limits and Possibilities of Ethical International Politics*, Syracuse, NJ: Syracuse University Press, 1981, p. 157. 另参见 Thomas Pogge, *World Poverty and Human Rights: Cosmopolitan Responsibilities and Reforms*, Malden, MA: Blackwell Publishers, 2002。

手段在全球范围内的延伸和应用,假如税收是主权国家在国家治理中的主要财政来源之一,那么联合国也可以设立一个负责全球资源和财政再分配的部门,该部门的任务是通过税收手段对全球的不平等状况进行调节。按照累进原则,对富国多征税,对欠发达国家少征税甚至不征税,这样可以有效降低全球资源和财政分配中的不平等。

第二种观点聚焦于生存空间的分配。该种观点认为,全球生存空间按人口进行平均分配并不符合当代国际关系事实,但拥有大量土地且人口密度小的国家应该让更多欠发达国家的人移民进去。因此,迈克尔·沃尔泽提出集体的相互援助的形式可能要求对国土的成员资格做一个有限的、综合的再分配。沃尔泽认为所有有资格的男女都拥有一种共有的政治地位。他严厉地批评人类历史上所存在的各种专制,认为在这种制度下公民统治非公民,内部成员统治外来者。从理论上讲,实现全球分配正义的相关观点极具吸引力,其要求相关具备条件的国家拥有同情、牺牲和利他主义的理念和情怀。但从实际情况看,全球分配正义的理想只能在极有限的范围内才能实现,国家资源的有限性、生存空间的有限性、主权国家公民对于政府的治理要求、政府对于各方面利益诉求的综合考虑决定了完全实现全球分配正义的概率极其微小。①

与此同时,按照罗伯特·诺齐克(Robert Nozick)的看法,全球性的分配正义观在前提假设方面是不切实际的,即假定国际社会中的所有财富为全世界人类所共有,这些财富按照全球正义的观念进行统一分配。这种假设之所以不合理,是因为世界范围内的领土和物质已经各有其主,也就不存在分配与再分配的可能性。与全球再分配正义相匹配的是有一个世界政府的存在,这个世界政府将有权干预主权国家的政务,以及主权国家内部公民的事务,但如

---

① 参见何包钢:《三种全球正义观:地方正义观对全球正义理论的批评》,http://www.iolaw. org.cn/showNews.asp?id=13142。

此将强化第三世界的依赖性,由于日益增长的开支和全球税收降低了国际社会的整体生产力。诺齐克的观点具有较大范围的代表性,这种观点强调自由和平等之间的张力,太过理想主义的全球正义观无助于全球不平等问题的解决。从保守主义的观点看,维持现状是最好的选择。对于诺齐克主义者来说,正义主要与秩序而不是平等有关;应该拒绝全球物品的再分配观念;世界政府的理念既没有必要,也是极其危险的。[1]

归根结底,实现分配正义的根本障碍是国际秩序的不合理性和南北力量格局的不对称性。显然,国际分配正义的实现,既有赖于文明之间的交流与对话以达成共识,也取决于国际力量格局演变的客观进程以获得新的动力。文明对话既要承认差别,也要强调平等。[2] 然而真正的文化平等,有赖于政治、经济地位的平等。因此,作为当今国际体系最重要的结构性变化,新兴大国群体的出现,为推动秩序改良、促进分配正义提供了前所未有的历史机遇和可能性。[3]

四、国际制度与国际秩序

国际制度与机制承担着调节国际秩序的核心作用。人们对国际制度或机制的重视,其核心在于强调国际合作的重要性与可行性。要实现有效的全球治理,维持国际秩序的稳定和延续,就需要将全球治理进一步机制化。基欧汉对这种机制化的作用有独特的见解和深入的分析。他指出:"在世界政治中,国际机制通过降低高额交易成本和不确定性带来的障碍发生的概率,有助于

---

① 参见何包钢:《三种全球正义观:地方正义观对全球正义理论的批评》,http://www.iolaw.org.cn/showNews.asp?id=13142。

② [美]杜维明:《文明对话的语境:全球化与多样性》,刘德斌译,载《史学集刊》2002年第1期,第7页。

③ 石斌:《秩序转型、国际分配正义与新兴大国的历史责任》,载《世界经济与政治》2010年第12期,第69-100页。

协议的达成。"换言之,国际机制的关键作用在于降低交易成本,同时通过信息分享来减少不确定性,以及减少甚至消除国家之间的相互猜忌,而互不信任正是国际合作的主要障碍。目前学术界经常讨论的国际机制主要有以下几大类:一是以联合国为中心的全球性机制;二是以 G7/G8 和 G20 为代表的大国协调机制或"俱乐部"机制;三是地区性机制。

(一)国际社会学派的国际制度观念

提到"国际制度",人们较为熟知的是自由主义或新自由制度主义所理解的概念。实际上,对于国际制度的含义,还有许多不同的传统解释,其中国际社会学派的观点颇有代表性。英国学派的国际制度概念内涵较为宽泛,涵盖了影响和调节国际秩序的规则、规范、制度甚至手段和体系结构,主要来自对近现代国际关系历史的观察,反映了国际秩序演变历程中的一些传统调节措施。其中最有启发意义的思想,是认为国际制度具有某种"两重性"。[①] 例如马丁·怀特、赫德利·布尔等人都指出,均势、国际法、战争、大国协调等国际制度或国际机制在发挥积极作用、维持国际秩序的同时,也常常违背(布尔甚至认为必然违背)一般的正义理念[②],从而造成道德上的两难困境,因此英国学派强调必须坚持因地制宜的形势伦理(situational ethics)及其"次优/次恶"原则,在肯定这些制度的同时对其作用予以限制。

例如,均势制度一直在维护国际体系的秩序中发挥关键作用,但违背了正义原则,因为它往往牺牲小国的利益,或者允许对一个正在崛起但并未对他国造成法律或道义伤害的国家发动战争;国际法往往承认现状,包括由武力或武力威胁所造成的既成事实,因此与国际正义也会发生冲突。战争作为国际秩序的工具,可以起到造就或维护均势、强行贯彻国际法、确立或维持大国控制

---

① 详见石斌:《相互依赖、国际制度、全球治理:基欧汉的世界政治思想》,载《国际政治研究》2005年第 4 期。

② 详见赫德利·布尔:《无政府社会》,第 72 - 73 页。

甚至导致公正变革的作用,但战争也可能践踏国际法准则、破坏均势、阻止公正变革或导致不公正变革,从而威胁国际秩序。对此,英国学派继承了托马斯·阿奎那(Thomas Aquinas)率先集中表述并由格劳秀斯(Hugo Grotius)所发挥的"正义战争"观念①。他们承认国家有战争权,但强调这必须是伦理和法律界限内有限和相对的权利,因此必须区分正义与非正义战争,从事战争要出于正义的目的,或出于符合共同规则的正义的目的,并遵循有限战争的原则,否则国际社会便无秩序与正义可言。②

国家和秩序在英国学派的本体论上的主导地位,本身就意味着承认大国的特殊地位。但大国的作用也有两重性。大国通过维持地区性的霸权体系和彼此合作来维持国际秩序,但往往以损害较小国家和民族的利益为代价。因此巴特菲尔德既强调大国的责任,也指出了大国作用的局限性。他还是较早对冷战进行伦理思考的思想家之一。他指出,小国的自由有赖于大国的相互制衡,如果美苏均丧失"领导"地位,"结果很可能是无序并丧失自由"。美苏之间的安全困境实际上也是一个道德困境,双方都实力强大却彼此畏惧,都强调自己的善意却无法信任对方,因此必须有一方拿出道德勇气主动让步才能打破僵局,但美国冷战政策的意识形态与道德主义色彩、对武力特别是核武器的依赖又使之难以尽到大国的责任。③

布尔对大国作用的两重性做了更详细的分析。他认为,一方面,大国负有维持秩序的责任,这种特殊作用来源于国家间权力不平等的现实,虽然有悖主权平等原则并因此有悖国际正义原则,却是维持秩序的需要;但另一方面,大

---

① 按照阿奎那的定义,正义战争就是由合法的权威为正当的目的发动并以正当的方式或手段进行的战争。John Vasquezed ed. , *Classics of International Relations*, Englewood Cliffs, NJ, 1996, pp. 32 - 35.

② Hedly Bull, "The Grecian Conception of International Society," p. 56;布尔:《无政府社会》,第 15 页。

③ Herbert Butterfield, "Morality and an International Order," in B. Porter, ed. , op. cit. , pp. 352, 356 - 357;肯尼斯·汤普森:《国际思想大师》,第 16 页。

国责任不等于大国霸权,大国的行为若不加节制也可能破坏秩序,损害正义。历史经验表明,尽管大国的重要使命是维持均势并防止任何大国失去控制而造成灾难,但许多大国的行为表明它们并不真正负责任。两次世界大战即标志着大国责任的深刻失败。因此大国地位的合法性必须具备一些前提,如避免过分强调自己的特殊地位,避免采取破坏秩序的行为,满足某些公正变革的要求,将二流强国视为合作伙伴,等等。①

出于对绝对主义的一贯警觉,英国学派主要学者无不对冷战期间大国的意识形态外交和道德主义倾向持明确的批判态度。冷战缓和的终结使布尔对超级大国能否履行维持秩序的责任产生怀疑,布尔晚年对多元主义的反省即与此相关。布尔在 20 世纪 50 年代末还对军备控制问题做过许多开创性研究。他既不赞同片面追求军事优势的现实主义逻辑,也不同意普遍裁军的革命主义理想,而是呼吁美苏双方从实际出发,在确保自身安全的前提下争取达成某些军备控制和裁军协议,表现出理性主义者一贯的审慎与务实态度。

(二)新自由制度主义对国际机制的理论阐述及其内核

作为新自由制度主义的开拓者,罗伯特·基欧汉(Robert O. Keohane)在对经典现实主义(Classical Realism)和结构现实主义(Structural Realism)进行反思和批判的基础上,提出并建构了一系列国际关系理论新观点。第一,基欧汉将制度经济学理论引入国际关系研究,强调国际体系中政治行为与经济行为互动结果对于国际关系发展所产生的深远影响。这一方面为国际政治经济学的理论建构注入了重要的新成分,另一方面打破了以往国际关系研究主要以安全事务为核心内容的研究范式,开拓了国际关系研究的新领域。第二,基欧汉强调非国家行为主体(Non-state Actors)在国际关系中的作用和影响。基欧汉指出,虽然国家仍然是国际体系中最重要的行为体,但国际组织、跨国

---

① 详见布尔:《无政府社会》,第 9 章。

公司等非国家行为体也具备重要的行为能力和影响力。第三,基欧汉指出,国际体系中的互动关系已经较之前有了巨大拓展,除了国家单元之间的互动关系,次国家单元之间的互动关系、国家与次国家单元之间的互动关系也是国际体系互动关系的重要组成部分。第四,引入国际机制(International Regime)概念,构建了国际机制功能理论。基欧汉承认无政府状态依然是国际体系最重要的特征,但他强调国际体系中的制度因素对于国家行为具有重大影响。

基欧汉的研究对于国际关系理论发展的最大贡献,在于其关于国际机制与国际合作之间因果关系的假设和论证。结构现实主义和新自由制度主义在解释国际体系和体系单位互动关系时,都提出了三个大致相同的基本假设:(1)国际体系处于无政府状态;(2)国家是单一、理性的行为体;(3)国家利益为国家行为的最高准则。然而,关于三个假设所产生的结果,结构现实主义和新自由制度主义的看法却大不相同。

结构现实主义认为国际无政府状态所导致的结果是安全困境(Security Dilemma),以及由此而来的潜在和现实冲突;国家是单一、理性的行为体导致的结果是对国际合作的排斥;追求国家利益最大化导致的结果是以军事手段为实力后盾尽可能地扩大国家权势。新自由制度主义接受了结构现实主义关于国际体系和体系单位互动关系的三个前提假设,但基欧汉认为:虽然国际体系总体上处于无政府状态,但国际社会的持续性存在证明了国家之间已经形成了秩序和规则。正是因为秩序和规则的存在,国际社会才不至于瓦解;国家是单一、理性的行为体并不代表其不需要国际合作。国际政治实践表明,国家会采取国际合作的方式来降低成本、扩大收益;正是由于国家利益是国家对外政策的最重要依据和落脚点,国家才有动机去避免冲突来进行互惠合作。

结构现实主义认为,国际体系结构是国家间产生冲突或合作行为的最重要的因变量,由于国际体系呈无政府状态,国家基于生存和发展的需要会以自助形式追求国家利益最大化,把追求权力作为对外政策行为的首要目标。但基欧汉认为,肯尼思·华尔兹(Kenneth Waltz)所代表的结构现实主义并没有完全揭示国际政治的内在规律,国家对权力的过度追求及由此产生的可能性冲突并不符合国际政治的发展事实。结构现实主义的重大缺陷在于忽视了范围广泛的各类国际机制的存在及其对国家间冲突与合作行为的影响。[①] 这个判断的直接现实依据在于,结构现实主义无法解释这样一个国际政治现实:在国际体系结构没有发生改变的情况下,国家行为为何发生变化? 答案就在于国际体系中的制度因素,而结构现实主义忽略了这个重要因变量的存在。因此,如果说华尔兹理论的核心是"结构选择"(structure select),那么基欧汉理论的核心则是"机制选择"。[②]（参见表 1 - 2）

表 1 - 2 国际体系特征和国际体系单位的互动关系

国际关系理论学派	自变量	因变量	因果关系逻辑
结构现实主义	体系结构 （主要政治力量之间的物质权力分配）	国家行为 （冲突与合作）	$S_s \rightarrow U_b$ （S_s 为体系结构,U_b 为国家行为）
新自由制度主义	国际机制 （一系列隐含的或明确的原则、规范、规则及决策程序）	国家行为 （冲突与合作）	$S_i \rightarrow U_b$ （S_i 为国际机制,U_b 为国家行为）

资料来源:作者自制。

（三）国际制度与国际合作

国际制度与国际合作之间的因果逻辑,在基欧汉的《霸权之后:世界政治经济中的合作与纷争》一书中得到充分论证。作为基欧汉学术思想的重要著

[①] Robert Keohane, *International Institutions and State Power: Essays in International Relations Theory*, Boulder: Westview Press, 1989, pp. 8 - 9.

[②] 秦亚青:《权力·制度·文化——国际政治学的三种体系理论》,载《世界经济与政治》2002 年第 6 期,第 5 - 10 页。

作,《霸权之后》所要解决的核心理论命题是:在霸权缺失或衰落的情况下国际合作是否可能,如果可能的话,这种合作如何实现?

在基欧汉提出基于制度的国际合作观之前,结构现实主义支持的是基于权力的国际合作观,即霸权稳定论。霸权稳定论产生的背景是,20世纪70年代初到80年代初,西方出现经济衰退,布雷顿森林体系瓦解,美国政治经济地位衰减,同时西方发达国家之间的经济政治矛盾有所发展,于是在国际政治经济学中相应地出现了有关美国霸权问题的理论。一些西方学者把经济学上的两个概念运用到国际关系研究中并构筑起理论。这两个概念就是"公共产品"(public goods)和"免费搭车者"(free rider)。就国际政治观念而言,这些学者有的是自由主义者,有的是现实主义者,但他们都认为,美国提供了国际安全保障、稳定的国际货币金融体系、自由开放的贸易市场等公益,但大多数国家并没有做出什么贡献,也没有分担负担,这就在理论上导致了霸权稳定论的产生。

按照金德尔伯格(Charles P. Kindleberger)的说法,霸权稳定论的要义在于:如果国际社会中存在一个霸权国家,这个国家将会对国际社会提供规制、秩序、安全、合作、分配机制等方面的"公益"即公共产品。[1] 公共产品最重要的特征在于其消费的关联性和非排他性,即一项好处提供给某一个人,但大家可以都享受而无须另加成本,即"免费搭车"。更具体地说,一方对公共物品的消费不论在共时性还是历时性上都不影响另一方的消费;同时一方对于公共物品的消费量也不影响另一方对于公共物品的消费量。公共物品极强的外部性效果,导致了搭车现象的广泛存在,即没有提供公共物品的国家同样能够消费公共物品而无须付出代价。在主权国家内部,公益主要由政府提供。政府

---

① Charles P. Kindleberger, "International Public Goods without International Government," *The American Economic Review*, Vol. 76, No. 1, March 1986, pp. 1 – 13.

可以通过强制征税来为公共产品付款。中央政府的存在确保了政府对于市场的适度干预,也确保了公共物品供给的有效性和及时性。但在国际无政府状态下,并不能保证各个国家为了共同的利益而去提供公共物品,这就是奥尔森(Mancur Olson)所称的"集体行动的逻辑"。但是,即使是在国内,某个或某些在公益消费方面获益最大的消费者也可能承担某项公益的全部或部分费用,而这正是霸权稳定论的一个重要基础。霸权稳定论的支持者认为,把主权国家内部公共产品的供给方式推及国际社会,则由霸权国家来提供国际社会所需要的公共产品,这样国际体系就能在军事、政治、经济、社会方面保持秩序稳定;反之,如果离开了霸权国的公共物品供给,那么国际体系难以维系和平。霸权国之所以愿意提供公益,不仅因为有资格能力,更因为它是现有秩序的主要获益者。罗伯特·吉尔平(Robert Gilpin)也是霸权稳定论的一个主要代表,他以 19 世纪的英国和 20 世纪的美国为例,说明霸权国对开放的国际投资体制的支持,认为世界很多国家都从这种体制中受益。不过与金德尔伯格等人不同,吉尔平试图着重解释的是国际体制如何形成和改变,而不是体系稳定问题。此外,他指出,最强大最发达的国家在稳定的自由主义国际政治经济秩序中获益最多。作为一个现实主义者,他更强调霸权国的利己主义而不是一些自由主义者所标榜的"利他主义"。[①] 后来的一些霸权稳定论者还提出,如果由霸权国对权力加以分配,也会出现一个开放的国际贸易体制。主导国之所以乐见这种体制的形成,是因为它促进了经济福利和增长,增加了霸权国的经济杠杆。霸权国也拥有足够的资源推动或强迫其他国家参与开放的贸易体制。

然而霸权国家衰落了怎么办? 自由制度主义的答案是"霸权后合作"。基

---

① Robert Gilpin, *US Power and the Multinational Corporation*, New York: Basic Books, 1975.

欧汉的《霸权之后》所要回应的现实问题,正是美国霸权逐步衰落的环境下国际社会如何维系国际合作与现有国际秩序的问题。"合作霸权"或"霸权后合作论"可以视为来自自由主义阵营内部对霸权稳定论的进一步解说和局部修正。其大意是说,即使霸权国家处于衰落过程之中,国际合作也不一定会出现混乱,一些二等强国有可能或者说应该与霸权国一起来共同提供公共产品,此即所谓"合作霸权"。国际体制虽然主要由霸权国组织建立,但"霸权后"时期只要共同的利益基础仍然起作用,就能够继续合作。这套理论所反映的现实关切不言自明,那就是其他国家应该在美国的领导下共同维持秩序。这说明自由主义国际政治经济学,包括杂糅了自由主义与现实主义两种成分的"霸权稳定论",主要反映的还是美国的利益和跨国资本的利益,其意识形态倾向一目了然。

　　20 世纪 70 年代末,冷战的缓和由于苏联咄咄逼人的进攻态势而宣告结束,美国的霸权地位发生动摇。美国学术界又围绕现实主义的假设展开论战。基欧汉此时也将重点转向考察美国霸权地位的变化对发达工业化国家之间合作的影响。他采取以退为进的研究策略,接受了现实主义的一些重要假设,试图证明即使以这些假设为基础,仍然可以论证在"霸权后"时期国际机制将继续存在并促进国际合作。也就是说,即使在由理性和自私的国家行为体主宰的无政府世界里,国际机制依然是解释国际体系中的行为的重要因素。[1] 为此,他借鉴了经济学的一些研究方法,对自己此前关于机制演变的国际组织模式的假设做了详细阐述,在 80 年代中期提出了功能性机制理论,并在 90 年代初形成了自己系统的制度主义学说。[2]

　　二十世纪七八十年代,如何看待美国霸权地位的衰落是人们普遍关注的

① Iver Neuman and Ole Wæver，*The Future of International Relations*，London，1997，p. 95.
② 更详细的讨论见石斌:《相互依赖、国际制度、全球治理:基欧汉的世界政治思想》,载《国际政治研究》2005 年第 4 期。

问题。1977—1984 年这 7 年间,基欧汉的研究重点是力图说明国际机制的作用和国际社会对国际机制的需求,[①]并着重探究美国相对衰落后,建立在诸多国际机制基础上的国际秩序会发生什么变化。他吸收了理性选择理论和制度经济学的相关理论,系统阐述了自己的功能性国际机制理论。

在这个阶段,基欧汉放弃了把"复合相互依赖"视为现实主义的替代模式的企图,转而接受了结构现实主义的一些基本假设,例如无政府状态是国际体系的基本特征,国家是单一、理性、最主要的国际行为体。他承认,将注意力重新转向国家,是因为认识到非国家行为体仍然从属于国家。[②] 跨国行为体实际上通常由来自特定国家的人管理,仍然是以国家为纽带并以此形成自己的价值观。[③] 他强调,权力与相互依赖并非彼此独立。"非对称相互依赖"实际上就是权力关系的一种表现形式。他把国际机制视为国际体系的组成部分,而国际体系则是建立在主权和自助原则之上的,这与现实主义也没有根本分歧。

这一转变主要有三个原因:首先,正如许多学者所指出的,《权力与相互依赖》一书对现实主义的理解过于简单,有些批评并不中肯。例如,现实主义者从不认为武力在任何条件下都是可用的、有效的政策工具,或者无须做任何限制。其次,现实主义者批评道,政治、军事权力的分配与相互依赖的状况无关显然不是事实。例如,克拉斯纳对美国原料政策的研究表明,美国有能力追求前后一贯的"国家利益",而不顾国内利益集团的要求。他还证明,霸权力量与国际贸易中的相互依赖程度存在某种关联。华尔兹在阐述均势的重要性时,

---

① 这一主题的代表性论文是 Robert Keohane, "The Demand for International Regimes," *International Organization*, Vol. 36, No. 2, (Spring 1982), pp. 141 - 171。

② Robert Keohane, "Institutional Theory and the Realist Challenge After the Cold War," in David Baldwin, *Neorealism and Neoliberalism*, New York: Columbia University Press, 1993, pp. 301 - 338; Robert Keohane, *International Institutions and State Power*, p. 8.

③ Robert Keohane and Joseph Nye, "Transnational Relations and World Politics: An Introduction," *International Organization*, 25 (3) (Summer), p. 336.

也证明相互依赖不但远未使权力过时,而且事实上还有赖于美国提供条件的能力与意愿。最后,70年代末80年代初,冷战再起高潮,在一定程度上否定了复合相互依赖将进一步扩大并使现实主义更加陈旧和过时的预言。①

但通过考察国际机制的功能性作用,基欧汉的基本结论与现实主义大不相同:国际机制有助于促进无政府状态下的合作。他认为,结构现实主义者夸大了国际体系的无政府性及其后果,低估了国际机制的作用。尽管国际社会缺乏正式、合法的权威等级制,非正式的治理因素仍然存在,其形式是机制和制度,以及在时间和空间上可以确认的许多相互联系的规则、规范。它们都有助于国家解决集体行动困难与市场失败问题。②

基欧汉把世界政治比作不完善的市场,其特征是制度缺陷妨碍了互利合作。在国际关系中,交易成本很高,国家可能因为担心其他国家违背承诺或者无法监督他国行为而不愿合作。制度有助于克服此类问题,使互惠原则更有效地发挥作用。制度可以塑造他者对恰当行为的认知,影响对他国偏好、意图和行为的预期,并通过改变体系环境促进国家战略的变化,从而使追求自我利益的国家能够继续合作。通过颠倒科斯定理的逻辑并借助制度经济学和工业化组织原理,基欧汉认为机制有如下功能:在相关问题领域创建某种近乎法律义务性质的模式,使有关国家基于相互倾同的预期,以及对违约者的制裁而遵守规则;通过使信息更为对称等方式减少不确定性;降低合法的讨价还价的交易成本,增加不合法的讨价还价的交易成本。③总之,制度降低了制定、监督和实施规则的成本,通过提供信息促使各成员国做出可信的承诺,而确保遵循

---

① Martin Griffths, *Fifty Key Thinkers in International Relations*, London: Routledge, 1990, p. 187.

② Robert Keohane, "International Institutions: two approaches," *International Studies Quarterly*, 32 (1988), p. 383.

③ Robert Keohane, *After Hegemony: Cooperation and Discord in the Political Economy*, Princeton University Press, 1984, pp. 85, 97.

承诺的因素主要是互惠。

基欧汉借助理性选择论来解释霸权之后的机制维持与创新,从而对当时颇为流行的霸权稳定论提出了质疑。按照"霸权稳定"的逻辑,美国霸权的衰退势必导致国际机制的自动衰落,进而导致整个秩序或"美国治下的和平"的崩溃。但根据基欧汉的功能性机制解释框架,理性、自利的国家只要彼此有共同或互补利益就会相互合作。出于获取某些利益的考虑,理性的单位将维持或创造国际机制。也就是说,可以用机制被预期达到或从理性的角度将实现的效果来解释机制形成的原因。一个国家之所以愿意维持或创建某个特定机制,是因为它想以此实现某种预期目标。[①]

显然,"霸权稳定论"仅仅将机制视为基本的因变量(即国际体系结构和寻求权力行为)与相关结果之间的干预变量。基欧汉则将其作为独立的解释变量,并由此认为,权力模式的变化并不能解释合作模式的变化,通过非霸权国家的合作,在美国霸权体系下确立的有关"公益"的规则将继续发挥作用。因此结果可能不是机制的变更而是机制内部的调整。而且,具有共同或互补利益的国家之间的非霸权式合作还可能产生新的机制。[②] 基欧汉还通过考察贸易、石油与金融等问题领域,来检验其修正后的有关制度化合作的"功能理论"。他发现美国权势的衰落只是这些领域的机制衰弱的部分原因。即使在1970年以后(他认为此时美国已失去霸权地位),国际秩序并未被摧毁,贸易、金融领域的国际合作依然是主流,发达工业化国家仍然试图协调彼此的政策;30年代那种相互倾轧的局面并未重演。

总之,一个崭新的命题出现了:维持制度化的国际合作并不需要长期依靠霸权所提供的条件,尽管这种条件在建立机制时是必要的。功能性机制解释

---

① Robert Keohane, *After Hegemony*, pp. 183, 80.

② Robert Keohane, *After Hegemony*, p. 50.

框架的作用就在于,即使在分析最初创建机制的结构性条件的变迁时,它也能解释这一机制所具有的持久性。这一理论创新极大地激发了人们在各种问题领域验证该理论的热情。基欧汉本人也将功能性机制理论视为自己最重要的理论贡献之一。①

基欧汉认为,虽然美国霸权处于衰落的进程中,但国家行为体可以凭借现有的利益相关性来为国际制度的建立提供时空窗口,进而实现国际合作。他借鉴微观经济学的合作理论,利用发达经济体之间已经形成的相互依存状况,探讨通过建立和完善国际制度以推动国际合作的内在规律。基欧汉试图通过《霸权之后》的学理分析达到两个目标:一是为西方国家决策者提供理念指引和政策建议;二是实现现实主义和自由制度主义的理论结合。在第一个方面,基欧汉通过对西方国家国际政治经济实践的实证分析得出结论:发达经济体应树立合作理念以构建多边共赢的格局。② 在第二方面,基欧汉试图在现实主义和自由主义之间架起一座桥梁。现实主义者崇尚霍布斯文化,认为权威政府和制度约束的缺失必然导致国家间的冲突,而国际规则、规范在影响国家行为层面的作用是微不足道的,因此国家之间总是通过竞争尽可能地扩大实力和影响力。但在基欧汉看来,这只是国际政治的附带现象,主要反映了强国的利益和意志。相对于现实主义对于国际合作的深刻怀疑,自由主义认为经济上的高度依存必然导致国际机制的建立,国家之间能够借此实现利益的和谐共生。③ 基欧汉大致认同自由主义关于国际合作的观点,但同时又吸收了部分现实主义的观点,反对许多制度主义者所持的盲目乐观主义。④ 换言之,

① Robert Keohane, *International Institutions and State Power*, p. 28.

② Robert Keohane, *After Hegemony: Cooperation & Discord in the World Political Economy*, p. 10.

③ Robert Keohane, *After Hegemony: Cooperation & Discord in the World Political Economy*, pp. 7 - 9, pp. 51 - 53.

④ Robert Keohane, *After Hegemony: Cooperation and Discord in the World Political Economy*, pp. 135 - 240.

他既继承了自由主义关于国际机制有助于实现国际合作的观点,又采纳了现实主义的国际体系结构理论,试图超越结构现实主义的解释功能局限,论证在结构体系理论视角下,国际机制如何导向国际合作,从而建立自己的"国际机制功能理论"(functional theory of regimes)。为了解释"霸权后"合作的可能性和现实性,基欧汉引入了一个关键的概念,即国际机制。

在此有必要对基欧汉所使用的"机制"与"制度"这两个概念稍作解释。[1]

"机制"(regimes)这一概念最早由约翰·鲁杰(John Ruggie)引入国际关系学界。[2] 但人们对其内涵和作用的理解很不相同。在《权力与相互依赖》一书中,基欧汉和奈将"机制"简单地定义为"对[特定领域]相互依赖关系产生影响的一系列控制性安排"。他们还认为,"相互依赖关系发生在调节行为体行为并控制其行为结果的规则、规范和程序的网络中并受到该网络的影响"。这里所说的"规则、规范和程序"也是指国际机制。国际机制可以是由国家之间的协议或条约组成的,如布雷顿森林会议对国际货币所做的安排,也可以是暗含的,如战后美加关系。他们偶尔也使用"制度"(institutions)这个概念,但并未严格区分机制与制度的异同。[3] 此时他们倾向于认为机制是指那些目的是规定和控制跨国间和国家之间关系的政府约定。

基欧汉后来大致接受了克拉斯纳(Stephen Krasner)在 80 年代初提出的对"机制"的著名定义:在国际关系特定问题领域里行为体预期(expectations)汇聚而成的一整套明示或默示的原则(principles)、规范(norms)、规则(rules)

---

① 这部分内容参见石斌:《相互依赖、国际制度、全球治理:基欧汉的世界政治思想》,载《国际政治研究》2005 年第 4 期。

② John Ruggie, "International Response to Technology: Concepts and Trends," *International Organization* 29 (1975), pp. 557 - 583.

③ [美]罗伯特·基欧汉、[美]小约瑟夫·奈:《权力与相互依赖》(第三版),门洪华译,北京:北京大学出版社 2002 年版,第 20 - 21 页。

和决策程序。① 他在分析具体的国际机制时还打破了以国家为中心的机制概念框架。在《霸权之后》一书中,他认为机制不必一定要建立在正式的政府间协议的基础上。例如,在分析有关石油的政治经济学内涵时,他强调公司在机制的形成和维系方面具有关键作用。②

在阐述"制度"概念时,基欧汉将"机制"理解为"涉及国家和(或)跨国行为体的一些具体制度,它们适用于国际关系中的一些特定问题"。③ 由于他认为克拉斯纳的定义中所包含的原则、规则、规范等很难相互区别,于是将"机制"定义为"有关国际关系特定问题领域的、政府同意建立的、有明确规则的制度"。"制度"这个概念同样没有公认的定义。基欧汉本人将其定义为"规定行为体的角色,约束有关活动并塑造预期的一整套持久、相互联系的(正式或者非正式)规则"。④ 这不仅与"机制"的概念非常相似,甚至更为笼统和简单化,因为仍没有区分原则、规范和规则。"预期"也不再有"汇聚"之义而仅仅是被"塑造"(shape)的。但基欧汉却区分了国际制度的三种形式:(1)正式的政府间或跨国的非政府间组织,它们是基于明确的协议、有明确目的的组织;(2)国际机制,它们建立在国家所认可的、涉及特定问题的明确规则基础之上(可见"机制"被视为"制度"的一部分,而且在此意义更为狭窄,它有赖于国家或政府的一致同意,人们普遍接受、基欧汉本人早先也认可的机制的非正式与非政府成分于是被剔除了,这表明基欧汉开始重新强调国家的地位);(3)国际惯例(conventions),这主要指互惠性惯例,也是最不正式的国际制度,以隐含的规则和理解为基础。⑤

---

① 同上,第335页;Stephen Krasner, ed., *International Regimes*, Ithaca: Cornell University, 1983, p. 2.

② Robert Keohane, *After Hegemony*, pp. 177, 185.

③ Robert Keohane, "International Institutions: Two Approaches," *International Studies Quarterly*, Vol. 32, No. 4, 1988.

④ Robert Keohane, *International Institutions and State Power*, p. 3.

⑤ Robert Keohane, *International Institutions and State Power*, pp. 3-4.

实际上,克拉斯纳和奥兰·扬(Oran Young)等人所定义的"机制"已经涵盖了基欧汉提出的所有类型的制度。基欧汉则对"机制"的内涵做了更狭窄的重新界定。这既是为了更好地区分"制度"与"机制",也是为了更符合他分析机制的实际方式,因为他主要是从这种狭义角度研究政府行为的。①

可以认为,从国际机制到国际制度既是一种研究策略的转变,也意味着国际制度主义是继复合相互依赖理论和功能性机制理论之后的又一次理论拓展。这在逻辑上具有明显的连贯性。假定人们建立机制的目的是由此获取某些利益,功能性机制理论仍然适用于分析国际制度,相互依赖则是机制或制度运行的"情景"。用基欧汉自己的话说,在经济相互依赖基础上发展起来的国际制度能够提供信息,减少交易成本,使承诺更富可兑付性,并且能够进行利益协调,从而有利于互惠合作。"从经济相互依赖到国际制度到国际治理,是一大进步。"②由此可见,基欧汉的世界政治理论在这个阶段的发展主要表现为理论视野的拓展、国际制度研究的深化和研究体系的进一步完善。其核心观点仍然是:在无政府状态下,如果存在互利关系,就可能出现相互合作。无政府状态并不必然意味着残酷的竞争和安全困境,因为国家之间的交往与合作的可能性取决于发生有关行为的某个特定领域是如何被制度化的。国际体系的制度化行为指的是那些反映了既定的规则、规范和惯例并被参与者认可的行为。某个问题领域里的制度化程度和行为体拥有共同利益的程度,是制度理论的两个重要变量。③

基欧汉承认,仅从工具理性角度出发,国家会从相对收益角度来评估自身

---

① Iver Neuman and Ole Wæver, *The Future of International Relations*, p. 102.

② Robert Keohane and Lisa Martin, "The Promise of Institutional Theory," *International Security*, Vol. 20, No. 1, Summer 1995, pp. 39 - 51.

③ 制度化程度可以从三个方面去判断:行为体在何种程度上有着共同的预期值;这种预期值何种程度上明确体现在特定的规则之中;制度在何种程度上能够改变自身的规则。Robert Keohane, *International Institutions and State Power*, pp. 1 - 5.

对外政策和国家行为的结果,在这样的思维逻辑下,国家之间要达成合作是很困难的。虽然在国际政治经济各领域不同国家存在共同利益,但个体理性与集体理性之间的悖论总是阻碍有效国际合作的达成。与此同时,国际政治实践表明,理性的国家行为体也并非时刻都从工具理性角度出发来思考问题,不同程度的合作已经广泛地存在于国际体系之中,这其中的核心原因便是国际机制的存在。

总之,基欧汉认为,国际机制最重要的功能在于改善国际无政府状态之下国际行为体间信息的不对称性,为信息的流动、行为的预期、行为成本的评估、行为后果的推测和减少国际行为主体的不确定性提供一个制度性的平台,而这种制度是有实际规制效力的。基欧汉认为,霸权体系下国际社会能够有序运行及各国之间能够达成合作的真正原因,在于霸权国家倡导下的国际机制而非霸权国家本身确保着世界政治经济中的合作与和平。这种被修正或提炼的霸权稳定论,对理解基欧汉接下来的论证是至关重要的。除国际机制与国际合作之间的因果逻辑之外,基欧汉还需论证的一个问题是:国际机制是否依赖国际霸权而存在,即霸权体系下的国际机制是由霸权国家主导创立的,那随着霸权的衰落或消失,国际机制是否会相应瓦解? 对于正统霸权稳定论的支持者来讲,答案是肯定的。但基欧汉认为,国际霸权衰落之后,国际社会仍能够维系国际机制的功能和效用,这其中的缘由在于:国际机制拥有巨大的惯性,虽然国际霸权已经衰落或瓦解,但是霸权衰落与国际机制瓦解之间存在一个时间窗口,在这个时间窗口内,国际机制仍能发挥其功能和效用。同样,如果在这个时间窗口内,国际行为主体一方面能够对霸权国家创立的国际机制进行修正、完善,另一方面能够创建符合新的国际政治发展事实和趋向的国际机制,那么国际机制作为独立变量影响国家行为和国家间关系的因果逻辑将得到维系,国际和平也可以持续。

从70年代的相互依赖理论、80年代上半期的国际机制研究到90年代比较完整的国际制度理论框架的建立,新自由制度主义已经成为能够与新现实主义在理论方面抗衡的重要理论流派和政治哲学思潮。

(四)新自由制度主义面临的理论挑战

然而,基欧汉等人所代表的新制度主义,受到了来自各个方面的批评与质疑。这些批评与质疑,既与国际政治的现实状况有关,也与新自由制度主义所蕴含的基本价值取向与政治哲学有关。[①]

可以认为,基欧汉的新自由制度主义以温和自由主义政治哲学为价值基础和目标导向,以国际关系的自由主义和现实主义两大理论体系为主要思想资源,以相互依赖、国际制度(很大程度上还包括权力)为核心概念和理论支柱,以各个历史时期人们广泛关注的议题为理论聚焦点,并在这个过程中不断借鉴世界政治及社会科学其他领域的各种新兴学派及其新兴理论的观点和方法。

严格来说,基欧汉并未"发明"任何全新的关键概念,也没有"开发"任何全新的研究议题。但他却通过界定既有的概念,修正流行的观点,融合现有的理论,深化和推动了对许多重要议题的研究,形成了自己内容丰富、形式严整、风格独特的世界政治思想体系。他将战后兴起的自由制度主义推向一个新的高峰。至此,自由制度主义作为 20 世纪的一个连续的思想系统已大致走过了四个阶段:40—50 年代以戴维·米特兰尼、厄恩斯特·哈斯等人为代表的功能主义一体化理论;50—60 年代以哈斯、约瑟夫·奈等人为代表的新功能主义地区一体化理论;70 年代以理查德·库珀、基欧汉和奈等人为代表的相互依赖理论;80 年代以来以基欧汉等人为代表的新自由制度主义。仅从这个方面看,基欧汉的学术贡献也是非常明显的。他所代表的新自由主义作为一个整

---

① 详见石斌:《相互依赖、国际制度、全球治理:基欧汉的世界政治思想》,载《国际政治研究》2005年第 4 期。

体在国际关系理论发展史上的作用和意义更远远超出了制度研究本身。由于突破了物质权力这一传统理论的硬核,将制度、规范、观念这些社会范畴的非物质性因素引入国际关系理论之中,使其成为重要的理论概念和研究变量,这在客观上有力地推动了当代国际关系研究的理论转向。

但由于新自由制度主义的理论成分比较复杂,具有折中调和的特点,难以满足任何一种更为"纯粹"的理论模式的要求,因此不免受到多方面的批评。基欧汉的研究纲领试图在现实主义与自由主义之间建立桥梁甚或调和它们之间的分歧,结果却使双方都不能满意。

如果以现实主义为参照系,新自由制度主义的基本内涵可以浓缩为两个要点:一是接受了现实主义的若干核心命题,如国家是主要行为体,无政府妨碍国际合作;二是坚持自由主义的核心观点,认为现实主义夸大了冲突,低估了国际制度对国际合作的促进作用。

但现实主义者进行了有力的反驳。他们指出,实际上,现实主义关于国家行为体和无政府状态的观点与新自由主义的理解根本不同。新自由制度主义有几个完全经不起验证的错误假设。(1)假定国家在复杂的利益博弈过程中只有一个目的,即最大限度地获取个体收益。囚徒困境模式(无论常规博弈还是迭代博弈)使其坚持一种个体主义收益最大化的假设:一个博弈者做出有条件合作的反应仅仅是出于个体长期收益最大化的考虑。(2)假定国家在界定利益时严格遵循个体主义的逻辑,也即孤立地追求自我利益,不管别的博弈者做些什么、收益如何、忽视了国家的相对位置和实力对比。(3)与上述假设同理,基欧汉对国际合作的分析基于这样一个假设:国家基本上是原子式的行为体(atomistic actors),与微观经济学对企业的假设一样,认为国家是理性的利己主义者,只关心自身收益,即绝对收益,不关心相对收益,似乎其他国家功利方面的得失并不影响自己的得失。①

　　许多现实主义者依然怀疑制度是否像基欧汉所说的那般重要。例如约瑟夫·格里科(Josoph Greico)认为,即便机制可以推动争取绝对收益的合作,即便一国相信其合作伙伴会遵守承诺,它仍然会追求相对收益最大化,其中的逻辑是:如果一国认为某种拟议的安排或协议在给各方带来绝对收益的同时,会给伙伴带来更多的相对收益,伙伴因此更倾向于坚持这种安排,即遵守协议,这将使该国更关注自己的相对收益。② 因此,国家在特定问题领域究竟最关心什么? 是追求绝对收益? 还是更关心合作所带来的收益在机制的参与者之间的分配? 仍然是个有待澄清的问题。吉尔平指出,基欧汉对国际制度作用的局限性强调不够。各国对于限制主权行为的不断抵触、国际机制与国际制度活动领域的有限性等问题,意味着新自由制度主义不能单独治理好全球经济。③ 米尔斯海默则从另一个角度提出批评,认为基欧汉未能说明制度在减少国家之间战争可能性方面的关键作用,因此未能超越现实主义关于战争与和平的理论。④

　　在一些自由主义者看来,基欧汉对权力政治和国家中心主义做出妥协,试图割断自由主义与传统自由派国际主义或"理想主义"的联系以使自由主义适应当代社会的某些现实需要,试图构建一种实证主义的新自由主义研究纲领,这不仅消解了自由主义作为一种追求个人解放的政治哲学所具有的批判锋芒,而且背离了自由主义的基本目标。戴维·朗(David Long)甚至断言,基欧

---

　　① 详见 Joseph Greieco, "Anarchy and the Limits of Cooperation: A Realist Critique of the Newest Liberal Institutionalism," in Charles Kegley, Jr. ed., *Controversies in International Relations Theory: Realism and Neoliberal Challenge*, Wadsworth, 1995, pp. 158 - 159。

　　② Joseph Greico, "Anarchy and the Limits of Cooperation: A Realist Critique of the Newest Liberal Institutionalism", p. 161.

　　③ [美]罗伯特·吉尔平:《国际治理的现实主义视角》,载《马克思主义与现实》2003 年第 5 期,第 84 - 91 页。

　　④ John Mearsheimer, "The False Promise of International Institutions," *International Security* 19, 1994/5, pp. 5 - 49.

汉的理论表明自由主义国际关系理论的"哈佛学派"正在走向终结。[①] 理查德·利弗（Richard Leaver）等人则认为，将霸权稳定论、机制分析和国家行为的理性选择模式等不加批判地悉数用于国际政治经济（IPE）研究，是一种倒退。[②]

这些批评或多或少都有些道理，却未必切中要害。其实，新现实主义与新自由主义之间的分歧，常常仅仅是因为他们各自强调了同一事物的不同侧面，从根本上讲是两种不同的世界观、历史观和政治哲学之间的区别，因此这种争论很难有高下之分，结果只能是在一些非实质性问题上相互靠拢或者"趋同"。其他一些理论流派由于跳出了这种传统的二元对立模式，反倒能够提出一些更有启发性的见解。

在坚决反对将国内与国际、政治学与国际政治学截然分开的历史社会学家及关注国内因素的其他学者看来，基欧汉未能成功地将国内政治纳入其理论框架，是一个重大的理论缺陷。

公平地说，基欧汉并不否认国内因素的重要性，国内政治与国际制度之间的关系，也是他始终关注的问题，但《权力与相互依赖》和《霸权之后》这两本代表作都没有包括这方面的内容。这一方面如他自己所言是为了保证理论的简洁性，另一方面也是因为他未能找到满意的解释方式，从而在其理论体系中留下一个最重要的空白。80 年代末他对此做了反思。他承认，"要理解国际合作的含义，一个重要的步骤是将国内政治范畴完全纳入有关分析框架"。[③] 如果不能将国内政治更好地融入解释国际机制的模式中，不可能建立具有充分

---

① David Long, "The Harvard School of Liberal International Theory: A Case for Closure," *Millennium*, 24 (1995), pp. 489 – 505.

② Richard Leaver, "International Political Economy and the Changing World Order: Evolution or Involution?" in R. Stubbs and G. Underhill, eds., *Political Economy and the Changing World Order*, London, pp. 130 – 41.

③ Robert Keohane, *International Institutions and State Power*, p. 30.

解释力的机制变迁理论。[①] 将利益仅仅视为外生的或者仅仅以政府的目标和手段来定义相互依赖政治,不能从理论上说明利益形成的国内政治根源,必然对分析产生严重影响。要理解复合相互依赖的变化,就必须理解国家目标优先次序的变化,而这只有通过分析国内政治模式和国际政治模式的相互关系才可能了解。实际上,"多渠道交往"本身就意味着国家并非单一的行为体,即不存在"国内"与"系统"之间的绝对边界。[②] 他在《霸权之后》一书中也提到,其关于国际合作的体系理论(systemic theory)需要某种国家层面的学习理论作为补充。90年代以来,他进一步指出,必须重视国内政治要素以解释有关利益并估价战略的形成过程,否则不可能形成全面的国际关系理论。[③] 他的确也开始研究国内政治行为体的作用,试图解释国家在遵守国际协议方面的差异。他对欧共体共同市场形成过程所做的经验分析,也反映了从国内政治角度解释欧洲国际关系的努力。但他对国内政治的研究主要还是从经验角度入手,并未形成系统的国家理论[④],也未能将国内政治因素与其制度理论框架有机地整合起来。

在新马克思主义者和一些批判理论家看来,基欧汉的国际制度理论最大的问题,是忽视了制度的正义性问题。从建立相互依赖理论开始,基欧汉的主要关照对象一直是西方发达国家。发展中国家和非西方世界及其与西方的关系并非其考察和解释的重点。尽管他强调相互依赖的非对称性,承认全球化收益严重不公,但其理论框架主要关注制度如何起作用,在很大程度上规避了

---

① 这是1989年《权力与相互依赖》(第二版)增加的内容。见基欧汉和奈:《权力与相互依赖》(第三版),第337页。

② 基欧汉和奈:《权力与相互依赖》(第三版),第334页。

③ Robert Keohane, "Institutional Theory and the Realist Challenge after the Cold War," in David Baldwin, ed., *Neo-realism and Neo-liberalism*, New York, 1993, pp. 33 - 34.

④ 在历史社会学派看来,这实际上是国际关系理论主流学派的共同缺陷,也是国际政治学与政治学长期分家的后果之一。参见 Stephen Hobden, *International Relations and Historical Sociology*, New York, 1998, pp. 8, 139。

现行制度本身的性质或者说实际存在的"制度霸权"问题。现有的国际制度无疑主要是世界政治经济体系中的核心国家主导设计和维持的。在新自由制度主义的批判者看来,这正是广大发展中国家处于被强制和被压榨的边缘地位的一个重要根源。国际制度决定了"谁在什么时候,可以得到什么,如何得到"这样的问题。① "敏感性"与"脆弱性"仅仅触及谁更容易受到制度规则变化的影响这个问题。人们还会追问:这些制度到底是"谁的制度"? 随着全球化的扩展,国内治理和国际治理的政治背景更加复杂化,国际社会所面临的问题包括制度的创设与维系,还包括制度的改良与变革。制度究竟能够承担多大责任,发挥多大作用、何种作用,不仅取决于制度的有效性与民主合法性,从根本上讲还取决于制度的合理性与正义性。

基欧汉的制度主义理论的美国取向也是非常明显的。制度主义理论试图解释的对象,从地理范围来讲主要局限于西方工业化国家,从理论的立足点来看,则主要反映的是美国的立场和视角。事实上,二十世纪七八十年代有关美国霸权衰落及其后果的话题,是基欧汉研究相互依赖和国际制度问题的一个基本的政治背景。基欧汉对此并不讳言。他公开承认,理论不可能存在于真空之中,而是产生于理论家所面对的形势和困境之中,因此他的观点无疑是倾向于美国的。② 与福山一样,他也认为1989年以后自由资本主义再无一个对手,冷战终结在经济方面最深刻的影响是资本主义作为一种经济体系的进一步合法化,而美国仍然是该体系的主要护持者。"除非美国带头维持国际机制,其他国家没有利益或能力做出自己的贡献。"但他关于军事力量的作用仍在继续下降,尤其是苏联这个对手崩溃后"美国的精确制导武器和信息战武器

---

① 苏长和:《解读〈霸权之后〉》,见《霸权之后——世界政治经济中的合作与纷争》中文版译者前言,上海人民出版社2001年版。

② [美]罗伯特·基欧汉:《局部全球化世界中的自由主义、权力与治理》,洪华译,北京:北京大学出版社2004年版,第4页。

可以刀枪入库了"的预言,似乎经不起推敲。实际上,他承认,冷战终结虽然没有加速军事全球主义,却与技术变革相结合,促成了由美国所主导的另一种形式的军事全球主义。①

不过我们还应该看到,基欧汉对国际关系理论及其实践的西方价值取向和美国中心主义并非毫无保留。他很清楚,机制往往符合美国的利益,因为美国是世界上最大的商业和政治强国。如果机制不存在了,美国必定创立新机制。② 苏珊·斯特兰奇(Susan Strange)曾经指出,商业自由主义过分强调强国所提出的规范性主张的合法性,忽视了弱势群体的立场,从而贬低了有关平等的自由主义价值。应该说,基欧汉对此也有所警觉,他并不赞同商业自由主义关于市场无须调控的观点,认为某些调节措施是必要的,这不仅是为了保证市场有效运转,也是为了消除市场所产生的不公平现象。③

迈克尔·苏尔(Michael Suhr)正确地指出,知识从根本上讲是可以相互媲美的。一种研究纲领无论如何严密也不可能阻止外部概念的融入。不同的研究纲领其实往往是从不同的侧面来解释相同的现象,甚至解释不同的现象,就此而论,它们具有互补性。④ 基欧汉的理论融合了自由主义和现实主义两大思想体系的许多内容,又与它们有许多重要区别。他试图在现实主义与自由主义、物质本体与非物质本体、理性主义与反思主义之间寻找一条中间道路,表现出某种二元论倾向,而且他的思想总是随着形势的变化不断发展。因此常常使人感到很难将他归入国际关系经典流派中的任何一种。鉴于其中的现实主义成分,有人甚至称之为"修正后的结构现实主义"⑤。基欧汉的理论

① 基欧汉和奈:《权力与相互依赖》(第三版),第298-300页。
② "为多边主义喝彩? 三思而后行",此文原载《外交政策》1985年秋季号,见基欧汉和奈:《权力与相互依赖》(第三版),第349-363页。
③ Robert Keohane, *International Institutions and State Power*, p. 18.
④ Iver Neuman and Ole Wæver, *The Future of International Relations*, p. 113.
⑤ Martin Griffths, *Fifty Key Thinkers in International Relations*, London, 1990, p. 188.

在国际关系的理论谱系中究竟处于什么位置,看来仍是一个值得探讨的问题。

的确,正如基欧汉本人所言,无论在本体论、认识论还是方法论上,现实主义与他的制度主义都有相通之处,例如,都关注权力特别是国家权力(批评基欧汉忽视权力在他看来是"最愚蠢的批评之一"),都是行为体导向的个体主义理论,其开创者都遵循新实证主义的事实标准。但它们之间的区别也很明显,主要涉及世界政治的竞争强度,规则、规范和制度的作用,行为体可获知的信息变化的影响及其制度环境,问题领域之间的联系与区分,等等。在基欧汉看来,现实主义尽管是非常实用的"初始理论",但视野太过狭窄,缺乏包容性,它舍弃了太多东西,例如制度、跨国关系、国内政治和观念的作用,它长于结构,却短于进程。[①]

如果我们透过理论的外壳,进一步追究基欧汉思想深处的历史观和政治哲学根源及其所蕴含的价值取向与精神气质,便不难认定,基欧汉的理论本质上仍属自由主义国际关系思想的范畴。问题的关键在于他所坚持的是何种类型的自由主义。

在历史观上,基欧汉与自由主义学派一样,认为历史是平稳进步而非螺旋式上升的。这正是启蒙主义的思想前提之一。但与一些自由主义者不同,他认为历史的进步不是自动发生的,而是某种需要努力争取的政治可能性。因此他不同意共和自由主义或商业自由主义关于贸易自动导致利益和谐基础上的和平的观点。他强调,国家之间首先是竞争,其次才是合作。这种历史观是一种与传统主义完全不同的对人类行为的看法,更加强调人类影响历史进程的可能性,不赞同历史沿着既定轨道螺旋式发展的观点。他通过揭示国际制度对于促进国际合作的作用,以及相互依赖和跨国交往进程的影响,来证明人类有可能找到促进国际合作、改良国际秩序的有效途径,也可以通过对政治领

---

① 罗伯特·基欧汉:《局部全球化世界中的自由主义、权力与治理》,第 10 页

导人、商业精英和普通民众的政治启蒙来影响国际事务的进程。这显然带有古典自由主义的痕迹。[①]

基欧汉的制度理论通常被称为"自由制度主义"（liberal institutionalism）或"新自由制度主义"。他本人认为这些标签并不准确，他更愿意称自己为"制度主义者"（institutionalist）。但他承认，其理论确实源于自由主义，受二十世纪五六十年代地区一体化研究的影响而提出的复合相互依赖显然是一个自由主义的概念。[②] 国际制度理论就是探究"在相互依赖的情景中国际制度如何运作"，相互依赖是国际制度运作的情景，制度是对相互依赖的反应。[③] 基欧汉认为最有助于分析这个问题框架的就是自由主义。但自由主义有多重内涵。商业必然导致和平，人性本善，历史进步具有必然性等传统自由主义的观点与他的理论没有任何关联。此外，他也不赞同自由优先于平等与社会正义的观点和 90 年代流行的"新自由主义"的所谓"华盛顿共识"[④]（要求解除发展中国家对市场的管制）。[⑤] 他还提醒人们注意，自由主义作为一种解释框架是不完整的，作为规范是短视的，作为政策药方则可能事与愿违。

但他也时常称自己是成熟的自由主义者。他区分了四种类型的自由主义：共和自由主义、商业自由主义、调节自由主义和成熟（复杂）自由主义。在

---

① Robert Keohane, "International Liberalism Reconsidered," in John Dunn and Port Chester, eds., *The Economic Limits to Modern Politics*, Cambridge University Press, 1990, p. 192.

② 基欧汉和奈：《权力与相互依赖》（第三版），第 321、331 页。

③ 罗伯特·基欧汉：《局部全球化世界中的自由主义、权力与治理》，第 4、12 页。

④ 华盛顿共识，是指 20 世纪 80 年代以来位于华盛顿的三大机构——国际货币基金组织、世界银行和美国政府，根据 20 世纪 80 年代拉美国家减少政府干预、促进贸易和金融自由化的经验提出来并形成的一系列政策主张。其核心思想是尽力减少政府在经济中扮演的角色，让市场在经济生活发展中全面发挥主导作用。这套政策主张曾在全球范围内得到广泛实行，在一段时期内也确有成效，尤其对外资颇具吸引力。但这种模式的弊端很快就显露出来，与各国的管理不善及腐败等问题结合、叠加起来，在 10 年时间内接连破坏了十几个经济体。这同时说明，在经济全球化和区域经济一体化浪潮的背景下，各国政府尤其是发展中国家面临着一个严肃的课题，就是选择什么样的模式才能更好地发展本国经济。

⑤ 罗伯特·基欧汉：《局部全球化世界中的自由主义、权力与治理》，第 6 页。

他看来,成熟自由主义(sophisticated liberalism)结合了商业自由主义和调节自由主义(以及共和自由主义)的优点,是最有利于促进和平与繁荣的选择,特别是前两者的结合可以建立一个解释世界政治、评估国际制度的良好框架。复杂自由主义的核心是强调创立国际制度以促进经济交流与国际合作。他还表示,其自由主义主张认可朱迪斯·施克莱(Judith Shklar)所说的"恐惧的自由主义",但同时对进步充满希望,既强调人类的相互依赖产生了纷争,导致了对制度的需求,也承认制度可能是压制性的。他所推崇的自由主义知识楷模是洛克、麦迪逊和罗尔斯。总之,他的自由主义观坚决反对乌托邦主义。①

显然,他主要是不赞同类似于一战后的那种自由国际主义或理想主义。他经常有意识地与之划清界限,这一方面是因为他那一代人深受现实主义的影响,另一方面是因为他一贯强调理论应该被主流"倾听",应避免因过于极端而被边缘化。

基欧汉在一篇自述中称,他对世界政治的看法根植于自己的价值观。这种价值观深受家庭的影响。其中包括对改善人类处境,实现社会正义、公民权利和世界和平的道德信念。他对国际合作问题的兴趣既反映了他对冲突与暴力的厌恶,也是出于这样的信念:通过理性和对他人的同情与理解,人类有能力改造世界。他宣称,"我是一名启蒙之子,"相信进步的可能性,尽管并不认为进步具有必然性,也相信国际合作是 21 世纪人类生存、自由和追求幸福的必要条件。② 这种关于人类理性、历史进步、国际合作与社会改良的观点,体现了西方自由主义传统的一贯立场。

他所理解的自由主义,作为一种分析方法(而非原则),强调个人权利,试

---

① 详见基欧汉:《关于国际自由主义的思考》,载《局部全球化世界中的自由主义、权力与治理》,第 86 - 103 页。这里有一个微妙的变化,在这篇发表于 1990 年的论文中"复杂自由主义"似乎与共和自由主义没有多少关联,但后期基欧汉的说法却有所不同,见该书第 12 页。

② Robert Keohane, "A Personal Intellectual History," in Kruzel and Rosenau, op. cit. , pp. 404,414.

图理解集体决定,接受有关人类事务进步的审慎观点。在国际关系问题上,它与现实主义有三个关键区别:不仅关注国家,也关注私人组织的社会团体和公司;并不强调军事力量的重要性,而是关注如何提高经济效率,避免毁灭性的物质冲突;至少相信累积进步的可能性。① 作为一种伦理理论,这种自由主义的力量在于,它在实践中关注其他控制安排如何运行,特别是制度如何保护人权免受权力的压制。与现实主义不同,自由主义努力实现改善的目标;与马克思主义不同,它将其所期望的新秩序置于怀疑性的检验之中。自由主义强调个人权利和个人幸福并将其作为国际制度和国际交换的规范性基础,强调人类的行为和选择,坚持对多边安排促进变革之可能性的信念,强调审慎的道义价值。因此,"自由主义的价值在于,即使在世界资本主义和国际政治体系所确定的基本限制内,它也会让我们意识到国际合作和制度建设的重要性。自由主义信奉这样的前景,即我们可以影响(如果不是控制的话)我们的命运,因此鼓励更好的理论和有所改善的实践。它构成了宿命论的解毒剂和人类希望之源"。②

五、多元文明与世界秩序

人类生活在多元文明共存的世界中。文明对于个体、社群、国家的影响是无形的、内驱的,同时也是深刻和巨大的。从世界秩序的角度看,文明对国家间关系、地区间关系、不同国家公民的相互认知等方面的影响是深远的。文明以直接或间接的方式、隐性或显性的方式无时无刻不在影响国际关系。

(一) 文明多元性与世界多样性

一般来说,文明或文化的多样性主要是指人类文明在其外在表现形式与

---

① 详见基欧汉:《关于国际自由主义的思考》,载《局部全球化世界中的自由主义、权力与治理》,第86-103页。

② 同上,第102-103页。

内在价值取向上的丰富多样性。文明的多样性与价值的多元性是一种客观现实,世界也因此而多姿多彩、魅力无穷。2001 年联合国教科文组织第 31 届大会在巴黎总部通过了《世界文化多样性宣言》,重申了这样的信念:缓解各文化和文明间冲突的最有效方式,是文化间的平等沟通与对话。①

在全球化深刻影响国家发展和人类生活的今天,各国须时刻正视的一个问题是,如何在保持多元文化本质属性的同时,使不同的文化和谐共存。在全球化潮流成为常态之前,多元文化各自相对独立和完整地存在应该是世界的本来面貌,由于通信技术、交通运输手段、人员跨国流动频率的限制,不同文化之间的交流碰撞相对而言频率不高,各种不同的文化都能在特定区域范围内发挥主导性作用。然而,随着全球化进程的深入发展和资本在全球的频繁流动,原有的文化格局逐步被打破,用马克思的话说:"民族史日益成为世界史"。现代性的一元逻辑日益成为改变人们日常生活的发展要素,高效率、标准化、整齐划一取代了文化的个性化追求,人类文化发展的多样性逐渐被消弭。②

全球化给世界文化多样性带来的影响具有两重性。一方面,全球化使特定的文化走出特定的国家和地域,借助各种各样的传播和交流渠道,不同的国民能够接触到不同的文化,开阔了眼界,拓展了思维的宽度,丰富了精神文化生活。但另一方面,全球化也引起了与文化霸权和文化安全或文化传承相关的诸多问题。由于不同国家的国际地位和文化传播能力不同,文化传播能力强的国家借助网络、电影、电视、人员交流、公共文化外交等手段不断拓展本国文化与意识形态的影响力,利用文化影响力形成文化霸权,而这种文化霸权势必影响别国的文化安全和意识形态安全。

文化霸权无疑是应该坚决予以抵制和批判的。近代以来,借助西方国家

---

① 邹广文:《坚守文化的多样性》,载《光明日报》2014 年 3 月 25 日。
② 邹广文:《坚守文化的多样性》,载《光明日报》2014 年 3 月 25 日。

在全球格局和世界秩序中的优势地位,西方文化一直在世界范围占据主导地位,从而产生了西方中心主义的思想和思维方式。西方国家自以为是地认为,肇源于欧洲的西方文明发展进程是唯一成功和正确的;西方是文明与文化的中心,亚非拉处于文明和文化的边陲,需要通过西方的征服、殖民、教化才能得到开发与开化。① 在整个 19 世纪和 20 世纪上半叶,非西方国家在政治、经济、社会、文化等方面都深受西方殖民主义的影响。从近代直到今天,西方国家对非西方国家不仅拥有物质上的优势,而且在精神、观念、心理等方面占有优势;西方是世界知识与文化的主要生产地,西方意识形态在全球占据主导地位。这使世界范围的文化交流主要表现为西方意识形态对非西方的驾驭、劝导和灌输,表现为西方科学技术、管理文化,以及各种思想、理论、学说和文学艺术向非西方国家单向传播的过程;非西方国家则一直是西方经验和理论的被动模仿者和学习者、西方文化产品的消费者。②

在当代世界,以美国为代表的一些西方国家继续坚持文化霸权主义,不断对外推销西方的制度模式和思想文化。实际上,在西方文明的发展历程中,固然有科学、理性、自由、民主等先进合理的诉求,但也有社会达尔文主义、种族主义、法西斯主义等极端主张,因此有“羊吃人”的残酷、人变成机器的无奈、对生态环境的破坏、对殖民地的疯狂掠夺,以及惨绝人寰的战争。由此可见,西方文明绝不意味着“文明的终结”,西方价值也不是什么“普世价值”。③

文化民族性是文化世界性的基础。费孝通先生曾强调世界各民族的文化要“各美其美,美人之美,美美与共,天下大同”。各美其美,就是不论一个国家的经济社会发展状况处于何种水平、国家治理情况怎样,国际地位如何,该国的国民都要热爱自己的国家,热爱自己民族文化,传承自身文化中的优秀成

---

① 李文:《建设社会主义文化强国的世界意义》,载《人民日报》2016 年 10 月 27 日。
② 李文:《建设社会主义文化强国的世界意义》,载《人民日报》2016 年 10 月 27 日。
③ 李文:《建设社会主义文化强国的世界意义》,载《人民日报》2016 年 10 月 27 日。

分,尊重自身文化的独特性;美人之美,就是要在肯定热爱自身文化的同时,尊重其他国家、其他民族的文化,善于欣赏和学习其他文化中的优秀成分和积极因素;美美与共、天下大同就是传达一种理念,即不同的文化应该和谐共生,这样人类文明才能不断进步,人类生活才能丰富多彩,人类世界才能和平发展。

中国有句古话:"万物并育而不相害,道并行而不相悖。"文明的繁盛、人类的进步,离不开求同存异、开放包容,离不开文明交流、互学互鉴。历史呼唤着人类文明同放异彩,不同文明应该和谐共生、相得益彰,共同为人类发展提供精神力量。[①] 正确对待不同国家和民族的文明,正确对待传统文化和现实文化,是必须把握好的一个重大课题,应该注重坚持以下原则。一是要维护世界文明多样性。应该维护各国各民族文明多样性,加强相互交流、相互学习、相互借鉴,而不应该相互隔膜、相互排斥、相互取代,这样世界文明之园才能生机盎然。历史反复证明,任何想用强制手段来解决文明差异的做法都不会成功,反而会给世界文明带来灾难。二是要尊重各国各民族文明。本国本民族要珍惜和维护自己的思想文化,也要承认和尊重别国别民族的思想文化。每个国家、每个民族不分强弱、不分大小,其思想文化都应该得到承认和尊重。三是要正确进行文明学习借鉴。对人类社会创造的各种文明,都应该采取学习借鉴的态度,都应该积极吸纳其中的有益成分,使人类创造的一切文明中的优秀文化基因与当代文化相适应、与现代社会相协调,把跨越时空、超越国度、富有永恒魅力、具有当代价值的优秀文化精神弘扬起来。四是要科学对待文化传统。要坚持古为今用、以古鉴今,善于把弘扬优秀传统文化和发展现实文化有机统一起来、紧密结合起来,在继承中发展,在发展中继承,坚持有鉴别的对

---

① 《习近平在中国共产党与世界政党高层对话会上的主旨讲话》,新华网,http://news.xinhuanet.com/politics/leaders/2017-12/01/c_1122045658.htm。

待、有扬弃的继承,努力实现传统文化的创造性转化、创新性发展。①

(二) 现代世界秩序的文化价值基础

世界秩序尤其是国际秩序的基本状态及其基本性质,固然取决于特定的物质与力量结构,但也基于一定的文化价值基础。显然,理想、合理的国际秩序应该基于"人类共同价值",而不是西方或者任何一种文明所自封的"普世价值"。人类的"共享价值"或"共同价值",是人类在认识和改造世界的过程中、在各民族文化交流和融合的过程中自然形成的,反映的是不同国家、民族或个体之间的共性,而不是将特定地域的特殊价值人为拔高并倚仗权力优势强行推广的所谓"普世价值"。

就当代世界秩序的文化价值基础而言,最基本的思想分野甚至矛盾冲突在于以美国为代表的西方国家和以中国为代表的发展中国家之间在思维方式和价值体系方面的重大区别。两者都十分重视世界秩序尤其是国际秩序的发展走向问题,但国际秩序到底应该遵循什么样的基本原则和价值准则,西方国家和发展中国家尤其是新兴国家的看法差异甚大。中美围绕两国关系和国际事务所产生的诸多分歧和冲突,重要根源之一是两者在国际秩序观念上的差异,而国际秩序观念的差异无疑与各自的文化传统和价值体系有关。例如,尽管改革开放以来中国的国际角色与身份已经发生巨大转变,从"革命者"变成了现有国际秩序的参与者、建设者和贡献者,美国仍然经常把中国视为现有国际秩序的"挑战者"。实际上,近十余年尤其是特朗普政府的对外政策与对外行为表明,美国真正想维护的是它的全球主导地位,而不是战后国际秩序,而这种维护甚至不惜以破坏战后国际秩序为代价。

从思想观念上看,西方国家始终认为,国际秩序的根本基础是国家实力对

---

① 参见《习近平在纪念孔子诞辰 2565 周年国际学术研讨会暨国际儒学联合会第五届会员大会开幕会上的讲话》,人民网,http://cpc.people.com.cn/n/2014/0925/c64094-25729647-2.html。

比。虽然西方国家也强调文化价值观等软性力量的作用，但一方面它们认为离开了硬实力支撑的软实力是无意义的，更何况软实力的传播也要依托于硬实力；另一方面，它们坚持和借以推广的是自己的价值观和意识形态。从国际政治实践看，西方价值观的传播与其政治、经济和军事方面的实力水平是高度对应的。西方国家世界秩序观的基本特征是以自我为中心，无论国际体系是传统的帝国体系还是近代以来的主权国家体系。在帝国体系中，西方列强用军事、经济和政治手段对非西方世界进行公开的殖民、掠夺、侵略、压制和剥削，在现代民族国家体系形成以后，各国逐步在理论上和形式上实现了平等，但西方仍然占据显著综合优势，对广大发展中国来说，国际体系与国际秩序在诸多实质内容上依然是不平等的。

中国传统的世界秩序观可以被称为"天下观"。"天下观"体现的是中国的大同思想，其核心是和谐、和平。在制度安排和外在表现上，早期最接近"天下观"的是朝贡体系。在朝贡体系的框架下，中国与周边国家存在贸易往来，但这种贸易往来基本上是中国对周边国家的单向开放。朝贡体系也是以自我为中心的体系，对中国来说，国际秩序是国内秩序的外延和拓展，不过这种"天朝想象"主要是基于物质与精神上的自足与自得，与西方中心主义大不相同。近代之后，中国即使不是完全抛弃，至少也已经大大淡化了传统的"天下观"，开始形成基于民族国家体系的国际秩序观念。如今中国已是国际社会举足轻重的成员，不仅加入了包括联合国、世界银行、国际货币基金组织等几乎所有以西方国家为主导的国际组织或国际体制，而且在其中发挥越来越重要的积极作用。在哲学基础方面，包括儒家思想在内的中国优秀传统文化给中国的外交政策和对外关系提供了重要启迪，如关于道法自然、天人合一的思想，关于天下为公、大同世界的思想，关于为政以德、政者正也的思想，关于苟日新日日新又日新、革故鼎新、与时俱进的思想，关于仁者爱人、以德立人的思想，关于以诚待人、讲信修睦的思想，关于中和、泰和、求同存异、和而不同、和谐共生的思想。中国优秀传统文化的丰富哲学思想、人文精神和道德理念等,在中国的国际秩序观中有着丰富的体现。[①]

在国际关系的实践中,中美世界秩序观的分歧典型地体现在对于联合国的看法中。在美国看来,联合国只是并且只能是形式平等而实质不平等的体系。美国只是把联合国作为实现国家利益的工具,当美国认为联合国不能帮助其实现外交政策目标的时候,便绕过联合国行事。在联合国之外,美国所拥有的联盟体系的力量也是非常强大的,可谓美国自身主导的"小联合国"体系。与美国相反,中国十分尊重联合国体系,把联合国宪章的宗旨和原则视为当今国际秩序的基础和主要内容。主权平等原则,国家不论大小、强弱、贫富一律平等,不干涉他国内政等是国际关系和国际秩序的基本原则。作为主权国家的联合体,联合国各项工作的落实都应体现民主原则和包容性,各国有权选择适合本国国情的社会制度和发展道路。

然而,迄今为止,现行国际秩序仍然被打上了深刻的西方烙印。在战后国际秩序的历史发展中,联合国体制所代表的国际秩序要素只是其中一个方面,另一方面则是美国和西方所主导构建、积极倡导和维系的所谓"自由主义国际秩序"。由于西方的实力地位和影响力,尤其是美国所拥有的超级强国地位,西方文化价值观和意识形态在许多方面仍然起着主导性作用。随着新型大国的崛起,国际体系正在发生深刻变化,国际秩序也处于一个转型的过程之中。

(三)世界秩序的未来:普遍主义还是多元一体?

冷战结束以来,世界格局发生了重大变化,人们又开始重新审视国际秩序发展趋势,思考不同文明与价值体系之间的关系,国际关系中的文化研究兴盛起来。不少学者从文化或文明的角度探讨 21 世纪的世界格局,就不同文明之

---

① 《习近平在纪念孔子诞辰 2565 周年国际学术研讨会暨国际儒学联合会第五届会员大会开幕会上的讲话》,人民网,http://cpc.people.com.cn/n/2014/0925/c64094-25729647-2.html。

间的关系提出了各种理论观点,概括起来主要有四大类。①

一是文明冲突论。文明冲突论是美国学者塞缪尔·亨廷顿(Samuel P. Huntington)提出来的。他于1993年在美国《外交》杂志上发表了题为《文明的冲突?》一文,②引起国际学术界普遍关注和争论。随后,他又发表了一系列文章,并于1996年结集成一部专著,书名为《文明的冲突与世界秩序的重建》。③亨廷顿认为,在冷战后的世界里,冲突的基本根源不再是意识形态,而是文化或文明方面的差异。然而仔细推究,亨廷顿其实并未明确区分文化与意识形态之间的界限,或者说实质上是将两者混为一谈,其中所提"西方对非西方"的文明竞争模式,更是"西方本位"的明显表现。

二是历史终结论。"历史终结论"是日裔美籍学者弗朗西斯·福山提出来的。④他认为,20世纪80年代世界上发生的一系列重要政治事件并不仅仅意味着冷战的结束,更意味着历史自身的终结;历史的演进过程已走向完成,西方的"自由""民主"制度是"人类意识形态发展的终点"和"人类最后一种统治形式",并将成为"全人类的制度",因此构成了"历史的终结",简言之,历史终结于资本主义。他还分析了"自由""民主"发展到顶峰后的"最后之人"的问题,以此来说明"历史终结"后的人类状况。福山的"历史终结论"与文明冲突论一样,实际上是在鼓吹西方文明优越论,主张以西方文明取代其他文明。他把实现了"民主自由"的西方世界称为"后历史世界",把尚未实现民主的非西方世界称为"历史世界"。然而,在大多数国家尚未达到西方"文明标准"的情况下,便宣称历史已经"终结",这是不是意味着,在福山看来,考察世界历史的

① 参见何星亮:《文化多样性与文明互补》,载《中山大学学报(社会科学版)》2007年第3期,第1-7页。

② Samuel P. Huntington, "The Clash of Civilization?" *Foreign Affairs*, Vol. 72, No. 3, Summer, 1993, pp. 22-49.

③ [美]塞缪尔·亨廷顿:《文明的冲突与世界秩序的重建》,北京:新华出版社2010年版。

④ Francis Fukuyama, *The End of History and the Last Man*, Penguin Books, 2012.

发展进程时,大多数发展中国家可以忽略不计呢?!①

三是文明共存论。文明共存论是德国政治学家哈拉尔德·米勒在1998年初版的《文明的共存——对塞缪尔·亨廷顿"文明冲突论"的批判》一书中提出来的。② 正如书名所示,作者批驳了亨廷顿的文明冲突论,并指出简单地渲染或者接受这种片面的世界观或敌对论是极其危险的。作者认为,当代世界各大文明之间不是对抗和冲突,而是共存与对话。国际关系的复杂性、多样性不仅应该保持,而且应善加利用。只有对各种文化表现出宽容,全球的和平共存才可能得以实现。因此,他主张以"文化的共存"替代亨廷顿的"文明的冲突"。这一主张与中国学术界的普遍观点不谋而合。中国学者一般都支持文明"共存"或"共生"论,主张加强文明对话,实现不同文明之间的交流互鉴。

四是文化触变论。文化触变论是日本学者平野健一郎在1996年初版的《国际文化论》一书中提出来的。③ 他认为,文化是人类的生存方式,具有动态的相对稳定的体系性。他主张以文化为视野,立足"文化触变"来分析国际关系。所谓"文化触变"(acculturation),指的是不同文化由于不断接触而使原文化发生变化的现象。他着重阐述了三个问题:国际关系是文化的;文化触变是一种创造文化的行为,是推动文化发展的外在动力;尊重文化主体,维护文化的独特性和多样性。④ 平野健一郎承认,在文明交流的过程中,文化摩擦是不可避免的。文化摩擦主要是因文化不同而产生的误会、偏见、纠纷和矛盾等引起的,但这种摩擦并非文化交流的主要结果,更重要的是不同文化相互给予和接受所导致的变化是双向的,各自都具有选择权。

此外,理查德·勒博的《国际关系的文化理论》、亚历山大·温特的《国际

① 参见陈燕谷:《历史终结还是全面民主?》,载《读书》1998年第12期。
② [德]哈拉尔德·米勒:《文明的共存:对塞缪尔·亨廷顿"文明冲突论"的批判》,北京:新华出版社2002年版。
③ [日]平野健一郎:《国际文化论》,北京:中国大百科全书出版社2011年版。
④ 王秋月:《试析平野健一郎的国际文化论》,载《东方论坛》2014年第4期。

政治的社会理论》、约瑟夫·奈的《软权力》等，都借用了文化理论来研究国际关系与国际秩序。① 尤其是勒博的《国际关系的文化理论》，是国际关系学界的突破性学术成果之一。勒博从社会心理学角度出发，试图提出一套基于人类心理动机的文化理论去重新解释国际关系。作者认为欲望主导着对国际关系的思考，精神在国际关系中扮演着关键作用。②

人类历史表明，和而不同、多元一体、多样性统一，是事物发展的一般规律和理想状态。世界不可能只存在一种由单一文明主导的秩序结构，世界秩序的形成是各种文明、价值观和意识形态相互作用的结果。理性处理本国文明与其他文明的差异，必须认识到每一个国家和民族的文明都是独特的，坚持求同存异、取长补短，不攻击、不贬损其他文明；不要看到别人的文明与自己的文明有不同，就感到不顺眼，就要千方百计去改造、去同化，甚至企图以自己的文明取而代之；历史反复证明，任何想用强制手段来解决文明差异的做法都不会成功，反而会给世界文明带来灾难。③ 未来的世界秩序应是多元一体，而非普遍主义。这是由当前国家间力量对比变化、全球治理的供需关系、人类世界秩序观念的多样性及其变化趋势所决定的。

从全球经济基础和上层建筑、生产力和生产关系的互动水平看，国际社会早已经进入马克思所预言的"世界历史"阶段。曾经的地理大发现极大地扩展了人类对于世界地理范围的认知，使不同地区的人口、资源、商品得以接触和流动；信息革命又极大地拓展了国家行为体之间、非国家行为体之间等各个层次的合作空间，交通和信息技术的日新月异使人类能够克服地理空间障碍来

① ［美］理查德·内德·勒博：《国际关系的文化理论》，陈锴译，上海：上海社会科学院出版社2012年版；［美］亚历山大·温特：《国际政治的社会理论》，秦亚青译，北京：北京大学出版社2005年版；［美］约瑟夫·奈：《软权力：世界政治中的成功之道》，马娟娟译，北京：中信出版社2013年版。

② 邓子立："国际关系的社会心理学——评《国际关系的文化理论》"，《国际政治科学》2011年第3期。

③ 《习近平在纪念孔子诞辰2565周年国际学术研讨会暨国际儒学联合会第五届会员大会开幕会上的讲话》，载《人民日报》2014年9月25日。

进行快速、全面和随时可行的沟通交流。随着各国综合实力的消长变化,国际体系的权力结构已经产生了重大变化,但与此同时,各种全球性问题不断增多,全球治理所需应对的问题不断增加、覆盖领域不断拓展。那么,如何弥补全球治理赤字?各国在国际秩序和全球治理体系方面龃龉不断,该如何求同存异,使国际秩序和全球治理体系更加符合各国的利益诉求?这些具体问题都要求各种文明在国际秩序的调整和变革中发挥应有的作用。

面对全球化时代的众多全球性挑战,任何以自我为中心的国际秩序观都已经跟不上时代的步伐,零和博弈的秩序观也不符合时代需求。相反,中国从提出践行义利相兼、义重于利的正确义利观,到推动构建以合作共赢为核心的新型国际关系;从提出打造人类命运共同体,到倡导打造遍布全球的伙伴关系网络,不仅改变着用实力说话的社会达尔文主义的国际生存和交往规则,更刷新着国际社会对于国际秩序的认知。正确义利观、新型国际关系、人类命运共同体等世界政治与国际秩序理念,在深层次上是由中国的世界观、文明观和价值观所孕育的新型理念。正确的义利观,就是大国、富国、强国对于小国、穷国、弱国要有情有义,不能以大欺小、倚强凌弱,对于小国、穷国、弱国的发展应给予资金、技术、人员、管理经验等方面的尽可能的援助,而不是依仗强势地位去剥削、压榨他们。新型国际关系,就是要摆脱你赢即我输的零和思维,要破除安全困境的干扰,大国之间要增加战略互信、减少战略互疑,走出修昔底德陷阱。国家在追求自我利益的同时,还必须兼顾国际社会共同利益,这是全球相互依存时代的客观要求。

相比之下,西方的世界秩序观虽然也在发展变化,但由于各种主客观条件的限制,特别是西方在物质和思想上长期主导世界秩序的国际地位和历史经验,以美国为代表的西方国家不大可能提出真正意义上的以实现国际公平正义为目标的世界秩序理念。人类在全球化时代的和平与发展,有赖于"人类共同价值"的张扬,必须秉持开放包容的世界秩序观念和文化价值立场。正如各种文明需要相互交流、相互学习一样,基于不同文明的各种世界秩序观也应该相互借鉴、取长补短。在一个文明多样、价值多元的世界上,自我中心主义、文化绝对主义和价值普遍主义都是行不通的,寻求和谐共生、多样性统一才是正道。

第三节　全球治理与全球秩序

全球治理问题是随着全球化的深入发展和各种全球性问题的不断凸显而进入人类的政治议程的。全球治理这个概念自流行以来,就一直有着确定性与不确定性相统一的特征。所谓全球治理的确定性,在于国际社会已经形成基本共识,即人类社会的可持续发展离不开全球治理,国际社会的持续性存在离不开全球治理,国与国之间要化解分歧、和谐共生也离不开全球治理;而所谓全球治理的不确定性,则涉及全球治理的逻辑起点问题。全球治理的逻辑起点在于全球化。近几十年来,关于全球化的论辩从未停止,支持全球化与反对全球化的不同声音和力量一直在进行较量。近些年世界各地尤其是欧美发达地区出现的孤立主义、保护主义、本土主义甚至民族主义和民粹主义思潮则提醒人们,反全球化乃至逆全球化的力量大有上升之势,不能把全球化视为一种理所当然和一帆风顺的进程。全球化还超越、拓展了国际秩序的范围,也拓展了治理议题的范围。全球秩序比国际秩序内涵更为丰富、议题更为复杂。全球治理所要改良和构建的不仅仅是调节国家间关系的国际秩序,也涉及各类非国家行为体身处其中的全球秩序。

如果给"全球治理"这个概念下一个简单的定义,大致就是通过具有约束力的国际制度或体制(institutions/regimes)解决全球性的冲突,以及生态、人权、移民、毒品、走私、传染病等问题,以维持稳定的国际政治经济秩序。

全球治理至少涉及五大要素或者说五类问题。一是治理的价值,即为什么治理,治理的动因与目的是什么。更进一步说,全球治理的价值,指的是其倡导者在全球范围所要达到的理想目标。一种观点认为:这些价值应当是超越国家、种族、宗教、意识形态、经济发展水平之上的全人类的共同价值。二是治理的主体或行为体,即谁来治理。全球治理的主体或基本单元,即制定和实施全球规制的组织机构主要有三类:各国政府、政府部门及亚国家的政府当局;正式的国际组织,如联合国、世界银行、世界贸易组织、国际货币基金组织等;非正式的全球公民(市民)社会组织。三是治理的客体或对象,即治理的内容是什么。全球治理的对象包括已经影响或者将要影响全人类的跨国性问题。其主要类型包括全球安全、生态环境、国际经济、跨国犯罪、基本人权,等等。四是治理的规则或体系,即靠什么治理或如何治理。全球治理的规则,即维护国际社会正常秩序,实现人类共同价值的规则体系或国际体制。国际体制包括用以调节国际关系和规范国际秩序的所有跨国性的原则、规范、标准、政策、协议、程序。全球体制在全球治理中处于核心地位,没有一套被广泛接受、对全球公民都具有约束力的普遍规范,治理便无从谈起。五是治理的结果,即治理的效果如何。这涉及对治理绩效的评估,集中体现为国际规制的有效性,具体包括国际规制的透明度、完善性、适应性、政府能力、权力分配、相互依存和知识基础等。

一、全球治理的动因与目的

国际社会为什么需要全球治理? 对这个问题人们有不同的理解和答案。在全球化扩展开来之前,主权国家之间的界限相对明晰,这种界限包括地理界限,以及政治、经济、社会和文化等各方面的界限。全球化进程彻底动摇了主权国家政府和民众对于国家界限的看法。科学技术尤其是交通与信息技术的飞速发展给人类生产生活带来了巨大变化。人们不仅可以乘坐现代化的交通工具高效率地来往于不同国家之间,各国之间的经济、贸易、金融、人员和信息等方面的联系和往来日益频繁。主权国家之间的界限日益模糊,国家间的相互依赖程度不断加深。我中有你、你中有我的局面使各国分享着共同的利益,也面临着集体性的挑战,使全球层面的治理和善治成为客观需求,同时也使得学术界对全球治理的探究产生了浓厚兴趣。因此学界普遍认为,各国以及各国公民需集体面对的全球性问题的出现,以及国家间相互依赖程度的不断加深,使全球治理的出现具有必然性。全球治理的理论与实践是全球化进程的逻辑结果,是冷战结束后国际政治经济秩序的新的发展形态,是国际规制有效性的现实要求,是全球公民社会和世界民主潮流的产物。①

从功利的角度讲,面对全球性问题,任何国家都希望有现成的公共产品,而自己可以免费搭便车,以最小的成本甚至是不必付出成本而获取最大收益。但主权国家都是理性的行为体,当公共产品的提供者认为自己得不偿失,付出了巨大成本却不能为自身带来预期收益的时候,就可能停止提供公共产品。因此,解决全球性问题只能依靠集体行动。

从宏观上看,全球治理的发生有两个方面的动因。一方面,全球化对民族国家的治理模式提出了严峻挑战。在全球化背景下,主权国家面临的很多问题是由外部因素而非国家内部因素引起的,这就需要与其他国家合作来解决这类问题。例如在贫富差距方面,全球化并没有使发达国家和发展中国家的整体贫富差距缩小,相反,发达国家利用其在生产、资本、金融等方面的有利地位和先发优势,利用更为隐蔽和高效的手段从部分发展中国家攫取财富;全球化构建了全球金融和贸易网络,这既有利于投资的进行,也为投机活动创造了更大空间,而金融投机活动往往是引发全球经济动荡的重要根源。全球化使部分国家的主权较以往更加容易受到侵犯和破坏。在全球化时代,利用金融、贸易、信息等手段侵犯他国主权的可能性变得更大。因此有人指出,全球化的

---

① 白云真:《全球治理问题研究的回顾与前瞻》,载《教学与研究》2007 年第 4 期。

力量正在不断地形塑出一个全球性的"风险社会",这对于工业化和现代化以来建立在现代民族国家基础上的风险管理制度提出了挑战。[①]

另一方面,全球性问题的产生及解决迫切需要全球治理。从整个国际社会的层面看,很多问题事关人类整体是否能够延续,没有一个国家可以独善其身。当前国际社会关注的欠发达、战争与冲突、生态失衡、粮食危机、资源短缺、人口、难民、毒品、大规模流行性疾病、国际人权与民族主义、国际恐怖主义等问题都属于全球性问题。以环境问题为例,全球化使经济发展与环境保护之间的矛盾日益凸显,部分国家为追求 GDP 的增长采取了粗放式的经济发展模式,导致水、土壤、空气等人类赖以生存的要素被严重破坏,部分自然资源被过度开发。[②] 这些问题与每个国家都密切相关,需要各个国家、全人类的共同努力。

从个体层面看,全球治理的目标已经超越了国家、民族、种族、宗教、意识形态等方面,是大多数人都能够认同的一种理想的价值选择。这种价值共识有助于汇集世界上尽可能多的人共同承担治理责任,满足不同背景、不同文化群体的治理需求。全球治理的价值共识还有助于弥合人们之间的价值冲突,推进全球治理的精神建构任务。[③] 按照全球治理委员会的观点,全体人类都应在全球治理过程中接受并遵守共同的核心价值,包括对生命、自由、正义和公平的尊重,以及相互尊重、关爱和正直。为了在全球范围内实现这些人类共同价值,全球治理委员会的报告还详细规定了相应的权利和义务。[④]

从国家层次和国际体系层次看,全球治理需要达成的目标多种多样,而且随着形势的发展可能还会产生新的目标,其中至少包括:推动全球经济的可持续、包容性发展;消除全球贫困,完善发展援助体系,缩小南北差距;解决好发

---

① 陈承新:《国内"全球治理"研究述评》,载《政治学研究》2009 年第 1 期,第 118 - 126 页。
② 陈承新:《国内"全球治理"研究述评》,载《政治学研究》2009 年第 1 期,第 118 - 126 页。
③ 任剑涛:《在一致与歧见之间——全球治理的价值共识问题》,载《厦门大学学报(哲学社会科学版)》2004 年第 4 期,第 5 - 12 页。
④ 蔡拓、杨雪冬、吴志成主编:《全球治理概论》,北京:北京大学出版社 2016 年版,第 11 页。

展与环境保护之间的矛盾,妥善处理气候变化及其他全球生态环境治理议题;有效打击跨国犯罪和各种形式的恐怖主义,保障全球公共安全;完善全球通信、媒体与文化治理的发展方向,完善产业规范与文化规范;推动全球公域善治,在网络、太空、极地、公海及深海等国际政治"新疆域"的治理方面建立有效的国际规则体系;能够在大国发生矛盾时为其提供调节、弥合分歧的机制,为各国之间的和平相处与共同发展提供合理有效的行为规范与基本准则。

二、全球治理的主体与客体

所谓全球治理的"主体",就是治理活动的行为体,简言之就是"谁来治理",或者说谁来主导或参与治理。全球治理的主体在理论上可以分为三类:国家层次的行为体、超国家层次的行为体、次国家层次的行为体。从全球治理的实践看,当今全球治理的主体大致有三类:一是得到国际法理支撑、在全球治理效力方面具有实际影响力与约束力的官方行为主体,包括主权国家和政府间国际组织;二是具有特定行为指向与行为能力、对全球治理可以施加影响的非政府行为体,包括非政府组织、重要的跨国公司,以及在特定领域、区域或全球范围有重大影响力的个人;三是前两者之外的其他绝大部分行为体,他们也许没有自己明确、固定的政治态度,对政治决策和全球治理也不产生直接影响,但他们代表了最广大公众的力量,是治理行为主体合法性的来源。

虽然全球化进程对于国家在国际体系中的地位、作用和行为方式产生了很大影响,但人们仍然普遍认为,在无政府国际体系中,主权国家是全球治理中最重要的行为体。只要以民族国家为基本单位的国际体系仍然存在,那么主权国家就仍然是全球治理的主要角色,发挥着主要的治理功能,这种功能和地位是其他任何行为体无法替代或超越的。这首先是因为,主权国家是当代国际体系中最重要和最基本的单位,全球治理需要解决的任何问题,需要落实的任何政策,需要实现的任何目标,都绕不开主权国家这个角色。其次,主权国家在实施全球治理方面的能力与合法性是其他行为体是无法比拟的。虽然非国家行为体也在全球治理中扮演着积极的角色,但很多时候、在很多问题上它们的行为能力与合法性都非常欠缺,而主权国家在这些方面则拥有显著优势。其中,大国的作用尤其重要,这是因为大国所拥有的各种资源和能力是一般国家所无法比拟的。大国的政策不仅直接影响全球治理的成效,实际上也会影响其他中小国家的政策行为。然而,国家行为体在全球治理中的一个困境在于,由于国家利益是国家制定对外政策的基本出发点,且国内政策的制定也是从有利于国家长治久安的角度进行考虑,因此,当全球治理目标与国家发展目标一致时,主权国家就有相应的动力去制定相关政策、提供对应的公共产品;但当主权国家所追求的某个国家利益与全球治理目标相冲突时,其相关政策与行为则可能不利于全球治理的顺利进行,甚至可能给其他国家造成很大的困扰。

值得注意的是,关于主权国家在全球治理中的地位和作用,有两种常见并且相互对立的观点可能有失偏颇。一种是贬低主权国家在全球治理中的作用,认为全球治理的目标在于解决全球性问题,全球治理的出发点之一在于弥补国家治理的不足,因此非政府组织要承担起主要责任。这种观点在西方社会较为流行,实际上是一种脱离当今国际关系现实的极端观点。另一种则走向另一个极端,认为非国家行为体在全球治理中的作用微不足道,全球治理主要甚至只能依靠主权国家的力量。在全球化背景下,各类非国家行为体在世界政治与国际关系中的作用是客观存在的,并且呈上升趋势,固守唯国家论或绝对的国家中心主义观点显然不合时宜;但另一方面,也不能过分拔高非国家行为体的地位和影响力,甚至产生民族国家即将被取代或走向消亡的幻觉。[1]

毋庸置疑,在全球化的作用下,非国家行为体在国际体系中的地位和作用

---

① 徐步华:《非国家行为体的影响及其限度》,载《理论月刊》2014年第5期,第110-113页。

日益增强,但也应看到非国家行为体影响的限度。事实上,非国家行为体对国际政治的影响到目前为止总体来说还是很有限的,这是因为非国家行为体的兴起和发展及其作用的发挥都受到一系列因素的制约和影响。首先,国际体系与国际社会本身的状况和发展趋势对于非国家行为体的发展变化构成了制约。非国家行为体的发展与国际体系中的战争与和平状况有着极大关联。一般来说,在国际体系总体和平稳定,各国家得以致力于经济发展、改善民生的时期,非国家行为体的生存与发展就拥有比较有利的大环境;当国际体系处于高度紧张甚至战争期间,非国家行为体就难以发挥作用,甚至面临衰落、解体的局面。其次,主权国家对于非国家行为体的制约。在民族国家体系下,非国家行为体的运作资金的来源、人员的雇佣、政策的落实很大程度上依赖国家行为体。国家行为体在许多情况下能够有力地控制和影响非国家行为体的活动,反过来,非国家行为制约国家行为的可能性很小。事实上,相对于国家行为体,非国家行为体的脆弱性及影响力的有限性是显而易见的。再次,各种非国家行为体之间相互掣肘。非国家行为体彼此之间,以及它们与国家行为体之间都发生着密切的互动关系,共同作用于当代世界政治。政府间国际组织、非政府组织和跨国公司等主要的非国家行为体之间在利益、目标与行为方面也存在一些矛盾和冲突。最后,非国家行为体本身存在的问题。就联合国、世贸组织、国际货币基金组织等政府间国际组织而言,由于各国政府或者成员国之间的政策分歧,也常常无法有效发挥作用,无法担负起应尽的治理责任。至于国际非政府组织,其活动则常常引起广泛争议,甚至在国际社会留下许多负面印象。许多人甚至认为,国际非政府组织和跨国社会运动并非都在从事追求进步的社会变革,相当一部分国际非政府组织实际上经常成为发达国家对外渗透、干预和扩张的工具。[①]

---

① 徐步华:《非国家行为体的影响及其限度》,载《理论月刊》2014年第5期,第110-113页。

所谓全球治理的"客体",就是治理的内容和对象,即"治理什么"。全球治理的客体包括对国家治理和发展、人类生活和福祉、人类可持续发展、国际体系总体和平与稳定有着显著影响的全球性问题。这些问题有的已经产生了严重的后果,有的虽然处于初始阶段但如果不加控制和解决,将日趋严重。更重要的是,这些全球性问题,仅凭一国或少数行为体之力难以解决,必须依靠整个国际社会的共同努力。所谓全球治理,不仅意味着治理的对象或问题是全球性的,也意味着治理的主体或治理的参与者是全球性的。显然,在不同的社会历史环境下,全球治理的对象或"客体"可能有不同的具体内容。当前国际社会面临的全球性问题主要包括(但远不限于)以下几个方面。

第一,全球安全问题。这主要涉及国家间或区域性的武装冲突、核武器等大规模杀伤性武器的生产与扩散、非防卫性军事力量的兴起等传统安全问题。其中,虽然发生世界性战争的可能性不大,但局部或地区性国家间武装冲突仍然此起彼伏。与此同时,国家内部的武装冲突也经常产生严重外溢影响,对地区和平与稳定构成威胁。核武器的扩散仍是当今世界面临的一大严峻问题。核武器的扩展进程虽然比早期人们预料的要慢,但始终有若干国家试图突破国际核不扩散体制和国际社会的约束,致力于发展具有实战能力的核武器,给地区安全和全球核军控事业造成严重影响。

第二,全球生态环境问题。这主要涉及资源的合理利用与开发、污染源的控制、稀有动植物的保护,如国际石油资源的开采、向大海倾倒废物、空气污染物的越境排放、有毒废料的国际运输、臭氧衰竭、生物多样性的丧失、渔业过度捕捞、动植物种濒危、气候变化,等等。干净的空气、水源和土壤都是人类赖以生存的必备要素,而空气、水资源和土壤一旦遭受严重污染,治理起来极为困难。在全球工业化过程中,许多地区的生态环境遭到严重破坏。当前国际社会面临的一个困境是,发达国家在工业化过程中对于全球环境造成了极大破坏,但当它们实现工业化之后,却以保护环境为名限制发展中国家的工业发展,同时又不愿为治理全球生态环境担负起该负的责任,拒绝接受发展中国家普遍赞同的"共同但有区别的责任"原则。此外,生物多样性的丧失、濒危生物总数的上升、水土流失、气候变化等问题日趋严重,其解决绝非朝夕之事。

第三,国际经济问题。这主要涉及全球金融市场、贫富两极分化、全球经济安全、公平竞争、债务危机、跨国交通、国际汇率等等。其中,全球金融市场的稳定问题较为突出。2008年金融危机表明,即使在人类的经济发展模式和金融管理体制已经取得重大进步的时代,全球性金融危机的周期性爆发仍然是一件需要认真对待的事情。然而发达国家不仅没有表现出足够的国际经济秩序改革意愿,甚至还利用它们在贸易和金融领域中的话语权,进行不公平竞争,严重损害发展中国家的利益,利用国际贸易、汇率等议题攻击他国的事情也屡见不鲜。

第四,跨国犯罪问题。例如走私、非法移民、毒品交易、贩卖人口、国际恐怖活动,等等。在全球化时代,有越来越多的人口进行跨国界流动或迁移,对输出国国家治理、输入国国家治理,以及输出国与输入国之间的关系造成各种影响;国际恐怖主义频发,恐怖袭击的形式、性质和后果都在变化,例如在信息化时代,网络恐怖主义已成为恐怖主义的一种新形式;此外,诸如走私、毒品交易、人口贩卖等犯罪活动从未停止,亟待各国加强合作治理。

第五,基本人权问题。例如种族灭绝、对平民的屠杀、疾病的传染、饥饿与贫困等事关人的生存和发展的种种问题。然而在捍卫基本人权的问题上,不同国家在人权观念上还存在严重分歧,一些发达国家甚至利用人权问题干涉他国内政。新冠疫情的爆发还表明了,世界各国不仅有不同的国内治理模式,在如何共同应对此类全球性危机的问题上也存在着严重分歧。

三、全球治理的机制与成效

有效的全球治理必须依靠各类主体的共同参与。当然,在不同的具体问题领域,各类行为体的作用可能不尽相同,因而形成不同的治理模式。例如在传统安全或所谓"高政治"领域,主权国家是主要的治理主体。主权国家出于对共同利益的考虑,通过协商、谈判而相互合作,共同处理问题,进而产生一系列国际协议或规制。在经济、环境等许多特定领域,政府间国际组织也能够发挥重要作用,使相关成员国之间实现对话与合作,谋求共同利益。非政府组织也可能通过其跨国联系或跨组织关系网络,针对特定问题,起到协调各方目标与偏好,推动国际合作的作用。

然而无论参与主体是谁,也无论治理对象是什么,有效、稳定的全球治理都必须借助有效的机制。全球治理机制就是维护国际社会正常秩序的规则体系。具体地说,全球治理机制包括用以调节国际关系和规范国际秩序的所有跨国性的原则、规范、标准、政策、协议和程序,从某种意义上说,全球治理机制在全球治理中处于核心的地位。[①] 但现有治理机制与治理体系已经远不能满足形势发展的需要。

从当前全球治理的情况看,全球治理机制的发展趋势呈现以下两方面的特征。

一是全球治理议题的多元化。首先要指出的是,全球治理议题和全球性问题是两个既有联系又有区别的概念。所谓全球性问题,顾名思义就是所有国家乃至全人类都共同面对的问题,而且这些问题单凭单个国家甚至部分国家之力无法解决,需要国际社会的共同努力。从逻辑上讲,全球性问题都应该成为治理的对象。然而在实践中,由于各种主客观条件的限制,全球治理议题的范围比全球性问题要小一些,或者说只是全球性问题中的一部分,主要是那些已经被纳入公众话题或政治议程,并已经着手或准备着手加以解决的问题。换言之,全球治理议题肯定是全球性问题,但全球问题却不一定是全球治理议题。

---

① 俞可平:《全球治理引论》,载《马克思主义与现实》2002 年第 1 期,第 20 - 32 页。

　　自冷战结束以来,全球治理议题的一个重要变化是范围越来越广泛,由主要集中于经济领域扩展到安全、环境等各个领域,尤其是非传统安全领域。长期以来,公平贸易、金融安全、货币体系的稳定、寻求经济新增长点等经济议题一直是全球治理的重点。与此相关,世界银行、国际货币基金组织、世界贸易组织等国际机制具有举足轻重的地位,有着实实在在的工作内容,大国对这些全球经济治理机制的建设都高度重视,对相关机制的改革、人员安排等方面都会予以认真考虑。其中,G20发挥了越来越重要的作用,在治理内容、合法性及应对全球性危机等方面逐步树立了威望。但近年来,虽然经济议题仍然是全球治理议题的重中之重,能源、资源、环境、人权、跨国犯罪、非法移民、恐怖主义等议题越来越多地进入各种双边和多边国际议程。从整体看,经济议题已不再独占鳌头,全球治理议题呈现不可逆转的多元化趋势。

　　全球治理议题的多元化是全球化不断扩展和深入的结果,也是全球各类力量博弈的结果。一般而言,全球治理议题的设定与国际体系的结构,特别是各类全球治理主体的力量对比密切相关,地位和影响力强的国家通常更能够掌握议题设定的话语权,根据自己的利益诉求来主导议题设置。在当今国际体系与国际秩序中,传统西方发达国家与以金砖国家为代表的新兴国家在力量对比方面正在发生显著变化。西方国家的整体实力下降,新兴国家的整体实力上升。在这种背景下,新兴国家在国际舞台上发声的机会和能力都在逐步扩大,从而在全球治理议题的设定方面逐步打破了西方国家主导的局面。从这个角度看,全球治理议题多元化并且开始更多地反映发展中国家的利益诉求就是顺理成章的事情了。

　　二是全球治理结构的网格化。所谓治理结构的网格化,是指各国就共同利益开展磋商、就共同面对的问题采取行动时,国家行为体与非国家行为体之间形成的不是等级关系,而是各有所长、功能互补的相互依赖与合作关系,主权国家、政府间国家组织、非政府组织、公民社会之间形成的是扁平化的治理网络。从权力分布的角度来说,在网格化的全球治理结构中,没有哪种治理主体居于绝对统治地位,各治理主体之间是平行的关系而非垂直的隶属关系。就治理方式而言,网格化全球治理是基于行为体自身意愿进行的,任务的分配和问题的解决不是强加给哪个行为主体的。就治理过程而言,在网格化的全球治理结构中,治理议题的设定、治理活动的展开都具有长远性,而不是临时性的活动。

全球治理结构网格化的发展有许多推动因素。一是全球化的深入发展。全球化使世界各国和整个人类生活在相互依赖的网络中,从而催生了全球治理。在全球化时代,各类国际行为主体之间的交流互动更为频繁,全球治理主体之间在相互关系上更加趋于平衡,在治理功能上可以取长补短。二是全球治理理念的广泛传播。随着全球性挑战增多,加强全球治理、推进全球治理体制变革已是大势所趋;全球治理概念在冷战后加速扩散、日益深入人心。国际社会还普遍认为,现有治理体制已经无法满足治理需求,全球治理体制的变革正处在历史转折点上。三是新兴市场国家经济实力不断增强,参与全球治理的意愿和能力逐步提高。全球治理机制的变化是国际体系结构和世界经济格局变化的客观反映。进入 21 世纪以来,新兴国家的群体性崛起导致全球经济重心开始“东移”,尤其是以“金砖国家”为代表的新兴大国在世界经济中的比重大幅提升,它们也更加积极地参与全球治理,在发挥的作用越来越大的同时,也对原有的国际体系与国际秩序提出了新的挑战和诉求,成为全球治理的发展趋势之一。例如,包括了更多发展中国家的二十国集团(G20)已经突破了过去西方七国首脑会议(G7)垄断全球经济事务的局面,开始形成发展中国家和发达国家共同讨论全球重大经济问题的新局面。① 四是具有全球性影响

---

① 赵硕刚:《当前全球治理形势及我国参与全球治理的政策建议》,http://www.sic.gov.cn/News/456/8038.htm。

的区域治理组织或平台显著增加,对现有全球治理体系既是一种有益的补充,也构成某种挑战。在全球治理存在局限性质和某些严重缺失的情况下,区域性治理成为全球治理的一种新形势和新潮流。区域合作既是对多边行动的补充,也是对多边行动的挑战。此外,自2008年国际金融危机以来,以上合组织、金砖国家组织等为代表的由新兴市场国家组成的区域性治理平台,在处理地区事务中正发挥着越来越重要的作用。国际治理机制正进入一种多层次并存、功能细分的时期。①

　　尽可能缩小全球治理需求与治理手段之间的差距,使全球治理更加富有成效,更好地应对各种全球性问题,是全球治理的题中应有之义。然而全球治理的一个重要特点在于不具备强制性,必须尽量考虑各国的利益和动机,使它们愿意就某些问题达成协议。在当前形势下,全球治理仍然面临许多制约因素。第一,由于各国政治经济发展不平衡,各国在全球治理体系中的地位并不平等。富国与穷国、发达国家与发展中国家不仅在经济发展程度和综合国力上存在着巨大的差距,在国际舞台上的作用也极不相同,在全球治理的价值目标上存在着很大的分歧。一些西方大国经常奉行单边主义,对公正和有效的全球治理造成了直接的影响。这些都严重制约着全球治理目标的实现。第二,已有全球治理体系与机制还远不够完善,存在着权威性不足、管理不足、合理性不足、协调性不足、服从性不足和民主性不足等许多问题。第三,主权国家、国际组织和全球公民社会在利益和价值上有巨大差异,很难在一些重大全球性问题上达成共识,这三类主体都没有足够的权威来调节和约束各种国际性行为。

　　因此,全球治理体系与机制的改革势在必行,而改革的成败则在很大程度

---

① 赵硕刚:《当前全球治理形势及我国参与全球治理的政策建议》,http://www.sic.gov.cn/News/456/8038.htm。

上取决于国际力量对比、国际秩序与全球治理理念的客观发展趋势。用中国领导人的话说,当前国际形势继续发生深刻复杂变化,世界各国相互联系日益紧密、相互依存日益加深,遍布全球的众多发展中国家、几十亿人口正在努力走向现代化,和平、发展、合作、共赢的时代潮流更加强劲。但天下仍很不太平,发展问题依然突出,世界经济进入深度调整期,整体复苏艰难曲折,国际金融领域仍然存在较多风险,各种形式的保护主义上升,各国调整经济结构面临不少困难,因此,"全球治理机制有待进一步完善"。①

四、全球善治与全球新秩序

全球治理作为理论思潮与实践活动的兴起,是当今国际关系领域最令人瞩目的变化之一。从全球治理的实践看,一方面,全球治理已经取得了一些有利于国际社会和平稳定、国家治理有序进行、人类生活相对安定的正面成果;另一方面,全球治理的制度、产品和服务供给还远不能满足国际社会的治理需求。

全球治理所取得的积极成果主要包括以下几个方面。一是全球治理意识在各国政府和公众中日益成为一种普遍现象和常态认知。各国政府在不同场合、不同文件中提及全球治理的频次较以往有了很大提高,各国公众对这个概念的认识日益加深。二是全球治理主体日趋多元化。主权国家、国家联合体和国际组织在全球治理中的作用依然十分重要,同时跨国公司和全球公民社会组织在全球治理中的作用日益增强。三是各国共同努力构建的全球治理体系与治理规则已经对国际体系中的各类行为主体形成显著的约束力。在抵御全球金融风险、打击国际有组织犯罪、遏制恐怖主义活动、控制大规模传染病

---

① 《习近平在博鳌亚洲论坛 2013 年会上的主旨演讲》,中国政府网,http://www.gov.cn/ldhd/2013 - 04/07/content_2371801.htm。

等方面,各类全球治理主体在广泛吸收经验教训的基础上,能够从维护人类共同安全与整体利益的大局出发,寻求最大公约数,采取集体行动。如 2008 年国际金融危机以来,全球的决策者们都在想方设法防止全球金融系统再产生类似的脆弱性,巴塞尔银行监管委员会、金融稳定委员会和 G20 都共同制定了新的标准,维护了全球金融秩序稳定,促进了全球经济的增长。①

但全球治理仍然存在许多不尽如人意的地方。首先,反全球化浪潮和逆全球化行为有上升趋势。按照常理,随着全球化的广度和深度不断提高,上到国家治理的顶层设计,下至公众生活的方方面面,都与全球化的衍生效应有逻辑关联。然而近些年来,反全球化的浪潮此起彼伏,大有越演越烈之势。究其原因,主要在于全球化给不同国家、不同阶层的民众带来的影响是不均衡的,其所产生的效应也并非都是正面和积极的。一些国家的部分公众感到自己并未从全球化进程中获益,甚至认为自己的切身利益受到了损害。2016 年特朗普当选美国总统,以及欧洲右翼势力在政府首脑换届选举中所获得的支持率,都表明反全球化的思潮和力量有上升之势,与之相关的还有民粹主义、孤立主义和排外主义等思潮的抬头。其次,受到 2008 年金融危机重创的世界经济形势仍然严峻。自金融危机以来,全球经济始终缺乏强劲的增长与创新动力。2020 年以来的全球新冠疫情给世界经济再次蒙上了阴影,使许多国家的经济陷入衰退或停滞状态。

实现全球善治是一种值得所有国家和全人类为之不懈努力的理想状态,是全球治理各类主体的共同利益和最大公约数。全球善治应当具备以下几个要素:全球范围的责任、参与、透明、代表、效益、自主。② 全球治理是满足国际体系层次、区域层次、国家层次、次国家层次和个体层次需求的一种供给路径,

---

① 《耶伦回顾危机 10 周年:对金融改革的优劣都保持警惕》,http://news.ifeng.com/a/20170826/51766023_0.shtml。

② 俞可平:《全球善治与中国的作用》,载《学习时报》2012 年 12 月 10 日。

是抵制单边主义、霸权主义和新帝国主义的有力工具。全球治理理念所倡导的民主、公正、透明的价值取向，是国际社会的道义力量所在。提高治理水平、增进治理成效、实现全球善治，是人类和平与发展的客观要求，也是大势所趋。

要实现全球善治，就必须改良现有全球治理体系与治理规则，而这实际上还意味着要构建更加公正、合理、和平的国际秩序。全球治理与国际秩序密切相关。全球治理的基本目的，就是通过具有约束力和有效性的国际制度或机制解决全球性问题，以维持稳定的国际政治经济秩序。改良现有国际秩序，不仅需要站在人类整体利益的高度，秉持合理的国际秩序理念，更需要采取有力的实际行动。其中，至关重要的是必须维护以联合国体制为核心的国际秩序，坚持联合国宪章的宗旨和原则。当今世界发生的各种矛盾、冲突和不公正现象，不是因为联合国宪章的宗旨和原则已经过时了，而恰恰是由于这些宗旨和原则未能得到履行，因此必须坚定维护以联合国宪章宗旨和原则为核心的国际秩序和国际体系，维护和巩固第二次世界大战胜利成果，积极维护开放型世界经济体制，旗帜鲜明反对贸易和投资保护主义。[①] 要实现全球善治，推动改良全球治理体制中不公正、不合理的安排，就要推动国际货币基金组织、世界银行等国际经济金融组织的改革，使之能够切实反映国际力量格局的变化，特别是要增加新兴市场国家和发展中国家的代表性和发言权，推动各国在国际经济合作中权利平等、机会平等、规则平等，推进全球治理规则民主化、法治化，努力使全球治理体制更加平衡地反映大多数国家意愿和利益。要推动建设国际经济金融领域、新兴领域、周边区域合作等方面的新机制新规则，推动建设和完善区域合作机制，加强国际社会应对资源能源安全、粮食安全、网络

---

① 《习近平：推动全球治理体制更加公正更加合理》，新华网，http://news. xinhuanet. com/politics/2015 - 10/13/c_1116812159. htm。

信息安全、气候变化、恐怖主义、重大传染性疾病等全球性挑战的能力。[①]

实现全球善治离不开先进理念的引领，离不开对人类各种优秀文明成果的吸收。中国政府和中国领导人所倡导的新型国际关系、正确义利观、人类命运共同体等新理念和新思想，尤其是"共商共建共享"的全球治理理念，为全球善治提供许多新思路和新途径。

多年来，中国政府始终积极倡导各国共同建立以合作共赢为核心的新型国际关系。习近平强调，人们不能身体已进入 21 世纪，而脑袋还停留在冷战思维、零和博弈老框框内，要跟上时代前进步伐，把合作共赢理念体现到政治、经济、安全、文化等对外合作的方方面面。他还指出，合作共赢是对"21 世纪国际关系向何处去"这一世纪命题的中国答案。以合作取代对抗、以共赢取代独占，推动各国同舟共济、携手共进，是建设美好世界的一种崭新思路。[②] 新型国际关系的本质特征是基于平等理念的合作共赢。其中，新型大国关系又是新型国际关系的核心。新型大国关系是对国际关系理论与实践的重大创新，符合时代潮流和大国关系的现实需要。

习近平总书记还指出，在国际关系和外交工作中要坚持正确义利观，政治上主持公道、伸张正义，经济上互利共赢、共同发展，国际事务中讲信义、重情义、扬正义、树道义。习近平总书记特别指出，做周边和发展中国家工作，一定要坚持正确义利观；对那些长期对华友好且自身发展任务艰巨的周边和发展中国家，要更多考虑对方利益。习近平总书记提出新安全观、新发展观、全球治理观等一系列新理念新思想，进一步丰富了中国外交的核心价值理念，得到国际社会特别是广大发展中国家普遍赞誉，成为社会主义中国软实力的独特

---

① 《习近平：推动全球治理体制更加公正更加合理》，新华网，http://news. xinhuanet. com/politics/2015－10/13/c_1116812159. htm。

② 王毅：《在习近平总书记外交思想指引下开拓前进》，载《学习时报》2017 年 9 月 1 日。

标志。^① 正确义利观的核心在于处理好"义"与"利"的关系,"义"为道义,"利"为利益,正确义利观外交理念的适用对象主要是周边和发展中国家。多予少取、先予后取甚至是只予不取是正确义利观应该坚持的原则。近年来,中国在与发展中国家的关系处理中始终坚持了正确义利观的基本原则,注重相关国家可持续能力的培养,人才的培育,维护当地的生态功能,给中国的国际形象和国家利益起到了正向推动作用。习近平总书记指出,义,反映的是一个理念,共产党人、社会主义国家的理念;利,就是要恪守互利共赢原则,不搞我赢你输,要实现双赢。^② 在处理同周边和发展中国家的关系时,正确的义利观是必须始终坚持的。

本着对中国负责、为世界担当的博大情怀,中国领导人还提出了齐心打造人类命运共同体的重要倡议,为人类社会实现共同发展、长治久安绘制了蓝图。习近平总书记首先提出构建周边命运共同体,进而提出建设亚洲命运共同体,直至在联合国讲台上提出打造人类命运共同体的宏伟目标,并全面阐述了通过建设持久和平的世界、普遍安全的世界、共同繁荣的世界、开放包容的世界以及清洁美丽的世界,打造"五位一体"的人类命运共同体的总路径和总布局,使中国外交站在了人类道义和时代发展的制高点上。^③

"共商共建共享",这是中国所倡导的全球治理体制变革和建设的基本原则。习近平总书记多次在重大外交场合阐述中国关于全球治理的新理念新思想,提出中国解决全球治理重要议题的新方案新举措。其核心思想是,坚持"共商共建共享的全球治理观",不断完善全球治理体系,推动国际政治经济秩

---

① 王毅:《在习近平总书记外交思想指引下开拓前进》,载《学习时报》2017 年 9 月 1 日。

② 王毅:《坚持正确义利观 积极发挥负责任大国作用——深刻领会习近平同志关于外交工作的重要讲话精神》,人民网,http://opinion.people.com.cn/n/2013/0910/c1003-22862978.html。

③ 王毅:《在习近平总书记外交思想指引下开拓前进》,载《学习时报》2017 年 9 月 1 日。

序朝着更加公正合理有效的方向发展。① 当今世界是一个互联互通的世界，解决人类共同面临的难题需要各国携手合作。全球治理不是少数国家决定其他国家事务，也不是由少数国家来治理其他国家，更不是少数国家排他性地享受治理成果。"共商共建共享"，就是世界命运应由各国共同掌握，国际规则应由各国共同书写，全球事务应由各国共同治理，发展成果应由各国共同分享。中国提出的全球治理新理念，超越了传统西方治理观念，顺应了世界政治经济格局变化的现实，为"全球善治"带来了新价值与新机遇。

---

① 习近平：《弘扬"上海精神"，构建命运共同体》，2018 年 6 月 10 日在上海合作组织成员国元首理事会第十八次会议上的讲话，《习近平谈治国理政》（第三卷），第 441 页。

第二章
主导与维系：发达国家国际秩序观念与理论学说

国际秩序观是关于国际秩序的看法，以及应该建立什么样的国际秩序的主张。更确切地说，国际秩序观是国际力量各方对国际秩序的认知及其演变取向的主张，鉴于其属于主体认知的范畴，肯定具有明显的自我中心性质。但是世界不完全围绕自我中心运行，完全以自我为中心的秩序观基本上可以说是没有出路的。一种秩序观能够获得多大的影响力，取决于认识主体对历史的把握，对世界的认知，以及对人类共享的一些基本价值的坚守和提倡。①

对国际秩序的主观认识，其重要性并不亚于国际秩序的客观现实本身。因为，观念与行为之间即使不存在必然的因果关系，也有着密切的逻辑关联。试想，如果国家等国际体系中的主要行为体对国际秩序都感到满意，对其发展方向的期待和看法一致，那么，至少在宏观层面，国家间的冲突或战争就显得多余了，至少不那么容易发生。当然，高度一致只是一种理想状态。相反，关于这个世界应该按照什么样的原则、规范或制度组织起来的国际秩序观念分

---

① 陈玉刚:《国际秩序与国际秩序观(代序)》,载《复旦国际关系评论》第十四辑,上海:上海人民出版社 2014 年版,第 5 页。

歧,常常是造成各种矛盾与冲突的重要原因,因此,就国际秩序的变革等问题展开对话,准确认识理解其他国家或其他民族的国际秩序观念,准确表达自己的观念,寻找、构建国际秩序观念上的共识,提高认知和主张的一致程度,是国际关系中的一个非常重要的问题。①

　　发达国家在国际体系中的行为,不一定完全或直接由它们的国际秩序观念所决定,但如果说行为不受到思想观念的影响,则不符合经验事实与认知规律。发达国家的国际秩序观有着深刻的社会历史与文化根源,这种源于社会历史与文化价值观念的影响,是政策制定的重要变量。不论是战略与外交决策者的言行,还是与外交政策有关的社会舆情,都无时无刻不在体现着特定国家的历史经验、社会政治环境,以及文化和价值观等个性特征。发达国家国际秩序观念及其全球性话语主导地位的确立与维系,与发达国家在国际体系中的先发优势是相辅相成的。在发达国家整体国力水平还优于发展中国家的阶段,发达国家国际秩序理论与观念的影响力便拥有深厚的现实基础,进而可以借此掌握操纵和制定国际规则的便利,享有话语权所带来的益处。然而,世界并非一成不变,全球政治经济与文化格局都在发生深刻变化,发展中国家尤其是其中一批新兴大国的进步显而易见,这就使得发达国家国际秩序理论与观念的缺陷暴露得更加明显。近十余年来,由于内外环境的变化,在发达国家政界和学界的共同推动下,逐渐产生了一些相对新颖或者是对原有理论体系进行修正或改进的国际秩序观念,这些观念与西方传统观念虽然不无差异,但本质上仍然同属一宗,出发点和目标更是一脉相承,都是为了因应形式的变化,以更好地维系发达国家的先发优势和主导地位。在此环境下,发展中国家的大国崛起,除了在实践上要克服许多现实难题,在理论上也要结合自身文化传统、历史经验和发展需求,努力开展理论创新,同时要破解一些所谓的"定论"

---

① 陈玉刚:《国际秩序与国际秩序观(代序)》,第 1 页。

"规律""悖论",特别是一些似是而非、名不副实的所谓"理论""范式"。

第一节　发达国家国际秩序观念的理论
源流与流行观点

所谓发达国家的国际秩序观念,这里主要指的是西方发达国家社会政治精英在国际秩序问题上的主流观点。由于西方社会结构的复杂性,以及不同社会群体身份、处境的差异性,在国际秩序问题上的思想观点当然具有多样性,难以简单概括。不过,我们仍然可以通过考察西方国际关系主流理论所蕴含的秩序观念或秩序理论,分析与国际秩序有关的各种理论模式或流行观点,特别是冷战结束以来西方政要和学术界所表达的主流观点,从中发现一些共同点和主要特征。此外值得注意的是,近些年在西方社会普遍兴起的民粹主义思潮,实际上也反映了部分西方民众对外政策与世界秩序观念的变化。

一、西方主流国际政治理论所蕴含的秩序理念

对无政府状态和原始丛林状态的恐惧和担忧是人类的本能,因此秩序是人类社会实践中的永恒追求,也是政治学、社会学、法学、哲学等许多学科的核心问题。如何界定、理解国际秩序,以及如何选择、构建或塑造有利于民族国家自身生存和发展的国际秩序,是任何一个大国的国际政治理论研究和国家战略实践都必须面对和回答的问题。起源于上古时代的天下思想就代表着中国对建构世界秩序的早期思考,而 1311 年但丁在《论世界帝国》中提出的建立世界秩序的政治理想也堪称西方相关思考的早期表现之一。当然,现代学术意义上的国际秩序理论研究,也许是二战以后甚至二十世纪五六十年代以后

的事情。① 诸如赫德利·布尔的《无政府社会——世界政治中的秩序研究》、罗伯特·吉尔平的《世界政治中的战争与变迁》等，是这方面的代表性作品。②

事实上，西方主流国际关系理论均蕴含着对国际秩序问题的思考。在西方学术话语中占主导地位的若干国际政治宏观理论，不仅是基于不同的政治哲学传统，体现了不同的世界观与国际政治观，也蕴含着不同的国际秩序观念或者"世界秩序观念"。

（一）自由主义的国际秩序观

西方国际关系思想中的自由主义传统，在长期的发展演变过程中形成了众多分支，内容非常庞杂。在国际关系的主要思想传统中，现实主义的基本原则在摩根索、沃尔兹等人的经典文本里表达得很连贯、明确、系统；马克思主义的基本观点在马克思、恩格斯经典著作中也表达得很清楚，但对自由主义国际关系理论的系统阐述却没有任何公认的经典文本。自由主义最具有多面性、复杂性，其核心是什么始终存在争议。

一般认为，自由主义经历了古典自由主义时期（就国际关系理论范式而言，属于"前理论"阶段）、两次大战之间的自由派国际主义（理想主义）时期、60年代后期特别是 70 年代以后的新自由（制度）主义时期。在冷战结束之后的最初 20 年里，自由主义一度高歌猛进，进入又一个高潮时期，但最近十余年却面临越来越多的挑战。

有些西方学者将与自由主义传统有关的国际关系理论统称为"跨国主义"（transnationalism）。跨国主义在不同时期、不同语境下有自由派国际主义（liberal internationalism）或国际自由主义（international liberalism）、新自由

---

① 潘忠岐：《世界秩序理念的历史发展及其在当代的解析》，载《欧洲》2002 年第 4 期，第 8 - 15 页。

② Hedley Bull, *The Anarchical Society: A Study of Order in World Politics*, New York: Palgrave, 1977; Robert Gilpin, *War and Changes in World Politics*, Cambridge: Cambridge University Press, 1981.

主义（neoliberalism）、全球主义（globalism）或契约制度主义（contractual institutionalism）等种种名目。

作为包括若干理论分支的范式，跨国主义主要关注的是全球政治或全球秩序。其主要关注点不是单个的国家，而是多元行为体与跨国关系。这使之与现实主义形成了鲜明对照：传统现实主义强调的是国家间的权力斗争，跨国主义则更强调国际合作；现实主义强调国际体系的无政府性质，跨国主义则更强调国际法、国际组织与各类国际制度的纽带作用；现实主义强调国际体系的自助特征，跨国主义则强调经济相互依存、集体安全及共同利益。总之，现实主义强调的是权力，跨国主义则更强调秩序。跨国主义者认为，国家之间有竞争也有合作；国家间的合作动力来自它们的共同利益。稳定的国际秩序符合彼此的利益，国际体系与国际秩序的稳定既是合作的目标，也是合作的直接结果。

按照跨国主义观点，国际秩序的确立取决于四个因素：国际组织与国际机制的调节作用；有关国家行为的国际规则与规范的约束作用；国家间日益加深的相互依存状态，包括经济上和安全上的相互依赖；交通、通信等领域的技术进步使跨国联系不断增强。跨国主义者也承认，单靠这些因素不可能造就一个强有力的世界政府可能提供的那种稳定的国际秩序，但是这些因素确实可以制约或规范民族国家在国际体系中的行为，有助于加强国家间的信任，从而在总体上建立某种稳定的国际秩序。①

1. 西方自由主义思想对国际关系与国际秩序理论的影响

自由主义作为西方的一个重要思想体系，对于西方社会体系的影响是持久、广泛和深远的。在政治方面，自由主义倡导个人权利，强调基于代议制和

---

① Marc A. Genest, *Conflict and Cooperation: Evolving Theories of International Relations*, Fort Worth: Harcourt Brace College Publishers, 1996, p. 133.

共和制体制的且能够对于政府权力进行有效约束的权力监督体系;在经济方面,自由主义崇尚市场经济、私人财产的不可侵犯性、劳动力的自由流动、公民的创新精神等基本价值观;在社会领域,强调公平正义原则对于社会体系建构和可持续发展的重要意义,关注个体间的分配秩序和平衡机制;在哲学层面,致力于建立能够揭示经济基础和上层建筑、物质和观念发展的内在规律的宏观体系。

一般来说,"自由国际主义"代表了传统的自由主义国际关系理论,其思想来源主要有18世纪欧洲的启蒙思想,19世纪英国的自由主义政治哲学,以及20世纪美国的"威尔逊主义"。爱德华·卡尔(Edward Carr)在《20年危机》一书中曾对两次大战之间的"理想主义"即自由国际主义做过非常深入的论述,认为其基本信条包括:国际规范的确立将导致国际政治行为的改变;世界组织的建立和发展将带来普遍和谐,改变国际政治的面貌;在人类利益本质上和谐的前提下,各国的根本利益也是和谐的;冲突只是偶然的、可以消除的现象;国际舆论有助于制约战争、建立新的世界秩序;民主政治的普及、自由贸易和随之而来的经济上的相互依赖有助于保障世界和平。[①]

国际关系中的自由主义流派都在不同程度上继承了自由主义思想的核心观点,强调国家互动中合作的重要性及合作实现的可能性。在人与人的关系方面,自由主义国际关系学者认为道德的约束力量对人类行为具有可见的影响力,行为体之间的冲突并非不可避免,避免冲突的方式在于利益诉求协调基础上的国际合作。[②] 同时,国际合作能够持久性地产生和发展于国际体系中的一个重要前提是有效国际机制的存在。经典自由主义理论的思想内核对于

① [英]爱德华·卡尔:《20年危机(1919—1939):国际关系研究导论》,秦亚青译,北京:世界知识出版社2005年版,尤其是第2-5章。

② Michael Doyle and Stefano Recchia, "Liberalism in International Relations," in Bertrand Badie, Dirk-Berg Schlosser, and Leonardo Morlino, eds., *International Encyclopedia of Political Science*, Los Angeles: Sage, 2011, pp. 1434-1439.

相互依赖、国际机制、国际合作、全球治理等方面的新理论谱系产生了深刻影响。

直到 20 世纪中期,对自由主义国际关系思想的主要贡献都不是来自国际关系理论家,而是政治哲学家、政治经济学家和对国际事务有一般兴趣的人。虽然没有集中、系统的文本可以参照,但人们还是可以从众多相关文献中看出自由主义国际关系理论的几个核心观点。①

其一是"进步论",认为国际关系可以逐步发生转变,通过建立和平、繁荣、正义的条件来促进更大的人类自由。这种对进步的乐观态度反映了自由主义的普遍立场。约翰·格雷(John Gray)指出,自由主义者不仅是个人主义者、平等主义者和普遍主义者,也是社会改良论者,坚信一切社会制度和政治安排中的弊病都是可以匡正、改善的。② 迈克尔·霍华德(Michael Howard)认为,自由国际主义者尤其相信,人类理性与人类行为的力量将改变世界,整个人类的内在潜能将得到更全面的发挥。③ 自 18 世纪晚期以来,自由主义者一直认为国际关系正在逐步地、曲折地演进,其轨迹是人类正在获得更大的自由:肉体安全、物质福利、自由表达和发挥政治影响的机会(也即人权)。用基欧汉的话说,"自由主义相信,至少不断累积的进步是可能的,而现实主义则假定历史是无法进步的"。④

其二是"合作论",认为国际合作对于实现更大的人类自由具有关键意义。合作有助于在相互交往、相互依存的过程中最大限度地实现可能的利益,将可能的破坏减至最低限度,有利于把握住时机实现更多的和平、繁荣、正义。自

---

① 详见 Charles Kegley, *Controversies in International Relations Theory: Realism and Neoliberal Challenge*, Wadsworth: Wadsworth Publishing, 1995, pp. 107 - 172。

② John Gray, *Liberalism*, University of Minnesota Press, 1986, p. x.

③ Michael Howard, *War and the Liberal Conscience*, London, 1978, p. 11.

④ Robert Keohane, "International Liberalism Reconsidered," in John Dunn, ed. , *The Economic Limits of Politics*, Cambridge: Cambridge University Press, 1989, p. 174.

由主义所谈论的国际合作的性质与程度在不同时代有所不同,但他们无不强调合作对于人类自由进程的核心意义。自由主义相信,和平、繁荣与正义主要通过国际合作来实现。合作可能包括:接受道德规范、遵守国际法或通过国际组织来进行合作。康德是这一立场的早期倡导者,但直到一战以后这才成为多数自由主义者的核心思想。

其三是强调"现代化进程"的影响,认为国际关系正在被现代化进程改变。自由主义者相信,和平、福利、正义及合作,由一系列独立的力量所推动——这就是现代化进程。自 18 世纪后期以来,自由主义看到,科学革命与自由主义思想革命正在推动国际关系的深刻变革。现代化进程由科学革命所激发,为自由主义的思想革命所强化。它促进了国家间的合作,促进了人类的和平、繁荣与正义;而现代化进程有五个相互影响并不断演进的核心要素:自由民主或共和政府;国际相互依赖;认知方面的进步(cognitive progress);国际社会层面的一体化;国际制度(international institutions)。

此外,自由主义还有一系列相关假设,分别涉及国际行为体的性质、行为体的利益、利益的决定性因素,等等。例如,就行为体而言,自由主义国际关系理论关于人类自由的进步观念和对自由民主、自由贸易、认知变化、道德规范等因素的重视表明,自由主义者认为个人是主要的国际行为体;国家是现时代最重要的集体行为体,但国家是多元主义的行为体,其利益和政策是由不同群体之间的博弈及选举所决定的。就利益而言,自由主义认为国家利益是多样、多重的,也是不断变化的,既有自利的一面,国家的利益或利益优先次序不断变化,因为个体的价值观和利益团体之间的权力关系随着时间不断变化;国家的政策也有利他的一面,因为自由民主程度的增长会提高人们对他人的关注。就影响利益的因素而言,自由主义者认为,人类利益和国家利益受到各种国际国内条件的影响。从根本上讲利益由利益群体之间的权力博弈决定,但利益群体对利益的界定受许多因素的影响:在国内层面,包括政治经济体制性质、经济互动、个人价值观;在国际层面,包括技术能力(国家据此以不同的方式相互影响)、相互影响与相互依存的模式、跨国社会模式、知识、国际制度。占主导地位的集体行为体(国家)同时处于国内与国际体系之中,其利益与政策受内外两个环境的影响。当代自由主义者还认为,国际体系是无政府但有制度、有秩序的社会。[①]

植根于自由主义思想传统的自由主义国际关系理论,对西方国际秩序理论的构建产生了深刻影响,或者说,所谓西方国际秩序理论,即使不是全部内容,至少其中最重要的方面是源于自由主义的思想传统。如果进一步追根溯源,我们不难看到西方历史上的众多思想家对当代欧美国际秩序理论的深刻影响,格劳秀斯、洛克、康德便是其中几位代表。

格劳秀斯的国家主权学说和国际法思想是西方国际秩序理论的重要理论来源之一。在格劳秀斯看来,国际体系虽然处于无政府状态,却并非如霍布斯所言,完全由丛林法则所主导;国际体系之所以能够持续存在,在于其中存在着制度和规范等社会纽带,也就是说存在着某种"国际社会";作为制度和规范的集中体现,国际法在约束国家行为、维护国际社会秩序方面拥有不可替代的作用;国际法最重要的作用在于管控冲突、避免战争,主权国家根据契约精神制定国际法,并且使其在国际体系的一定范围内成为各国共同遵守的规则、规范或制度;国际合作不仅必要而且具有可行性,国家行为体在实现自身利益诉求的过程中必然需要与其他主权国家产生互动、开展合作,国家之间可以通过契约形式更好地促进各自利益诉求的实现。

洛克(John Locke)的自然状态学说对许多当代理论家也具有重要启发作用,如基欧汉等人的学术思想就从中获益。洛克认为,主权国家之间是平等

---

① Charles Kegley, *Controversies in International Relations Theory: Realism and Neoliberal Challenge*, Wadsworth, 1995, pp. 118 – 119.

的,国际体系处于无政府状态并不代表一国可以在实现自身利益的过程中去损害别国的利益;国家之间可以通过理性的合作与协调组成共同体,从而更有效地保护和实现自己的利益。①

更为明显的是,自由主义的国际秩序理论也从康德(Immanuel Kant)的思想中汲取了若干重要内容。康德认为国家间和平的实现有赖于三个因素的驱动:公众对于战争破坏性和可怕性的恐惧;国家间经济交往形成的相互依赖状态和相关理念;公众的政治自由与共和政体。其中的逻辑是,战争对于社会体系所造成的巨大破坏及对公众心理造成的创伤,迫使国家执政者寻求战争手段之外的解决国家间利益分歧的途径,进而形成某种国际和平共同体或国际联盟共同致力于建立和维护世界和平;国家间经济交往日益密切,经济领域中的契约精神延伸至政治领域,影响着国家间交往的理念和方式;经济交往所形成的相互依存使各国意识到战争对自身利益的直接或潜在损害;代议制政体或共和制政体对于制约或减少战争的发生是至关重要的,因为在这种政治体制中,承担战争代价的公众可以对政府权力进行有效制约。

总之,西方自由主义思想对国际秩序理论的主要影响在于,强调合作的重要性与可能性;认为通过建立制度和规则,冲突不但可以和平解决,而且可以转化为合作。应用于国际关系领域,国家间关系的核心内容就不再仅仅是现实主义强调的利益冲突,因为冲突可以通过机制加以协调解决,并继而达成合作。② 由此可见,自由主义的国际秩序观念,始终着眼于如何通过合作来解决国家之间的冲突,从而维持国际体系与国际秩序的基本稳定与总体和平,并在如何实现和平这个问题上形成了至少三种主要思路或学说,即共和自由主义的"民主和平论"、经济自由主义的"贸易和平论"与制度自由主义的"制度和

---

① 秦亚青:《权力·制度·文化:国际关系理论与方法研究文集》,北京:北京大学出版社2005年版,第66页。

② 秦亚青:《权力·制度·文化:国际关系理论与方法研究文集》,第65页。

平论"。

2. 西方自由主义的"和平"三论

"国际和平"或者更确切地说"国际安全"实际上是任何国际关系与国际秩序理论都必须关注的核心目标或核心价值。例如,英国著名国际关系理论家赫德利·布尔所提出的一项在西方学术界颇具代表性的国际秩序定义,其核心内容实际上涉及的是国际安全问题,甚至可以说,这个定义基本上也可以适用于对国际安全的定义。按照他的看法,人们在社会生活中希望的秩序并非个人或群体关系的随便哪种稳定模式,而是一种导致特定的预期结果、促进某些目的或价值的社会生活安排。在此类目的性或功能性社会安排的秩序中,最重要的是维持社会生活本身所必不可少的基本目的,它包括:社会成员的生命多半免于暴力伤害或毁灭;其承诺和协议多半得到遵守和履行;其所有权多半保持稳定。基于同样道理,国际秩序之不可或缺的基石,或者说国际安全的起码标准,包括类似的三条,即国家免遭外部暴力侵害,国际承诺和协议得到遵守,国家主权和领土完整得到保持。此外,布尔还更多地从国际安全而非国家安全的视角出发,提出了另外两项居于优先地位的标准:首先是国际社会本身的保存,这既意味着阻止超级强国图谋霸权,将国际社会转变成"普遍帝国",也意味着防止所谓超国(supra-state)、跨国(trans-state)和亚国(sub-state)三个层次上的行为体破坏国家作为国际社会主要角色的地位及其特别权利;其次是国际社会的基本和平(而不是普遍永久的和平)。[①] 由此可见,对于国际和平与安全的思考,实际上也是对于国际秩序的稳定与变革及其与国际安全之关系的思考。

自由主义尤其是自由国际主义的国际关系理论,本质上是一套改革国际秩序的方案。就国际秩序的稳定与改良而言,其核心观点与主要途径是"民主

---

① 时殷弘:《国际安全的基本哲理范式》,载《中国社会科学》2000 年第 5 期。

和平""商业和平"或"制度和平"。例如,作为自由国际主义的当代典型,威尔逊主义实际上就表达过这三条途径的基本形态,并被后来的自由主义和新自由主义理论所继承和发挥。

第一次世界大战之后,世界权势重心转移到大西洋东岸。威尔逊主义应运而生,成为对饱经战祸的人们颇有吸引力的一面思想旗帜。总的来说,威尔逊是从一套与现实主义权势政治观相反的国际关系理念出发,要求废止传统的欧式国际政治运行模式,在世界范围内改行一套新规范和新机制,以此实现普遍持久和平。威尔逊认为,普遍持久的和平与安全首先有赖于普遍确立民主制度。在国内政治的民主化之外,还须实施国际政治的"民主化",即用公开外交取代秘密外交,用民族自决取代强权政治。普遍和平与安全还有赖于用自由贸易原则支配国际经济,尽可能消除一切贸易壁垒。最后并且最重要的是建立一个世界性组织,其主要功能应在于保证世界政治"法制化",以此提供普遍的国家安全和国际安全。[①]

（1）民主和平论

冷战结束之后的最初十余年,一种被称作"民主和平论"（democratic peace）的学说在西方颇为流行。

如果说相互依赖理论是从国际经济关系出发阐释国际关系的现实,那么,民主和平论则是从国内政治和国际政治关系出发阐述这一现实。在 20 世纪末,有关民主和平论的争辩构成了有关自由主义理论的一场最突出的讨论。[②]这场讨论的核心是：民主国家之间是不是比其他类型的国家之间更少发生战

[①]　时殷弘：《国际安全的基本哲理范式》,载《中国社会科学》2000 年第 5 期。

[②]　关于民主和平论见 Bruce M. Russett, *Grasping the Democratic Peace*, Princeton, N. J. : Princeton University Press, 1993; John R. Oneal and Bruce M. Russett, "The Classical Liberals Were Right: Democracy, Interdependence, and Conflict, 1950—1985," *International Studies Quarterly*, Vol. 41, No. 2, June 1997, pp. 267 - 294; 还可见 Michael E. Brown, Sean M. Lynn-Jones, and Steven E. Miller, eds. , *Debating the Democratic Peace*, Cambridge, Mass: MIT Press, 1996.

争。这个问题之所以引起学术界的持久兴趣和长期争论,首先是因为冷战格局的瓦解看起来主要表现为苏联解体和东欧剧变,在许多西方人看来,这标志着西方的胜利,证明了西方社会体制的优势;其次是因为这个命题直接关系到西方国家特别是美国在冷战后的对外战略调整。一些西方国家的学者甚至认为,这个论题是 20 世纪最后 10 年里出现的最重要的社会科学命题之一。

但"民主和平"并不是一种冷战后才出现的新思想或新理论。作为一种系统化的学说,自 20 世纪 70 年代就已经开始出现。其思想渊源,更是可以追溯到欧洲近代时期,在康德等许多思想家那里都可以找到类似的观点,可谓"源远流长"。

康德在 1795 年发表的《永久和平论》①一文中的相关讨论,就代表了这个理论的早期形态。与霍布斯等现实主义思想家对人性的悲观看法不同,崇尚理性主义的康德认为人类通过运用理性可以发现他们的共同利益,而不至于陷入冲突之中。在共和体制下,个人即共和国的公民,在国内社会彼此共处。正如个人在各自的国家中一样,各国也能够共处于某种市民社会(civil society)之中,形成一种以共和制宪法、联邦制国家体系为特征的和平联盟。各个独立国家的人民通过共享价值而成为"世界公民",进而形成一个世界主义的人类共同体,共同体的形成将最终造就"永久和平"的条件。

康德认为,在共和制国家组成的和平联盟中,民族国家之所以不得不把自己的国家利益置于国际法准则之下,根本原因在于理性的力量及公民对于人类共同体的道德承诺。由于共和制宪法的制衡作用,统治者难以轻易将国家投入战争,每一个共和制政府都服从的国际法可以避免国家间的战争。康德认为,如果发动或参与战争需要公民的同意,那么战争至少不会轻易发生,因

---

① 康德:《永久和平论》,载《历史理性批判文集》,何兆武译,北京:商务印书馆 1996 版,第 97 - 143 页;以下有关康德《永久和平论》的讨论,主要参见石斌:《康德国际关系思想刍议》,载《史学月刊》1999 年第 2 期。

为公民是战争代价的直接承担者，对战争自然会持谨慎态度；相反，非共和制国家的情况则完全不同，战争不需要统治者做出牺牲，而民众又没有发言权，统治者为了微不足道的理由就会像决定一场晚会那样决定一场战争。[①]

当然康德很清楚，国际无政府状态是不可能轻易消除的，尽管战争能够给所有国家以深刻的教训，但战争难免还是会发生。尽管共和制国家间是和平的，但它们还是会与君主制国家开战。此外，尽管从逻辑上建立一个世界国家是消除无政府状态的途径，但康德怀疑，这不仅不大可能，甚至也没有必要，因为即使出现一个世界国家，也难免出现全球性的专制，或者由于这样的国家太大了，未必能够保持和平状态，也许仍然会发生战争，只不过那时变成了世界国家的"内战"。

总之，康德所设想的是一种共和自由主义和具有浓厚理想主义色彩的世界秩序，主要基于人类理性和共和政体的和平学说。这种秩序以具有和平互动关系的共和制国家为基础，而各国公民可以很容易地跨越国界互动，并且共享道德价值和商业利益。这种强调道德价值的国际政治观为当代"民主和平论"的提出奠定了基础。

一些当代西方学者承袭康德的传统，从 20 世纪 70 年代开始尝试系统阐述民主和平问题。最初他们只是考察了民主国家无战争的现象，并未进行明确的理论概括。例如 1976 年斯莫尔（Mekvin Small）和辛格（David Singer）在《民主政制的战争倾向，1816—1865 年》一文中就描述了民主国家不同民主国家打仗的现象。[②] 1983 年持民主和平观的代表人物迈克尔·多伊尔（Michael Doyle）在《康德自由主义遗产与外交》一文中第一次正式提出了"民主和平论"。[③]

[①]　Immaneul Kant, *Perpetual Peace*, Indianapolis: Liberal Arts Press, 1957, p. 10.

[②]　Melvin Small and David Singer, "The War-proneness of Democratic Regimes, 1816—1865," *Jerusalem Journal of International Relations*, Summer 1976.

[③]　"Kant, Liberal Legacies, and Foreign Affairs," *Philosophy and Public Affairs*, Summer 1983, pp. 323 - 353.

此后这一理论得到了更多人的认同。特别是冷战结束以后,民主和平论开始受到一些西方国家决策者的青睐,被用来为西方大国的海外"民主扩展"政策作辩护,从而引起更广泛的关注和讨论。例如美国总统克林顿在1994年国情咨文中表示,民主制国家之间不会开战的道理,解释了为什么在国外推进民主是他的对外政策的支柱。美国《外交事务》季刊一篇题为《民主化与战争》的文章甚至写道,民主制之间决不打仗的观念,对许多学者来说这已经成为一种"公理",是国际关系中的"自然法则"。文章最后认为:"从长远看,稳固的民主制度的范围的扩大,可能会增强和平的前景。"①

当代西方自由主义理论家们将康德理论中的基本逻辑与现代民主政体进一步联系起来,形成了若干基本假设,其中包括:

民主制政府之所以不情愿进行战争,是因为它们必须向公民负责;换言之,承受战争代价的大多数国民不大可能支持有意发动战争的政党或领导人;

民主体制的分权制衡机制和国内利益群体的多元性,使政府受到较大制约,很难建立统一的联盟支持其对外战争;

民主国家的外交决策是公开透明的,这意味着战争的代价对于公众和决策者来说都是敏感的,同时民主国家的开放度与透明度还减少了别国对其行动、意图发生误判的可能性;

民主国家较之于专制国家,从国民身上攫取人力、物力资源进行帝国扩张之类的能力更小,因此更倾向于将和平贸易作为比战争更可靠的财富积累途径;

民主国家的主流政治文化与社会核心价值观,使得适用于和平解决国内问题的方法也适用于与其他国家的关系;民主国家更倾向于谋求经济福利和国际商业利益,而不是军事威望、荣耀;现代民主国家关注财富的最大化,经济

---

① 王逸舟:《国际关系与国内体制——评"民主和平论"》,载《欧洲》1995年第6期,第10页。

上的成就对政府的合法性至关重要，往往导致其在外交政策上追求集体安全和互惠贸易。

总之，民主和平论的基本逻辑，也许可以概括为：理性的人知道自己的利益所在，理性的人可以组成理性的国家，而理性的国家则可以组成理性的国际社会。或者一言以蔽之，民主政体能够发挥理性的力量，而理性的力量可以制约非理性的行为。其实践含义在于，既然国内政治民主化有助于实现国际和平，那么西方大国应该在全球扩展民主。

民主和平论的基点，实际上是国内因素决定论。按照该理论的推理，民主国家的国内政治体制决定其国际交往的行为模式。其典型思维逻辑就是，国内可以实现的东西，推而广之在国际范围内也可以实现。民主和平论者认为，民主国家在处理相互间关系时会适用相同的准则，它们都知道民主国家的利益在于相互合作，在争端中谈判和维持现状是唯一可能的结果，因此它们寻求合作，倾向于对其他民主国家的要求做出合理反应，并最终导致建立一种利益共同体，在这个过程中它们完全放弃在相互关系中使用或威胁使用暴力的选择。

一些西方学者认为，国内政治对国家安全政策而言是一个强有力的决定因素，尽管民主国家像其他国家一样也经常打仗，但它们之间却极少打仗，原因就在于其国内政治体制的制约作用。基于这个逻辑，他们主张以西方国家的政治体制和价值观念为样板，向全世界输出民主，在全世界捍卫和扩展民主体制，以此来造就永久和平——这让人想起美国总统威尔逊的"名言"："确保世界民主"（Make the world safe for democracy）。有人甚至使用类似"霸权和平"的提法，提出所谓"民主治下的和平"（Pax Democratica）。① 从外交政策实

---

① James Robert Huntley, *Pax Democratica: A Strategy for the 21st Century*, New York, St. Martin's Press, 1998.

践的角度来看,克林顿政府在冷战后推行的"民主扩展"政策就是以这一理论为主要根据的。

"民主和平论"还认为,虽然有时民主国家也同非民主国家交战,但那是为了捍卫和扩大民主的价值观。或者按照约翰·欧文的解释,其中交战的某一方可能当时并不是真正的民主国家,或者说自由主义的主流价值观和民主制度的有效保障二者缺其一,未能实现并存和有机统一。①

问题是,"民主和平"这个命题在理论与逻辑上是否能成立,是否能得到证明? 更重要的是,在实践中,西方国家的和平与安全是否与民主的传播有直接关联? 是否如"民主和平论"的拥趸所说的那样,实现普遍的民主是防止战争发生的根本途径? 后一个方面实际上关系冷战后一些西方大国的对外战略选择,尤其是关系西方大国对外干涉政策的合理性问题,因此引起广泛的关注和讨论。

任何理论或命题要经得起检验,必须满足两点要求:一是概念界定必须准确、严谨,推理必须符合逻辑;二是结论必须建立在经验事实的基础之上,经得住历史和现实的验证。"民主和平论"在这两点上,恰好都是最薄弱的。② 事实上,无论从理论还是实践的角度看,或者说,无论从逻辑推论还是历史经验看,"民主和平论"都禁不起推敲,其逻辑推理存在重大谬误,经验论证存在严重缺失,因此人们对这个断言提出了许多质疑。

第一,是民主的定义问题。哪些国家算是民主国家,或者说民主国家的标准是什么,对此东西方国家、发达国家与发展中国家的认识无论在理论还是实践上都大不相同。即使在西方国家,人们的认识也未必一致。例如美国经常标榜自己是世界上最民主、最自由、最尊重人权的国家,但在迈克尔·多伊尔作为论述起点的 1816 年,奴隶制在美国还合法存在,妇女也没有选举权,即使

---

① John Owen, "How Liberalism Produces Democratic Peace", *International Security*, Vol. 19, No. 2, Autumn, 1994, pp. 87 - 125.
② 苏长和:《驳"民主和平论"》,载《欧洲》1996 年第 2 期,第 5 页。

这时的政治制度可称为民主制,它也只是雅典式的民主,在某种意义上当时的美国还并不是一个自由的国家。事实上,在许多国家,妇女获得选举权都经历了漫长的过程。这意味着人们几乎不可能找到明确的时限和一批经过严格界定的民主国家作为研究的起点。这就导致"民主和平论"者随意使用"民主国家"的概念,从而在对分析对象(民主国家)的选择上,寻求有利于自己命题的论据。另一方面,在逻辑推理上,"民主和平论"者存在着后此推理(在此之后,因之必然由于此)和合成推理(个体是对的,因而对整体也是对的)两个谬误,所谓的"国内和平到国际和平"和"民主规范制约战争"的立论均难以成立。

第二,是该理论的逻辑自洽问题。该理论无法解释为什么民主国家同非民主国家一样好战,有时甚至显得更加好战。在现实政治中经常可以看到这样的现象,即尽管一个民主国家可能不对其他民主国家使用武力或武力威胁,但它可能轻易地对非民主国家这样做。在这里,民主制度本身的制约作用甚至理性和道义的力量就讲不通了。因为如果人民在本质上不愿打仗,不愿承担战争代价,那他们就不会轻易同意进行任何战争,而不会仅仅与民主国家讲和平。如果说人们的道德评判标准可能受到文化和政治价值观的影响,至少民主制度的制约功能应该具有普遍性,其逻辑结果应该是一致的。不仅如此,就经验论证而言,民主和平论既不能解释为什么历史上有些民主国家之间会发生战争,也不能真正解释二战后欧洲乃至世界的"长期和平"现象。[①]

第三,没有充分的证据能够证明民主国家或民主国家的公众比非民主国家或其公众更爱好和平。事实上,所谓民主国家的公众同所谓专制国家的领导人相比,并不特别忌惮战争的损害或代价;不管是在民主还是非民主国家,大众都有可能怀抱极端意识形态(尤其是极端民族主义)或宗教狂热,从而支持对外战争包括侵略战争;反过来说,专制国家领导人倒是有可能害怕对外战

---

① 苏长和:《驳"民主和平论"》,载《欧洲》1996年第2期,第5页。

争,因为国内的反专制力量可能由于战争的激发而得以释放或强化。①

第四,是经验依据的有限性问题。"民主和平论"看起来好像有一些历史统计资料作为佐证,因此被西方一些人视为国际关系中"最有力的经验法则"(the strongest empirical law)②,然而,即使承认近两个世纪来"民主国家"之间确实极少战争,人们仍有理由怀疑,符合西方标准的所谓"民主国家"数量过少,并不足以得出足够可靠和普遍的结论。更何况,人们可以找到许多"民主国家"之间发生军事冲突的例子:一战(1914—1918,德国与英国、法国、意大利和美国),英布战争(1899—1902,英国与德兰士瓦共和国、奥兰治自由邦),美西战争(1898,美国与西班牙),卡吉尔战争(1999,印度与巴基斯坦)。对此,"民主和平论"的支持者一般无力反驳,只能在相关国家当时是否确系"民主国家"等问题上做文章。另外,美国内战本身,以及美国等西方国家推翻他国民选领导人的例子,例如1953年的伊朗、1954年的危地马拉、1964年的巴西及1973年的智利,以及1861年特伦特事件,1895—1896年委内瑞拉危机、1898年法索达危机及1923年鲁尔危机,这些现象也都与"民主和平论"相悖。③

第五,是因果关系的准确性问题。"民主国家"之间的战争之所以罕见,也许很大程度上是出于某些国际环境与国际政治原因,与国内制度并无多少直接关联。即使仅就民主国家之间的关系而论,民族主义、宗教偏见、国家重大利益冲突等因素,可以同民主国家里一些有助于互相间和平相处的机制和政治文化一样起作用。何况,民主国家之间的战争危机实际上并不罕见。④

① 时殷弘:《国际安全的基本哲理范式》,载《中国社会科学》2000年第5期。

② Foreign Affairs Agenda, *The New Shape of World Politics*, New York: Foreign Affairs, 1997, p. vii.

③ John Mearsheimer, *The Great Delusion: Liberal Dreams and International Realities Great power Politics*, New Haven: Yale University Press, 2018, chapter 7.

④ John J. Mearsheimer, "Back to the Future: Instability in Europe after the Cold War," *International Security*, Vol. 15, No, 1, Summer 1990; Joanne Gowa, *Ballots and Bullets: The Elusive Democratic Peace*, Princeton, N. J., 1999; Samuel Huntington, "The Errors of Endism," *The National Interest*, 1989 (Fall).

第六，是其政策实践所带来的问题。"民主和平论"与冷战后某些西方国家以捍卫自由民主为由奉行对外干涉政策有一定的关联。有不少学者指出，冷战后最初十余年的事实表明，试图向西方式民主制度过渡的国家恰恰是最好战的，因此输出民主可能使事情更糟。在苏联和南斯拉夫地区，以及在非洲的许多国家都发生过这样的事。

"民主和平论"之所以在 20 世纪末成为一个热门话题，从根本上来说，是因为它与现实国际政治环境和大国外交战略有密切的关系——在冷战结束之后，传统现实主义的自我克制和相互制衡格局受到冲击，自由主义的对外干涉政策一度甚嚣尘上。如果大国在制订外交政策时假定民主国家是和平的，非民主国家是麻烦制造者，那就不可避免地会得出这样的结论：只有把后者改造成民主国家，前者才会有真正的安全。一些西方国家特别是美国在冷战后把"民主和平论"视为对外政策的一个理论支柱。迈克尔·多伊尔 1983 年提出的所谓民主的"和平地带"（democratic "zone of peace"），在美国的对外政策言辞中成为流行话语。美国政界有很多人认为美国的利益和安全同世界范围民主的成败息息相关，因此鼓励和输出民主应成为后冷战时期美国外交政策的核心。克林顿政府的国家安全顾问安东尼·莱克（Anthony Lake）指出，美国冷战后的目标，必须是扩大民主、和平与繁荣的地带，因为一旦民主制度和市场经济在其他国家取得支配地位，美国就会变得更安全繁荣和有影响力。[①]由于"民主和平论"在实践中明确地把美国的安全同其他国家的国内政治制度联系在一起，该理论就不可避免地会为美国对外干涉主义政策张目。

事实证明，"民主和平"在理论与实践上的一度盛行，不过是特定历史条件的产物。随着国际体系与国际秩序的不断演变，自由主义高歌猛进的所谓"后

---

① 转引自 Christopher Layne, "Kant or Cant: The Myth of the Democratic Peace," *International Security*, vol. 19, No. 2, Fall 1994, p. 46.

冷战时期"逐步成为历史,世界再次进入了一个"大变局"时期,自由主义的国际秩序与内外政策观念本身也经受着日益严峻的挑战。"民主和平论"尽管不会就此销声匿迹,但显然已经陷入颓势。

(2) 贸易和平论

相对而言,商业自由主义所倡导的"贸易和平论"远不像"民主和平论"那样受人关注,这或许是因为,人们尽管未必相信经济贸易联系与相互依赖会直接导致国家之间的和平,但一般也不否定国际经济交往的必要性。故对于"贸易和平论",我们在此只需稍做阐述,着重讨论这种观点所受到的主要挑战。

"贸易和平论",用当今新自由主义的术语来表达就是"经济相互依赖和平论"。该理论认为,经济相互依赖程度高的国家即便政治分歧严重也不至于走向战争,因为开战的经济代价大于政治收益。该理论的本质是假定繁荣而非生存才是国家的首要目标,甚至认为在当今世界,武力征服难以使国家获利。

这同样是一个起源于欧洲近代时期的自由主义论断。早在17世纪之初,法国思想家艾默里克·克略西(Emeric Crucé)就提出,通过自由贸易就能得到靠征服或占领所获得的同样收益,因此国际经济行为体之间的贸易互动会导向国家间的相互依赖与和平。18世纪的欧洲启蒙思想家孟德斯鸠、康德等人都表达过类似观点。此后亚当·斯密、大卫·李嘉图、边沁、理查德·科布登、诺曼·安吉尔等众多自由主义理论家都发挥过这一思想。其中英国激进派政治家和经济学家科布登(Richard Cobden)堪称这一思想的早期代表,而当代美国学者理查德·罗斯克兰斯(Richard Rosecrance)则被认为是这一理论的集大成者。他认为,现代世界经济和相互依赖的发展使得越来越多的国家成为贸易国家,自由贸易与国际分工导致国际经济联系的加强,为每个国家提供了巨大的互惠而没有战争成本。他甚至断言,当国家能够通过和平的经济发展和贸易交往更为有效地获取权利和财富时,诉诸武力来谋取这些东西就毫无意义了。如果一个国家的经济发展有赖于世界市场的扩大,那么它就不大可能推行领土侵略和扩张。① 罗斯克兰斯还曾经这样表述过其理论逻辑:无处不在的规模经济效应使得相互贸易的国家间必然发生产业转移和国际分工,从而导致国与国之间在经济生活上的相互依赖。他把有些国家比作头,有些国家比作身体,如同头与身体之间不可分离,相互依赖导致国与国之间的战争是不可想象之事;在国家间的经济联系中,直接投资比其他形式的经济联系更加重要,因为这种直接的所有权使得在各自国家中都有一群利益集团由于利益驱动而愿意积极维护双边关系。②

主要适用于跨国关系层面的商业自由主义主张"贸易和平论",其核心假设是:处于经济相互依存关系的国家之间更倾向于不发动战争;世界市场的扩大和深化、经济全球化的发展,必将进一步推动国际社会走向和平。主要理由是:国家间在经济上的相互依赖可以减少使用武力的动机和提高使用武力的代价;国与国之间的贸易量越大,发生冲突的成本就越高,那么它们之间发生冲突的可能性就越低;总之开放的自由贸易有助于促进国际和平与稳定;因此主张消除贸易壁垒、鼓励市场经济、推动跨国自由贸易。其中的逻辑推理是,国家之间的自由贸易可以增强各国经济上的相互依赖,经济上的相互依赖使得国家之间不得不开展合作,而日益广泛的国际合作最终会导向世界和平。

商业自由主义认为,国家间的贸易及由此形成的经济相互依赖有助于维护世界和平,因为随着国际分工和生产专门化的加深,以及重要原料或资源的短缺或分布不均,国际贸易是满足国家资源需求的重要途径。而与战争手段相比,通过贸易手段不仅可以获得国家发展所需的各种资源,而且成本更为低廉;相反,战争则意味着国家间的贸易联系被打断,重要资源的供应链遭到破坏;此外,密切的贸易往来也有助于增进国家之间的相互了解,使国家行为变

---

① Richard Rosecrance, *The Rise of the Trading State: Commerce and Conquest in the Modern World*, New York: Basic Book, 1986, p. 113.

② 翟东升:《贸易和平论》,载《经理世界》2005 年第 5 期。

得更为透明、更可预期,从而减少因为彼此误解而发生冲突的可能性。

同样,"贸易和平论"自从出现以来也一直面临各种质疑。

早在 18 世纪后期,美国开国元勋之一、首任财政部长亚历山大·汉密尔顿(Alexander Hamilton)就以其深刻的哲理和具体的历史事实对"贸易和平论"做过驳斥。① 马克思主义经典作家也对西方早期贸易和平论做过深刻批判。他们认为,贸易和平论的实质是为了和平地确立英国在世界市场上的垄断地位和世界霸权,因为当时英国工业在世界生产体系中的优势地位已经确立,试图通过自由贸易的和平手段不花作战费用地在世界市场上确立自己的垄断地位。英国工业优势主导下的自由贸易只会使英国和其他国家之间建立起不平等的依赖关系,所谓的和平也只能是英国霸权下的不平等、不公正的和平;自由贸易实质上就是资本的自由,它加剧了资产阶级对工人阶级的剥削,激化了阶级对立,并不能带来国内的和平;自由贸易也不能带来国家间的和平,因为其他资本主义国家并不甘居于英国附庸的地位,自由贸易的发展反而加剧了彼此之间的利益分配之争和冲突。资本主义强国主导下的国际分工和自由贸易实际上在世界范围内实现的资产阶级对无产阶级与广大群众的剥削和强国对弱小落后国家的剥削,必然加剧彼此间的冲突。②

不难理解,对"贸易和平论"或"经济相互依赖和平论"的批评多半也是来自现实主义者。例如,米尔斯海默认为,该理论主要有三个问题:首先,对于经济相互依存的国家来说,发动战争的代价并不总是很高,而且常常被低估;其次,即使各国认识到发动战争的经济代价,政治冲动通常被优先考虑,尤其是在核心安全利益受威胁的情况下;最后,缺乏验证该理论的经验证据。此外,把繁荣排在生存之前也并不正确。政治考量往往优先于经济考量,生存比繁

---

① 时殷弘:《国际安全的基本哲理范式》,载《中国社会科学》2000 年第 5 期。
② 详见王兰芳:《马克思恩格斯对早期贸易和平论的批判》,载《东岳论丛》2010 年第 5 期。

荣更重要。一个国家不能生存就不能繁荣昌盛。民族主义的作用不容忽视,它使得民众团结在政治领导人周围,也使得经济制裁收效甚微。一个国家可以承受严厉的制裁仍坚强不屈,这在很大程度上是民族主义推动的。典型的例子有:二战期间,英美对德日的战略轰炸未能达到激起反战运动的目的;最近的例子是,乌克兰危机爆发后,俄罗斯民众总的来说追随政府的决策,抗议西方的制裁。乌克兰危机还反映了政治或战略考虑下制裁常常失败的另一个原因。于俄罗斯,乌克兰乃是核心战略利益,西方将之剥离是绝不能接受的。从普京的角度看,美国及其盟国的政策对俄罗斯的生存造成了威胁,这促使俄罗斯竭尽全力阻止乌克兰加入西方。从根本上讲,该理论忽略了权力制衡逻辑和民族主义的强大影响力。部分学者甚至认为,密切的经济相互依赖有时反而会增加战争的可能性,因为在经济困难时期,它有可能加剧贸易伙伴之间的紧张关系。例如尽管伊拉克和科威特有着密切的经济联系,但1990年8月还是发生了战争,部分原因是科威特生产了超出欧佩克规定限额的石油,因而压低了伊拉克的石油利润。总之,没有依据相信经济相互依存能确保国际和平,即使它偶尔可能起到遏制战争的作用。[1]

总的来说,人们普遍认为互相依赖既可能促进国际协调,也可能引发或加剧国际争斗。"贸易和平论"认为贸易与和平之间有正相关的关系,或者说在贸易量(自变量)与冲突概率(因变量)之间确立了直接、明确的因果联系,所以逻辑比较简单,很容易证伪。不难想见,现实主义作为自由主义国际政治理念的"对立面",对"贸易和平论"的批评最为尖锐。如果做一个简要概括,对"贸易和平论"的质疑主要有以下几个方面。

其一,最常见的反对意见认为,相互依赖有对称与不对称之别,涉及依赖

---

[1] John Mearsheimer, *The Great Delusion: Liberal Dreams and International Realities Great Power Politics*. New Haven: Yale University Press, 2018, chapter 7.

关系中的国家"脆弱性"问题。贸易能否促进和平,与经济相互依赖的性质密切相关。由于不同的国家在资源、结构和发展水平等方面的差异,其对外依赖的幅度有强弱之分,这就导致相互依赖的不对称性。在特定条件下,不对称的贸易关系往往是导致冲突的重要原因。[1] 在现实中相互依赖往往是不对称的,甲国对乙国的依赖可能要比乙国对甲国的依赖严重得多,此时乙国处在一个较为有利的位置上,可以在一定程度上对甲国行使权力。[2] 因此,"贸易和平"这个逻辑本身就是错误的,至少是片面的,贸易有时恰恰可能成为冲突的原因,例如在 20 世纪早期美国与墨西哥之间经济上的相互依赖就是冲突的一个主要根源。有时候导致冲突的原因很可能是贸易量的增加,因为国家会担心某种资源过分依赖另一个国家,所以采取保守或者敌对的行动,甚至是帝国主义的策略。一战前后欧洲国家之间的贸易水平都达到了很高的程度,各国经济联系比以往任何时候都要紧密,但这并未阻止战争的发生。[3]

在现实主义者看来,经济上的相互依赖不仅不会促进国际和平,反倒可能成为战争的导火索。因为相互依赖有一个"脆弱性"问题,即相互依赖的各方在贸易中断的情况下获得"可替代选择"的能力问题。一个国家在外部原料供应中断和出口受阻的情况下,寻求替代原料和市场的能力越强,其对外依赖的脆弱性就越弱,反之则越强。无政府体系中的国家总是会担心,如果在经济上越是依赖别国,受制于人的可能性就越大,也就是增加了自己的脆弱性。这种脆弱性很可能使本国经济发展遭到毁灭性的打击,尤其是具有战略意义的物资,如石油、稀有矿产等原材料,一旦进口陷入困境,国内工业生产很有可能面临崩溃的境地,因此国家总是试图摆脱对别国的经济依赖,甚至可能为了保证

[1] 参见常欣欣:《和平与经济相互依赖关系的理论考察》,载《北京行政学院学报》2001 年第 5 期。

[2] 翟东升:《贸易和平论》,载《IT 经理世界》2005 年第 5 期。

[3] Paul Papayoanon, "Interdependence, Institutions and the Balance of Power: Britain, Germany and World War I," *International Security*, Spring 1996, p. 42.

重要资源的持续获得而发动战争。

其二,国家并非总是满足于绝对收益而不在乎相对收益。现实主义者认为,在无政府状态下本质上处于竞争关系中的国家往往会将别国的所得视为自己的所失,如果合作中的收益分配更有利于对方,将使对方获得相对优势,因此国家并不只是追求自身绝对利益的最大化,也希望自己拥有相对优势,以确保在未来竞争中的有利地位。基于同样逻辑,现实主义者还认为,贸易有对等贸易和不对等贸易的区别,在双方都享受福利的贸易中,冲突成本高可以降低冲突风险,但是在不对等的贸易条件下,如果一国剥削另一国,即便是贸易量高,也容易出现冲突。

其三,"贸易和平论"对于政治与经济之关系的理解过于简单化,实际上是一种片面的经济决定论。贸易和平论认为世界和平可以通过自由贸易实现,各个国家能够在国际社会中实现共存,即通过经济手段达到政治目的。现实主义或重商主义的政治经济理论则认为,一切的经济活动都是为政治服务的,国际关系是一场零和博弈,政治决定经济是其显著的特征。[①] 在这个问题上自由主义与现实主义可谓南辕北辙。实际上,经济相互依赖或者说贸易联系是否有助于促进和平,取决于多种国际国内因素尤其是政治因素。贸易和平论没有考虑到相关国家之间的总体政治与安全关系,例如中美总体战略与安全关系比较稳定的时期,经济联系可以起到所谓"压舱石"的作用,相反,随着中美战略竞争的加剧,贸易冲突反而是最先发生的。贸易和平论也没有考虑到贸易国以外的总体国际政治经济环境是否安全稳定,在国际环境动荡的背景下,国际冲突的风险越大,则自由开放贸易的可能性越小;某些国家采取单边主义,会同时出现高贸易量和高冲突风险并存的情况。此外,相互依赖与国

---

① 戴正:《贸易和平论的局限性——以美日 TPP 谈判为例》,载《连云港师范高等专科学校学报》2015 年第 1 期。

家自主权存在着一定冲突。在国家自主权受到削弱的情况下,一些国家也可能为了寻求自主权或为保证其基于对外依赖的利益而使用包括武力在内的强制手段。此外,经济相互依赖和相互获益的许诺无论在理论还是实践上都不足以构成阻止一些国家以牺牲别国利益和全球经济整体利益的做法来增加自身利益的充分条件。理论上,是否使用武力还取决于有关国家的成本收益权衡,如果战争预期获益足够大、足够有诱惑力,战争并非不可想象;实践上,甘愿冒战争风险而追求巨大经济利益的现象并不罕见;更何况国家利益具有多样性,在战争与和平这个重大问题上,国家决策不仅要考虑经济利益,还要考虑政治与安全利益,当国家的政治和安全利益受到严重威胁时,经济利益完全可能被置于次要地位。①

其四,尽管国际经济贸易往来确实有助于加深国家之间的相互了解,在特定条件下和一定程度上有助于发现共识或共同利益,同时避免或消除彼此的误解,但另一方面,贸易联系与经济相互依赖并不仅仅意味着利益的捆绑,也可能会孕育乃至激发冲突;在交往过程中也会发现彼此在思想观念和实际利益上的真实差异与深刻分歧,交往和接触越多,发生矛盾、摩擦的机会也越多。因此许多现实主义者认为,相互依赖的水平越高,危机的可能性也就越大。肯尼思·华尔兹甚至断言,在没有更高调节权威的无政府体系中,相互依赖的国家必定发生冲突。②

其五,"贸易和平论"所蕴含的国家是单一、理性行为体的假设忽视了国内政治因素的影响。实际上,国家是一个非常复杂的有机体,影响决策的行为体及其利益具有多元性;国家并非完全按照成本-收益的理性选择模式运行的单

---

① 参见常欣欣:《和平与经济相互依赖关系的理论考察》,载《北京行政学院学报》2001 年第 5 期。

② [美]肯尼斯·沃尔兹:《国际政治理论》,北京:中国人民公安大学出版社 1992 年版,第 167 页。

一、理性的行为体。以美国为例,其外交政策的制定实际上有一个"政治进程",通常是各种利益博弈的结果,而且常常受到诸如"军事-工业-科学复合体"等各种利益集团的影响甚至操纵,伊拉克战争、阿富汗战争都很难说是代表了统一国家意志的所谓"理性选择"的结果。

历史是由多种因素合力推动的。单因论通常无法解释复杂的现象。实际上,自由主义与现实主义各执一端,都陷入了片面论。国家之间在经济上的相互依赖有利有弊,既包含促进和平的因素,也有诱发冲突的因素,实际结果如何显然还取决于其他各种因素,例如有关国家之间战略与安全关系的总体状况、经济相互依赖关系的性质与特点,以及相关国际国内环境,等等。有关1885—2000 年的双边贸易和"军事化国际争端"数据库的统计分析表明,贸易既无法阻止旨在推翻敌国政权的战争,也无法遏制涉及有形和无形资源禀赋的领土冲突,贸易并没有显著地降低这两种类型的国际冲突再起的风险,但对于降低中等和次要的政策性国际冲突复发的可能性起到了一定作用。[①]　总之,虽然一般而言相互依赖的发展确实具有加强国家间共同利益的纽带,进而促使国家寻找非暴力的方式解决国际纠纷或冲突的作用,但如果认为只要国家间存在着足够的经济相互依赖,国际和平就可以得到保障,则未免言过其实。

（3）制度和平论

制度自由主义或自由制度主义推崇"制度和平论"。其核心观点或者说他们试图说明的核心政治"机理"是:国际制度与规范有助于缓解国际无政府体系所蕴含的冲突和安全困境。因为国际机制有如下功能:在相关问题领域创建某种近乎法律义务性质的模式,使有关国家基于相似的预期及对违约者的

[①]　卢凌宇、胡鹏刚:《贸易相互依存、争议问题与国际冲突的复发——"商业和平论"批判》,载《当代亚太》2020 年第 5 期,第 35 - 69 页。

制裁而遵守规则;通过使信息更为对称等方式减少不确定性;降低合法的讨价还价的交易成本,增加不合法的讨价还价的交易成本。① 更进一步说,国际制度与规范还有助于改变行为体的利益偏好,规范、协调乃至塑造各国政府的政策行为,赋予行动和政策以合法性,监督和制裁规则的破坏者,从而维护国际秩序的稳定。总之,制度促进合作,合作促进和平。

新自由制度主义的基本特征或许可以概括如下:接受了现实主义的若干核心命题,如国家是主要行为体,无政府妨碍国际合作;但仍然坚持自由主义的核心观点,认为现实主义夸大了冲突,低估了国际制度对国际合作的促进作用,强调共同获益(绝对收益而非相对收益)及合作的可能性;强调国际制度或国际体制的作用(故又称“新自由制度主义”);认为安全困境并非“囚徒困境”式的一次性博弈,而是迭代博弈(iterated game)——在这个过程中逐步增加合作的机会;着眼于未来的收益,行为体吸取被背叛的教训,逐渐改进策略;解决安全困境的出路是国际机制(regimes)或国际制度(institutions),而不是现实主义主要依赖的力量均势。

这里所说的国际制度范围很广,既涉及抽象的观念层面,也涉及具体的制度层面,如国际组织、具体问题领域的机制(regimes)、跨国共享的价值观念与信念体系等等。其中,“国际机制”主要指的是特定问题领域已经制度化或规则化的合作模式。

众所周知,罗伯特·基欧汉(在一定程度上还包括约瑟夫·奈)是当代美国新自由制度主义国际关系理论的主要代表。新自由主义的国际关系理论主要由先后出现的两大理论构成,即复合相互依存论和国际体制论。

作为当代西方最重要的国际关系理论家之一,罗伯特·基欧汉自二十世

① Robert Keohane, *After Hegemony: Cooperation and Discord in the Political Economy*, Princeton: Princeton University Press, 1984, pp. 85, 97.

纪六十年代后期以来一直是西方国际关系理论论争的焦点人物。[①] 他通过对复合相互依赖、国际制度和全球治理这三大议题的探讨,[②]建立了以制度主义为核心的世界政治理论体系,使新自由制度主义成为与新现实主义并驾齐驱的西方主流理论。[③]

国际制度的作用及其与权力政治的关系,是基欧汉整整四十年的学术研究的一个基本主题。他试图回答的问题是:在解释国家行为时,是否只能着眼于权力分配? 制度是否同样重要? 制度是如何起作用的? 对这些问题的不懈探索和独特解答使他成为自由主义国际关系理论"哈佛学派"[④]的精神领袖和新自由制度主义的理论旗手。

由基欧汉与奈合作撰写并于 1977 年问世的《权力与相互依赖——转变中的世界政治》一书,[⑤]是自由主义以新的面貌重新崛起的宣言,直接挑战现实主义的许多核心假设。这是该时期系统地就相互依赖问题提出假设并运用大量经验事实来予以验证的第一本书,为新自由制度主义的兴起奠定了理论基础。基欧汉和奈针对现实主义的一些核心假设,提出了"复合相互依赖"(complex interdependence)模式;将权力与相互依赖联系起来,指出非对称性相互依赖也是一种权力资源,并运用"敏感性"与"脆弱性"这两个概念,对此做

---

① 关于基欧汉的个人经历与学术背景,详见他本人的自述:Robert Keohane, "A personal intellectual history," in Joseph Kruzel and James Rosenau, eds., *Journeys Through World Politics: Autobiographical Reflections of Thirty-Four Academic Travelers*, Lexington, Mass.: Lexington Books, 1989, pp. 403 - 415。国内学者对基欧汉的理论已有一些很好的介绍,例如门洪华:《罗伯特·基欧汉学术思想述评》,载《美国研究》2004 年第 4 期。

② 基欧汉本人也认为这是其理论的基本内容,它们均从一个统一的分析框架展开。见[美]罗伯特·基欧汉:《局部全球化世界中的自由主义、权力与治理》,门洪华译,北京大学出版社 2004 年版,第 3 页。

③ 以下关于基欧汉的思想,主要参考石斌:《相互依赖、国际制度、全球治理:基欧汉的世界政治思想》,载《国际政治研究》2005 年第 4 期。

④ David Long, "The Harvard School of Liberal International Theory: A Case for Closure," *Millennium*, 24 (1995), pp. 489 - 505.

⑤ Robert Keohane and Joseph S. Nye, Jr., *Power and Interdependence: World Politics in Transition*, Boston: Little, Brown, 1977.

了深入探讨。

他们首先指出了现实主义与复合相互依赖这两种理论模式的区别。前者将国际关系视为权力斗争,它有三个核心假设:国家是统一的单元(coherent units)和最重要的国际行为体;武力是可用和有效的政策工具,就行使权力而言甚至是最有效的工具;世界政治中的问题(issues)有等级之分,占主导地位的是军事安全问题。复合相互依赖理论则认为:存在着各社会的多渠道联系(包括国家间联系、跨政府联系和跨国联系),非国家行为体也直接参与世界政治;问题之间没有明确或固定的等级之分;武力并非有效的政策工具(至少在某些地区或问题领域如此)。[①]

但基欧汉和奈也注意到,国家间财富和权力的分配具有不平衡性,相互依赖是非对称性的、高度政治性的,这种非对称性造就了国家及非国家行为体的权力资源,从而将"谁更容易受到国际体系制度规则变化的影响"这个具有现实主义性质的问题纳入研究视野。为此,他们区分了"敏感性"(sensitivities)与"脆弱性"(vulnerabilities)这两个概念:敏感性指的是一国导致另一国发生有代价变化的速度有多快。例如,美国对 20 世纪 70 年代初石油价格上涨的敏感性小于日本。脆弱性指的是行为体为适应环境变化做出调整应付的代价。例如,在自然资源方面日本的脆弱性也远比美国要大。如果敏感性指的是试图改变局面而做出变化之前受外部强加的代价影响的程度,脆弱性则指的是行为体因外部事件(甚至是在政策发生变化之后)强加的代价而遭受损失的程度。[②] 可见敏感性更接近相互依赖的实质意义,但脆弱性却是决定国家怎样采取回应行动的关键因素。

---

① "多渠道联系"包括政府精英之间的非正式联系或对外部门的正式安排;非政府精英之间的非正式联系;跨国组织(如多国银行或多国公司)等。详见罗伯特·基欧汉和约瑟夫·奈:《权力与相互依赖》(第三版),门洪华译,北京大学出版社 2002 年版,第 24-38 页。

② 罗伯特·基欧汉和约瑟夫·奈:《权力与相互依赖》(第三版),第 12-20 页。

基欧汉与奈认为,国际机制的概念与相互依赖密切相关。国际机制帮助提供了国际经济进程赖以产生的政治框架;认识国际机制的发展和崩溃,是理解相互依赖政治的关键,因此他们着重研究了国际机制的变迁问题,并提出了经济进程、总体权力结构、问题结构和国际组织四种解释模式。他们认为,在解释国际机制变迁时,结构理论可以说明自我利益如何与国际机制的形成和维持一致,但结构理论并不等于系统理论,因为系统有两个维度:权力结构(各单元的能力分布)与政治进程(各单元互动的模式),后者包括规则化的行为模式,即制度。因此他们的基本结论是,国际机制的变迁并非仅仅由现实主义所关注的权力结构所决定,在复合相互依赖的条件下,问题领域模式和国际组织模式能够更有效地解释国际机制的变迁。①

通过阐述"复合相互依赖"这个核心概念,基欧汉与奈将权力、相互依赖、跨国主义和国际机制等概念联系起来,开始构筑国际制度理论,为新自由制度主义的成型奠定了基础。但此时他们对国际制度的理论研究还处于初始阶段,仅仅是将国际机制作为跨国主义与相互依赖的主要例证,并且主要是从历史的角度对后来被视为国际制度之组成部分的国际机制进行经验式探讨,理论抽象的程度不高。但他们的研究成果极大地推动了对国际机制的研究。

如前所言,70年代末,冷战的缓和由于苏联咄咄逼人的进攻态势而宣告结束,美国的霸权地位发生动摇。美国学术界又围绕现实主义的假设展开论战。基欧汉此时也将重点转向考察美国霸权地位的变化对发达工业化国家之间合作的影响。他借鉴了经济学的一些研究方法,对自己此前关于机制演变的国际组织模式的假设做了详细阐述,在80年代中期提出了功能性机制理论,并在90年代初形成自己系统的制度主义学说。

这个阶段的代表性论著主要有三种:1984年出版的《霸权之后:世界政治

---

① 罗伯特·基欧汉和约瑟夫·奈:《权力与相互依赖》(第三版),第39－61页。

经济中的合作与纷争》,1989 年出版的论文集《国际制度与国家权力》^①和同年出版的《权力与相互依赖》第二版。其中《霸权之后》一书集中体现了基欧汉的功能性国际机制理论,被认为是基欧汉最重要的著作,代表着新自由制度主义学派的初步确立。

如前所言,虽然接受了结构现实主义的一些基本假设,例如无政府状态是国际体系的基本特征,国家是单一、理性、最主要的国际行为体,等等,但通过考察国际机制的功能性作用,基欧汉的基本结论与现实主义大不相同:国际机制有助于促进无政府状态下的合作。^②

基欧汉借助理性选择论来解释霸权之后的机制维持与创新,从而对当时颇为流行的霸权稳定论提出了质疑。根据基欧汉的功能性机制解释框架,理性、自利的国家只要彼此有共同或互补利益就会相互合作。出于获取某些利益的考虑,理性的单位将维持或创造国际机制。也就是说,可以用机制被预期达到或从理性的角度将被期望实现的效果来解释机制形成的原因。一个国家之所以愿意维持或创建某个特定机制,是因为它想以此实现某种预期目标。^③

总之,维持制度化的国际合作并不需要长期依靠霸权所提供的条件,尽管这种条件在建立机制时是必要的。功能性机制解释框架的作用就在于,即使在分析最初创建机制的结构性条件的变迁时,它也能解释这一机制所具有的持久性。^④

随着冷战格局的瓦解,国际关系理论进入了一个更加多元化的时期。在经验的层面,基欧汉此时将注意力转向欧洲,用机制理论来分析欧共体的决策

---

① Robert Keohane, *International Institutions and State Power: Essays in International Relations Theory*, Boulder: Westview Press, 1989.

② Robert Keohane, "International Institutions: Two Approaches," *International Studies Quarterly*, Vol. 32 (1988), p. 383.

③ Robert Keohane, *After Hegemony*, pp. 183, 80.

④ Robert Keohane, *International Institutions and State Power*, p. 28.

及欧美在发展环境机制方面的合作潜力；①在理论的层面,则将研究重点从分析国际机制作为一种独立变量对于解释国际现象的重要性,转到分析西方既有的制度要素如何影响国家战略并进而影响冷战后的欧洲,②其目的是建立系统的国际制度理论,进一步确立新自由制度主义的研究纲领。

可以认为,基欧汉的研究视野从狭义的"国际机制"扩展到更为广泛的"国际制度",既是一种研究策略的转变,也意味着国际制度主义是继复合相互依赖理论和功能性机制理论之后的又一次理论拓展。这在逻辑上具有明显的连贯性。假定人们建立机制的目的是由此获取某些利益,功能性机制理论仍然适用于分析国际制度,相互依赖则是机制或制度运行的"情景"。用基欧汉自己的话说,在经济相互依赖基础上发展起来的国际制度能够提供信息,减少交易成本,使承诺更富可兑性,并且能够进行利益协调,从而有利于互惠合作。"从经济相互依赖到国际制度到国际治理,是一大进步"。③

世纪之交,全球化与全球治理已是一个无可回避的时代话题。基欧汉意识到必须"用自己时代的语言来探讨时代关注的问题"④,转而将相互依赖和制度理论应用于全球化与全球治理问题研究,从而开始了理论视域的第三次拓展,并初步提出了制度主义的全球治理框架。90 年代后期以来的许多文章,以及《权力与相互依赖》第三版所增加的两章内容都体现了这一变化。在这个阶段,他似乎正在重新拉开与现实主义的距离,表现出更多的自由主义色彩,而且对理性主义做了许多反思,在方法论上也有从实证主义向规范研究偏移的趋势。

---

① Robert Keohane and Stanley Hoffman, eds. , *The New European Community: Decision-making and Institutional Change* , Boulder：Westview Press, 1991；Robert Keohane and Elinor Ostrom, eds. , *Local Commons and Global Interdependence* , London：Sage Publications, 1995.

② Iver Neuman and Ole Wæver, *The Future of International Relations* , p. 102.

③ Robert Keohane and Lisa Martin, "The Promise of Institutional Theory", *International Security* , Vol. 20, No. 1, Summer 1995, pp 39 - 51.

④ ［美］罗伯特·基欧汉：《局部全球化世界中的自由主义、权力与治理》,第 17 页。

在《权力与相互依赖》的第三版（2001）中，基欧汉和奈沿用复合相互依赖的分析模式研究了信息革命对相互依赖和国家权力的影响。他们将全球化视为相互依赖的深度和广度增强的过程，因此关于相互依赖的定义同样适用于全球化。但他们强调，全球化与相互依赖这两个概念仍有差别。相互依赖指的是世界的一种状态，其程度可增可减。全球化指的是一种不断增长的事物，即跨国流动增强、相互依赖网络拓宽的趋势。研究者不应假定某种事物仅仅处于上升状态，因此他们采用"全球主义"（globalism）一词作为分析起点，并将"全球主义"定义为世界的一种状态，与相互依赖一样其程度可增可减，它关涉的是各大洲之间存在的相互依赖网络，它通过资本、信息、观念、人民、军队、与环境和生物相关的物质的流动和影响联结在一起。根据这个定义，"全球化"（globalization）和"去全球化"（deglobalization）分别指的是全球主义的增强和减弱。[①] 由于相互依赖指的是"以国家之间或不同国家的行为体之间相互影响为特征的情形"，全球主义与相互依赖网络有关，故此全球主义是相互依赖的一种表现形式。[②] 简言之，全球主义的加强就是相互依赖网络的深化，全球化就是全球主义增强的过程。

那么，全球主义如何治理？如何管理相互依赖的影响，或者说如何"管理全球化"？基欧汉和奈列举了多种可能的治理形式，但国际制度仍然是其治理理论的核心。他们指出，全球化有赖于有效治理，有效治理需要更为广泛的国际制度。要防止全球化的停滞或逆转，就需要发展有助于促进合作、解决冲突的制度安排。在基欧汉的全球治理方案中，制度设计是关键，制度设计的理论

---

① ［美］罗伯特·基欧汉：《局部全球化世界中的自由主义、权力与治理》，第 274 - 275 页。根据作者的定义，globalism 一词译成"全球性"或"全球一体"似乎更合适一些，尽管仍不能令人满意。本文主要利用的是中译本，故仍沿用该书译法。

② 作者进而指出，全球主义有两个特征：其一，它指的是联结网络（多边关系），并不仅仅指单一联系，例如日美之间存在经济上、军事上的相互依赖，但不能说它们之间存在着全球主义；其二，如果一种关系被视为"全球性的"，则它必须包含洲际距离，而非简单的区域网络。见［美］罗伯特·基欧汉、［美］约瑟夫·奈：《权力与相互依赖》（第三版），第 275 页。

基础是自由民主观念。可以认为,基欧汉的新自由制度主义是以温和自由主义政治哲学为价值基础和目标导向,以国际关系的自由主义和现实主义两大理论体系为主要思想资源,以相互依赖、国际制度(很大程度上还包括权力)为核心概念和理论支柱,以各个历史时期人们广泛关注的议题为理论聚焦点,并在这个过程中不断借鉴世界政治及社会科学其他领域的各种新兴学派、新兴理论的观点和方法,从而将战后兴起的自由制度主义推向一个新的高峰。

至此,自由制度主义作为20世纪的一个连续的思想系统已大致走过了四个阶段:40—50年代以戴维·米特兰尼、厄恩斯特·哈斯等为代表的功能主义一体化理论;50—60年代以哈斯、约瑟夫·奈等为代表的新功能主义地区一体化理论;70年代以理查德·库珀、基欧汉和奈等人为代表的相互依赖理论;80年代以来以基欧汉等人为代表的新自由制度主义。仅从这个方面看,基欧汉的学术贡献也是非常明显的。他所代表的新自由主义作为一个整体在国际关系理论发展史上的作用和意义更远远超出了制度研究的范围。由于突破了物质权力这一传统理论的硬核,将制度、规范、观念这些社会范畴的非物质性因素引入国际关系理论之中,使其成为重要的理论概念和研究变量,这在客观上有力地推动了当代国际关系研究的理论转向。

在米尔斯海默这样的"极端"现实主义者看来,"制度和平论"或许是自由主义的三大和平论中说服力最弱的。制度充其量只能延缓战争。制度是规定国家应该如何合作和相互竞争的一套规则,这些规则通常通过国际协定正式化并由相应机构管理。然而这些机构并不强迫各国遵守国际规则,包括国际法的运作机制。罗伯特·基欧汉等自由制度主义者主要阐述国际机制如何促进国际合作,但并未讲清楚合作如何促进和平。事实上,只有当国家之间存在共同利益,但由于无政府状态无法实现时,国际机制才会起作用;当国家利益相互冲突或者合作无利可图时,这一理论就没有意义了。米尔斯海默认为,该理论的局限性还在于它不适用于安全领域,只适用于经济和环境等相对"低政治"领域,因为在这些领域国家最有可能需要国际机构的帮助,以实现其共同利益。例如,联合国在解决大国政治争端方面无能为力,而国际货币基金组织和世界银行却能促进经济合作。该理论的核心问题在于缺乏一个对国家有威慑力的更高权威。各国有时存在根本分歧而国际机构无法切实加以约束,特别是在安全领域,当自身安全堪忧时,对欺骗的恐惧可能给合作带来障碍。总之,当国家有共同利益并需要实现时,国际机构或机制或可助一臂之力,但是,没有理由认为这些机构可以确保国家远离战争。[1]

不过,从 20 世纪后半叶特别是冷战后大国间战争的发生概率,经济发达国家之间关系的和平稳定程度,区域性和世界性国际组织在促进和平与安全方面的作用等角度看,"民主和平""商业和平"及"制度和平"(或"法制和平")这三种观念也并非毫无意义,来源于自由主义思想传统的国际安全机制更非一无是处。国际经济联系的加强确实会导致相互依赖程度的加深,国际组织、国际制度与规范的逐步完善在一定程度上也有助于化解矛盾与分歧。但我们仍然需要意识到,检验上述观念的时间尺度还远不够长,起重要作用的因素也多种多样。[2] 在一些特定时代环境下,经济上的相互依赖仍不足消解政治与安全上的重大分歧,国际制度的作用也不足以取代大国权力政治的博弈。尤其重要的是,必须批判西方主流思潮在冷战结束后提出的"历史终结论",尤其是可能导致滥施国际干涉的"民主和平论"。

(二)现实主义的国际秩序观

现实主义是国际关系理论中影响最大的一个范式。有人认为,自从 1919 年国际关系研究作为一个学科正式诞生以来,现实主义就一直居于支配地位。究其原因,大概主要是对于国际政治现实尤其是国际冲突这类关键问题,现实

---

[1] John Mearsheimer, *The Great Delusion: Liberal Dreams and International Realities Great power Politics.* New Haven: Yale University Press, 2018, chapter 7.

[2] 时殷弘:《国际安全的基本哲理范式》,载《中国社会科学》2000 年第 5 期。

主义提供了相对最有说服力的解释。现实主义试图解释的是世界的实际情况而不是理想状况。它所要回答的问题是"世界是怎样的"（how the world is），而不是"世界应该是怎样的"（how the world ought to be），也即所谓"实然"而非"应然"问题。对现实主义者来说，政治事关权力（利益）分配，也就是在一个资源有限的世界上各类行为体之间为了权力、声望、影响和安全而不断展开竞争的过程。这种解释，从经验的层面上讲，似乎揭示了国际政治的一个最明显的事实，比较符合人们的一般常识，因此最容易为人所接受，受到众多理论家和政治家、外交决策者的青睐。

虽然较之自由主义理论，现实主义的基本思想相对更为统一、一贯（有人说它是国际关系学中最复杂的一个范式，也许并不恰当），但它同样不是一个严整、单一的理论体系，而是由许多分支构成的一个大传统。在现实主义的思想洪流中先后出现过经典现实主义（classical realism）、新现实主义（neo-realism）或结构现实主义（structural realism）、新古典现实主义（neoclassical realism）等流派。此外还有历史或实践现实主义（historical or practical realism）、自由现实主义（liberal realism）等名目。后来又有进攻性现实主义（offensive realism）与防御性现实主义（defensive realism）之分。一般认为，在现实主义的理论范式中，经典（古典）现实主义、新现实主义和新古典现实主义是比较有代表性的三个发展阶段。

但是，既然这些面貌各异的理论类型都自称或被称为现实主义，它们还是应该有一些基本的共同点，都应该承认并坚持该传统的某些核心观点，即现实主义的思想内核。实际上，它们都是在传统现实主义的基础上发展而来的，相对而言，现实主义比其他理论更具有历史传承性。因此我们仍然可以概括出一些最一般、最典型的核心原则。下述要点，是有关现实主义传统尤其是经典现实主义传统的概括，而不是对其中某个学派的观点总结。

现实主义的核心命题或基本信条大致可以概括如下。

其一,悲观的人性论。现实主义者即使不一定认为人性本恶,也至少都认为人性有许多缺陷,诸如自利、贪婪,尤其是认识能力相当有限。由于"人性论"的先验性,这一条在例如华尔兹的结构现实主义理论中被省去了。

其二,无政府状态论。现实主义的根本前提是国际体系的无政府状态。这是所有现实主义范式的基本出发点,是它们解释国际关系的一大理论基石。现实主义认为,国际政治从根本上来说不同于国内政治,在国际体系中不存在一个高居于主权国家之上、可以实施法律和建立秩序的世界政府或普遍权威,在这种情况下竞争、冲突乃至暴力与战争是普遍现象。这意味着各国只能依靠自助原则来维护自身利益与安全,并参与国际竞争。一些古典的政治哲学家往往把这种状态叫作自然状态(state of nature)。在这种状态下人类相互面对,主要不是作为个人,而是作为社会群体。这种社会群体(迄今为止其最高形式是民族国家)汇集了成员的忠诚。竞争性群体的名称、规模和组织随着时间的推移会改变,但群体间冲突的本质属性却不会改变。[①] 从国际体系的本质即无政府状态的这个假定可以推导出国际政治的本质,即国际政治是权力政治,而且是一种零和或者非合作博弈(non-cooperative game),在这种博弈中,承诺是没有约束力的、不可靠的,契约的实施是根据自利原则并有赖于权力结构。

其三,国家中心论。关注的焦点为国家,将国家作为国际关系的基本考察单位,而且是作为整体单位来看待,否认超国家的东西,对国家内部状况不感兴趣;认为各自分立、自助自在的国家是国际体系中唯一重要的行为体,是国际政治考察的理所当然的关注焦点,不管国家权力归属于城邦共同体,还是归属于君主、贵族寡头或整个民族。现实主义传统认为,国家在国际体系中如何

---

① Robert Gilpin, "The Richness of the Tradition of Political Realism," in Keohane, ed., *Neorealism and Its Critics*, New York: Columbia University Press, 1986, p. 309.

行事,决定性因素是国际体系的性质和国家的实力,而不是国家内部的政治制度等因素。尽管国家的意识形态、社会结构或政府形式等因素对外交决策有重要影响,但这些变量不是国际关系的决定性因素。^① 在一个自助的体系内,国际竞争的压力要比意识形态选择或国内政治压力更大。国际体系的无政府属性决定国家是利己的而不是利他的。^② 在不存在超越国家的更高权威或普遍主权者的情况下,国家要维持生存就必须自己维护自己的利益。国家的这种自助特性恰恰是国际无政府状态的产物。

与此相关的一个隐含的假设是认为国家是理性的行为者。国家在谋求相对权力与安全的时候,采取的是有目的的政策,或者说出于主观期望,同时按照功利原则或理性规范行事,用经济学术语表达就是"理性选择"。面对不确定的国际环境,国家所要争取的是自身处境的最优化和自身利益与权力的最大化。由于每个国家都要追求自己的最大利益,国家间的冲突是绝对的。由于人类理智不可能超越国际政治最基本的冲突性质,国际制度不可能在和平与战争的根本问题上推动合作。

其四,权力-利益论。各国按照主要依权势定义的利益采取行动,国际关系的本质是国家间争夺权势的斗争;权势和权势斗争是政治的本质,权力(及与此相关的利益)是理解国际关系的关键。国家存在的根本目标是加强权力与安全。所谓国际政治,就是国家间政治或权力政治。这种以关注国家安全与国际和平为宗旨的"高政治"(high politics)是不同于以促进经济社会福利为宗旨的"低政治"(low politics)的。在这种所谓高政治中,武力和武力威胁是国家推进其利益的重要乃至主要手段。因此,衡量国家的权力主要是看国

① 可参阅 Bruce Bueno de Mesquita and David Lalman, *War and Reason: Domestic and International Imperatives*, New Haven: Yale University Press, 1992, pp. 10 - 19。

② Jonathan Mercer, "Anarchy and Identity," *International Organizatio*n, Vol. 49, No. 2, Spring 1995, pp. 229 - 252.

家的军事能力。由于每一个民族国家的责任都是维护自身利益和安全,所有国家的共同特性都是基于权力与安全而不是基于道德和理想进行外交决策。

其五,非道德政治论。把政治同道德区分开来,采取"非道德"(但不一定是"不道德")的立场,认为政治独立于并优先于道德;同时严格区分个人与国家的道德准则,认为国家应当遵循的道德准则从属于国家维护安全和谋求权势的政治需要,因而同个人应当遵循的道德准则并非一致。如前所述,现实主义主要关注"是什么"而非"应该是什么"。

其六,均势的必要性。现实主义强调权力政治,其解决冲突的途径也只能是以权力制约权力,因此现实主义的安全策略主要包括均势、传统外交、联盟政策和有限战争。其中核心是均势,其他策略都与构建和维持均势有关。国家安全,以及国际体系和国际秩序的稳定取决于国际均势,而造就和维持均势则取决于足够的军备、传统务实的外交、审慎可变的联盟组合和必要的有限战争。

最后一点就我们的讨论主题而言是最重要的。现实主义关于和平与安全的理论,集中体现了国家至上和力量均衡的传统权力政治观念,其核心也许可以称为"均势秩序论"或"均势和平论"。按照现实主义的思想传统,均势是国际和平的首要保障和主要机制。其主要功能在于,通过国家间相互承认主权和独立来维护国际体系和国际秩序的总体和平与稳定。按照基辛格的看法,均势观念与均势战略的着眼点在于阻止霸权,维持国际体系与国际秩序本身的生存;其出发点不在于避免冲突,而是尽可能减少冲突或控制冲突。①

关于"均势秩序论"。我们将在下一节做更详细的讨论。

(三)"英国学派"的国际社会观念

英国学派的国际社会理论也许算不上是西方的主流理论,其影响力远不

---

① [美]亨利·基辛格:《大外交》,海口:海南出版社1997年版,第48页。

如现实主义或自由主义,但其至少在欧洲是一个传承有序、历史较为悠久的重要思想流派。其方法论或研究视角与在西方占主导地位的美国理论有明显差异,与冷战后欧美同时流行的社会建构主义理论却有某些相通之处。更重要的是,正如"国际社会"这个关键词所示,国际社会理论对于国际体系或国际社会中的秩序问题有大量的论述和许多独特见解,就国际秩序这个研究主题而言,国际社会理论比社会建构主义理论更值得在此讨论。

英国学派是战后国际关系研究,特别是理论研究领域独立于美国"主流"学派之外的一个历史较长、著述丰厚、学术特色较为鲜明的学者群体。1959年,在剑桥大学教授赫伯特·巴特菲尔德等人的倡导和洛克菲勒基金会的资助下,一批来自学术界和外交界的人士成立了"国际政治理论英国委员会",开始以定期会议的形式开展学术研究。这通常被视为英国学派的开端,但被研究者冠以"英国学派"之名却是 20 世纪 80 年代初的事情。[①]

"英国学派"这个标签其实并不贴切。首先,其成员并不限于英国人,还包括来自澳大利亚、加拿大、南非等国的学者;其次,英国学派虽然在英国影响较大,但并不等于整个英国的国际关系理论研究,也未必在英国居于主导地位。此外,尽管它最初以理论探索为主要目标并以国际社会理论名世,其研究范围实际上并不限于理论问题。一般认为,对学派发展做出实质性贡献并成为新生代学者研习对象的核心成员或经典作家有爱德华·卡尔、查尔斯·曼宁、赫伯特·巴特菲尔德、马丁·怀特、赫德利·布尔、约翰·文森特、亚当·沃森等人。[②] 当代

---

① 此节有关英国学派的内容,主要取自作者此前发表的论文,详见石斌:《英国学派国际关系理论概观》,载《历史教学问题》2005 年第 2 期;石斌:《权力、秩序、正义——英国学派国际关系理论的伦理取向》,载《欧洲研究》2004 年第 5 期;石斌:《英国学派的国际伦理取向》,载《开放的国际社会》(陈志瑞、周桂银、石斌主编),北京:北京大学出版社 2006 年版,第二章,第 42—76 页。

② 其中卡尔和曼宁不是委员会成员(卡尔还被认为现实主义者色彩过于浓厚),因此有时被研究者排除在学派之外,但他们对英国学派都产生过重要影响。

著名学者还有巴里·布赞、理查德·利特尔等。[①]

举凡称得上"学派"的某个学者群体或某种文化谱系意义上的学术共同体,除了其外在的组织形式与学术机制,一般都具有一些内在、独特且相对一贯的学术共性与文化特征,例如独特的学术风格、思想倾向、研究议题、理论范式或知识谱系依托。[②] 同样,对于"英国学派",除了从其成员构成、学术体制、学者自我认同等方面入手来界定其学术"身份"与成员边际,更重要的是探究其基本的学术传统与学术共享特征,以便从整体上把握其研究特色与学术贡献。

笔者认为,如果兼顾抽象与具体两个层面,做较为宏观、更具包容性的概括,英国学派的基本学术特征主要体现在三个相互联系的方面:一是思想方法;二是理论视域;三是伦理取向。英国学派思想方法的独特性在于,面对行为主义的挑战,坚持以人类理解、判断、规范和历史为基础的传统主义方法;理论视域的独特性在于,对国际政治的本质持多元主义观点,拒绝在传统的现实主义与自由主义二分模式之间做出非此即彼的选择,而是以理性主义为基调,用国际社会理论来节制、平衡前者关于无政府国际体系中的国家利己主义与国际冲突的悲观论和后者关于人类的"善意"与合作倾向的乐观论;其伦理取向的独特性则在于要求兼顾权力与道义、法律,国家利益与国际规范、制度,秩序与正义,人权与主权等相互冲突的需求或价值,并强调根据具体历史环境和

---

① 其他较重要的成员包括:David Armstrong, Coral Bell, Christopher Brewin, Chris Brown, Claire A. Cutler, James Der Derian, Michael Donelan, Tim Dunne, Roger Epp, Andrew Hurrell, Robert Jackson, Jennifer Jackson Preece, Alan James, Paul Keal, Tonny Brems Knudsen, Andrew Linklater, Samuel Makinda, James Mayall, Cornelia Navari, Iver B. Neumann, Brian Porter, Nicholas Rengger, Adam Roberts, Hidemi Suganami, Ole Wæver, Nicholas Wheeler, John Williams, Moorhead Wright and Yongjin Zhang. 见 Barry Buzan:"The English School: A Bibliography," November 2003, http://www.leeds.ac.uk/polis/englishschool。

② 麦金泰尔(Alasdair MacIntyre)认为,"学统"(tradition of enquiry)指某种连续一贯的思想运动,其成员对该运动及其方向有明确的认识,积极参与其中的学术论辩并自觉推进其学术进展。这里特别强调学者的自我认同。布赞也将英国学派称为一种"思想运动"、一个"思想家群体"。

客观条件来进行伦理抉择,评价政治行为。这三个方面分别主要涉及(但并不限于)英国学派的方法论、本体论和价值论。需要注意的是,英国学派已有六十余年的历史,这三方面的具体内容并非一成不变,学派内部观点也非绝对一致。统一性与多样性并存也是英国学派的一个特点。统一性是学派身份与特征所系,多样性则是其生机与活力所在。

在理论视域上,英国学派始终致力于探究国际社会的生成、维系与扩展问题。正是这个共同、持久的研究议题将几代学者联系在一起,使这批研究兴趣各有侧重、思想倾向未尽一致、具体观点并不统一的学者获得了"国际社会学派"这一集体身份。[①] 但英国学派实际采取的是以国际社会为主的三重视角,理论视域广阔,研究议题丰富,基本立场中庸、温和。其成员的普遍共识是采取两种极端之间的中间道路(*via media*):在不同语境下分别用理性主义、格劳秀斯主义和国际社会观念来平衡现实主义与革命主义、霍布斯主义与康德主义、国际体系论与世界社会论。[②] 因此,由怀特率先提出、几代学者不断发挥的现实主义、理性主义和革命主义三大国际关系思想传统仍然是理解英国学派国际理论的基本线索。这三种理论途径的内涵大致如下:

表 2-1　国际关系三种理论流派观点差异

	历史观	方法论	本体论	价值论	核心要素
现实主义	悲观的历史循环论	实证主义	国际体系	相对主义/非道德主义	无政府状态/权力
理性主义	审慎的渐进改良与演化论	解释学	国际社会	形势伦理/非完美主义	国际交往/秩序
革命主义	乐观的历史进步论与目的论	批判理论	世界社会	普遍主义/道德完美主义	人类共同体的道德统一/正义

---

① 例如卡尔的辩证方法,怀特关于文化与认同的历史社会学,布尔的社会共同体观念,文森特关于人权和国际分配正义的观点,都各有特色。

② Richard Little, "The English School's Contribution to the Study of International Relations", *European Journal of International Relations*, Vol. 6, No. 3(2000).

英国学派的本体论涉及三个关键概念：国际体系、国际社会、世界社会。它们大致对应现实主义、理性主义、革命主义传统各自阐述的重点（相对而言分别强调权力、秩序与正义）。英国学派强调其理论是基于这三大要素或三重视角之间的对话，实际上是以国际体系研究为基础，以国际社会理论为核心，以世界社会的可能性为论辩对象和理论扩展的潜在领域。国际社会概念是在另外两个概念的观照下探究和阐发的。国际体系是国家间作用的系统，其存在的前提仅仅是国家间有足够频繁的联系，以至一国的行为成为别国的政策与行为必须考虑的一个因素。国际社会则是有共同的利益、规则、价值观念和运作机制的国家群体。[1] 国际体系是国际社会的前提，国际社会是国际体系中的社会，有体系可能无社会，有社会则必有体系。国家一定是国际体系的成员，但未必是国际社会的成员。国际体系的演变史同时也是一部国际社会的发展史，而世界社会虽然有迹可循但远未充分实现。国际体系中的现实主义因素、国际社会中的理性主义因素乃至与世界社会相联系的革命主义因素总是同时起作用而非决然对立的。在英国学派看来，现实主义的权力与国家利益观念是"控制或惩戒"因素，理性主义所强调的规则、程序和国际法是"教化或调节"因素，革命主义的普遍人权和人类共同体观念则是"激励或刺激"因素。[2]

英国学派继承了格劳秀斯主义的许多基本内容，特别是理性主义的思想方法、国际社会的一般观念及其二元论所显示的温和、中庸特征。但正如怀特所言，一个更理想的格劳秀斯主义者必须采纳马基雅维利现实主义的合理成分同时摒弃其犬儒式的玩世不恭与愤世嫉俗，吸收康德派的理想主义同时避

---

① Hedley Bull and Adam Watson, eds., *The Expansion of International Society*, Oxford: Oxford University Press, 1984, p. 1.

② Robert Jackson and George Sørensen, *Introduction to International Relations*, Oxford: Oxford University Press, 1999, p. 147.

免其狂热与盲目。① 他们还承认,三大传统分别描述的国际无政府状态、国际交往和人类共同体这三大核心要素(大致分别对应国际体系、国际社会和世界社会这三个概念)在某种程度上均是事实。因此,他们既偏重理性主义,又试图在三者之间寻求某种平衡。② 在以理性主义为底色的理论图景中,另外两种要素的不同比重恰恰体现了英国学派内部多元主义与社会连带主义的差异,也可以说前者更接近现实主义而后者更接近革命主义(现实主义无疑主张多元主义,革命主义则属于社会连带主义)。大致说来,早期经典作家的思想有较多现实主义色彩,新一代学者则带有更多革命主义成分。

在英国学派看来,现实主义有极端与温和之分;理性主义有分别偏重现实主义与革命主义或多元主义与社会连带主义之分。革命主义(理论上也包括马克思主义,但当前主要指自由主义③)也有左翼与右翼或强势与弱势之分,其共同点是要求消除民族国家体系,建立某种全球秩序和以个人为主体的世界社会,但前者主张通过暴力革命彻底改变现状,如列宁主义;后者则强调思想革命与和平变革,如基督教和平主义、世俗人道主义和威尔逊主义。④ 因此除了某些典型或理想模式,三大传统的界限有时相当模糊。

英国学派的三重理论视角清楚地表明了其与现实主义和自由主义的联系。它对文化、观念、制度等社会因素的重视,则使之与建构主义拥有许多共同语言。"三大传统"在建构主义那里被表述为"三种文化"(霍布斯、洛克与康德文化)。此外国际社会理论还有一个与社会建构主义一致的基本观念:正如

① Martin Wight, *International Theory: The Three Traditions*, New York: Leicester University Press, 1992, p. xiv.
② Martin Wight, *International Theory: The Three Traditions*, pp. xvii - xviii, chapter 12.
③ Ole Wæver, "International Society—Theoretical Promises Unfulfilled?" *Cooperation and Conflict*, Vol. 27, No. 1 (1992), p. 98.
④ Martin Wight, *International Theory*, pp. 45, 223 - 228; Robert Jackson and George Sørensen, eds., *Introduction to International Relations*, Oxford: Oxford University Press, 1999, pp. 150 - 151.

人类是作为个体生活在一个由其塑造并反过来被它塑造的社会之中,国家也处于一个由它塑造并反过来被它塑造的国际社会之中,要理解国际体系的运行机理,不仅要考察物质因素,也要考察这种社会因素。国家如何看待对方是决定其交往方式的一个重要因素。如果行为体之间拥有一套共同规范、规则,或者在诸如宗教、语言、治理体系等方面拥有某种同一性(identity),那么这类主体间的理解(intersubjective understandings)不仅规定了行为的条件,也确立了一个社会体系的范围。[①]

作为构建国际社会理论的一个题中之义,英国学派特别关注国际秩序问题,包括秩序与正义、主权与人权的冲突等许多长期困扰人类并在冷战后越发突出的国际政治伦理问题。这里仅就其中与国际秩序密切相关的三个方面略作申说。

1. 秩序与正义

对于这个根本问题,英国学派的观点相当一致,大致都认为秩序与正义是对立统一的关系,没有正义的秩序最终会不稳定,但秩序在一般情况下尤其是与正义相抵触的情况下具有优先价值。

巴特菲尔德从目标与手段两个方面来论证所谓"英明的治国方略"(wise statecraft):在目标上,必须兼顾维护本国利益与维持国际体系与国际秩序。以国家独立性为前提的国际秩序和国家体系的道德价值不仅在于国家现在和可预见的将来都是最有效的政治组织单位,在限制暴力、促进人类文明方面起主导作用,还在于国家体系承认文化与政治的多样性,而世界国家或任何大一统的政治实体都可能导致极权主义;在手段上,必须兼顾道德准则与政治现

---

① Christian Reus-Smit, "Imagining Society: Constructivism and the English School", *British Journal of Politics and International Relations*, Vol. 4, No. 3 (October 2002);另见布赞答记者问,http://www.wmin.ac.uk/csd/images/ old%20pages/bb%20interview.htm。

实,控制暴力、维持有限的稳定与秩序往往是政治家所能实现的最高伦理目标。[①] 他进而指出,冲突得以控制,主权国家地位得以维持,说明可以追问国际秩序的道德价值而不必落入道德主义的盲目或纯粹现实主义的绝望;为了维持均势、秩序和体系的稳定,必须限制国家的野心与战争的规模。正义战争必须是出于自卫、维权和抑强扶弱的目的而非实现普遍正义,出于宗教或意识形态目标的国际干涉只能损害体系的基础,因此判断战争的正义性不但要看其起因还要看其给体系带来的后果;道德因素本身的意义及其背后的舆论基础使其具有不可忽视的实践意义,但外交不能固守原则而忽视具体条件。道德上的自以为是"比国家的贪欲更要命";[②]与其"技术性历史"一致,他还强调历史评价需要考虑客观环境因素对决策者的制约作用。政治家的最高武器不是道德言辞,而是审慎的外交,其前提是能够设身处地、理解对方对形势的看法。因此有人指出,尽管可以把巴特菲尔德看作现实主义和实用道德的代言人,但他的现实主义却为其历史观和英国悠久的外交传统所冲淡。[③] 从根本上讲,巴特菲尔德坚持的是"审慎"原则,强调权力与道义、秩序与正义的统一,反对教条主义和绝对主义。

怀特认为,国际秩序的维持既有赖于力量均势(因为这有助于防止国际社会被霸权体系所取代并为国际法的运行创造条件),也有赖于一套共同遵守的国际规范,如抵抗侵略的原则、国际法,以及用正义来平衡秩序的原则,因此国际社会不仅要关注秩序,也要关注正义。[④] 以 20 世纪 70 年代南北矛盾与国

---

① Alberto Coll, *The Wisdom of Statecraft: Sir Herbert Butterfield and the Philosophy of International Politics*, Duke University Press, 1985, pp. 4 – 5.

② Herbert Butterfield, "Morality and an International Order", in Brian Porter ed., *Aberystwyth Papers: International Politics, 1919—1969*, London: Oxford University Press, 1972, pp. 339 – 343.

③ 肯尼斯·汤普森:《国际思想大师》,北京:北京大学出版社 2003 年版,第 17 页。

④ Martin Wight, Western Values in International Relations, in Butterfield & Wight, eds., *Diplomatic Investigations*, p. 103. 肯尼斯·汤普森:《国际思想大师》,第 68 页。

际秩序问题的凸显为背景,布尔对这个问题做了更系统、清晰的阐述。其中主要涉及四个方面的内容:正义的内涵;秩序与正义的一般关系;秩序与正义的价值等级或优先选择问题;第三世界的正义诉求问题。[1]

关于秩序与正义的一般关系,文森特的观点与布尔相当一致,即秩序先于正义,"除非以秩序为媒介,否则很难发现正义的由来"[2],秩序与正义既始终存在矛盾又并非普遍对立。但文森特力图进一步克服布尔的多元主义和相对主义,主要从社会连带主义的角度来探讨秩序与正义问题,这势必更多地涉及与此密切相关的另外两个基本价值,即主权和人权,以及与此相关的国际干涉的合法性问题。实际上,对英国学派的这两组概念也必须联系起来考察方能完整地理解。

2. 主权、人权与国际干涉

20 世纪后期以来,已经成为普遍国际法规范的人权思想因其固有的普遍主义内涵而与建立在主权和不干涉原则基础之上的现代国际体系构成一对矛盾。人权与主权的关系及国际干涉的合法性问题,因此成为当代国际关系中的基本价值冲突之一。对此,现实主义和革命主义各执一端,分别强调"绝对主权"或"绝对人权",国际社会理论总体上处于中间状态,其中多元主义与社会连带主义各自也有类似的偏向。

对西方与非西方世界、发达国家与发展中国家之间关系的长期思考,是英国学派较早关注人道主义干涉问题的一个思想背景[3],而格劳秀斯关于承认主权与限制主权,国际社会在一定条件下可以为维护人的自然法权利对他国

① 主要见赫德利·布尔:《无政府社会》,北京:世界知识出版社 2003 年版,第 4 章;Hedly Bull, *Justice in International Relations*, Hagey Lectures: University of Waterloo, Ontario, 1984.

② Neuman and Wæver, *The Future of International Relations*, p. 41.

③ Richard Little, "The English School's Contribution to the Study of International Relations," *European Journal of International Relations*, Vol. 6, No. 3., 2000.

进行干涉的思想①，则在 20 世纪后期成为英国学派关于国际干涉问题的理论基础。

怀特认为，由于均势的不稳定性和国际社会成员在道德发展水平上的不均衡，适当的干涉是必要的，目的是维持均势，维护国际社会的统一性或保护人权。其中维持均势是比维护文明或道德标准更好的干涉理由，而维护文明标准又是比保持现有不良统治更好的干涉理由。但由于干涉与主权相冲突，大国往往出于自身利益的需要去干涉弱国，却打着人道主义的旗号，实际上是恃强凌弱的不法行为，因此干涉只能作为有条件的例外而非通则。怀特强调政治活动应有伦理限制，认为与西方价值观有特殊关联的政治道德既不同于个人道德，也不同于国家理性（raison d'état），政治权宜必须考虑将受其影响的那些人的道德感受，甚至包含了政治家本人的道德观，因而权宜应该"软化为审慎"。这种调和道德需求与政治需求的中间道路，显然是一种非完美主义的实用道德观和应变论。与巴特菲尔德一样，怀特认为实用道德与审慎原则是通向政治道德的最高尚而又最真实可靠的途径。②

布尔最初主要从多元主义角度来看待干涉问题，认为干涉与主权及其不干涉原则相冲突，在法理和伦理上都被普遍认为是不正确的。干涉还意味着要秩序服从于正义，在缺乏共识的情况下，遵循某种单一的正义标准可能破坏共处规则和国际秩序。③ 但他后来承认，干涉在特定条件下也有其合理性，例如出于自卫、反干涉或反对外来压迫等目的，以及得到国际社会集体授权并通过国际组织所进行的干涉。布尔在晚年虽然开始重新思考社会连带主义的价值并对 20 世纪末国际社会道德共识的扩大较为乐观，但在人道主义干涉问题

---

① Hedly Bull, "The Grecian Conception of International Society," p. 63.

② Martin Wight, "Western Values in International Relations," in Butterfield and Wight, eds., *Diplomatic Investigations*, pp. 111-129；汤普森：《国际思想大师》，第 69 页。

③ 布尔：《无政府社会》，第 75 页。

总体上仍持谨慎态度,认为多数国家仍然坚持主权和不干涉原则,国际社会还不具备足够的一致性来进行合法的集体人道主义干涉。国际干涉主要表现为西方对第三世界的干涉,其根本原因是权力与财富的严重不平等。[①]

从文森特开始,英国学派逐步从社会连带主义的角度来看待国际干涉问题,表现出与自由派国际主义合流的趋势。按照文森特的"基本权利"理论,一国如果不能保护本国的基本人权,它就可能在失去国内合法性的同时失去国际合法性,从而不再享有不被干涉的权利。

坚持基本需要或基本权利理论,有助于国际社会避开意识形态分歧,从而有可能超越东西方冲突。这样人权不仅不会构成对主权国家体系的挑战,还可能增强该体系的合法性,因为人权所要求的不过是各国国内制度形式应具有更高程度的相似性。他认为,当今国际社会已经将人权国内行为置于国际法的监督之下,使国际社会每个成员都面临其他成员对其国内政权合法性的评价,这是国际社会出现的一个不可忽视的变化"。[②]

但文森特也意识到一个难题:干涉与秩序或者毋宁说秩序与正义的冲突。不能为了秩序牺牲正义,但为了正义进行干涉也可能破坏秩序。而且,人道主义干涉要具有合法性和有效性,必须以某种社会连带主义性质的国际社会和相应的道德共识为基础,从而有可能就干涉的条件和政策达成一致,但"世界社会"的发展很不平衡,国际社会的统一性还远未发展到使干涉的合法性与有效性得到可靠保证的程度。国家主义与世界主义的道德框架是不相容的,不干涉原则所依据的是有关国家社会的框架,而人道主义干涉的主张则源于有

---

① Bull, ed. , *Intervention in World Politics*, Oxford: Clarendon Press, 1984, pp. 137 - 154, 193.

② John Vincent, *Human Rights and International Relations*, pp. 104, 136 - 137, 140, 150 - 153.

关个体的框架。① 人道主义干涉的合法性取决于三个基本要素:个人在国际社会中是否具有独立地位;这种地位能否在国际法中得到普遍确认;干涉能否从国家实践中得到必要支持。② 总之,主权原则对于维持国际体系与国际秩序的重要性和有关干涉问题的国际共识的有限性,决定了人道主义干涉只能是不干涉原则的一个有条件的例外。文森特还指出,人权的追求与实现必须通过世界各种不同文化的实践,在众多的道德观中进行选择而不是单靠其中一种。③ 而即使就国际干涉的道德原则达成共识,仍需就维护这些原则可能付出的代价进行政治权衡。"审慎并不决定道德议程,却对其处理方式规定条件。"④人权问题确实非常复杂,每一个新情况都要求不同的处理方法,不仅需要求助于"理性王国",还要求助于"权势和环境",因此只能"在具体情况下竭尽所能",谨慎并有节制地促进人权并优先保障基本权利。⑤ 这无疑仍然是英国学派强调因地制宜,兼顾道德义务与政治审慎的形势伦理观。

总之,文森特用"基本人权"和"相对主权"来平衡绝对主权观念与过分强调国际法对主权的制约作用之间,国家的独立性与跨国联系和相互依赖之间,以及主权国家为主体的国家间秩序与包含个体性实体的世界秩序之间的矛盾,充分体现了格劳秀斯理性主义的中间性质。

但这种向社会连带主义靠拢的趋势并非没有遇到反弹。詹姆斯·马亚尔认为,战后 50 余年违反不干涉原则的许多事例并未在人道主义基础上得到解

---

① John Vincent，"Western Conceptions of a Universal Moral Order," *British Journal of International Studies*, No. 4, 1978, p. 44.

② 参见 Nicholas J. Wheeler, "Pluralist or Solidarist Conceptions of International Society," *Millennium*, Vol. 21, 1992, pp. 465 – 480。

③ John Vincent，"Western Conceptions of a Universal Moral Order," *British Journal of International Studies*, No. 4, 1978, p. 45.

④ Vincent, *Human Rights and International Relations*, p. 124.

⑤ 但文森特也承认,根据具体情况确定人权的位置,特别是不同地区的政策自相矛盾或奉行厚此薄彼的双重标准,对人权政策具有损害性,因为成功的人权政策所依赖的恰恰是表里如一、公正无私。

释。冷战后的干涉事例没有一个是完全合适或完全成功的。联合国干涉经常造成更为不良的结果。人道主义干涉在国际社会理论中仍然处于含糊的地位,干涉的合法性与可行性两个问题都没有明确答案。即使事先确立某些标准,规定干涉的合法性条件,但具体干涉的实际结果常常会使这种合法性受到质疑。此外,尽管人道主义考虑比冷战时期拥有更多的政治含量,但还不足以使国际共同体在没有其他更具体的战略或经济动机的情况下行动。冷战后西方国家政府在促进人权和民主价值观方面处于主导地位,但它们干涉那些其政府违反了这些规范的国家的内部事务的意愿是高度有选择性的,尤其是在它们自己的利益并非与之直接相关的地方。① 总之,人道主义经常让位于政治和战略考虑。

3. 国际制度作用的两重性

怀特、布尔等都指出,均势、国际法、战争、大国协调等国际制度或国际机制在发挥积极作用、维持国际秩序的同时,也常常违背(布尔甚至认为必然违背)一般的正义理念②,从而造成道德上的两难困境,因此英国学派强调必须坚持形势伦理及其"次优/次恶"原则,在肯定这些制度的同时对其作用予以限制。

国家和秩序在英国学派的本体论上的主导地位,本身就意味着承认大国的特殊地位。但大国的作用也有两重性。大国通过维持地区性的霸权体系和彼此合作来维持国际秩序,但往往以损害较小国家和民族的利益为代价。因此巴特菲尔德既强调大国的责任,也指出了大国作用的局限性。他还是较早对冷战进行伦理思考的思想家之一。他指出,小国的自由有赖于大国的相互制衡,如果美苏均丧失"领导"地位,"结果很可能是无序并丧失自由"。美苏之

---

① 詹姆斯·马亚尔:《世界政治》,第127页。
② 详见《无政府社会》,第72—73页。

间的安全困境实际上也是一个道德困境,双方都实力强大却彼此畏惧,都强调自己的善意却无法信任对方,因此必须有一方拿出道德勇气主动让步才能打破僵局,但美国冷战政策的意识形态与道德主义色彩、对武力特别是核武器的依赖又使之难以尽到大国的责任。[①]

布尔对大国作用的两重性做了更详细的分析。他认为,一方面,大国负有维持秩序的责任,这种特殊作用来源于国家间权力不平等的现实,虽然有悖主权平等原则并因此有悖国际正义原则,却是维持秩序的需要;但另一方面,大国责任不等于大国霸权,大国的行为若不加节制也可能破坏秩序,损害正义。历史经验表明,尽管大国的重要使命是维持均势并防止任何大国失去控制而造成灾难,但许多大国的行为表明它们并不真正负责任。两次世界大战即标志着大国责任的深刻失败。因此大国地位的合法性必须具备一些前提,如避免过分强调自己的特殊地位,避免采取破坏秩序的行为,满足某些公正变革的要求,将二流强国视为合作伙伴,等等。[②]

出于对绝对主义的一贯警觉,英国学派主要学者无不对冷战期间大国的意识形态外交和道德主义倾向持明确的批判态度。冷战缓和的终结使布尔对超级大国能否履行维持秩序的责任产生怀疑,布尔晚年对多元主义的反省即与此相关。布尔在50年代末还对军备控制问题做过许多开创性研究。他既不赞同片面追求军事优势的现实主义逻辑,也不同意普遍裁军的革命主义理想,而是呼吁美苏双方从实际出发,在确保自身安全的前提下争取达成某些军备控制和裁军协议,表现出理性主义者一贯的审慎与务实态度。

就思想理论渊源而言,英国学派是欧洲文化和欧洲大国历史经验的产物,

---

① Herbert Butterfield, "Morality and an International Order", in B. Porter, ed. , *Aberystwyth Papers: International Politics*, *1919—1969*, pp. 352, 356 - 357;肯尼斯·汤普森:《国际思想大师》,第 16 页。

② 详见布尔:《无政府社会》,第 9 章。

也是英国自身历史经验和政治文化传统的结晶。^①英国学派所倚重的格劳秀斯理性主义传统,是一种介于保守的现实主义与激进的革命主义之间的具有温和、中庸色彩的国际政治哲学与国际伦理传统。在现实的层面,则在总体上曲折反映了英国等中等强国和部分中小发达国家既不同于超级大国也有别于发展中国家的独特处境和视角。它们在当代世界格局中也处于某种"中间"位置,因此既不像超级大国那样容易产生主导世界的强烈欲望,也不像一些发展中国家那样对国际现状严重不满。这或许是有关学者能够以一种相对冷静、全面的眼光来观察世界的一个大背景。但与任何理论范式或思想体系一样,英国学派的理论既有其独特价值,也存在许多局限。

在政治哲学上,英国学派既有温和、中庸的一般特点,也有偏于保守的一面。在国际关系和国际秩序的变革问题上,现实主义强调连续性,往往过分保守。自由主义(更不要说革命主义)追求变革,有时过于激进。英国学派属于改良派,既要求改善传统的国际关系,一般又不主张急剧变更。但一些学者对于维持国际秩序现状的偏爱,对权力政治、大国特殊地位及武力作为政策工具的认可,对伯克等人的保守主义思想的推崇,对革命主义传统尤其是马克思列宁主义的意识形态偏见,对自由派进步主义史观的批评(如巴特菲尔德与怀特,后者甚至将国际理论的贫困归咎为国际政治生活只有周而复始的循环,不允许任何进步),以及一些早期学者对经济全球化和相互依存等新现象、新趋势及各种非国家行为体的普遍忽视无不带有明显的保守主义色彩,虽然不像他们所批评的某些现实主义者那么极端。

另外,英国学派也不可能与自己身处其中的价值体系完全绝缘。对于英国学派的伦理思想,也很容易提出一个常见的批评,即它的价值参照系和价值

---

① 学派成员诺伊曼承认,英国学派对历史的专注,与英国外交政策的辉煌历史和当前的颓唐景象有关,英国学派的"现实主义"比美国的现实主义更富启发性、更受欢迎,也与英美不同的权势状况有关。Neuman and Wæver, *The Future of International Relations*, p. 42.

尺度的西方特性。一些学者强调欧洲历史经验和西方文化价值观对塑造现代国际体系与国际社会的关键作用，带有"欧洲中心主义"或西方文明优越论的色彩。在某种意义上，他们甚至认为欧洲列强在相互交往中所遵循的行为准则并不适用于它们与东方国家、伊斯兰世界及非洲地区的弱小国家或政治实体之间的关系，认为当今国际社会如果有一个文化价值基础的话，可能并非多元文化碰撞、交流而产生的全球文化，而是西方文化的扩展和西方价值规范的主导地位。布尔坦率地指出，怀特的思想就有明显的欧洲中心主义色彩，他虽然对于伊斯兰世界和包括中国在内的东方文明有所论及，但对非西方文明显然缺乏深刻的理解。他把现代国际社会视为西方文化的产物，并对非西方世界的大部分是否已经融入西方主导的国际社会持根本怀疑态度。① 怀特的理性主义虽然承认西方之外的"他者"的权利，但那与"文明国家"所享有的权利并非一回事情。国际社会理论的一个潜台词是，只有"文明国家"才是国际社会的成员，在国际社会的边界之外，是作为强势文明开发、征服、改造和教化对象的"野蛮人"和"原始人"。②

（四）社会建构主义对传统国际秩序观的挑战

冷战结束以来一度盛行的社会建构主义，尽管实际上并不具有与西方传统主流理论比肩的系统性思想内涵，但其在本体论和方法论等方面的创新意义及其对传统理论所构成的挑战不可低估。在此我们只需对其理解国际秩序问题的基本思路略加介绍。

建构主义主要将国际秩序作为一个集合物质因素与观念因素的社会关系构建过程来研究，对于人们理解秩序的由来和演化颇有启发意义。以亚历山大·温特的观点为例，他所概括的三种文化——霍布斯文化、洛克文化和康德

---

① Wight，*International Theory: Three Traditions*，p. xxii.
② 詹姆斯·马亚尔：《世界政治》，第 6 - 7 页。

文化——从某种角度看实际上就是三种国际秩序。第一种反映了一种原始丛林式的、社会达尔文主义式的优胜劣汰，人与人互为敌人的"自然状态秩序"；第二种反映的是一种承认主权制度、相互竞争的秩序；第三种则是一种"集体安全秩序"。温特还认为，国际关系中的规范和制度都是文化的表现形式，也是由国家间的交往互动实践创造的。照此逻辑，制度和国际社会的秩序都不是一成不变的，而是可以随着人类思想观念的变化而改变或"重构"的。这个思想的实践意义在于，为重新认识和解决国家之间的"安全困境"问题提供了一个新思路。

总之，建构主义的核心逻辑在于：秩序由规则确立，而规则源自知识的建构。换言之，国家间互动可以重建知识，新的国际秩序可以在新的、更合理的文化观念和知识体系的支撑下得以重构。[①] 此外，批判理论家罗伯特·考克斯（Robert Cox）的观点也有助于我们理解建构主义的思路（社会建构主义有时也被视为一种广义的"批判理论"），他认为，"国际秩序"概念或观念的存在有其特定的社会历史条件，那就是已经制度化的民族国家体系。不过，考克斯特别强调生产过程中社会力量的作用，认为国际秩序来源于社会力量和包括国家在内的各种力量的特定组合，并认为它们对战争与和平的走势具有决定性的影响。[②]

社会建构主义方法论的影响，还体现在各种批判理论之中。国际关系中的广义批判理论（即人们在非常宽泛的意义上使用的批判理论概念），狭义的批判理论、建构主义、后结构主义、后马克思主义，甚至女性主义与和平研究，其共同点是多少都带有建构主义和后实证主义色彩。这些理论，顾名思义，都

---

① 肖晞：《国际秩序变革与中国路径研究》，载《政治学研究》2017 年第 4 期。

② Robert W. Cox, "Social Forces, States and World Order: Beyond International Relations Theory", in Robert Keohane ed., *Neorealism and Its Critics*, New York: Columbia University Press, 1986, pp. 204 - 254.

向传统国际关系理论发起了挑战，对本质上都采用物质主义和实证主义取向的各种传统国际关系与国际秩序观念提出了深刻的批评。

二、西方关于国际秩序的流行观点

以上我们讨论了现实主义、自由主义和国际社会理论这几个较有代表性的西方国际关系理论流派在国际秩序问题上的基本观点，目的主要是说明西方发达国家的国际秩序理论或观念，尽管由于西方在国际体系中的优势地位而经常成为国际秩序问题上的全球主导性话语，但实际上主要体现的仍然是西方国家的自我利益关照、文化特征与价值取向，并不能反映发展中国家或者非西方世界的处境和需求，更不能替代发展中国家自身的理论探索。

当然，上述几种理论传统并不能反映西方理论的全部图景。即使就宏观理论或者"大理论"而言，也还有许多理论模式值得关注。例如在冷战结束前后兴起或者开始流行的社会建构主义，虽然被认为更像是一种新的研究途径或研究方法而不是一种系统理论，但对于我们更深入更全面地理解国际秩序的生成和演化逻辑非常富于启发意义，至少可以让我们意识到，国际体系与国际秩序的由来、性质与发展前景并不仅仅取决于客观的物质因素，也有赖于人类的思想观念及与此相关的自我抉择。不过还需指出的是，社会建构主义虽然也有不同的理论分支和方法论上的差异，但如果我们联系冷战格局瓦解这个社会建构主义得以兴起的现实背景，就不难发现，有相当一部分社会建构主义的理论作品，其中所蕴含的价值取向本质上仍然属于自由主义或自由主义意识形态的范畴。

实际上，仅仅围绕几大理论范式去理解西方社会的国际秩序观念是不够的，这一方面是因为，这些理论都是国际关系的一般理论或"大理论"，并非仅仅关注秩序问题；另一方面，出于同样的原因，这些理论所追求或者所标榜的是理论的"普适性"，尽管如前所言它们本质上仍然是"西方理论"，但这种西方背景或西方特性经过复杂的理论抽象与学术包装,往往隐而不彰,颇具迷惑性。如果我们将目光转向与国际体系或国际秩序有关的一些核心现实问题,例如,国际体系与国际秩序中的主导性力量是什么?或者说主导权应该由谁来掌握?相应地,应该用什么样的意识形态、价值观念或指导思想来塑造或变革国际秩序?特别是随着一批新兴大国的崛起,国际体系与国际秩序中的主导权与主导性意识形态可能面临哪些挑战、发生什么变化?那么,西方社会思想理论界就此做出的直接回应,以及因此衍生出来的许多"中观"理论、"局部"理论或流行观点及其政策影响,可能更值得我们关注。

世界总是在不断变化,有时变化很缓慢,有时则异常急剧和巨大。尤其是国际体系本身的结构性变化,直接反映了国家间力量对比的变化,势必对既有国际秩序构成冲击,使之面临调整、变革或重构的客观需要,这个过程可能是一种平稳转型,也可能是危机与冲突。各国也不得不就此做出回应,理论也因此不断发展,服务现实需要乃至出于某些实用主义目标的新思想、新观点更是层出不穷。面对经济全球化日益深化的客观历史进程,国家间相互依赖不断加深的现实,冷战格局的瓦解,以及近十余年来随着新兴大国的崛起,国际体系与国际秩序正在发生的深刻变化,西方社会和学术理论界先后出现过许多与国际秩序有关的理论学说或流行观点,有的新观点是因为现实需要"应运而生",有的则不过是站在传统大国立场上的"老调重弹"。其中影响较大的主要有霸权稳定论、均势稳定论、世界体系论、历史终结论和文明冲突论。这些理论学说有一个共同点,即基本上都是基于人性恶假设的竞争型甚至冲突型秩序观,其源头至少都可以追溯到近代以来西方的政治哲学,如托马斯·霍布斯、孟德斯鸠、约翰·斯图亚特·穆勒、约翰·洛克等人从不同角度所论述的冲突逻辑。① 这与中国传统的和谐秩序观及其所蕴含的整体秩序理念与多元

---

① 高奇琦:《全球共治:中西方世界秩序观的差异及其调和》,载《世界经济与政治》2015年第4期。

共治逻辑大异其趣。

(一) 霸权稳定论

"霸权稳定论"(hegemony stability)是一种在西方有深厚历史渊源,并在20世纪后期一度相当流行的理论。从国际秩序的角度讲,所谓霸权稳定就是霸权秩序。霸权秩序论的核心是霸权稳定论。根据霸权稳定论,霸权国家对于国际政治和国际经济的稳定至关重要。没有强大的霸权国家,国际稳定是不可能的。这实际上是一种国际政治经济学的视角,即把大国(霸权国)的国际政治权力与其在世界经济中的地位联系起来分析。霸权稳定论认为,强大的政治和经济地位(以及以此为基础的强大军事力量),是维持和支持霸权国地位的关键要素,也是衡量霸权兴衰的主要指标。霸权稳定论的基本假设是国际体系中必须有霸权国家,即单一领导者或主导力量,以确保国际政治和国际经济稳定。只有霸权国家才能建立和维持国家间有序交流的国际规则,并以可预测的惩罚制裁违规者,以防止对现有霸权和秩序构成威胁。

从国际政治经济学视角解释大国在国际体系与国际秩序中的地位和作用的"霸权稳定论"之所以自二十世纪七八十年代开始流行,有其深刻的现实背景。这首先是因为,70年代初至80年代西方出现经济衰退,布雷顿森林体系在70年代初瓦解,美国政治经济霸权地位衰减,所谓自由主义国际秩序面临挑战,在这个背景下出现了相应的国际政治经济学理论和有关美国霸权问题的理论。其次,发达国家乃至全球经济相互依赖的势头加速发展,经济"相互依赖"现象为研究者所重视。例如,理查德·库珀早在1968年就出版了《互相依赖的经济学》一书。[1] 许多研究相互依赖现象的西方学者认为,美国霸权对

---

[1]　Richard Cooper, *The Economics of Interdependence: Economic Policy Atlantic Community*, New York: McGraw - Hill,1968.

于国际秩序的稳定是必要的,但正在衰落。^① 再次,西方发达国家间的经济政治矛盾明显地在发展。一部分西方学者把经济学上的两个概念即"公共产品"(public good)和"免费搭车"(free rider)运用到国际关系研究中,试图说明,美国提供了国际安全、稳定的国际经济秩序、开放的贸易市场等公益,但大多数国家并没有做出什么贡献,并没有分担负担,从而在理论上导致了霸权稳定论的产生。

就方法论而言,政治与经济、权力与财富、国家与市场相结合的研究视角,是国际政治经济学研究的基本特征。即使是现实主义者们也不得不承认,国际政治和国际经济的互动过程的确在不断加强,国际政治经济学等国际关系分支学科的出现势所必然。于是研究者们开始大量运用现代经济学的相关原理和术语。但许多具有现实主义倾向的研究者仍然认为,经济过程的加速,包括跨国经济活动的日益增长,恰恰说明需要国家尤其是国际体系中的大国为国际经济活动提供有力的保障,为国际经济秩序的稳定性和安全性提供必要的保障,为世界经济、贸易和一体化进程担负起管理责任。

那么,什么是"霸权",或者说"霸权国"需要什么"资质",有什么特征?

"霸权稳定论"认为,当一个国家在政治、经济、军事、制度和意识形态等方面拥有强大而稳定的综合能力绝对优势时,便可以成为霸权国家。第一,霸权国家必须拥有世界上最强大的军队,其实力明显强于任何竞争对手。霸权国领导下的军事联盟体系也明显强于任何竞争对手组建的军事集团。第二,霸权国家必须拥有世界上规模最大、最先进的经济体,并且与世界上大多数国家

---

① 但非西方世界的学者们一般更强调互相依赖关系中的矛盾现象。因为他们还发现,相互依赖其实是严重不对称的。在20世纪70年代,更多的前殖民国家获得政治独立,但同时存在对发达国家的经济依赖,南北差距扩大;相互依赖可能主要存在于发达国家之间,发展中国家对发达国家实际上是一种依附关系,也就是前者更依赖后者,甚至受到后者的控制和剥削。于是产生了依附理论(尤其在拉美地区流行)。依附理论还受到了马克思主义的影响,其特色在于将关注焦点放在第三世界与西方发达国家之间的不平等关系上。

尤其是大国保持着密切的经济联系。第三,霸权国家拥有广泛的政治盟友或准盟友。第四,霸权国及其盟国主导制定了大多数世界政治和经济关系的管理机制和游戏规则,并实际控制着大多数国际机构。最后,霸权国家在很大程度上主导了世界政治经济与国际关系中的话语权。

当然还有一些更具体的标准。例如基欧汉认为,世界政治经济中的霸权国家,从整体上看,必须比任何其他国家更强大。苏珊·斯特兰奇认为霸权国的全球地位必须包含四个结构性权力要素:(1) 通过诉诸武力威胁或保护其他国家人身安全的能力(安全要素);(2) 控制全球商品和服务生产系统的能力(生产要素);(3) 塑造国际金融和信贷资本市场的能力(金融要素);(4) 指导知识的发展、积累和转移的能力(知识要素)。[①] 斯特兰奇认为这四个要素相互关联,对于塑造霸权国的力量都至关重要,如果只有军事安全要素强大而其他要素(生产、金融和知识)薄弱,就难以维持霸权国家的权力和生存。不过斯特兰奇强调,政治和经济两个要素的结合是塑造和维持霸权地位最重要的因素。只有在政治和经济方面都具有实力,才有可能作为霸权国家生存下去。经济因素将支持霸权国家的政治力量。政治因素不能独立运作,没有强大经济地位不足以支撑霸权国地位。例如,美国霸权的出现得到了其经济地位的有力支持。第二次世界大战摧毁了英德法等西欧国家和日本的强大经济地位,而美国即使在战争期间也获得了经济增长。战后美国控制了世界 GDP 的一半左右,成为世界上最强大的国家。自 20 世纪 40 年代中期以来,美国的经济地位确立了其霸权国家的地位。没有强大的经济地位,美国不可能充当霸权国。

就理论构建而言,霸权稳定论有两个重要概念:"公共产品"和"免费搭

---

① ［美］苏珊·斯特兰奇:《国家与市场》,杨宇光译,上海:上海人民出版社 2006 年版,第 19 - 27 页。

车"。霸权稳定论的核心观点是,国际秩序的稳定有赖于霸权国家为国际社会提供一些至关重要的公共产品。所谓公益或公共产品,就是某种好处即使主要提供给某一个人或某一部分人,其他人也可以享受而无须另加成本,即"免费搭车"。如公共照明、国防、环保等,属于非竞争性消费,某人消费并不减少他人的单位消费。在国内社会,公共产品主要靠政府通过征税来提供,或者由某些在公益消费方面享受最大利益的消费者承担全部或主要费用。

霸权稳定论将这个逻辑推演到国际社会,认为由于没有世界政府,无法强制征税,国际社会的公益,如自由开放的贸易体制、稳定的国际货币金融体系、稳定的能源供应、国际安全与安全机制等等,势必只能由信奉自由主义的霸权国家来提供,因其拥有足够的权势、财富,并且享受最大利益,它得到的利益超过了提供公益所消耗的成本。因此霸权是国际稳定的根本条件;霸权的衰落意味着公益的减少,有可能发生国际政治经济混乱,直至新的霸权国家出现并承担责任之后才恢复正常。这就是霸权稳定论的基本逻辑。

"霸权稳定论"常常借助历史经验来说明霸权国的作用,认为霸权国是国际体系中最强大的力量,可以对其所属的国际体系施加控制。例如在两次世界大战之间,国际政治经济体系发生了巨大变化。德国在一战中落败,但是英国力量太弱无法起到霸权国的作用。此间的国际关系极不稳定,就是因为没有霸权国来管理国际体系。而美国这段时间不愿取代英国承担新的霸权国角色。因此,从一战后到二战结束是一个霸权缺失时期。而没有霸权国的支持,多数国际机构都形同虚设。国际联盟的成立得到了美国总统伍德罗·威尔逊的大力支持,但由于美国参议院不支持美国加入国际联盟,国际联盟实际上由一些相对次要的欧洲二流国家主导,难以发挥效用。英国当时的能力已经够不上霸权国的标准,法国还非常弱小。英国和法国的力量不足以支撑国际联盟。总之,"霸权稳定论"认为,没有霸权国的有力支持,任何国际组织都无法有效运作。

霸权稳定论本身有一个发展过程，因此有若干不同的版本，其支持者既有自由主义者，也有现实主义者，也可以说杂糅了二者的成分，但其理论出发点主要还是权力政治逻辑。从国际政治经济学的角度看，致力于论证"霸权稳定"的现实主义者，在不同语境下也可以被称为重商主义者或经济民族主义者。

一般来说，霸权稳定论都是从权力政治出发，认为世界秩序必须由一个世界性大国来领导，包括主导设计国际规则与制度，并保证其得到遵守和执行。爱德华·卡尔虽然并非该理论的主要创建者或阐释者，但他在《二十年危机》一书中也曾表达过类似的观点，认为"国际新秩序和新的国际利益和谐只能建立在一个上升大国的基础之上"。[①] 他指出，19 世纪，英国的海军舰队不仅保证不爆发大型战争，而且也管辖着公海，为所有国家提供平等的安全；伦敦货币市场为几乎整个世界确立了一种单一货币标准；英国的商业模式使各国普遍接受了自由贸易原则；英语也成为世界通用语言。这既是英国霸权的产物，也是其霸权的保障。

查尔斯·金德尔伯格（Charles Kindleberger）的理论贡献更加明显。他在 1973 年出版的《大萧条中的世界》一书中，[②]集中研究国际经济体系的稳定这项"公共产品"的提供问题。金德尔伯格原本是具有自由主义倾向的经济学家，然而他却将"霸权"视为维持开放的国际贸易和金融体系的必要条件。他认为，一战后美国未能接替英国继续为国际社会提供公共产品，这是 20 世纪30 年代世界经济大萧条的根本原因。金德尔伯格指出，市场有其固有的不稳定性，常常会走向停滞或分裂，只有当某个国家愿意并有能力提供、承担提供

---

① ［英］爱德华·卡尔：《二十年危机（1919—1939）国际关系研究导论》，秦亚青译，北京：世界知识出版社 2005 年版，第 213 页。

② Charles P. Kindleberger, *The World in Depression*, *1929—1939*, Los Angeles：University of California Press，1973.

稳定"公共产品"的责任时,如维持相对开放的市场、提供长期贷款、保持汇率稳定等,市场才能稳定。有意思的是,金德尔伯格很少强调霸权国自身的利益追求,似乎霸权国为国际社会提供公共产品主要是出于某种"利他主义"。此外他还认为,只有奉行自由国际主义的大国才是国际秩序的维护者,而小国总是"搭车者",中等国家既是"免费搭车者",也可能是体系的破坏者。

罗伯特·吉尔平进一步论述了霸权稳定论的两个核心命题:一是"世界政治中的秩序是由一个主导国家创立的。国际机制作为国际秩序的要素,一般要依赖霸权国家的存在";二是"国际秩序的维持需要霸权国家的持续存在"。[①] 吉尔平在1975年出版的《美国权势与多国公司:对外直接投资的政治经济学》[②]一书中进一步发展了霸权稳定论。他接受了金德尔伯格的基本观点,但也有几点重要区别。吉尔平将研究的重心从如何维持自由经济体系的规范性分析转移到对国际经济秩序之政治基础的实证解释上,由此将该理论完全纳入了现实主义的分析框架。金德尔伯格着重讨论的是国际体系的稳定问题,而吉尔平更关心的是国际制度如何形成和变化;金德尔伯格宣扬霸权国的利他主义,吉尔平则强调霸权国或领导国家(hegemonic leaders)的利己主义而不是利他主义动机,认为最强大最发达的国家是自由主义国际政治经济秩序中的最大获益者,因此自然愿意维持这个秩序。此外,与金德尔伯格不同的是,吉尔平不仅关注国家在国际体系中的政治经济地位,还强调国家的经济效率,认为一国在经济上的效率越高,在自由主义国际经济秩序中得到的好处就越多,因而就越发愿意支持这种秩序。总之,霸权国家在既有国际体系与秩序中得到的好处最多,同时也是继续维持这种体系与秩序稳定的主要力量。

---

① [美]罗伯特·基欧汉:《霸权之后:世界政治经济中的合作与纷争》,苏长和译,上海:上海人民出版社2001年版,第36页。

② Robert Gilpin, *U. S. Power and the Multinational Corporation: The Political Economy of Foreign Direct Investment*, New York: Basic Books, 1975, pp. 79 - 84, 163 - 206.

显然,吉尔平的观点具有更多的现实主义特征。众所周知,吉尔平后来还有《世界政治中的战争与变革》《国际关系政治经济学》等多部颇具影响力的著作,[①]其中都涉及霸权稳定和国际体系的变革问题。在《世界政治中的战争与变革》中,他明确指出,"像罗马治下的和平一样,英国统治下的和平与美国统治下的和平保证了一种相对和平与安全的国际体系。英国和美国创立和巩固了一个自由国际经济秩序的规则"。[②] 吉尔平还试图通过研究霸权国的兴衰来揭示战争的周期性规律。他认为,霸权战争是国际体系变革的动力,通过霸权战争实现国际权力的重新分配,确立新的威望等级,在现实国际权力分配基础上,建立起一个相对更加稳定的国际秩序和对国际体系更有效的统治。与吉尔平的观点类似,斯蒂芬·克拉斯纳(Stephen Krasner)认为,多边贸易体系与其说是霸权国提供的公共产品,还不如说是霸权国实现自身利益最大化的政策。[③]

问题是,这种思想在全球化和各国经济相互依存日益深化的时代还有合理性与可行性吗?

霸权稳定论的缺陷是显而易见的。首先,它基本上只突出政治因素(尽管也考虑经济因素)和权势因素;其次,它所描述的国际秩序图景实际上是一种等级制,即按照权势来决定的等级结构——提供公益的霸权国与免费搭车的其他国家,或者按照吉尔平的说法,国际体系中最重要的国家是霸权国,次之是中等强国,再次是作用微不足道的外围国家;最后,相应地,国际体系结构的变化也即大国力量的兴衰在这个理论中就占有重要地位,国际秩序的兴衰因此就变成了霸权的兴衰,先是霸权形成,然后提供公益,于是形成秩序,而秩序

---

① 　Robert Gilpin, *War and Change in International Politics*, *Cambridge*: Cambridge University Press, 1981; Robert Gilpin, *The Political Economy of International Relations*, Princeton University Press, 1987.

② 　[美]罗伯特·吉尔平:《世界政治中的战争与变革》,武军等译,北京:中国人民大学出版社1994年版,第145页。

③ 　Stephen Krasner, "The State Power and Structure in International Trade," *World Politics*, Vol. 28, No. 3, 1976, pp. 317-347.

的变化则意味着霸主的兴衰与交替。总之，尽管霸权稳定论的倡导者不乏一些来自自由主义阵营的理论家，实际上都无法摆脱权力政治的逻辑。

那么，随着美国国际地位的相对衰落，人们不免会问，在没有霸权国或者霸权国衰落的情况下，国际秩序会不会稳定，国际合作还能够维持下去吗？罗伯特·基欧汉等人的答案是可以。此即所谓"霸权后合作论"或"合作霸权论"。① 这可以视为在美国霸权相对衰落的背景下，自由主义阵营内部对霸权稳定论的进一步解说、修正或局部批评。基欧汉分析了国际合作赖以发生的国际制度或国际机制的作用，以及随着美国霸权的衰落，这些国际机制的演变情况。基欧汉并不认为霸权的衰落会使国际合作变得不可能，相反，他认为国际制度的设计能够促进利己主义政府间的合作。霸权后合作论认为，即使霸权国家在衰落中，国际秩序也并不一定会出现混乱，国际合作仍然可以继续，主要原因是各种国际制度的存在。国际制度虽然主要由霸权国组织制定，但霸权后时期只要共同的利益基础仍起作用，即仍然能够合作；二等强国甚至有可能与霸权国一道提供公益，此即所谓"合作霸权"。看起来，尤其是在合作问题上，一些新自由主义者强调国家之间的共同利益将维系国际体制（regime），而国际体制将维系国际合作，似乎合作并不需要借助某种霸权体系，但实质上他们所关心的仍然是美国（即使地位衰退之后）如何利用其在国际制度中的有利地位或者毋宁说"制度霸权"继续领导世界的问题。显然，这些出自西方大国的国际秩序理论，尤其是当代自由主义的国际政治经济学，主要反映和关注的仍然是美国和西方的利益以及跨国资本的利益。

实际上，仅仅讨论"霸权稳定论"的缺陷是远远不够的，更深刻、更值得思考的问题是霸权与霸权秩序本身的弊端。

---

① Robert Keohane, *After Hegemony: Cooperation and Discord in the World Political Economy*, Princeton, N. J.: Princeton University Press, 1984；中译本见[美]罗伯特·基欧汉《霸权之后：世界政治经济中的合作与纷争》，苏长和等译，上海人民出版社 2006 年版，尤其见第 4、9、11 章。

就维持国际体系的总体和平与稳定这个基本目标而言,历史上的国际秩序,在最宏观的意义上,主要有三类模式或途径:霸权统治、力量均势与制度约束。弗兰茨·舒尔曼指出,长期存在的帝国所产生的世界秩序是世界历史上的主要政治形式。在真正意义上的现代国际体系形成以前,世界上已经出现过数个霸权国家。但由于生产力水平和交通工具的限制,这些霸权只存在于某些特定的地区内,从全球体系的视野来看不过是整个世界政治图景中的一小部分。舒尔曼认为,一个世界帝国一般应具有三个特征:其一是有一个强大的政体,能够有效统治庞大的区域和文化上多元的人口;其二是有一个由其主导的世界秩序,能够有效地维持其管辖领域及其周边地带的和平与繁荣;其三是形成了一种文明,能够被自己和其他民族接受,却不用取代任何民族特有的文化。[①] 霸权的主要目的之一是通过建立一种秩序来实现霸权统治下的和平。

显然,对于一个范围更加广泛、文化更加多元的全球性国际体系,霸权统治难免力不从心,试图通过建立霸权或依靠霸权来维持国际体系的稳定是很不现实的。这首先是因为,霸权体系本质上是一种不平等的权力分配格局,与现代国际社会的主权平等原则和多边自由的国际秩序是不相容的。霸权国之所以愿意提供公共产品,是因为它是最大的获益者,试图通过处于权力顶端的霸权国来实现和维持自由主义的价值观、建立公正合理的国际秩序是不现实的。其次,国际体系的结构本身是不稳定的,大国兴衰也无法避免,当体系内出现新兴强国或其他挑战国时,霸权国自然会动用各种手段去防范和遏制这种威胁,从而造成冲突;霸权国更关心的是维持自己的相对优势甚至绝对优势,而不是体系的稳定性;当霸权国的地位或利益受到严重挑战时,霸权国往

---

① ［美］弗兰茨·舒尔曼:《中美关系:在价值和利益之间的抉择》,钱俊译,载《战略与管理》1997年第3期。

往会主动放弃自己主导的体系或相关制度,率先破坏原有规则,从而造成国际体系与秩序的不稳定。^① 特朗普执政时期的美国就是一个最近的例子。更重要的是,大国兴衰和国际体系变革的根本动力是生产力的发展和科技革命,以及由此带来的上层建筑领域的变革,或者用保罗·肯尼迪的话说,是具有世界历史意义的生存方式与社会政治组织与管理方式的变革。而20世纪以来生产力的不断进步、经济全球化的日益深化、国际行为体的不断多元化,使得霸权地位及霸权秩序的稳定性与合理性受到越来越大的挑战。因此,正如一位西方学者所言,"不管怎么说,谋求霸权不是我们力所能及的,它根本上就行不通。……选择霸权实现更大的国家安全目标是不值得的。……霸权主义是经不起这个考验的"。^②

(二) 均势秩序论

如前所言,这是一种典型的现实主义传统观念。这种思想应该说是一种"跨文化"传统观念,在东西方不同文明的政治思想史上都可以找到类似的踪迹,可谓源远流长,影响深远。不过现实主义的权力政治观念在当代西方国际政治理论学说中得到了更为系统的阐述,在西方大国的对外政策实践中也表现得更为突出。以美国为例,凯南、基辛格、布热津斯基等著名战略思想家与政策设计者,都是现实主义的拥趸。

对现实主义思想家来说,国际关系的本质是国家间的权势斗争。然而现实主义者同样明白,过度或无限制的国际权势斗争最终会损毁国家及其利益本身,损毁它们身处其中独立的民族国家或主权国家体系。因此,国家的根本利益即国家安全不仅有赖于国家自助,也取决于国际安全,包括国际体系与国际秩序的相对和平与稳定。

---

① 杨成:《国际秩序的三大选择与国际制度理论——在霸权和均势之后》,载《社会科学》2002年第5期。

② 喻希来、吴紫辰:《世界新秩序与新兴大国的历史抉择》,载《战略与管理》1998年第2期。

非常契合人类常识的均势观念,实际上是一种典型的跨文化现象。英国哲学家与历史学家休谟(David Hume)曾指出,维持均势是基于人类的"常识"和显而易见的"道理"的。均势思想与均势外交实践在东西方历史上都源远流长,在此无法细说。这里我们主要关注均势的基本含义、生成与运行(调节)机制及其对于维持国际秩序的实际价值。

人们对"均势"的含义并无统一的认识。汉斯·摩根索(Hans Morgenthau)在《国家间政治》一书中所使用的"均势"一词有四种含义,尽管他更多指的是第三种含义:(1) 旨在寻求某种事态的政策;(2) 一种实际存在的事态(维持均势此时等于维持现状);(3) 大体均等的实力分配;(4) 泛指任何实力分配。[①] 厄恩斯特·哈斯(Ernst Haas)更是归纳出人们对均势的七八种定义。

相对而言,另外两位学者的观点也许更有实际价值。其一是国际法学家瓦特尔(Emmerich de Vattel)。也许他认为均势的含义太复杂,不如反过来思考,什么情况不是均势。他最后得出结论:均势就是没有一国处于优势地位或能对其他国家发号施令的状态。另一位学者英尼斯·克劳德(Inis Claude)则把各种定义进行归类,认为人们所说的均势不外乎三类情况:一种状态,一种政策或者一种体系(或者机制)。"状态"就是实力均等还是不均等的状况;"政策"就是对状态所作出的反应,即均势政策或均势战略;"体系"就是权力分配的机制、工具和规则,即均势体系的运行机制。

国际体系中为什么会出现均势? 均势是自动产生的还是人为造就的? 这实际上涉及均势得以存在的一般条件。华尔兹认为只要国际体系是无政府状态,同时国家都以生存为目标,均势就会"自动生成",此话很有道理,只是我们不必拘泥于所谓"自动"的含义,这当然涉及各国对体系性质的反应,不可能是

---

① [美]汉斯·摩根索:《国家间政治》,徐昕等译,北京:中国人民公安大学出版社 1990 年版,第 220 页。

"全自动"的。按照一些现实主义理论家的见解,均势的建立或维持有赖于有许多条件,其中包括:国际社会成员之间在权力、能力等方面的不平等,大国的默契以及文化、意识形态等方面的所谓"道德共识"。根据历史经验,均势的调节机制即建立与维持均势的手段很多,包括权力基础、联盟政策、分而治之与反联盟政策、操纵、补偿、建立缓冲区(中间地带)等等。①

更重要的是,我们应该如何看待均势的作用及其局限。应该承认,均势对于国际体系与国际秩序的和平稳定有一定的积极作用:均势思想与均势战略多强调的多元力量分布及其相互制衡,在特定条件下和一定时期内确实具有遏阻霸权从而维护国际安全与国际秩序的作用;这同时还意味着均势有助于维护国际体系或国际社会本身的生存,以及体系内主要国家的生存。

然而无论从逻辑还是历史经验上看,均势都具有相当大的局限性。作为权力政治逻辑的产物,均势本身常常体现的是大国的强权政治行为,尽管出于大国的需要有时有利于小国的生存,但同样为了大国利益也可能牺牲小国的利益甚至生存;历史上的大国构建和调节均势的措施不仅常常具有非正义性,还经常面临具体操作上的困难。用摩根索的话说,均势的缺陷主要在于它具有不确定性(难以准确衡量)、不现实性(因为不确定性导致追求权力优势)和不充足性(因为有赖于大国意识形态与"道德共识")。②

回顾历史不难看到,均势不仅往往孕育着新的超级强国优势及其霸权欲望,而且有时不能不通过战争来实现,在某些情况下甚至导致牺牲个别小国的独立生存,从而其国际安全功能的履行需打折扣。均势也未必总是能够遏阻霸权。历史上对霸权或霸权追求的反应并不总是制衡,还包括容忍、规避、屈从和"搭车";而且,制衡努力或均势力量并不总随霸权威胁的增大而增强,它

---

① [美]汉斯·摩根索:《国家间政治》,第232-249页。
② [美]汉斯·摩根索:《国家间政治》,第260-283页。

们也可随其减小而增强;霸权或霸权追求国往往会通过提供利益或所谓"公共产品",来使别国宁愿"搭车"而不制衡;霸权或霸权追求的具体形式除了军事强制甚至武力征服,还可以主要依靠政治、文化和经济影响的"包容"或"束缚",从而有可能消解其他国家的制衡意愿。在国际体系力量对比严重失衡,力量天平显著有利于霸权国等情况下,联合制衡并不容易。① 总之,"均势"作为现实主义赖以维持国际安全与国际秩序的核心途径与机制,虽然有一定的实用价值,并且是一种普遍存在的国际政治现象,但仍然有很大的局限性,绝非国际和平与安全的根本保障。

当代国际体系中权力结构与内涵的不断变化,全球化时代各国安全与经济上的相互依赖、网络空间的扩展和相关技术的发展、大规模杀伤性武器的存在和扩散以及其他高新技术的发展,使得无论是全球体系还是地区体系中的均势运行机制都更加复杂化。一方面,小国甚至非国家集团都有可能获得过去难以掌握的大量权力;另一方面国际社会对霸权图谋的制衡意愿或能力都面临新的挑战,例如有些国家特别是霸权追求国的盟友宁愿采取追随大国的策略。例如,在 2001 年 9 月 11 日恐怖袭击事件发生后,美国组建了一个广泛联盟,入侵阿富汗,武力推翻塔利班政府。这种军事干涉行为并没有引发其他国家的集体制衡,但也没有解决美国面临的恐怖主义威胁。再如,2003 年中、俄、法和德等许多国家都在联合国等外交场合反对美国入侵伊拉克,但仍然未能阻止美国采取行动,这说明当代国际安全格局严重失衡,其他国家与美国的军事能力存在巨大差距。这实际上也是一些国家产生不安全感,试图大幅扩充军事实力谋求拥有核武器的重要因素之一。未来,均势机制或均势战略仍会继续存在并在维持国际秩序稳定方面发挥一定作用,但这种基于权力政治逻辑的传统战略绝不是解决国际政治与安全问题的万能良药。

---

① 时殷弘:《国际安全的基本哲理范式》,载《中国社会科学》2000 年第 5 期。

(三) 世界体系论

以美国社会学家伊曼纽尔·沃勒斯坦(Immanuel Wallerstein)为主要代表所论述的世界体系论,也是在西方世界长期流行并在全球具有广泛影响的一套理论学说。应该承认,世界体系论受到了包括马克思主义在内的众多思想成果的影响(沃勒斯坦也常被视为西方"新马克思主义"的一位代表人物),有许多深刻与合理成分,但总体上反映的仍然是西方学者的视角和观点。①

世界体系理论(World System Theory)兴起于20世纪70年代的美国,但在美国之外也有许多代表人物,例如乔万尼·阿里吉(Govanni Arrighi)、安德烈·冈德·弗兰克(Andre Gunder Frank)、萨米尔·阿明(Samir Amin)等等。其最重要的作品是纽约州立大学社会学系教授伊曼纽尔·沃勒斯坦于1974年出版的《现代世界体系(第一卷):16世纪资本主义农业和欧洲世界经济的起源》。② 这是西方学术界继二十世纪五六十年代现代化理论之后出现的一种新理论和新方法,其影响遍及政治学、经济学、社会学、历史学及地理学等社会科学领域。③ 在研究方法上,沃勒斯坦借鉴了法国年鉴派长时段、大范围的研究模式,融历史学、社会学、经济学、政治学、人类学、地理学等学科的研究方法于一炉,创造了不同于"多学科方法"(multidisciplinary approach)的"一体化学科"或"多学科一体化"(unidisciplinary approach)的研究方法。④ 在理论渊源上,沃勒斯坦借用了布罗代尔(Fernand Braudel)"经济世界"的概念,吸收了俄国经济学家康德拉捷耶夫(Nikolai Kordratieff)的长波理论,从

---

① 中国学者对于世界体系论的系统介绍和评述,见王正毅:《世界体系论与中国》,北京:商务印书馆2000年版。

② Immanuel Wallerstein, *The Modern World-System I: Capitalist Agriculture and the Origins of the European World-Economy in the Sixteenth Century*, New York: Academic Press, Inc. , 1974.

③ 世界体系论关于世界体系的经济分析,详见王正毅:《世界体系论与中国》,北京:商务印书馆2000年版,第1页。

④ [美]伊曼纽尔·沃勒斯坦:《现代世界体系》第1卷,罗荣渠译,北京:高等教育出版社1998年版,边码(对应英文版页码)第11页。

经典马克思那里继承了有关资本积累的政治经济学和阶级分析法,又借用了依附论的中心—边缘模型和外因论分析,并从现代化理论中吸取了一定的内因论发展观。另外,结构功能主义也对世界体系理论的形成产生重要影响。总之,世界体系理论创造性地融合了社会发展理论中的主流学派与非主流学派,试图以一种全新的视野和方法揭示现代化的全球发展趋势。

世界体系理论的兴起与经典现代化研究及其理论批判紧密相关。在二十世纪五六十年代,美国一批历史学、政治学、经济学和社会学家开展了现代化研究,并认为如果发展中国家按照西方现代化模式发展,就能赶上发达国家,实现现代化。然而在 60 年代后期,许多学者发现,一些按照现代化模式发展的发展中国家,并没有取得预期的成功,如拉美国家早在 19 世纪就开始了现代化运动,但直到 20 世纪 60 年代都未能取得成功;非洲国家的现代化更是困难重重。因此有些学者开始质疑把现代化作为普遍发展模式的合理性和可行性。沃勒斯坦的世界体系理论是在以两极化为特征的当代社会发展问题日益突出,而主流的现代化理论对此未能做出合理解释,因而也未能提出有效对策的情况下创立的。沃勒斯坦研究了加纳等非洲国家的发展状况,认识到现代化理论的局限性,并开始对其进行批判。沃勒斯坦从 70 年代初开始逐步推出多卷本的《现代世界体系》①,把发展中国家纳入世界整体发展中进行系统研究。

世界体系理论的内容相当庞大和丰富。沃勒斯坦把它分为 10 个方面:周期和趋势;商品链;霸权和竞争;地区性和半边缘性;融入和边缘化;反体系运动;家庭、种族主义和性别主义;科学和知识;地缘文化和文明。这些方面可以

---

① ［美］伊曼纽尔·沃勒斯坦:《现代世界体系》(四卷本),郭方等译,北京:社会科学文献出版社 2013 年版。

归纳三个层次：世界经济体系、世界政治体系和世界文明。①

世界体系论的主要思想，是认为世界秩序主要是由经济联系构成的世界体系。沃勒斯坦认为，民族国家并不是近代以来社会变迁的基本单位，变迁主体是具有结构性经济联系和各种内在制度规定性的、一体化的现代世界体系。现代世界体系是由经济、政治、文化三个基本维度构成的复合体。但经济体是整个世界体系的基本层面，是政治体和文化体存在、发展的决定性因素，因此这个世界体系主要是经济体系，"因为这个体系各部分之间的基本联系是经济的"。② 沃勒斯坦认为，世界体系有中心和边缘（外围）之分，边缘依附于中心。世界体系的实质是经济上的依附和剥削关系，同时中心和边缘之间存在周期性的变化。

世界体系论的中心论点是，世界经济包括一个占支配的中心和一个处于依附地位的外围，它们相互影响，并且作为一个一体化的整体在发挥作用。这个体系在以整体发挥功能的时候，不断汲取经济盈余，并且把财富从外围转移到中心。同样的机制，在中心地区引起资本积累和经济发展，而在外围地区则导致经济和政治的不发达。外围地区是中心地区的财源，中心地区剥削和掠夺了外围地区的资源。世界经济就是地位不平等的许多国家组成的一种国际结构，这种结构维持国际分工，促使先进资本主义国家的资本积累，以及其余国家的落后和不发达的周而复始。

沃勒斯坦认为，世界体系是资本主义生产的内在逻辑充分展开的结果，当今世界事务、国家行为和国际关系都是这一逻辑的外在表现。资本主义的延续性质是由它的深层社会经济结构的基本因果联系所决定，并规定世界面貌的形成。此外，世界体系的形成与世界范围的资本积累有密切关系。国家间

---

① Immanuel Wallerstein, "Report on an Intellectual Project： The Fernand Braudel Centre, 1976—1991," State University of New York at Binghamton, 1991.

② ［美］伊曼纽尔·沃勒斯坦：《现代世界体系》第 1 卷，第 12 页。

的互动体系是世界范围资本积累的政治结构。当原有的结构不能容纳世界商品生产和剩余价值分配的规模时，就会发生国家之间的冲突。大国的兴衰和世界大战是这个国家互动体系的暴力改组。

世界体系理论在很大程度上是对"依附理论"的进一步发展。一些研究者甚至认为，世界体系论虽然有着非常广泛的理论来源，但"与世界体系论联系最为直接的思想流派就是依附论，世界体系论实际上就是依附论的直接衍生物"。① 有人甚至断言世界体系论其实就是依附论的翻版或再版，主要理由是世界体系论和依附论都用中心—边缘概念去解读世界。不过，仅仅根据这个相似之处就得出这种结论未免过于简单。有学者指出，世界体系论所使用的中心—边缘概念不同于普雷维什及依附论所使用的这一概念，而被赋予了完全不同的性质。一些批评者甚至认为，在世界体系论中，中心—边缘这个概念已经失去了原有的批判力和解释力，表现为一组描述性的概念。② 但无论如何，世界体系论与依附论之间的联系显而易见。

世界体系论在依附理论的中心—边缘概念基础上，增加了一个"半边缘"地区，认为核心国家和边缘地区的关系是依附关系，本质上剥削关系；而半边缘地区则是一种随着发展水平的起落"可上可下"的状态，同时也在中心和边缘之间起到某种桥梁或纽带作用。西方学者常常把世界体系理论视为新马克思主义的一个分支。该理论确实吸收了马克思主义的许多观点，如剥削和阶级冲突等。例如沃勒斯坦认为，世界经济基本的政治现实就是一种不断变化形式的阶级冲突：公开的阶级意识与种族—国家意识的对立，国内层面和跨国层面的阶级对立。

---

① Thomas R. Shannon, *An Introduction to the World-System Perspective*, Boulder: Westview Pres, 1989, p. 12.

② 张康之、张桐：《"世界体系论"的"中心—边缘"概念考察》，载《中国人民大学学报》2015 年第 2 期。

沃勒斯坦认为,资本主义"世界经济体"有两个主要特征,即"一体化"与"不平等"。首先,世界性劳动分工体系与世界性商品交换关系如同一经一纬两条主线,将各个国家、地区牢牢地黏结在庞大的世界经济网络之中。一体化的经济体使人类历史具有了真正的全球性。其次,一体化不等于均等化,相反,中心—半边缘—边缘的等级结构表明了世界经济体系的极端不平等性。英美等西方发达国家居于体系的"中心",一些中等发达程度的国家处于"半边缘"地位,部分东欧国家、大批落后的亚非拉发展中国家则处于体系的"边缘"。"中心"拥有生产和交换的双重优势,对"半边缘"和"边缘"进行经济剥削,以维持自己的优越地位;"半边缘"既受"中心"的剥削,又反过来剥削更落后的"边缘",而"边缘"则受到前两者的双重剥削。① 总之,不平等是这个世界体系的本质特征。

"世界政治体"则是随着世界经济体的出现而产生的。政治体中同样存在中心—半边缘—边缘的等级结构,以国家主权的独立程度和国家机器的强弱为划分依据。政治体与经济体中的相应等级在空间分布上是高度重叠的:世界经济体中的中心国家,其国家机器较强,主权独立性和对外控制能力较大,因此也是世界政治体的中心;边缘地区的国家机器孱弱甚或根本未形成统一的国家政权体系,国家主权不独立或受到限制,因此政治上受到中心地区的控制,半边缘则介于二者中间。②

"世界文化体"的产生,是因为经济体需要一种文化上的维系机制以增进民族国家的政治凝聚力,并提高经济生产的有效性;此外,世界资产阶级出于经济剥削、政治控制的需要也必须创造某种统一的文化模式。因此,由中心国家所推动、以西方文化为模板的普遍主义世界文化便凌驾于多元民族文化之

---

① 世界体系论关于世界体系的经济分析,详见王正毅:《世界体系论与中国》,第 91-141 页。
② 世界体系论关于世界体系的政治分析,详见王正毅:《世界体系论与中国》,第 142-179 页。

上,营造了一种全球同质化的文化氛围。中心—半边缘—边缘的等级结构再次呈现在文化体中。①

沃勒斯坦等人创立的世界体系论,在西方社会理论中占有重要地位,在全球社会科学界产生了广泛影响,但同时也引起了许多争论。②

从 20 世纪 50 年代到 70 年代,西方发展理论处于"经典现代化理论"(主流派)与"依附论"(非主流派)两极对峙的时期。随着世界经济一体化趋势的发展和冷战格局的逐步瓦解,不同的理论出现了相互借鉴和融合的趋势。

世界体系论通过庞大理论体系的设计和宏观世界史的描述,试图实现主流派和非主流派的融合。经典现代化理论家主张现代化模式上的西化论,对发展中国家走资本主义道路充满信心;依附论反对西化论,否定走资本主义道路的可行性。世界体系理论则独辟蹊径,一方面反对西化论,抨击西方中心论,与左派理论保持一致;另一面又通过在依附论的中心—边缘结构中加入一个"半边缘",指出世界体系的流动性,即中心国家可能下降为半边缘,边缘国家也可能上升为半边缘等,从而论证资本主义的长期性、稳定性和不可避免性,这又与主流学派理论相通;此外在根本结论上则认为资本主义的现代世界体系终将消亡,并被社会主义取代,但与此同时又认为社会主义只是一个"乌托邦"。沃勒斯坦对各种理论的"融合"似乎并不那么成功,其中的矛盾性显而易见。

马克思以其历史唯物主义的宏阔视野和辩证方法,对资本主义持一分为二的态度,既承认其历史进步性,又批判其剥削本质。沃勒斯坦对资本主义世界体系的认识和批判相当深刻,但这同时也可能因为过于绝对,最终陷入了历史悲观主义和怀疑论的误区。沃勒斯坦认为,虽然世界体系具有自我调节机

---

① 世界体系论关于世界体系的文化分析,详见王正毅:《世界体系论与中国》,第 180 – 224 页。
② 详见王正毅:《世界体系论与中国》,第 225 – 299 页。

制,这使得它能在 500 年间度过一次次的危机,得以不断巩固和完善,但它本身固有的不平等和由此引起的各种紧张关系始终不能消除,致使它如今已进入"混乱的告终"①时期。于是一种具有更高生产效率和更合理的"收入分配制度"的新的世界体系将取而代之,这就是"社会主义世界政府"②。但是新体系究竟什么样,如何产生,沃勒斯坦却认为难以预测。他对未来体系设计的模糊性、空想性和不确定性,导致他在否定之后无所立论,怀疑之后无所创新,最终陷入了历史悲观主义。

如果从马克思主义的立场、方法来评判世界体系理论,可以认为,沃勒斯坦站在欠发达地区的立场上对不合理的资本主义世界体系进行了全面批判,传承了马克思主义的一贯态度。但由于缺乏辩证方法,其理论不免走向极端,带有某些片面性。更重要的是,由于沃勒斯坦坚持"流通主义的资本主义"观点,使他无法对资本主义生产领域进行详细分析,过于强调世界经济交往对社会发展的影响。这与马克思坚持从生产方式入手分析资本主义是有区别的。沃勒斯坦的历史虚无主义也是不可取的。在当代条件下,欠发达地区结合自身国情,采取可行措施,完全有可能获得发展,并为最终改变资本主义世界体系准备条件。③

如果联系经济全球化的历史进程与现状,可以看出,当今世界经济体系在很多方面已经呈现出与沃勒斯坦的现代世界体系不尽相同的内容。例如,新的国际分工动摇了现代世界体系关于劳动分工这一理论基础。

现代世界体系是建立在"中心—半边缘—边缘"之间的劳动分工的基础之上的。这一劳动分工在近代表现为宗主国与殖民地之间的关系。但是 20 世

---

① [美]伊曼纽尔·沃勒斯坦:《现代世界体系》第 1 卷,中文版序言。
② [美]伊曼纽尔·沃勒斯坦:《现代世界体系》第 1 卷,第 348 页。
③ 详见沈学君:《沃勒斯坦世界体系理论与马克思世界历史思想比较研究》,北京:中央文献出版社 2015 年版,第 5 章。

纪中叶以后,殖民体系逐渐瓦解,中心国家、半边缘地带、边缘地区已经演变成发达国家、发展中国家和不发达国家,它们之间的国际分工已不像现代世界体系中那样单纯,劳动分工呈现出双向发展的趋势。从广度上看,参与国际分工的国家已经遍及全球;从深度上看,国际分工越来越细,已由过去的单一的垂直型分工发展成为垂直型、水平型和混合型多种分工形式并存的新格局。另外,全球化的控制方式也发生了重大转移。旧的资本全球化的控制方式主要是殖民主义和帝国主义,借助的手段主要是商品、资本和武力。而在新全球时代,西方/中心/极对全球的控制方式主要是信息、科技、政治、文化、传媒和人才,即"后殖民主义"或"后帝国主义"。全球互联网、话语生产、知识经济及文化传播成为其倚重的主要手段。再如,跨国公司的大量涌现,在一定程度上已经模糊了中心、半边缘和边缘之间的界限。跨国公司创新了一种现代企业组织制度。它没有固定处所,经济活动及其效益也不再为某一国家所独有,越来越呈现出生产国际化、经营多元化、决策全球化的特点。此外,区域经济一体化在很大程度上已经改变了现代世界体系的内部运动过程。欧盟、北美自由贸易区、亚太经合组织等所体现的区域一体化,使各国更加重视区域经济联系,在联系中互相依存、共同发展,而不完全像现代世界体系中所描述的由边缘向半边缘或边缘通过积极竞争或消极等待的"补缺"式前进。

在国际体系结构的政治多极化趋势下,沃勒斯坦现代世界体系中的一些政治因素,如国家权力、阶级、地缘政治等的作用也发生了一些变化,这在一定程度上影响了现代世界体系的政治理论基础。例如,现代世界体系理论认为,资本主义生产方式的扩大、中心国家地位的巩固上升,在很大程度上依赖国家的"倾斜机制"。在沃勒斯坦的现代世界体系中,中心地区的国家力量强大,而边缘地区、半边缘地带国家力量非常弱小。但在经济全球化的同时,出现了政治多极自治的倾向。由于地方民族主义的抬头,加上跨国公司对国家权威的削弱,出现了较强的政治离心倾向。国家对经济体系的制衡作用也大不如从前。恰恰是中心国家的力量被相对削弱,半边缘地带和边缘地带为了赶超中心地带,正日益强化其国家力量,以便充分调动有限资源,与中心展开博弈和竞争。总之,由政治多极化引发了新一轮国际秩序的调整与重组,国家、阶级、地缘等因素在现代世界体系中的意义也在发生变化。

世界体系论实际上是一种较为僵硬的"结构决定论"(外部因素决定论),认为世界体系本身固有的整体发展规律决定着其构成要素的单个国家在体系中的地位变动。这种观点显然与一些国家和社会发展的实际有差距。作为发展理论,这种整体研究法忽略了具体国家在不同历史对期的特殊发展过程,忽视了对具体国家发展道路的探讨,这导致其实际应用价值的不足。

研究一个完整的世界体系不能不考虑文化的深层作用。但沃勒斯坦对思想文化在现代世界体系中的作用的论述是相当凌乱和不充分的,或许他认为就其理论结构与逻辑而言没有太大的必要性。他仅仅笼统地承认,现代世界体系作为一个物质经济实体,包含多种文化,其作用不可忽视,但他并未像考察经济因素的体系关系那样去考察不同文化之间的相互作用,并未揭示精神与社会文化对现代世界体系这样一个经济体系深层的本质作用。人们从其字里行间大约可以看出,沃勒斯坦认为,资本主义文化在现代世界体系中伴随着生产方式的扩展,具有绝对优势,使得这个体系经历了许多强制性的文化变革,如政治、基督教、强加的欧洲语言和某些技术、习俗的教育、法律准则的变化,这些强制性的文化变革改变了很多国家的价值观念和行为方式。然而自进入 20 世纪以来,资本主义文化受到前所未有的挑战。首先是各种社会主义思潮的出现,接着是 20 世纪中后期民族主义思想的兴起。资本主义、社会主义、民族主义是当今世界驾驭人类思想的三驾马车,它们既互相竞争,又互相牵制,出现了空前的文化多元现象,这使得现代世界体系内中心国家文化的渗透力量遭到强烈的抵制和反渗透,现代世界体系出现了文化层面的结构性调整。

需要说明的是,尽管沃勒斯坦的早期作品对于文化(文明)的重视程度不够,但随着 80 年代以来理论界对文化关注程度的增加及全球化进程的加速,同时也是为了回应批评,沃勒斯坦对自己原有的分析方法进行了反思和修正,融入了文明和文化方面的因素。其中最值得注意的是,沃勒斯坦不主张完全照搬西方文明。他认为,边缘国家如果接受自己处于低等文化模式的逻辑假设,认为发展的最好模式就是仿效"高等国家",那么它们根本不能达到发展的目的,而且中心国家也不认为它们会很好地做到。但沃勒斯坦同时也反对极端的文化民族主义。[①]

此外,世界体系论的局限性可能还包括:中心和外围国家的划分没有定量标准;着重从世界体系角度分析世界发展,相对忽视了生产力和科技发展的作用;概念比较混乱,理论自身的矛盾比较多;世界体系层次分析不能反映世界发展和现代化的全貌,等等。[②]

总体上看,尽管沃勒斯坦的世界体系论存在许多缺陷与不足,但内容丰富,见解独到,自成体系,标志着社会发展理论的一个新阶段,其中所包含的学术价值是不容否认的。

例如,他提出了独特的经济周期理论,即从政治视角看经济现象:"资本主义经济扩张引起供过于求的周期性危机的原因在于,供给取决于单个的企业家(对他们来说,扩张时期增加产量就预示着获取厚利的前景);而需求则决定于群体(通过政治机器调节收入分配)。在既定的世界范围的分配状况下,只要生产不断扩大,迟早会爆发经济危机。要有两方面的努力才能消除这种背离。其一,收缩、停止或减缓不断扩大的生产;其二,重新安排收入的分配,以

---

① 伊曼纽尔·沃勒斯坦:《现代世界体系》第 1 卷,第 46 页。
② 详见中国科学院中国现代化研究中心中国现代化战略研究课题组:《中国现代化报告 2008》,北京大学出版社 2008 年版,第 1—2 章。

增加全球性需求,最后才得以出现一次新的扩张。"①相对于单纯的经济分析,沃勒斯坦把"政治机器对收入分配的调节"纳入经济周期的考察中,显然解释力更强。

沃勒斯坦对资本主义经济发展动力的分析也颇有新意。相对于不少西方学者把资本主义经济发展的动力归结为产权私有和"小政府、大社会"的自由市场竞争,他依据翔实的史实提出不同看法:"现代世界体系的早期,国家在欧洲世界经济体中起着经济中心的作用。……在整个现代时期国家权力持续增长,资本主义世界经济体系看来需要并促进了这一增强中央集权与国内控制的长过程,至少在中心国家是这样。"②这一观点与"守夜人"的国家观形成了鲜明对照,对西方国家的集权倾向做出合理的诠释,同时也揭示了资本主义国家的本质就是一个最大的剩余价值"吸收器"。类似这样的独到见解在其著作中随处可见。因此早在20世纪80年代,沃勒斯坦的世界体系理论已享誉西方学术界,至今他仍是这一世界性学派的核心人物。其整体性、宏观性、综合性的理论视野,"多学科一体化"的研究方法,以及一系列宏阔而敏锐的充满现实感的独特观点,都使得社会科学各个领域的学者不得不在他们的研究中一再引述沃勒斯坦的观点。

近几十年来现代化的全球性扩展,以及经济全球化和区域一体化的加速进程,从某些方面论证了世界体系理论的合理成分。尽管在理论融合上出现了各种内在矛盾,但世界体系论以其宏阔的理论体系、厚重的历史感(许多地方虽引起争议却也发人深思),较之许多庸俗的全球化理论和泛化的世界体系论具有更高的理论价值,值得深入研究。

值得指出的是,虽然研究的是资本主义世界体系的演变规律,但是沃勒斯

---

① 伊曼纽尔·沃勒斯坦:《现代世界体系》第1卷,第130页。
② 伊曼纽尔·沃勒斯坦:《现代世界体系》第1卷,第136页。

坦对于中国这个社会主义大国一直予以重视。他在为中文版《现代世界体系》所作的序言中指出:"占人类四分之一的中国人民,将会在决定人类共同命运(的历史进程)中起重大的作用。"①中国的发展离不开世界,世界的发展也需要中国。沃勒斯坦的世界体系理论为中国的发展研究提供了一个"全球性"的新视角,因此具有重要参考价值。

(四) 历史终结论

"历史终结论"是冷战结束之初一度影响广泛的一种论调。

冷战结束以后,如何评价资本主义制度和社会主义制度及其命运,成为东西方理论界普遍关注的现实问题。在这一背景下或者不如说在西方社会"冷战胜利论"甚嚣尘上的气氛下,日裔美国人弗朗西斯·福山(Francis Fukuyama)在1989年抛出了所谓"历史终结论"。②福山所代表的一些西方理论家,近乎耸人听闻地把冷战的结束解读为资本主义一劳永逸地战胜了社会主义。在福山看来,苏联解体,东欧剧变,冷战结束,标志着共产主义的"终结",这甚至可以被视为最终结束人类历史的进步,未来,历史的发展只剩下一条道路、一种选择,即美国-西方式民主政治和市场经济。福山宣称,人类社会的发展史,就是一部"以自由民主制度为方向的人类普遍史"。美国和西方版本的"自由民主制度"是"人类意识形态发展的终点"和"人类最后一种统治形式"。③福山的观点大致属于冷战结束之初大行其道的新自由主义的范畴。新自由主义特别强调的一个观点是没有可以替代西方政治体制与发展模式的其他选择。

亨廷顿的"文明冲突论"在世界各地引起的更多是争论,并没有多少人赞同,甚至在非西方世界遭到强烈批判,而福山的"历史终结论"一度却被许多人

---

① 伊曼纽尔·沃勒斯坦:《现代世界体系》第1卷,中文版序言。
② Francis Fukuyama, "The End of History," *The National Interest*, Summer 1989; Francis Fukuyama, *The End of History and the Last Man*, New York: Free Press, 1992.
③ Francis Fukuyama, "The End of History," *The National Interest*, Summer 1989.

信以为真。然而事实证明这不过是一种过度自信的仓促结论,甚至不免有故作惊人之语以求引人注目之嫌。

终结当然不等于从此天下太平。福山就此解释道,历史已经终结,并不是说世界上不再有重大事件发生(如伊拉克入侵科威特、波黑内战等),也不否认自由民主国家存在着严重的社会问题(如失业、污染、毒品、犯罪等)。他强调:关键在于,西方自由民主制度内部是否存在着更深刻的不满的根源或者最终会使之陷于崩溃的重大缺陷? 如果自由主义民主制度内部确实存在着足以使它崩溃的"矛盾",那就必须承认历史没有终结。在他看来,这种可能性当然是不存在的。如果看不到这样的"矛盾",那就必须承认人类已经到达历史的终点,因为所有真正重大的问题都已经解决了,安排人类社会的基本原理和制度已经没有进一步发展的可能了,所有剩余的问题都可以在现有的原理和制度范围内得到解决。福山坦率地指出,历史(以及意识形态)终结于资本主义或者用他所采用的术语——自由民主(liberal democracy),这首先因为资本主义是最后的赢家,此外更重要的是因为资本主义或自由民主制度作为全人类的"理想"已无改善余地。① 这真是一个极为大胆甚至不免过于轻率的结论。

《历史的终结?》一文发表三年后,福山又出版《历史的终结与最后之人》一书,对前文的理论做进一步阐述和论证。② 其实,"终结论"是冷战时期的旧话题,福山不过是把黑格尔的历史哲学、柏拉图的人性论,以及自由主义的现代化理论等杂糅在一起,并没有增添什么实质性的新内容。

福山的论证逻辑是,作为历史终结的基本条件,只要资本主义世界这个所谓的"内部"繁荣稳定,"外部"的麻烦便不足为虑。福山认为,实行自由主义民主制度的发达资本主义国家是构成资本主义世界体系中心地带或"内部"的国

---

① 陈燕谷:《历史终结还是全面民主?》,载《读书》1998 年第 12 期。

② [美]弗朗西斯·福山:《历史的终结及最后之人》,黄胜强译,北京:中国社会科学出版社 2003 年版。

家。"内部"这个所谓"后历史世界"是和"外部"这个"历史世界"相对应的。世界大部分地区和大部分人口都因为不符合"后历史"的标准,或者说尚未完成资本主义的"必修课"而依然处于极度落后以至于无关紧要的"历史世界"里。然而显而易见的问题在于,"外部"对于世界历史的进程而言完全无足轻重、可以忽略不计吗? 再者,"外部"与"内部"各自的处境之间难道没有任何关联吗?

有论者一针见血地指出:事实恰恰相反,资本主义的"内部"从一开始就是依靠剥夺和奴役"外部"发展起来的。在近现代资本主义全球扩张的过程中,所谓"自由主义"与资本主义乃至殖民主义是浑然一体的,"内部"在发展自己的同时生产出自己的"外部",从现代资本主义世界体系诞生之日起,"外部"与"内部"一样都是该体系不可或缺的组成部分。迄今为止,现代世界体系的两大组成部分,即所谓"内部"与"外部"的不平等关系并未有实质性的改变。绝大多数第三世界国家都不可能像自由主义理论家及其现代化理论所期待的那样发展欧美式的资本主义,因为它们无法像后者那样,以全世界的资源(从农产品、矿产品到奴隶劳动)作为自己积累的基础。而且,资本主义的生存一天也离不开而且每天都要再生产两极分化的全球等级结构。这个"矛盾"是资本主义世界体系的基本矛盾,不能正视和解决这个"矛盾"的自由民主肯定还会有进一步改善的余地。总之,现代世界是一个整体,不存在一个可以被排除在体系之外的"外部"。历史没有终结,是因为产生不平等、不自由和不民主的土壤还继续存在,因为反抗产生这些不合理现象的国际体系与资本制度的斗争将会继续下去,因为没有任何力量能够阻止占全球人口大部分的人们追求一种更为公正的、全面民主的生活方式。[①]

福山的"历史终结论"迅速走红,显然与冷战的结束方式直接有关。冷战后世界的历史发展进程,以及新自由主义再度高歌猛进的"后冷战时代"本身

① 陈燕谷:《历史终结还是全面民主?》,载《读书》1998 年第 12 期。

的结束,使其理论备受质疑。而福山本人在政治立场上的转向也颇具时代性。自 20 世纪 80 代末暴得大名以来,福山一直被视为新保守主义阵营的代表人物,提倡美国在全球范围内弘扬西式民主、动用各种手段捍卫自由价值观。但伊战让他对现实沮丧,与旧的阵营渐行渐远。福山实际上也在不断调整和更新自己的理论观点。

福山自己表示,这些修正基本上都表达在《政治秩序的起源》与《政治秩序与政治衰败》这两本姊妹篇中了。[①] 福山表示,这些年来他对全球历史的认识有了一些深化,可以把这两本书看成是《历史的终结与最后之人》的重述。他的新观点主要有两方面:一是现代国家的建立殊为不易,保持国家的非个人化及廉洁是至关重要的;第二点与政治衰败有关,他承认,民主制度巩固后也可能会发生倒退,降为品质不高的民主,或者无法让这些制度与新的环境相适应。《历史的终结与最后之人》没有谈到这些,但从各个方面看这都是美国在过去 15—20 年里呈现的新趋势。鉴于人们对福山的政治立场有不同看法,从新保守主义到新自由主义等标签都有。福山表示,自己是一个古典自由主义者。其信奉的自由主义最初是由霍布斯、洛克和约翰·密尔等人阐发的,它与许多不同种类的经济政策都是兼容的。[②]

尽管福山在后来的诸多著作中对早期理论不断做出补充和完善,但围绕着"历史终结论"的批评、争议甚至嘲笑仍然不绝于耳。他虽然无力直接反驳,但也试图为自己辩护,认为人们并没有了解他对"历史"与"终结"这两个术语的使用。换言之,"历史"和"终结"这两个词的含义被误读了。他解释道,"历史"指的就是现代化的进程。人类社会的形态已经从狩猎-采集者社会、农业

---

① 弗朗西斯·福山:《政治秩序的起源:从前人类时代到法国大革命》,毛俊杰译,桂林:广西师范大学出版社 2014 年版;《政治秩序与政治衰败:从工业革命到民主全球化》,毛俊杰译,桂林:广西师范大学出版社 2015 年版。

② 福山:《从"历史终结"到身份政治,现代化的进程仍悬而未决》,https://www.guancha.cn/FuLangXiSi-FuShan/2022_01_06_621179_3.shtml。

社会一路演进到工业社会,如今似乎将进入后工业时代。人类的政治制度同样也在演进。以往我们由部落酋长来统治,接着有了一些原始形态的国家,后来是君主制,再后来出现了一系列以民主和自治为特点的政治体系。如果把历史理解为现代化的进程,那么问题就是这个进程将把我们带向何方。所谓历史终结的问题,实际上就是现代化进程最终将把我们带往何处的问题。它是会像他自己所论证的那样通往自由民主与市场经济的混合体,还是存在着另外一些非自由主义但同样适合一个完全现代化的社会的模式? 这种解释显然极为勉强。与其说是人们误解了"历史终结"的含义,不如说是福山自己修改了其含义。福山甚至表示,过去三十来,他一直论证指出,在其眼里唯一有资格成为替代选项的模式就是中国。从经济上看中国是稳定的,它有可能成为在西方风行的自由民主制的替代模式,尽管看哪种模式在未来具有可持续性还需要继续等待和观察。而且,中国模式与美国模式在未来的和平共存不仅是可能的,也是必需的。从历史上看,正处于崛起阶段的强国总是会带来一些不稳定因素,因为体系内的现有强国很难调整好心态,不愿意放弃现有地位,这也是中美关系陷入低谷的一个重要原因。①

更有意思的是,2021 年 8 月 18 日,福山在英国《经济学人》周刊网站发表题为《美国实力的未来》一文,其中指出:"在美国支持的阿富汗政府垮台后,绝望的阿富汗人本周拼命逃离喀布尔的恐怖景象令人想起世界历史的一个关键节点——美国退出世界舞台。而事实上,美国时代的终结远比这更早就到来了。美国衰落的长期根源更多的是国内因素而非国际因素。这个国家的大国地位还将维持多年,但影响力如何将取决于其解决内部问题的能力而非外交政策。"他认为,美国霸权的巅峰时期持续不到 20 年——从 1989 年柏林墙倒

---

① 福山:《从"历史终结"到身份政治,现代化的进程仍悬而未决》,https://www. guancha. cn/FuLangXiSi-FuShan/2022_01_06_621179_3. shtml。

塌到 2007 年至 2009 年金融危机前后。在这段时间,美国在军事、经济、政治和文化等许多领域都占据主导地位。"美国狂妄自大的巅峰是 2003 年入侵伊拉克",当时它希望不仅能改造伊拉克和两年前入侵的阿富汗,还能改造整个中东地区。美国"高估了用军事实力带来根本性政治变革的有效性,同时也低估了其自由市场经济模式对全球金融的影响"。21 世纪的第一个十年结束时,美军深陷两场战争,以及"一场凸显美国领导的全球化带来了巨大不平等的全球金融危机"。① 福山还承认,美国全球地位面临的更大挑战来自国内:美国社会严重两极分化,在几乎所有问题上都难以达成共识。与此同时,美国的软实力即"制度和社会对全世界人民的吸引力"已经大大减弱。此外,"成熟民主国家"的标志是能在选举后进行和平的权力交接,而令人震惊的是,在 2021 年 1 月 6 日美国未能经受住考验。②

2022 年年底,肆虐全球的新冠疫情已经导致超过 500 万人失去生命。不少欧美国家政府应对疫情的方式招致广泛批评。福山在接受媒体采访时表示,影响各国防疫表现的关键因素主要有三个。其一是国家内部的社会信任程度。从纵向看,人们是否相信政府在绝大多数时候的作为都是正确的。在这方面,中国以及乎所有亚洲国家都做得不错,国家和政府都比较受尊重,而这种现象在西方就很少见。从横向看,还有民众相互之间的社会信任,如果人们彼此猜疑,诸如佩戴口罩之类的必要防范措施就难以贯彻下去。其二是国家能力。在许多经济欠发达国家,医生、医院和护士都是短缺的,也没有保障广泛开展疫苗接种的基础设施。如果一个国家缺乏这些能力,那么无法化解公共卫生的紧急状况。其三是领导力。如果一国领袖缺乏魄力,或者已经腐

---

① 福山:《"美国时代的终结"早就到来了》,https://export. shobserver. com/baijiahao/html/398999. html。
② 福山:《"美国时代的终结"早就到来了》,https://export. shobserver. com/baijiahao/html/398999. html。

化，或者思想偏激，那就情况不妙了。[①]

总之，"民主灯塔"的黯然失色，所谓"自由国际主义秩序"在近十余年所面临的日益严重的困境，而中国等新兴大国在发展模式上的自我探索和不断崛起，足以让世人确信，历史远未终结；也许，新的历史才刚刚开始。

（五）文明冲突论

冷战后同样一度颇为流行的"文明冲突论"，是塞缪尔·亨廷顿（Samuel P. Huntington）提出的观点。[②] 与福山"文明冲突论"的发展过程颇为相似，亨廷顿先是在 1993 年发表《文明的冲突》一文，进而又在 1996 年出版《文明冲突与世界秩序的重建》一书。从文章到著作，亨廷顿都在论证一个基本观点，即冷战后的世界，冲突的基本根源不再是意识形态，而是文化方面的差异，主宰全球的将是"文明的冲突"。

如何理解冷战后的世界？如何看待未来国际关系与世界秩序的发展？这是冷战结束之初人们普遍关心的一个大问题。亨廷顿的《文明冲突》一文，也试图回答这个问题。需要特别指出的是，可能很多人都忽略了一个事实，亨廷顿此文有一个脚注，特意说明这是他所承担的哈佛大学奥林战略研究所的一个课题的研究报告，而课题的名称是"转变中的防卫环境与美国的国家利益"。[③] 注意到这一点对于理解这篇文章的出发点和研究目标非常重要。

我们不妨先概括一下该文的核心观点或主要命题，亨廷顿在文章的最后部分实际上也有所总结：

[①]　福山：《从"历史终结"到身份政治，现代化的进程仍悬而未决》，https://www.guancha.cn/FuLangXiSi-FuShan/2022_01_06_621179_3.shtml。

[②]　Samuel Huntington, "The Clash of Civilization," *Foreign Affairs*, Vol. 72, No. 3 (Summer 1993), pp. 22 - 49; Samuel Huntington, *The Clash of Civilizations and the Remaking of World Order*, New York: Simon & Schuster, 1996.

[③]　Samuel Huntington, "The Clash of Civilization", *Foreign Affairs*, Vol. 72, No. 3 (Summer 1993), pp. 22 - 49.

1. 当今世界，不仅文明差异明显存在，人们的文明意识也在不断加强，因此文明构成了人类历史发展的主线，也是理解世界政治的主要线索；

2. "文明的冲突"将取代"意识形态"等其他形式的冲突，成为未来世界政治中的主要冲突；

3. 与文明冲突相对应的是文明内部的结合；成功的政治、经济和国防制度的发展将主要出现在同质文明内部；

4. 继不同历史阶段的君主间冲突、国家间冲突、意识形态冲突之后，文明冲突是近现代世界冲突发展的最新阶段；

5. 随着东西方冷战的结束，形成了"西方对非西方"（the west vs. the rest）的局面，"儒教国家"与伊斯兰国家的结合将使西方面临的头号威胁。

以下我们依次分析亨廷顿的观点。

1. 文明是历史发展的主线

亨廷顿认为，冷战结束以后，以文化和文明来区分国家，比以政治、经济体制或发展水平来划分世界更有意义。文明的差异是真实的，也是基本的；文明被历史、语言、文化、传统尤其是宗教区分，这是文明的内涵；不同文明对上帝-人、个体-群体、公民-国家、父母-子女、夫-妻等种种关系有不同的理解，对权利-责任、自由-权威、平等-阶级的相对重要性也有不同的看法；这些方面的差异是历史形成的，比政治意识形态和政体的差异更加深刻、持久；世界各地联系日益紧密，民族间互动日趋频繁，不仅加强了文明意识，也强化了彼此间的异质性和内部的同质性；全球经济现代化与社会转型的历程，既使人们超越传统的本土认同，也使人们超越民主国家认同；与此同时，宗教以极端主义的形式填补这个真空，"宗教复兴提供了新的认同基础"；成功的经济区域主义也强化了文明意识。总之，过去西方人总是认为民族国家是国际政治的主角，但从长远来说，人类历史的主线还是文明。[①]

2. 文明的冲突将取代其他形式的冲突

未来全球政治的主要冲突将发生在不同文明或文化的族群之间；文明互动主要发生在八个"主要文明"（中国、日本、印度、伊斯兰、斯拉夫-东正教、西方、拉美、非洲）和若干候选文明之间；而最重要的冲突将发生在文明间的"断层线"（fault lines）上。与政治经济上的差别不同，文化特质与差异不仅难以改变，更难以妥协和解决；[②]宗教歧视比种族问题更尖锐、更排他；文化与宗教差异在诸如人权、贸易、环保等问题上导致政策分歧，政府或政治集团越来越难以靠意识形态来寻找盟友或支持，只能更多地诉诸共同信仰与文化认同；文明差异并不一定意味着冲突，冲突也不一定意味着暴力，但由此引发的冲突往往最为持久、最为暴烈。

3. 与文明冲突对应的是文明内部的结合

在文章第五部分，即"文明的结合：宗族国家"，亨廷顿指出，成功的政治、经济和国防制度的发展多半会发生于同质文明内部；同质文明的不同国家或集团与异质文明发生战争时，很自然会凝聚起来；"宗族国家"（kin-countries）之间的文明同质性将取代政治意识形态与传统力量均势的考虑，成为合作或结盟的首要基础；同质文明的国家或集团之间也可能发生冲突或暴力，但较之异质文明间的冲突将更加温和、更不易扩大。[③]

4. 文明的冲突是现代世界冲突发展的最新阶段，国际关系将日趋"非西方化"

[①]　Samuel Huntington, "The Clash of Civilization," *Foreign Affairs*, Vol. 72, No. 3 (Summer 1993), pp. 22, 24 - 25.

[②]　Samuel Huntington, "The Clash of Civilization," *Foreign Affairs*, Vol. 72, No. 3 (Summer 1993), pp. 25 - 27.

[③]　Samuel Huntington, "The Clash of Civilization," *Foreign Affairs*, Vol. 72, No. 3 (Summer 1993), pp. 35 - 38.

近现代历史上的冲突先后经历了三个阶段:君主间冲突(1648 年—18 世纪末),威斯特伐利亚和约(近代国际体系形成)之后的一个半世纪,西方世界的冲突大部分发生在试图扩张其官僚机构、军队、商业力量或领土的君主之间,其间出现了民族国家;国家间冲突(18 世纪末到一战),从法国革命开始,冲突的主线从君主之间转到民族国家之间,直到一战结束;意识形态冲突(1918—1989),十月革命之后,国家间冲突被意识形态冲突取代。

上述三类冲突基本属于西方文明的"内部冲突"或"内战"。冷战结束后,世界政治走出了西方阶段,其重心转向"西方与非西方"文明之间的互动;"西方与非西方"关系开始成为世界政治的轴心。[①] 势力差异与竞争,均势、经济、制度等方面的角逐,成为西方与其他非西方文明冲突的来源之一;文化的差异,包括价值观和信仰体系的不同,是冲突的第二个来源。[②] 未来世界的政治主轴是"西方与非西方"的矛盾,以及非西方文明对西方权势和价值体系的回应,而回应的方式主要有三种(或其组合):拒绝参与西方主导的国际社会(孤立);尝试加入西方并接受西方的制度与价值(搭车);寻求"现代化而非西方化"(自主发展或联合制衡)。[③]

5."西方对非西方"的局面已在冷战后形成,"儒教"与伊斯兰国家及其结合是西方的头号威胁

在文章的第七部分,亨廷顿提出,因为文化与能力方面的原因不想或不能加入西方的国家,将通过发展自身的政治、经济与军事力量同西方竞争,通过自身发展或与其他非西方国家合作来实现这个目标。这种合作的最突出形式

---

① Samuel Huntington, "The Clash of Civilization," *Foreign Affairs*, Vol. 72, No. 3 (Summer 1993), pp. 22 - 23.

② Samuel Huntington, "The Clash of Civilization," *Foreign Affairs*, Vol. 72, No. 3 (Summer 1993), p. 40.

③ Samuel Huntington, "The Clash of Civilization," *Foreign Affairs*, Vol. 72, No. 3 (Summer 1993), p. 41.

是"儒教国家"与伊斯兰国家联手向西方挑战。亨廷顿甚至声称，二者的军事结合已经形成。①

在接下来的第八部分，亨廷顿提出了西方的对策。短期对策包括：促进欧美合作；将东欧、拉美纳入西方阵营；促进和维系与俄、日的合作关系；避免地区性文明冲突升级为异质文明间的重大战争；抑制伊斯兰－"儒教"国家的军力扩张，同时放缓西方军力的裁减，维持其在东南亚和西亚、南亚的军事优势；支持与西方价值和利益合拍的其他文明族群，同时利用"儒教国家"和伊斯兰国家的分歧；巩固能够反映西方利益和价值并使之合法化的国际组织。长期对策则包括：维持西方在经济、军事等方面的力量优势；更深入地理解非西方世界的宗教、哲学信仰体系，寻求西方与非西方文明的共通之处。②

以上就是"文明冲突论"的基本内容。

通过仔细分析我们不难看出，亨廷顿的"文明"与广义的意识形态概念并未完全划清界限。尽管他声称"文明冲突"将取代"意识形态冲突"，但整篇文章仍然有明显的意识形态意味和西方中心主义色彩，充满对非西方国家、非欧美文化的排斥、猜疑乃至敌视。亨廷顿大概自己也意识到了这一点，不得不在文章的最后非常勉强而又突兀地写道："在可见的将来，不会有普世的文明，有的只是一个包含不同文明的世界，而其他每一个文明都得学习与其他文明共存。"且不论异质文明之间的矛盾是否一定会酿成大战或者成为"主要冲突"，也不论所谓"儒教国家"与伊斯兰国家的"联合"及其对西方的"挑战"是否过于武断，亨廷顿此文的最大缺失，是完全忽视人类不同文明之间实际存在的和平共处、交流对话、相互借鉴与融合现象。

① Samuel Huntington, "The Clash of Civilization," *Foreign Affairs*, Vol. 72, No. 3 (Summer 1993), p. 45.
② Samuel Huntington, "The Clash of Civilization," *Foreign Affairs*, Vol. 72, No. 3 (Summer 1993), pp. 48-49.

　　"文明冲突论"横空出世且产生较大影响的背景虽然复杂,但有几点却非常清楚:一是随着全球化进程的深化和扩大,世界各民族的"文化自性"或"文化身份"(cultural self-identity)日益突出;二是随着二战后全球国际体系的真正成型,西方文明的中心地位动摇,世界文明的多元化趋势或者说多样性现实逐渐得以彰显;三是伊斯兰文明和中国为代表的儒家文明的崛起(一些西方人士宁愿称之为"挑战");四是美国国内文化多元主义进一步发展所产生的效应,西方社会内部尤其是美国社会内部的文化矛盾和种族冲突加剧等问题。而这一切因素都不是一夜之间产生的,实际上都经历了一个较长的发展过程,只是在冷战时期被东西方对抗这个压倒性矛盾掩盖,随着冷战格局的瓦解才得以集中释放出来。亨廷顿的论调自然是从美国和西方利益出发,反映了美国在冷战结束之后的"新孤立主义情绪"。"文明冲突论"的潜台词是,美国已经是且应该是由白种人、信奉基督教的盎格鲁-撒克逊人的后代统治,其他人种只能处于从属地位;世界已经是且应该是由欧美人来统治,现存的国际体系等级结构是合理、必然的,不容挑战的。简言之,"文明冲突论"其实隐含着文明优越论,认为本民族的文明更优秀、更普世,其他文明是劣等的、野蛮的,应该被淘汰,这才会起冲突。如果文明没有优劣之分,它根本就不会构成冲突的根源。

　　关于文明或文化与世界政治之间关系的文献汗牛充栋,其中当然不乏有关文明差异乃至冲突的讨论。即使是旗帜鲜明的"文明冲突论",其实也不是亨廷顿的发明,这种论调在冷战时期的西方政策话语中就经常出现,仅就美国人的观点而论,我们在不同的历史阶段都可以看到类似的说法。

　　例如,20世纪50年代,杜勒斯在《战争或和平》一书中写道:"现代的大战是西方各强国自己之间的战争,不是西方对另一种文明的人民的战争",[①]而

---

　　① 〔美〕约翰・福斯特・杜勒斯:《战争或和平》,北京编译社译,北京:世界知识出版社1959年版,第71页。

苏联——"共产主义与俄罗斯帝国主义的结合"——则对西方文明构成了过去10个世纪未曾有过的"历史性挑战"和"最严峻的威胁"。[①]

1967年,日裔美国人、亨廷顿哈佛大学的同仁入江昭(Akira Iriye)在其《跨越太平洋》一书中,就有一节专门讨论"文化冲突"问题。不过与亨廷顿不同的是,入江昭的论述至少还试图摆脱西方中心主义立场。[②]

2019年5月,就在中国主办的亚洲文明对话大会探讨文明交流互鉴之道时,美国国务院政策规划室主任基伦·斯金纳(Kiron Skinner)的一番言论又让"文明冲突论"成为热点话题。她在华盛顿的一个论坛上谈到与中国的关系时称:"这是一场与一种完全不同的文明和不同意识形态之间的斗争,美国以前从未经历过。"她还说:"这是我们首次面临一个非白色人种的强大竞争对手。"此言一出,舆论哗然。美国媒体和网民纷纷表示这近乎是"种族主义"言论。这其中有两个明显的逻辑问题:冷战时期的"异质文明"对手是俄罗斯,现在换成了中国,似乎俄罗斯现在成了斯金纳所说的"一家人";更具讽刺意味的是,斯金纳本人是非洲裔美国人,竟然忘记了自己也是"非白人"。她对种族主义津津乐道,似乎忘了美国历史上的种族歧视给广大黑人带来的深重灾难。人们通常认为,美国是一个"白人-盎格鲁撒克逊-清教"(WASP)文化占主导地位的国家,她本人能够进入政府担任要职,应该说恰恰是文明交流与包容的结果。美国这个国家本身的发展历程表明,族群来源、文化来源、思想来源的多样化,不仅不是导致美国衰落的原因,相反正是其能够进步和繁荣的重要因素。

斯金纳的观点并非她一个人的心血来潮。实际上,此前《华盛顿观察家

---

① Dulles address, "The Evolution of Foreign Policy", Jan. 12, 1954, *DSB*, XXX (Jan. 25, 1954), pp. 107-101; Dulles address, "Where Are We? A Five-Year Record of America's Response to the Challenge of Communism", Dec. 29, 1950, *DSB*, XXIV (Jan. 15, 1951), p. 85.

② Akira Iriye, "Across the Pacific: An Inner History of American-East Asian Relations," New York, 1967.

报》网站就刊登过一篇题为"美国国务院为美中文明冲突做准备"的报道,其中指出,美国国务卿迈克·蓬佩奥(Mike Pompeo)的团队正基于"与一个完全不同的文明作战"的理念制定对华战略,这在美国历史上尚属首次。

实际上,诸如此类把国与国关系划入种族层面的言论,即便在美国也受到许多质疑。《华盛顿邮报》就指出,这一观点经不起推敲,且缺乏实证支持,根据主要文明对国家进行分类,忽略了身份的多样性和偶然性。美国彭博社则评论说,"文明冲突论"在美国外交政策中没有容身之地,且这种冲突模式无助于美国赢得战争。美国《外交政策》更是一针见血地指出:"这展现出新的美国治国术中种族主义和危险的一面。"①

以人种来界定文明、以文明差异来预设国家间冲突的逻辑确实是十分危险的。林肯早就说过:"美国人民是一个不受种族限制的人民。"时至今日,在宣称人人自由平等、为废除奴隶制和解放黑人奴隶付出巨大代价的美国,还会出现这种"白人至上"的种族主义极端言论,实在令人深思。种族主义言论的危险性在于,既然认为"文明冲突"基于人种的不同,那解决办法只有一条,就是排斥、压制甚至灭绝其他种族或民族。

如前所言,"文明的冲突"一文实际上是亨廷顿在冷战结束之初的一项"应景之作",目的是为了理解冷战后的国际战略环境的变化,为美国的对外战略调整出谋划策。亨廷顿本人并不反对通过"文明对话"来"寻求西方与非西方文明的共通之处"。实际上,1997 年他在为《文明的冲突与世界秩序的重建》一书中文版撰写的序言中也曾强调:"我于 1993 年发表的文章在中国和其他地方被批评为可能提出了一个自我实现的预言,即文明的冲突由于我预测其可能发生而增加了发生的可能性。然而,任何预测都不是自我实现的或非自

---

① 《不要逆历史潮流而动——"对华文明冲突论"可以休矣》,载《人民日报》2019 年 5 月 21 日第 3 版。

我实现的。预测能否实现依赖人们如何做出反应。……我所期望的是,我唤起人们对文明冲突的危险性的注意,将有助于促进整个世界上'文明的对话'。欧洲和亚洲国家最主要的政治家已经在谈论需要抑制文明的冲突和参与这样的对话。……我相信,我的著作在中国的出版将鼓励中国领导人和学者做同样的事情。"①

具有讽刺意味的是,20余年过去了,当中国向世界提出"文明对话"的主张时,一些美国政要却在鼓吹中美之间的"文明冲突",甚至试图用文明冲突论来定位美国对华政策。

有学者指出,"文明冲突"其实是个伪命题。两个文明从来不会冲突,都是那些既得利益集团为了自己的利益,打着文明的旗号发生冲突。欧洲大规模的冲突,都是其文明内部的冲突。一战、二战也都是西方同一个文明、同一个文化里的冲突。比不同文明间的战争要厉害得多。这就是为什么马克思说,真正的矛盾是阶级矛盾,而不是民族矛盾。亚洲的例子更为明显。例如东南亚,不同的文明类型都有,但基本上没爆发过什么大的冲突。就算亚洲这些文明之间爆发冲突,也没出现过西方"十字军东征"那种大规模的冲突。但"十字军东征"也不能说完全就是基督教文明跟伊斯兰文明之间的冲突,背后还是西方统治集团为了财富、地盘等利益,打着宗教、文明的旗号发起的战争。亨廷顿其实担心的是西方文明内部的认同和凝聚问题。这在《文明的冲突与世界秩序的重建》一书中就有所体现,在其后出版的《我们是谁?》一书里更是非常明显。② 亨廷顿非常担心美国白人盎格鲁-撒克逊新教徒人数的减少。因为非洲裔、西班牙裔、亚裔人口数量不断增多,使得美国本土的白人快要成为少

---

① 塞缪尔·亨廷顿:《文明的冲突与世界秩序的重建》,周琪等译,北京:新华出版社1998年版,中文版序言。

② 塞缪尔·亨廷顿:《我们是谁? 美国国家特性面临的挑战》,程克雄译,北京:新华出版社2005年版。

数了。因此他焦虑地问:我们是谁? 他发现未来的危机也许不在国与国之间,而在一国之内的不同族裔、不同文化间。实际上,"对话"本来就是文明起源、文明发展的重要动力。文明就像一条河流,封闭状态下总有一天要干枯的,不管你原先怎么强大。如果你是开放的,跟其他的河流都是打通的,那么你永远会生生不息。①

中国在亚洲文明对话大会上提出的"文明对话"理念,其核心思想是:"我们应该秉持平等和尊重,摒弃傲慢和偏见,加深对自身文明和其他文明差异性的认知,推动不同文明交流对话、和谐共生。"中国的立场被许多海外媒体普遍解读为对再度抬头的"文明冲突论"的直接反驳,并得到了国际舆论的普遍支持。例如美国科罗拉多州立大学政治学助理教授彼得·哈里斯在美国《国家利益》双月刊网站撰文指出:"承认多种人类文明的存在,并不一定意味着承认这个世界注定会发生不同文明或不同种族之间的冲突。值得庆幸的是,亨廷顿基于文明敌视理念对世界的描述,并不是理解世界政治中文明的唯一框架。"②

中华文明的一大特质就是"和合"。公元前 140 多年,张骞率领的和平使团从长安出发,打通了东方通往西方的道路,完成"凿空之旅",打破了西域与汉朝的隔绝,沟通了西域与中原。此后汉朝与西域的经济、文化交流日益频繁,这显然不是"文明冲突"而是文明交流。600 多年前,郑和七下西洋,率领的是当时世界最庞大的舰队,带去的是丝绸、茶叶和瓷器。通过古丝绸之路的交流,古希腊文明、古罗马文明、古印度文明相继进入中国,与中华文明融合共生。中国人的"和合"文化,在宇宙观上,讲求"天人合一";在对外交往上,讲求

① 郑永年:《"文明冲突论"为什么是错误的?》,《侠客岛》2019 年 5 月 19 日,https://baijiahao.baidu.com/s?id=1633968695084022510&wfr=spider&for=pc。

② 《这一次,"文明冲突论"遇到了真正的对手》,新华社财经客户端,转引自:https://baijiahao.baidu.com/s?id=1635869043644033786&wfr=spider&for=pc。

"协和万邦"；在社会生活上，讲求"和衷共济"；在人际关系上，讲求"和为贵"；在生态系统上，讲求"和实生物"。这样的特质，决定了中华文明有着海纳百川、包容并蓄的博大胸襟。这种"和合"的文化特质，纵贯古今，影响至深，成为中华民族的文化秉性。正如习近平主席所指出的："爱好和平的思想深深嵌入了中华民族的精神世界，今天依然是中国处理国际关系的基本理念。"[①]

文明多样，价值多元，生活多彩，这是世界的本质特征。各种文明应该交流互鉴、取长补短、美美与共。这才是人类应该共同秉持的健康、合理的文化立场。

三、当代西方民粹主义的世界观

（一）西方民粹主义思潮的兴起

自 2016 年英国"脱欧"公投和特朗普当选美国总统以来，加上近些年来欧洲大选中右翼和极右翼势力崛起等现象，学术界普遍认为有一种新的国际思潮正在世界各地尤其是西方社会兴起，但对于这种思潮的本质是什么却未能形成广泛共识。人们给这种思潮贴上了许多不同的标签，如民粹主义、大众主义、民族主义、保守主义、重商主义、排外主义、右倾、极"左"、逆全球化、反全球化等等。在众多名称中，"民粹主义"是使用最为广泛的。[②] 民粹主义不属于一种固定的意识形态，而是民众的非理性行为，是民众对社会矛盾和生活压力的本能的、直觉的、直观的情绪性理解和反应，具有极强的变化性。[③] 民粹主义作为一种声称代表民意，以反对精英、反对建制为基本内容的社会思潮和社会运动，在不同国家和地区、不同历史时期、不同文化环境和不同技术背景下，

---

① 《不要逆历史潮流而动——"对华文明冲突论"可以休矣》，载《人民日报》2019 年 5 月 21 日第 3 版。

② 阎学通：《反建制主义与国际秩序》，载《国际政治科学》2017 年第 2 期，第 4-7 页。

③ 王明进：《2020 年全球民粹主义的异动》，载《人民论坛》2020 年 12 月下。

呈现出不同的特征,但其核心要素始终没有发生质的变化。民粹主义从未形成成熟的、系统化的理论,而更多地表现为一种抗争的态度和行为方式。民粹主义内含的追求平等、公平正义、反抗压迫等正面的价值诉求和心理愿望,总是以情绪性的方式隐含在某些特定的理论、主义或其他貌似理性的言说中,并成为各种社会思潮产生和发展的深刻的政治文化基础。① 民粹主义是一个含糊和宽泛的概念,包含不同的政治倾向、不同的思想流派、不同的执政理念,甚至不同的产生根源,进而又演变为一些政党的政纲和一些国家的执政理念。民粹主义的崛起给世界发展带来了很大的"不确定性",涉及各大国国内政治生态的变化、国际格局和国际秩序的变化等重大问题。②

一般认为,当代民粹主义的主要特征是"三反":反全球化、反建制、反精英。民粹主义者利用信息化时代的条件,用网络直接影响民众,促进了自身兴起。应该看到,民粹主义提出的弱势群体的民生问题,确实是许多地区普遍存在现实问题。由"精英集团"组成的西方传统政党,以"政治正确"自居,热衷于政治斗争和党派斗争,全然不顾民众的死活。民粹主义的出现,使西方国家的政党格局发生变化,有助于引起传统政党的反思,使它们正视现实问题,调整其战略和政策。③

一般而言,全球化是导致国内层面的民粹主义潮流的主要原因。民粹主义便是全球化力量进入国内社会层面造成社会分化而产生的一种副产品。在某种意义上,经济全球化是"民粹主义的根源"。④ 民粹主义情绪又与反全球化运动或者逆全球化思潮混合在一起并互相支撑,⑤再加上国内分配机制、移

---

① 贾立政、陈璐颖:《民粹主义的本质和新特点》,载《人民论坛·学术前沿》2021 年 12 月上。
② 吴兴唐:《民粹主义的前世今生》,载《当代世界》2017 年第 7 期。
③ 吴兴唐:《民粹主义的前世今生》,载《当代世界》2017 年第 7 期。
④ Andrej Zaslove, "Exclusion, Community, and a Populist Politi-cal Economy: The Radical Right as an Anti-Globalization Move-ment," *Comparative European Politics*, Vol. 6, No. 2 (2008), pp. 169 – 189.
⑤ 俞可平:《全球化时代的民粹主义》,载《国际政治研究》2017 年第 1 期。

民议题、社会国家互动等多重因素，最终影响国内政治变局、国家互动政策与国际秩序转型等。①

当代民粹主义在经济问题上以反全球化为旗帜，把经济危机、债务危机、产业空心化、失业增加、贫富差距扩大、中产阶层收入下降、难民潮发生等问题全部归咎于全球化，并主张提高关税壁垒、平衡贸易逆差，优先发展民族经济。经济全球化确实是一把"双刃剑"。它是科技革命和世界经济发展的产物，顺应了时代之潮流，推动了全球科技和经济前所未有的发展，创造史无前例的巨大财富，不仅发达国家得利，广大发展中国家也受益。但与此同时，由于经济全球化是以西方发达国家为主导的，全球化所创造的成果和财富大量流向发达国家及发达国家内部的少数人手中，造成收入分配不均、社会分化。加之大搞虚拟经济，实体经济破产，大量工人失业。同时，发达国家将某些产业转移到成本较低的发展中国家，从发展中国家赚取高额利润差。总之，民粹主义对全球化负面效应的反弹值得深思的，但不能因此全盘否定全球化的积极方面。②

当代民粹主义在政治上还表现出强烈的反建制和反新自由主义精英色彩。强调普通平民价值的民粹主义，认为普通民众的要求和愿望具有至高无上、毋庸置疑的正确性，而当前的政客和建制不仅无法实现民众的政治诉求，还阻碍了人们对于美好生活的向往。③民粹主义被理解为既是思想，也是运动，还是政策。④但有学者认为，这种三位一体的特点并非民粹主义的特殊性，而是许多思想观念的共性。由于民粹主义的含义不明，这个概念并不能帮助理解当前政治思潮的本质。虽然当前这股政治思潮在不同国家和不同领域

① 毛维准：《"大逆转"结构下的民粹崛起与秩序重建》，载《学海》2018年第4期。
② 吴兴唐：《民粹主义的前世今生》，载《当代世界》2017年第7期。
③ 杨修文：《当前西方民粹主义对国际秩序的双重影响》，载《中共济南市委党校学报》2019年第2期。
④ 俞可平：《现代化进程中的民粹主义》，载《战略与管理》1997年第1期，第88-89页。

的表现有所不同,但在反对极端自由主义这一点上有着共性,因此,"反建制主义"这个名称可能更能准确地反映这股政治思潮的性质。反建制主义是全球化时代产生的一种政治思潮。其反对全球化的具体内容是针对自由主义主导下的全球化客观现象。反建制主义和人们常说的民粹主义有所不同。[①]

首先,反建制主义并不是反对精英主义,而是反对自由主义的精英。由于自由主义在西方国家占有主导地位,而在多数非西方国家不占有主导地位,因此反建制主义思潮在西方国家比在非西方国家要强烈。反建制主义提倡的是以观念相对保守的精英取代自由主义的精英。其次,反建制主义只反对自由主义的某些观念和政策,并不是反对现行的政府官僚机构和体制。反建制主义推选出来的政治领导人仍在原有政府机构框架下治理国家,而并不是打破原有的政府机构。反建制主义反对极端自由主义的移民政策、社会福利政策和"政治正确"原则,但它并不反对政治民主体制、市场经济制度和言论自由原则。最后,反建制主义领导人的强人特点表现为政策上的不确定性。他们从思想上反对自由主义,但取代自由主义政策的新政却效果不佳,于是在自由主义政策和反自由主义政策之间来回摇摆。例如特朗普执政时期,其对俄政策、对朝政策、对华政策、对盟友的政策都是摇摆不定的,有时甚至前后矛盾。反建制主义领导人的政策不确定性,可能与反建制主义本质上是反对自由主义但缺乏系统性的思想主张有关。[②]

反建制主义思潮在较多发达国家和少数发展中国家出现,这意味着导致这种思潮形成的原因可能是全球性的。自由主义主导下的全球化使两极分化问题在国际和国内两个层面上同时加剧,发达国家和发展中国家内部的社会两极分化都十分严重。此外,全球化的负面作用不断扩大,多数国家在全球化

---

① 阎学通:《反建制主义与国际秩序》,载《国际政治科学》2017年第2期,第4—7页。
② 阎学通:《反建制主义与国际秩序》,载《国际政治科学》2017年第2期,第4—7页。

进程中遭受的伤害大于收益。全球化的负面作用给反建制主义兴起创造了社会条件,反全球化、反外来移民、反自由贸易、反对向国际机构让渡主权等思想得到越来越多的人支持,这些思想都是与自由主义相对立的。由于冷战后的国际秩序是建立在自由主义价值观之上的,因此反建制主义对自由主义的挑战就不可避免地对现行国际秩序构成冲击。[①]

(二) 西方民粹主义兴起的主要背景

民粹主义在亚洲并不普遍,甚至在经济最发达的日本和韩国都不见其踪影。民粹主义在拉丁美洲也节节败退。然而民粹主义在欧洲却稳步向前发展,其根基之深超乎想象。有学者统计,20 世纪 60 年代至今,右翼民粹主义政党在欧洲选票中的比例已经翻倍,左翼民粹主义的比例与过去比更是高达 5 倍。如今,右翼民粹主义政党的平均席位已经升至 13.7%,左翼民粹主义政党升至 11.5%。[②]

这项研究还发现,经济作为影响政治的关键因素,其作用在下降。左翼支持的政治纲要包括增加政府财政支出、扩大福利体系、加强商业监管。右翼政党想要的,则是有限的政府监管、更少的安全保障、更多的自由市场政策。传统的投票模式对这种意识形态之分有固化作用,一般来说,工薪阶层倾向于左派,中上阶层群体则倾向于右派政策。个人收入往往是判断一个人政治倾向的最佳指标。[③] 部分学者指出,这种和收入紧密相关的传统投票模式已经在过去几十年间日渐消退。研究写道:"到了上世纪 80 年代,英国、法国、瑞士和西德等国家中,受阶级主导的投票倾向已经越来越不明显……到了 90 年代,美国的这种倾向几乎低到极点。"今天,看一个美国人的经济收入是无法预判

---

① 阎学通:《反建制主义与国际秩序》,载《国际政治科学》2017 年第 2 期,第 4—7 页。

② 法里德・扎卡利亚:《民粹主义为何令西方陷入困境》,中国新闻周刊网,http://topic.inewsweek. cn/news/cover/473. html。

③ 法里德・扎卡利亚:《民粹主义为何令西方陷入困境》,中国新闻周刊网,http://topic.inewsweek. cn/news/cover/473. html。

他的投票倾向的。他或她对社会事务的看法，才是他们可能支持民主党或共和党的依据。这项研究还分析了近几十年不同政党的党纲，结果发现，20 世纪 80 年代以来，经济事务的重要性减弱，非经济事务，如种族、环保等的重要性大大增强。[①]

如何理解这种变化？为什么这种变化基本上全部出现在西方世界？欧洲和北美国家拥有千差万别的经济、政治、社会背景与国情，但它们都面对一个挑战：经济停滞。尽管它们施行了各种经济政策，但所有西方国家从 20 世纪 70 年代起，都见证了经济增长率的下滑。这段时间内有几次短暂的繁荣期，但总体来说这种变化趋势是真实存在的，美国也不例外。如何解释这种下降趋势，有学者指出，这种大规模的经济停滞，肯定有一个共同的原因，就是人口因素。西方国家生育率普遍都在下降，家庭规模都在变小，适龄劳动力也越来越少，退休人数却每年增长。这种现象对经济增长有很大的负面作用。经济增长的减缓也与新型全球经济带来的挑战有关。全球化已经得到普及与巩固，西方市场目前是世界上相对开放的区域。劳动力低廉的地区负责制造，并将物品运输到发达国家。这种模式总体上对全球贸易是有益的，但也导致部分行业里技能不足的工人失业。[②]

西方世界面对的另一个趋势是信息革命。技术可以提高生产率，也会使某些工种变得无用，例如无人驾驶技术的开发，对美国超过 300 万的卡车司机产生的影响就是负面的。另一个挑战来自财政。几乎每个西方国家都面临沉重的财政负担。2015 年欧盟的净资产负债率为 67%，美国则是 81%。随着政府退休抚恤支出的增加，债务问题会随之加重。即便对基础设施、教育、科

---

① 法里德·扎卡利亚：《民粹主义为何令西方陷入困境》，中国新闻周刊网，http://topic. inewsweek. cn/news/cover/473. html。

② 法里德·扎卡利亚：《民粹主义为何令西方陷入困境》，中国新闻周刊网，http://topic. inewsweek. cn/news/cover/473. html。

技加大投资力度能促进经济增长,在人口老龄化问题上的支出还是会增加财政负担。人口老龄化、全球化、技术革命和财政预算这几个问题的制约,意味着政策制定者的选择非常有限。要促进经济增长,比较理性的方案必然是一系列政策的综合:更多的投资、更完善的就业培训或再培训、医疗健康体系的改革。但这种做法也会招致很多选民的不满,他们想要幅度更大的改革计划和更大胆果断的领导人。在美国及其他一些国家,支持这类领导人的呼声愈来愈高,即使他们摒弃自由民主的制约与平衡作用。[①]

欧美的民粹主义思潮并非始于今日,但为何近些年在西方来越演越烈?总体上看有这样几个原因。

第一,冷战结束后本土主义和民族主义的反弹。最近这一波民粹主义实际上发端于冷战结束后的 20 世纪 90 年代。在冷战期间,东西方两大阵营以资本主义和社会主义两种制度、两种意识形态相对立,两个阵营的国家都因生死存亡的危险而凝聚在统治精英周围,社会呈现出很强的一体化倾向。而冷战结束之后,欧洲各国由于强敌不再而凝聚力逐渐消退,国内各种矛盾开始凸显,极端民族主义开始蔓延。巴尔干半岛的种族仇杀、西方各国出现的独立运动等都是冷战结束后本土主义和民族主义反弹的结果。[②]

第二,全球化进程引发的众多负面效应。随着全球化的深入发展,一个重大矛盾开始显现,即全球化对全球治理的重大需求与全球治理供给严重不足和低效之间的矛盾。冷战结束 30 余年来,这一矛盾不但没有得到解决,而且越来越严重、越来越明显,在一些领域甚至达到相当激化的程度,成为民粹现实主义崛起的一个重要原因。这个矛盾具体表现在几个方面。一是权力分布

---

① 法里德·扎卡利亚:《民粹主义为何令西方陷入困境》,中国新闻周刊网,http://topic. inewsweek. cn/news/cover/473. html。

② 寒竹:《民粹主义对西方国家政治的冲击》,观察者网,https://www. guancha. cn/HanZhu/2016_08_25_372358_s. shtml。

失调,即物质性权力的分布与制度性权力的分布之间出现明显落差。新兴国家综合实力大幅度增长,但在全球治理体制和机制中的制度性权力却很弱,而这些体制和机制主要是由西方大国建立和维持的,这就使得国际社会出现了制度性不公正现象。二是经济发展失衡,国际层面富国与穷国的差距在加大,国内层面贫富差异加大等,从而引发社会分裂和冲突。① 后者在西方国家引发的矛盾更为尖锐。西方国家无疑是全球化的最大受益者,但这个受益者主要是西方国家中的大资本,对于西方国家大多数中下层劳工阶层来说,全球化意味着工作机会减少,实际工资降低,生活水平下降。美国经济政策研究所2016 年 7 月发布的美国大公司主管薪酬报告显示,2015 年美国大公司主管平均薪酬达到 1 550 万美元,这种收入是公司雇员平均薪酬的 275 倍。根据《福布斯》杂志统计,美国 400 名金字塔顶端最富有人的财富总和超过了金字塔底端 7 000 万个美国家庭,相当于 1.94 亿美国人的财富总和。② 三是全球治理赤字严重。在气候变化、核武器、生化武器、内战内乱、恐怖主义、经济和金融危机等主要全球治理领域,没有一个领域的重要问题得到充分或有效解决,于是导致民粹主义的反弹和逆动。③ 四是全球化导致西方国家产业结构的变化和劳工大众对资本的不满。冷战结束后,以北美和欧洲主导的经济全球化迅速席卷全球,欧美发达国家也利用全球化牢牢控制了世界绝大部分的资源和财富。全球化既给西方发达国家的资本精英带来了巨大财富,也给西方发达国家劳工大众的就业带来巨大冲击。在全球化进程中,西方国家的中端技术行业转移到海外,大量技术工人向下滑入低端行业,造成劳工市场的供求关系失衡。目前西方劳动力市场的高端人才供应不足,而低端劳动力供过于求。

---

① 秦亚青:《关于世界秩序与全球治理的几点阐释》,载《东北亚学刊》2018 年第 2 期。

② 寒竹:《民粹主义对西方国家政治的冲击》,观察者网,https://www.guancha.cn/HanZhu/2016_08_25_372358_s.shtml。

③ 秦亚青:《关于世界秩序与全球治理的几点阐释》,载《东北亚学刊》2018 年第 2 期。

尤为严重的是,大量低技能的海外移民涌入欧美发达国家。产业结构和劳动力市场的急剧变化使得西方国家的本土劳工对本国的精英权贵强烈不满,具有种族主义色彩的民粹主义迅速滋生。[①]

第三,西方社会族群结构的变化所产生的矛盾。按照西方"普世价值观"的教条,既然人权高于主权,既然追求幸福生活的权利是超越民族和国家的,发展中国家的贫困大众流向发达国家是天经地义,被看成是体现了西方国家在制度上的优越性。西方宣扬"普世价值"的自由派为了政治正确,很难坚决拒绝发展中国家的新移民和难民的大量涌入。在美国,每年大量增加的拉丁裔移民正在改变社会的族裔结构。根据美国人口普查在 2012 年的预计,到 2024 年,欧洲裔白人在美国的人口占比将首次小于 50%,美国的拉丁化趋势将会越来越明显。在欧洲,大量的中东难民和非洲前殖民地国家的底层民众涌向欧盟各国,给欧洲发达国家的中下层民众的就业和生活带来了巨大冲击。这些合法移民和非法移民催生了具有种族主义色彩的右翼民粹主义。[②]

第四,信息化时代社交媒体的兴起对民粹主义思潮的蔓延起到了推波助澜的作用。近代以来,西方的媒体舆论一直被政治精英和知识精英所谓"政治正确"主导,一般草根大众很难在舆论平台上发出自己的声音。但近年来随着社交媒体的兴起,过去碎片化的草根阶层通过社交媒体联合起来,一些长期以来被认为是"政治不正确"的声音在社交媒体上得到了强有力的表达,传统媒体的"政治正确"受到严重挑战。在特朗普当选美国总统和英国"脱欧公投"中可以清楚看到社交媒体正在深刻改变传统的政治生态。[③]

---

① 寒竹:《民粹主义对西方国家政治的冲击》,观察者网,https://www.guancha.cn/HanZhu/2016_08_25_372358_s.shtml.

② 寒竹:《民粹主义对西方国家政治的冲击》,观察者网,https://www.guancha.cn/HanZhu/2016_08_25_372358_s.shtml.

③ 寒竹:《民粹主义对西方国家政治的冲击》,观察者网,https://www.guancha.cn/HanZhu/2016_08_25_372358_s.shtml.

（三）民粹主义对现行国际秩序的冲击

民粹主义并非一种新的社会思潮，19 世纪的俄国、北美，20 世纪的欧洲、亚洲、南美洲都出现过强大的底层大众反对精英权贵的民粹主义浪潮，最近这一波新民粹主义的特点在于它与资本的全球化和人员流动全球化紧密相连。由于这个新的时代背景，西方反对贫富分化的左翼政治力量和排外反移民的右翼政治力量开始合流，都聚集在具有种族主义色彩的民粹主义大旗下，从而使西方从近代以来形成的民族国家及其国际体系与秩序开始发生动摇。

国际秩序是国际社会中各主要行为体围绕国际制度安排与国际规范，在特定国际主导价值观指导下所形成的国际运行机制，主要包括国际经济秩序、国际政治秩序与国际安全秩序等方面。现行国际秩序是战后建立起来的，以联合国体制为主体，同时还有世界贸易组织、世界银行和国际货币组织等国际机制。这些国际机制或机构，为世界和平与发展提供了基本保障，是与世界经济全球化同步发展的。由于美国在战后国际体系与国际秩序中的长期优势地位，一些西方学者常常把现行国际秩序称为由美国主导的"自由国际主义秩序"，或"自由主义霸权秩序"，其中包括美国的超强实力、美国主导的国际制度与美国推崇的自由主义价值等三个支柱，其基本逻辑包括开放市场、经济安全和社会契约、多边主义的机制性合作、安全捆绑、民主人权理念和进步主义变革以及美国霸权领导等。①

现行国际秩序确实存在不公平、不平等和不可持续等缺陷。长期以来，要求改良国际政治经济秩序的呼声主要来自发展中国家，西方大国由于其在国际秩序中的有利地位，一般更倾向于维护这个秩序。但近些年来情况有了新的变化。

---

① ［美］约翰·伊肯伯里：《自由主义利维坦：美利坚世界秩序的起源、危机和转型》，赵明昊译，上海人民出版社 2013 年版，第 148 - 164 页。

　　2016 年以来,国际秩序所面临的新挑战主要来自西方国家内部,这不同于非西方国家崛起对国际秩序的影响。换言之,需要从国际社会主流价值观的变化角度来理解当前国际秩序的变化趋势。民粹主义或者说反建制主义思潮并非一夜之间就发展起来的,这种思潮在 2008 年金融危机之后就有了快速蔓延之势。只是当这种思潮导致英国脱欧和特朗普赢得美国大选后,其对现行国际秩序的挑战才凸显出来。美国是当今世界上实力最强大的国家,是西方国家的领导者,"自由主义的领头羊",也是冷战后国际秩序的主要支柱。如今,美国政府至少是特朗普政府突然要改变自由主义的价值观,不再遵守现行国际规范了,这意味着现行国际秩序的支柱动摇了。反建制主义与自由主义之间的斗争日益激烈,并对现有的国际秩序产生深刻影响。①

　　有学者指出,民粹主义潮流对当前国际秩序构成了多方面的威胁。其一,民粹主义正兴起于美欧等"自由国际秩序"的支柱国家,其取向调整、规范变迁与实力变化必然冲击着当前的国际秩序。美国主导的国际秩序立足于二战后秩序安排与冷战后新秩序生成两个路径,国际秩序的维持既基于实力优势,也依赖美国联盟体系的支持,同时还受制于美国所倡导的新自由主义等价值。近年来,美、英、德、法等国面临的右翼民粹主义已经引发国内的民主危机,造成了关于对外政策的争论,民粹主义所推动的排他性政策很可能会挑战当前全球秩序的稳定。对特朗普政府而言,其带有民粹主义色彩的"美国优先"方针是其对外政策的基本原则之一,必然会造成其国内政治与外交政策的"错位"。作为当前国际秩序的主导者,美国政策的改变与英欧的分离,使国际秩序必然面临相应的挑战。政客们很可能利用民粹主义来打破相应规则,造成制度失范,并最终导致国际制度的崩解与国际分裂的加剧。

　　其二,民粹主义会加剧国际合作的不确定性,提升国际摩擦的频率与相应

---

　　①　阎学通:《反建制主义与国际秩序》,载《国际政治科学》2017 年第 2 期,第 4-7 页。

管控风险。欧洲民粹主义无论左翼还是右翼,都把多边合作作为主要攻击对象之一。在民粹主义与孤立主义影响下的英国脱欧可以看作是当前国际合作遭到破坏的重要事件,欧盟其他成员国如荷兰与法国的脱欧诉求也不断涌现,从而影响着欧盟作为国际行为体的全球能力发挥,也打碎了其他各国对国际合作的"欧洲模版"的幻想。民粹主义对贸易、移民或者一体化等议题的怀疑主义倾向或敌对态度直接影响着各国的全球参与积极性。

其三,应对全球性问题的全球治理框架正在遭受民粹主义的瓦解,国际秩序的稳定性与功能性大打折扣。伴随本国实力的相对下降及国内民粹主义的兴起,美国等国履行国际责任、承担维护国际秩序成本的意愿日益下降。美国在安全方面要求其盟国承担更多的责任,与此同时,却在气候变化等议题中日益退缩,甚至成为这些议题的问题制造者,拒绝承担相应责任。在民粹主义的影响下,左右翼都趋于极端化的状况会使主权国家难以行使全球治理功能。[①]

其四,更具体一点说,民粹主义影响了国际经济秩序的正常运转和国际政治秩序的稳定。国际经济秩序是维护并促进世界经济发展的国际运行机制。其中,国际生产、国际贸易及国际金融是其重要组成部分。"经济民粹主义"提出的各种反全球化主张,将不可避免地对国际生产、贸易和金融造成冲击,进而影响国际经济秩序的正常运转。例如,民粹主义无视新技术革命的时代潮流,一味强调复兴传统产业,从而阻碍了国际生产体系换代升级;民粹主义主张采取削减贸易赤字、提高关税壁垒等政策,助长了国际贸易保护主义的抬头。[②]

当今世界正处于"百年未有之大变局"时期。国际秩序本身也由于国际体系结构的变迁和大国权势的转移而进入转型过程之中。作为当前国际体系重

---

① 毛维准:《"大逆转"结构下的民粹崛起与秩序重建》,载《学海》2018年第4期。

② 杨修文:《当前西方民粹主义对国际秩序的双重影响》,载《中共济南市委党校学报》2019年第2期。

要力量和国际秩序主要支柱的美国与欧洲同时陷入民粹主义与反全球化情绪的操纵之下，国际秩序的发展方向不容乐观。世界可能进入了一个以民粹主义兴起为标志的"大逆转"时代。民粹主义通过主体、公意、动员与民主体制等路径展现了国际政治与国内政治中发生的"逆转"，这种逆转可以追根溯源到全球化潮流及其自身的反噬，它最终作用于实力、制度与认同等因素从而影响着当前的国际秩序，也制约着未来国际秩序调整或重构的走向。[①]

第二节　关于大国崛起与世界秩序的主要理论观点

按照西方国际政治理论家与实干家们的普遍看法，国际秩序是大国之间权力分配、利益分配和观念分配的结果，国际秩序之争，本质上是权力、利益之争，又主要表现为观念之争、国际制度之争；大国对国际秩序的影响巨大，大国崛起必然冲击既有的国际秩序，带动国际秩序的变革。因此，大国崛起所导致的国际体系结构变迁，以及与此相关的国际秩序调整，始终是西方大国理论家们所关注的重要问题，相关理论、学说也层出不穷。

一、安全困境论

在西方国际关系理论中，关于国际紧张、对立冲突的生成机理的最著名概念，大概是"安全困境"（security dilemma）。"安全困境"，又叫"安全两难"，在现实主义国际关系理论中，它是指一个国家为了保障自身安全而采取的措施反而会降低其他国家的安全感，从而导致该国自身更加不安全的现象。一个国家即使是出于防御目的增强军备，也可能会被其他国家视为需要做出反应

---

① 毛维准：《"大逆转"结构下的民粹崛起与秩序重建》，载《学海》2018 年第 4 期。

的威胁,这样一种相互作用的过程是国家难以摆脱的一种困境。[①] 按照这个概念的提出者约翰·赫兹(John Herz)的界定,凡在国家间"共处但未结成较高的统一"的场合,或者说在缺乏"可以对它们施加行为标准并且由此保护它们彼此免遭对方攻击的较高权威"的场合,总是存在着下面这样的安全两难问题:每个国家始终担心被对方侵害,因而为求得安全势必多多益善地追求实力和权势,而这又会使对方感到不安全,从而也多多益善地追求实力和权势以防不测,结果就进一步加剧了原本的安全担忧。这样一种作用和反作用恶性循环,源于国际无政府(亦无有效的共同行为标准)状态中国家间必有的互相猜疑和互相惧怕,其中包含着敌意和紧张滋生的逻辑必然性,并且在没有制约因素的情况下显然难免步步升级为对抗和冲突。[②]

安全困境的核心问题,是国家间的恐惧感和不信任感。巴特菲尔德称之为"霍布斯恐惧"。[③] 他指出,在这样一种局面下,你会对其他国家有现实的恐惧感,别国也会对你有同样的恐惧感。也许你对别国根本无伤害之意,你所做的只是一些平常不足为奇的事情,但你无法使别国真正相信你的意图。你无法理解别国为什么会如此。反之亦然。在这种情况下,双方都以为对方是有敌意的、无理性的,都不肯作出可使大家都获得安全的保证或承诺,军备竞赛的不断升级,就是这种安全困境状态的产物。

针对安全困境问题,一部分现实主义者认为,只要国际社会的无政府状态不得到本质上的改变,安全困境就不可能从根本上得到解决和消除;而一些新现实主义者则主张以新的思维来解决这一问题,提出了以合作求安全的观点。

---

① 相关研究可参见尹继武:《国际安全困境的缓解逻辑:一项理论比较分析》,载《教学与研究》2021 第 1 期;颜青、郑克岭:《国际关系中的安全困境理论研究》,载《学理论》2020 年第 11 期;尹树强:《"安全困境"概念辨析》,载《现代国际关系》2003 年第 1 期;范明英、孙增超:《"安全困境"概念、成因及其实践超越》,载《长白学刊》2006 年第 3 期;叶江:《试析大国崛起与"安全困境"的关系》,载《世界经济与政治》2005 年第 2 期。

② 时殷弘:《东亚安全两难与出路》,载《南京政治学院学报》2000 年第 6 期。

③ Herbert Butterfield, *History and Human Relations*, London:Collins,1951, pp. 19 - 20.

在西方历史文献中,有关安全困境的论述最早可追溯到公元前五世纪古希腊历史学家修昔底德的名著《伯罗奔尼撒战争史》,其中写到,正是"雅典力量的增长以及由此导致的斯巴达的恐惧使得战争无法避免"。在当代西方学术界,这一研究领域涌现出诸如罗伯特·杰维斯(Robert Jervis)、杰克·史奈德(Jack Snyder)、阿兰·柯林斯(Alan Collins)等一批著名的学者,并出版了大量的相关文献。[①] 但人们为安全困境所下的定义也越来越多,并由此产生了一个如何界定安全困境的问题。根据英国学者阿兰·柯林斯对以往学者对安全困境所下定义的总结,常见的大致有以下四种。

第一,对别国安全的损害。这类定义关注安全困境产生的结果,强调一国如何因其所采取的行动而无意间损害了邻国的安全。例如,杰维斯认为当一国寻求自身安全而采取的大多数手段具有不经意间损害他国安全的效果时,安全困境就会发生。布赞也同样认为,当国家为自己寻求权力与安全时,很容易威胁到其他国家对权力与安全的追求。

第二,所有各方安全的减损。这类定义主要关注安全困境的"自我挫败"(self-defeating)特性。部分学者认为,通过增加它们的权力,国家并不必然增加它们自身的安全,因为它们的邻国和对手也会诉诸同样的手段。实际上这种加强军备的行为倾向使得所有国家更不安全,因为它提高了所有各方面临的潜在威胁的水平。部分学者把安全困境定义为一种情形,在这种情形里一国为加强自身安全所做的一切招致反应,最终使得该国与以前相比而不安全。

第三,意图的不确定性。此类定义主要侧重于解释安全困境这种现象的起源,关注国家间的互动。部分学者在阐释安全困境的机理时写道,你知道你自己无意加害于他,除了寻求对自身安全的保障,你对他一无所求;你绝无可

---

① Robert Jervis, "Realism, Game Theory, and Cooperation," *World Politics*, Vol. 40, No. 3 (1988).

能完全认识或记得这么一点，即他无法透视你的心灵，因而他对你的意图就绝不可能像你对这意图一样放心。部分学者则认为，当一国的军备行为在另一国的思想中造成关于它们是用于防御目的（在一个不确定的世界里加强自身的安全）还是用于进攻目的（改变现状以使其对己有利）而无法决断的不肯定时，安全困境就会存在。惠勒（N. J. Wheeler）和布思（Ken Booth）还把这种无法决断的不确定性（unresolvable uncertainty）视为界定安全困境的首要特性。

第四，缺乏合适的政策。这种定义强调国家所处的绝望的境地，无论采取哪种选择，一个无法令人满意的解决方法是唯一的结果。部分学者认为，在本质上，安全困境的观念认为，如果一国在保卫自己安全上无所作为，它不会感到安全，但是任何保卫自己安全的努力必然威胁到他国或多国的安全，结果该国面临着一个困境：如果它不采取行动，它将不会感到安全，而假如它那样去做仍然感到不安全。①

安全困境的确是国际关系中的常见情况，作为其由来和主要特征的互相疑惧也的确是构成国际紧张、对立和冲突的一类常见缘由，因此不失为考察相关国际政治局势时的一项理论参照。然而"安全困境"概念也有其不容忽视的简单化和片面性弊病。它完全不考虑各种制约国际矛盾、缓和国际对立甚至促进国际合作的主客观动因，多少夸大了安全问题上互相疑惧心理在国际紧张、对立和冲突形成方面的重要性，因为实在的重大利益抵触和竞争更经常地构成更深刻的敌对根源。不仅如此，用安全困境模式来看待国际对立还往往会有道德相对主义或道德等同论之弊，即认为双方俱受安全动机和关于对方意图的错误疑惧支配，谈不上有是非好坏的区别，而事实上这区别往往是存在的。②

---

① Alan Collins, *The Security Dilemma and the End of the Cold War*, Edinburgh: Keele University Press, 1997, pp. 11 - 14.

② 时殷弘:《东亚安全两难与出路》，载《南京政治学院学报》2000 年第 6 期。

总的来说，国家安全受到战略互动的影响，安全困境是国家追求安全过程中的一种非本意和错误认知的结果。安全困境具有一系列核心特征和前提，例如国家都追求自身的安全，这源于国际社会的根本特性即无政府状态，因此安全困境的起源是结构性的。缓解安全困境的理性主义和认知主义路径强调不同因素的作用，聚焦于理性成本与认知机制的不同来源。缓解安全困境的核心在于克服国家意图的不确定性，通过战略沟通增强国家意图传递的可信性与正确认知，将有助于实现命运共同体以及管控中美战略竞争关系。①

二、权力转移论

随着新兴大国的崛起，"权力转移"问题再次引起人们的浓厚兴趣和广泛关注。"权力转移"（power transition）是美国密歇根大学政治学教授奥根斯基（A. F. K. Organski）早在 1958 年就提出的概念和理论。② 该理论试图探究和解释国际关系中"新来者"挑战"现有领导者"从而导致"权力从一群国家向另一群国家的转移"，进而引起国际秩序变革的历史现象。

奥根斯基提出，"主导国是一开始就建立了（或者从其他国家手里继承了）现行国际秩序的国家，也是从现有国际秩序的存在中收获最大利益的国家"。③ 他还认为，国际秩序的稳定性取决于"主导国"与某个或某些"强大而不满意"的国家之间的关系。后者成为挑战国，一般是因为它们是在国际秩序建立和利益分配格局已经定型后才变得强大，没有参与规则制定的过程。面对挑战国的日益强大，国际秩序的既得利益者，包括主导国及其盟国，愿意分享的权力和资源远小于挑战国在国际社会中的实力地位，主导国尤其不愿意分享制定国际规则的权力，只是希望挑战国安于现状。但从挑战国的角度看，

---

① 尹继武：《国际安全困境的缓解逻辑：一项理论比较分析》，载《教学与研究》2021 第 1 期。

② A. F. K. Organski, *World Politics*, New York：Alfred A. Knopf, 1958.

③ A. F. K. Organski, *World Politics*, p. 364.

随着自身实力和自信心的上升，必然希望在国际社会谋求与其实力相称的地位，不愿意再臣服于主导国。由于主导国不愿让它们分享更多利益，挑战国就试图通过自身能力的快速增长，来赶超主导国家的实力，从而改变原有体系的秩序原则，谋求与自身实力更相称的地位，以便享有那些在它们看来自己应得的权利。当挑战国及其盟国的实力接近于或相对于原有主导国及其盟国居于优势地位时，权力转移就可能通过战争的方式发生。①

在奥根斯基看来，国际体系并非静态、恒定的，而是随着国家权力的此消彼长不断变化的。国家权势增长的不平衡主要是与人口数量、经济生产力和国家从社会中汲取资源的政治能力及运用这些资源促进国家整体利益过程中发生的变化有关。他还指出，如果一个大国的力量至少增长到现主导国力量的 80％，则该大国会被看作现有主导国及其国际体系控制力的挑战者。奥根斯基认为，崛起国往往对现有国际秩序不满，而霸权国则由于是现有秩序的既得利益者，因此想要维持秩序，是"满意国家"。这就形成了"满意国家"与"不满意国家"，或曰"守成者"与"挑战者"围绕着国际秩序主导权问题的竞争与冲突。当"挑战者"认为有机会通过战争赢得秩序主导权的时候，就会毫不犹豫地通过战争来试图改变现状。它们挑战原有体系的成功意味着权力由一国向另一国的过渡，标志着一个新秩序的开始。② 需要注意的是，按照奥根斯基的逻辑，率先发动战争的可能主要是挑战国，但罗伯特·吉尔平却认为主导国更有可能发动预防性战争。他指出，在权力转移过程中，挑战国寻求改变现状，包括重新制定国际规则，主导国对此有两种应对方式（两种正好相反的选择）：要么增加投入以维护自身在体系中的地位，要么在不伤害自身主导地位的前提下减少对体系的承诺和维护成本。第二种策略的具体方式之一，就是趁主

---

① A. F. K. Organski, *World Politics*, pp. 366 – 367.
② 泓佐：《权力转移理论的缺陷》，载《学习时报》2011 年 7 月。

导国仍占军事优势的情况下发动预防性战争以消灭或者削弱挑战国。[①]

总之，权力转移论认为，某种国际秩序的形成、稳定和衰落，与大国的兴衰与权力更替密切相关。这种理论实际上还认为，历史是有周期的，在每个周期里都有新的强国或霸权国崛起、建立秩序并主导全球体系，而随着其实力的下降和新的大国崛起，也即在权力转移的过程中，国际秩序的危机逐渐产生，直到权力转移尘埃落定，新一轮秩序得以建立。

以上就是权力转移理论的大致内容。可以看出，权力转移理论将国际关系中一般意义上的权力变更常常导致冲突的历史经验和理论总结，推演成了一个貌似合理的具有因果联系的解释系统，试图区分权力的一般性变更和国际系统中主导者与挑战者之间权力易位可能产生的特殊权力变更的国际后果，将国际关系中经常发生的权力再分配的重心定位在"主导国家"（dominant power）与"崛起国家"（rising power）之间的权力关系变化。

显然，权力转移论具有浓厚的现实主义权力政治色彩。照其逻辑，崛起国与霸权国的关系是大国关系的核心，国际体系变迁的本质就是霸权的转移和大国在国际体系权力结构中的重新组合。霸权不可能永存，霸权国的地位迟早会被新兴的崛起大国取代。在权力转移论者看来，崛起国也是以霸权为目标的，故而成为霸权国的挑战者和眼中钉。崛起国与霸权国的竞争与对抗是国际政治斗争的轴心，崛起国与霸权国之间的权力转移是国际体系变迁的基本标志。国际体系中最主要的关系就是霸权国与挑战者之间的关系。[②]

奥根斯基的观点得到了许多欧美学者的呼应，引发了此后一系列有关权力转移问题的讨论。尤其是进入 21 世纪以来，美国掌控世界的能力持续下滑，导致世界的权力越来越分散。与此相对应的，则是新兴大国的群体性崛

---

① Robert Gilpin, *War and Change in World Politics*, New York：Cambridge University Press，1981，p. 197.

② 泓佐：《权力转移理论的缺陷》，载《学习时报》2011 年 7 月。

起,这不仅表现在中国、印度、俄罗斯、巴西以及其他新兴市场经济国家近年来在全球经济高速增长中发挥的引领作用越来越大,与传统大国之间硬实力差距在不断缩小,更重要的还表现在这些国家软实力的迅速增长和影响上。一些西方学者认为,世界权力正在发生大规模更迭,国际体系中的权力转移很快就会到来或者说已经开始发生。美国以及整个西方的政治、军事和经济能力在减弱。中国、印度正在快速崛起,其他一些新兴国家实力也在增强,这有可能终结一超独霸的单极格局和美国的优势地位。①

值得注意的是,权力转移论认为,国际权力的大规模重新分配,通常伴随着国际冲突甚至战争的危险。② 但该理论并没有就此提出解决之道。尽管该理论并没有排除以和平方式实现权力转移的可能性(前提条件是崛起国对现状满意或霸权国对未来秩序走向也满意),但同样并未就这种情况如何能够出现做出充分的解说。倒是有另一些学者提出,在大国协调的基础上建立一套全新的非正式多边安全治理机制,有助于缓和权力更迭出现的紧张局势。③

权力转移理论虽然在国家层次上提出了一个值得参考的理解冲突与战争行为的国家间关系模式,但该理论只侧重于主导国与潜在挑战国之间的互动,而抛弃了新现实主义的系统分析模式,也没有重视对权力的分配以及再分配。在该理论的分析框架中,其他大国都成了旁观者,对主导者与竞争者之间的权力转移关系似乎毫无影响。但事实上,国际体系层次上大国间的权力变更涉及众多不同角色的国家,体系的结构对特定国家的行为有深刻的影响。此外,人们一般认为,核武器改变了传统战争规律,使大国间的战争越来越缺乏可能

---

① Fareed Zakaria, *The Post-American World*, London: Norton & Company, 2008, p. 4

② A. F. K. Organski and Jacek Kugler, *The War Ledger*, Chicago: University of Chicago Press, 1980; Ronald Tammen, et al., Power Transition: Strategies for the 21st Century, New York: Chatham House, 2000.

③ 【德】哈拉尔德·米勒、卡斯滕·劳赫:《管控权力转移:面向 21 世纪的大国协调机制》,李亚丽译,载《国际安全研究》2016 年第 4 期,第 36–67 页。

性，但奥根斯基却认为核武器并不能阻止崛起国对主导地位的向往，也不会阻止"竞争者"用军事手段对"主导者"发起挑战。权力转移理论试图论证国际体系权力集中的好处，目的是为美国霸权护持战略提供理论基础，其对于大国权力再分配问题的解释与预测能力是有限的。[①]

有批评者指出，主要由美国和西方学者从自身立场出发所阐发的权力转移理论，不仅客观上存在着许多理论缺陷，主观上也充满着偏见。第一，该理论对权力转移的原因研究很不充分。权力转移理论假定，国内政治、经济以及人口发展速度的不同是大国间权力转移的主要原因，但最终该理论只把权力转移的原因化简为大国间 GDP 差异，却忽视了政治和经济因素的重要作用。政治权力对大国权力具有乘积作用而不是简单的相加作用；政治发展也对大国间权力转移有重要影响。既然权力转移理论把国内经济发展速度的差异视为大国间权力转移的原因，那就应该具体研究一国经济发展的原因，从而更清晰地了解大国间权力转移的过程。第二，权力转移理论有一种"现状偏见"，认为秩序建立后就有利于所有国际行为体，而任何对该秩序的不满都反映出了抱怨者的野心。但存在不等于合理，国际秩序有时也会因运行不良而需要改革甚至重建。第三，权力转移理论有一种"主导国偏见"，认为一旦建立了国际秩序，主导国就始终是该秩序的满意者。实际上主导国也会修正国际秩序甚至从中退缩。因为主导国依据自身的利益、理念创建了国际秩序，当主导国的利益、理念发生变化或者国际秩序获得了自主性而脱离主导国的控制时，主导国就会感到不满并试图修正已有国际秩序。美国特朗普政府的政策行为就是一个生动的例子。第四，"崛起国偏见"。与视主导国为国际秩序的永久满意者相同，权力转移理论认为，一旦发生权力转移，崛起国就会因权力增长而对国际秩序表示不满，却忽视了崛起国通过融入现存国际秩序来发展自身并成

[①]　泓佐：《权力转移理论的缺陷》，载《学习时报》2011 年 7 月。

为国际秩序维护者的可能性,而中国就是一个明显的例子。第五,权力转移理论把崛起国对现存国际秩序的满意度作为决定权力转移后果的因素之一,却忽视了崛起国能动地实现权力和平转移的可能性。简单一点说,崛起国未必一定会寻求成为"主导国"甚至"霸权国"。① 权力转移论把国际体系的主要变化理解为霸权的更迭,假定崛起国都会以谋求霸权地位为目标,并不完全符合历史经验,更不能反映现实趋势。按照西方学者中的一种流行观点,当前中美之间的战略互疑、紧张和冲突,有两个主要因素:一是中美实力迅速接近所引发的对所谓"权力转移"的焦虑;二是中美双方经济模式的差异所引发的对所谓"交易公平"的抱怨。这两个问题被认为是两国之间根本性和战略性的矛盾所在。② 实际上,这两个问题都是美国人眼中的问题,反映了美国对自身地位和利益的担忧,并把问题的根源完全归咎于中国的发展。这其中隐含着一个非常奇怪乃至蛮横的逻辑,即美国的全球主导地位是理所当然、不容挑战的,美国的利益必然优先于其他国家的发展利益。然而每个民族国家不仅有生存权,也有发展权。中国作为世界上最大的民族国家,中华民族作为拥有绝无仅有的数千年历史和文化的智慧勤劳的民族,作为曾经在过去百年因为积弱而饱受欺凌的民族,有资格、有权利也有能力把自己的国家建设为一个世界强国,并在此基础上既维护本国的利益,也维护国际正义与和平。③

从"安全困境论"到"权力转移论",再到"修昔底德陷阱"之说,其实都反映了以新兴大国崛起和美国全球地位相对衰退为主要表现的国际体系结构性变化以及美国由此产生的利益焦虑。就中美关系而言,这些理论的"研发"和流行,说到底不过是为由来已久且随着中国的发展越演越烈的所谓"中国威胁

① 游启明:《权力转移理论及其批判》,载《世界经济与政治论坛》2018年第3期。
② 王江雨:《权力转移、模式之争与基于规则的国际秩序——国际关系与国际法视角下的中美关系》,载《中国法律评论》2018年第5期。
③ 王江雨:《权力转移、模式之争与基于规则的国际秩序——国际关系与国际法视角下的中美关系》,载《中国法律评论》2018年第5期。

论"做注脚。"权力转移"理论强调大国崛起的战争效应,认为是大国间力量再分配的均衡,而不是力量再分配的差异更容易导致战争,这被一些人认为是可以用来解释中国未来的发展动向和大国关系的前景的。但无论是从理论建构的严密性,还是从经验事实的验证来看,"权力转移"理论都无法称得上是成熟的战争起源解释理论,迄今为止只能说是一种有关战争现象的"研究项目"。基于该理论对中国崛起未来的任何臆测同样是站不住脚的。①

三、"中等收入陷阱"论

所谓"中等收入陷阱"(Middle Income Trap),是 2007 年世界银行在其报告《东亚复兴:关于经济增长的观点》中首次提出的概念。② 它大致是指一个经济体的人均收入达到世界中等水平(人均 GDP 在 4 000 美元—12 700 美元的阶段)后,由于不能顺利实现发展战略和发展方式转变,新的增长动力特别是内生动力不足,经济长期停滞不前;同时,快速发展中积聚的问题集中爆发,造成贫富分化加剧、产业升级艰难、城市化进程受阻、社会矛盾凸显等。

世界银行一般每四年对东亚经济增长进行一项主题研究。《东亚复兴:关于经济增长的观点》一书,是世界银行东亚与太平洋事务局首席经济学家办公室的研究报告,是世界银行继《东亚奇迹》《东亚的教训》和《东亚奇迹反思》之后的又一权威之作。

"中等收入陷阱"概念的提出有其特殊的历史背景。在世界历史上,金融危机曾给人类留下过许多惨痛记忆。例如 20 世纪 30 年代的大萧条之后,世界大战随即爆发。20 世纪 80 年代拉丁美洲的债务危机之后,经济陷入长期停滞。1997 年亚洲金融危机爆发,同样给世界经济带来强烈冲击。但 10 年

---

① 朱锋:《"权力转移"理论:霸权性现实主义?》,载《国际政治研究》2006 年第 03 期。
② [美]印德尔米特·吉尔、霍米·卡拉斯:《东亚复兴:关于经济增长的观点》,黄志强译,北京:中信出版社 2008 年版。

过去之后,大多数东亚国家却成功走出了危机,产业结构大幅调整,对外贸易大幅增长,企业治理能力获得明显改善,金融监管水平显著提升,东亚再度成为世界经济的火车头,直至今日。2007年世界银行的这份研究报告,试图从"贸易、创新、金融、城市、社会和谐以及反腐败"等角度揭示这一奇迹产生的奥秘。与此同时,报告还指出了增长过程中必然面临的"动力与阻力",特别是从落后国家进入中等收入国家行列可能面临的诸如环境、拥堵和腐败等发展陷阱,即所谓"中等收入陷阱",从而使"可持续发展"问题成为东亚各国日益重视的重大政治经济课题。

在提出之初,"中等收入陷阱"这个概念并未引起经济学界的关注。2008年全球金融危机爆发后,西方国家经济陷入持续低迷,中国经济增速也从高速转向中高速,关于中等收入陷阱问题的担心尤其是中国会不会落入这种陷阱,逐渐成为舆论热点。然而,在讨论的过程中,人们很容易被这个概念的逻辑陷阱误导,甚至对国家未来产生不必要的悲观情绪。尽管国内一些相关实证研究结果倾向于表明,陷阱是存在的,而教育、收入分配和制度是决定跨越还是落入中等收入陷阱的三个根本因素。[1] 但就中国经济跨越中等收入陷阱的前景而言,许多经济学者经过深入研究都得出结论,中国不大可能会落入这个陷阱。[2]

按照世界银行报告对这一概念的解释,中等收入陷阱是指许多国家在成为中等收入国家之后,将会进入经济停滞期,出现贫富悬殊、环境恶化、社会动

① 郭金兴、包彤、曹亚明:《中等收入陷阱有关争论及其对中国经济的启示》,载《江淮论坛》2020年第2期。

② 相关研究参见张来明:《中等收入国家成长为高收入国家的基本做法与思考》,载《管理世界》2021年第2期;赵祥、张海峰:《跨越中等收入陷阱的路径:动力转换与结构调整——基于广东省发展数据的分析》,载《广东社会科学》2020年第5期;樊纲:《中等收入陷阱迷思》,载《中国流通经济》2014年第5期;蔡昉:《"中等收入陷阱"的理论、经验与针对性》,载《经济学动态》2011年第12期;胡鞍钢:《"中等收入陷阱"逼近中国?》,载《人民论坛》2010第7期;林毅夫:《中国怎样从"中等收入陷阱"中突围》,载《理论导报》2012第10期。

荡等现象,最终长期徘徊在高收入国家的门槛之外。有研究者指出,深入分析,可以发现这个概念缺乏严谨的理论论证,存在不少逻辑陷阱或者说逻辑缺陷。一是统计陷阱。中等收入陷阱用人均国民总收入(GNI)这个单一指标来衡量发展水平,但 GNI 并不能全面反映一个国家的国民生活质量,更无法反映人们的精神状态。从联合国公布的各国国民幸福指数排名看,被视为落入中等收入陷阱的巴西、墨西哥、阿根廷的排名显著高于法国、西班牙、意大利等。不丹属于中低收入国家,但有关调查却认为它是全球最幸福的国家之一。皮尤中心 2014 年的调查显示,在高收入的西方发达国家,对未来表示乐观的国民比例普遍在 30% 以下;而在孟加拉国、巴西、越南等发展中国家,对未来持乐观态度的国民比例一般都在 80% 以上。阿玛蒂亚·森(Amartya Sen)、罗伯特·巴罗(Robert Barro)等著名经济学家都认为,所谓中等收入陷阱只是一种统计现象,并没有经济学方法论支撑,因而相当片面。二是对照陷阱。中等收入标准往往是与美国对照、用美元衡量得出的。例如,按美国经济学家胡永泰的说法,人均国民总收入是美国水平 55% 以上的国家为高收入国家,相当于美国水平 20%—55% 的为中等收入国家,是美国水平 20% 以下的为低收入国家。通行的中等收入标准是按照汇率法计算、用美元衡量的。例如,人均国民总收入在 4 126 美元至 12 735 美元之间的为中等偏上收入国家。这样的对照和衡量方法有失偏颇,并不能全面反映一个国家的总产出和经济社会发展水平。三是历史陷阱。目前对于中等收入陷阱的观察,主要局限在二战后到 21 世纪初这段时间。在这个时间段,许多发展中国家刚刚实现独立,处于现代国家成长的初级阶段与发展探索期,其中一些国家难免会走弯路。因此不能过早下结论,认定这些国家一定会长期陷入中等收入陷阱。实际上,能否尽快跨过中等收入这道坎,关键在于能否保持持续发展的势头。更何况,成为高收入国家也并不意味着从此可以高枕无忧。事实上,有的高收入国家已经陷入低增长困境,人民生活水平长期徘徊不前。因此,需要用动态的、发展的眼光来观察中等收入陷阱问题。对当下的中国来说,如何营造有利于平稳健康发展的国内外环境,才是更有意义的讨论话题。①

应该看到,自二战后以来,世界 100 多个中等收入经济体中,有 36 个国家及地区曾由中等收入成长为高收入。这些国家在产业转型、技术创新、人力资本、金融体系、政府调控、收入分配及参与全球贸易等方面取得了成功。相反,其他一些国家没能实现经济的可持续增长,落入中等收入陷阱。② 2014 年 1 月 21 日,习近平主席在接受美国《赫芬顿邮报》记者专访(原标题: *How The World's Most Powerful Leader Thinks*)时也指出,中国不会落入"中等收入陷阱",在未来 10—20 年还将保持高速增长的势头。

在关于中等收入陷阱的讨论中,一些拉美国家常常被视为典型案例。这些国家落入中等收入陷阱后所暴露出的问题,集中表现在经济增长过度依赖资源开发、科学技术落后、贫富差距悬殊,既无法与低收入国家竞争,也难以缩小与高收入国家的差距。反观中国,我们早已吸取了一些拉美国家发展中的教训,不仅没有走上它们的老路,而且走出了新型工业化、新型城镇化的新路,通过全面建成小康社会,进而开启全面建设社会主义现代化国家的新征程。这其中有几个值得注意的重要举措:一是大力转变发展方式,走新型工业化道路。坚持绿色发展,是我国坚持走新型工业化道路的生动体现。近年来,我国绿色金融蓬勃发展。绿色金融通过信贷、债券、基金、保险等工具和政策,将资金引导到环保、节能、清洁能源、绿色交通、绿色建筑等项目中。目前,我国的绿色金融已经对绿色投资产生了巨大推动作用,绿色低碳循环发展的经济体系正在加快建立。二是大力推进以人为核心的新型城镇化,更加注重提升人民群众获得感、幸福感、安全感。一些拉美国家在城市化过程中,政府公共职

---

① 王文:《中国有能力跨越"中等收入陷阱"》,载《中国经贸》2019 年第 9 期。
② 张来明:《中等收入国家成长为高收入国家的基本做法与思考》,载《管理世界》2021 年第 2 期。

能缺失,导致城市化进程与工业化发展水平不相适应,大量人口涌入城市却找不到工作,出现了许多贫民窟,引发了很多社会矛盾。相比之下,我国的城镇化始终在有序推进。特别是党的十八大以来,我国大力推进以人为核心的新型城镇化,优化城镇布局,努力创造更多城镇就业岗位,工农互促、城乡互补、全面融合、共同繁荣的新型工农城乡关系加速形成。大力保障和改善民生,采取切实措施提高城乡居民衣、食、住、行水平,并且实施精准扶贫、精准脱贫,努力使农村贫困人口实现脱贫、贫困县全部摘帽。这一系列举措极大提升了人民群众的获得感、幸福感、安全感。三是大力振兴实体经济,加快建设制造强国。近年来,我国一直把振兴实体经济和推进产业转型升级放在重要位置,牢牢抓住新一轮科技革命和产业变革的历史机遇。我国的产业链向着中高端方向加速迈进,在新一代信息技术产业、高档数控机床和机器人、航空航天装备、海洋工程装备等诸多重点领域,我国企业正走向世界前列。加快建设制造强国,无疑将为我国跨越中等收入陷阱打下坚实的经济基础和产业根基。[①]

四、"修昔底德陷阱"论

"修昔底德陷阱"(Thucydides Trap)这个概念最早出现大约是在 2012年,由哈佛大学肯尼迪学院教授、首任院长格雷厄姆·艾利森(Graham Allison)提出,此前似乎并不存在这个说法,大国竞争中的类似情况更多地被称为"安全困境"。那么,到底有没有修昔底德陷阱? 是应该叫修昔底德陷阱还是格雷厄姆陷阱? 或许叫格雷厄姆陷阱更加贴切。

修昔底德(Thucydides),古希腊雅典人,雅典将军、历史学家、文学家,以其所著《伯罗奔尼撒战争史》而闻名西方。《伯罗奔尼撒战争史》对公元前5世纪前期至公元前 411 年,斯巴达和雅典之间的战争记录严谨、细致,分析因果

[①] 王文:《中国有能力跨越"中等收入陷阱"》,载《中国经贸》2019 年第 9 期。

关系客观、不偏不倚。对于那场发生在雅典人和斯巴达人之间的伯罗奔尼撒战争,修昔底德在《伯罗奔尼撒战争史》中是这样描述的:在这些年中,雅典人使他们的帝国日益强大,因而也大大地增加了他们自己国家的权势。斯巴达人虽然知道雅典势力的扩大,但是很少,或者根本没有制止它;在大部分的时间内,他们仍然保持冷静的态度,因为在传统上,他们如果不是被迫而作战的时候,他们总是迟迟而作战的;同时也因为他们自己国内的战争,他们不能采取军事行动。所以最后,雅典的势力达到顶点,人人都能够清楚地看见了;同时,雅典人开始侵略斯巴达的盟国了。在这时候,斯巴达人感觉到这种形势不能再容忍下去了,所以决定发动现在这次战争,企图以全力进攻,如果可能的话,他们想消灭雅典的势力。

然而,艾利森对修昔底德的观点进行了颇有简单化之嫌的总结。他说,伯罗奔尼撒战争缘起于雅典的崛起,让斯巴达感到恐惧,所以战争不可避免。因此,他提出了新兴大国在挑战守成大国时战争不可避免的修昔底德陷阱概念。他还研究了历史上的 16 个类似案例,发现其中只有 4 个没有爆发战争,其余 12 个都以战争为后果。其实,不赞同其观点的大有人在,但在当前的国际国内氛围下,这个概念颇具吸引力,很快流行开来。

修昔底德只是客观地叙述了伯罗奔尼撒战争的起因、经过和结果,并没有说这是一个适用于未来的普遍规律,从一个历史事件也无法得出什么规律性的结论。艾利森总结的 16 个案例,与伯罗奔尼撒战争有没有可比性,这些战争到底是不是所谓守成大国与新兴大国的矛盾引起的,为什么要选择这 16 个案例,其实都大可商榷。所谓"修昔底德陷阱"本质上是一种美国话语,是"中国威胁论"的又一种表现形式。它主要基于欧洲历史经验,体现的是西方战略文化与政治思维,在美国及其追随者当中颇有市场。

所谓"修昔底德陷阱",大意是说,雅典和斯巴达的战争之所以最终变得不可避免,是因为雅典实力的增长,以及这种增长在斯巴达所引起的恐惧和相应的过激反应。值得注意的是，这个判断经常被解释为：一个新崛起的大国必然要挑战现存大国，而现存大国也必然来回应这种威胁，于是战争变得不可避免。这进而又使人们把注意力集中在崛起国身上，从而忽视了守成国的反应方式。换言之，其中所涉及（以及书中所具体描述）的双方或两大同盟之间的一系列互动关系经常被省略了。实际上，现存大国无视权力结构的变迁、不愿与崛起大国分享权力以及与此相关的战略应对行为，往往也是造成困境的原因。

修昔底德只是说，战争的根源是因为双方关系中出现了一种结构性的矛盾或安全困境，而这个矛盾或困境没有得到有效的解决，并不是说雅典要为战争的发生负全部责任。实际上，修昔底德认为战争的起因，既有远因或潜在原因（underlying cause）——体系层次的安全困境（雅典权势增长与斯巴达的恐惧），个人层次的人性因素（贪婪和野心），也有近因或直接原因（immediate cause）——两大联盟成员的变化，例如科孚倒向雅典、波提达受斯巴达的引诱。

在现实中，这意味着一种可能性，即随着力量对比的变化，两个大国的战略判断与情感好恶等因素相结合，陷入某种恶性（而不是良性）互动的轨道，随着时间的流逝，这种恶性互动会导致健康的竞争逐步变成敌对，乃至走向你死我活的战争。在全球相互依存的时代，如果我们无视人类在经济、技术和社会条件等方面的巨大变化，片面地理解所谓"修昔底德陷阱"，进行简单的、教条主义的历史比附，是十分轻率的。如果把责任简单地归咎于崛起的一方，那么"发展"作为每个民族的自然追求，就成了一种不值得提倡的"原罪"。这种逻辑显然是荒谬的，也是不现实的。

世界上处处有陷阱，但不是每个人都必然会掉进去。在历史上，大国和平共存、大国之间权力和平转移的例子也是存在的。所谓"结构性矛盾"有其客观性，但人类可以通过观念上的与时俱进以及合理的政策选择来避免其消极后果。美国在走向全球性大国的过程中虽然与他国发生过许多战争,但没有与守成大国之间的重大战争(与英国的冲突并非传统意义上的老大老二间的争霸战争,英国当时的主要关注对象甚至不是美国,而是欧陆强国),在这个意义上美国也可以说是"和平崛起"。①

几个世纪以来,学者们一直在借鉴修昔底德来解析国际政治,然而修昔底德经常被误读。格雷汉姆·艾利森的《注定一战:中美能避免修昔底德陷阱吗?》一书,②不过是最近一个突出例子。作者试图把《伯罗奔尼撒战争史》的经验教训应用到当前中美的紧张关系中,然而有批评者尖锐地指出,此书是草率、肤浅、过于简单化、过于自信和重复的代表,代表了许多学者对历史的错误态度——"对历史的无意识蔑视,对其复杂性和微妙之处的漠视",执迷于一些"未经检验的假设,其教训和洞见止于表面,对事件的前因后果和其他深层意义毫不关心,只注重那些可以立即出售的部分"。③

艾利森试图将修昔底德有关伯罗奔尼撒战争起因的观点,即"雅典的崛起和斯巴达的恐惧"套用在他的核心观点,即"中美两国目前正处于战争冲突的轨道上——除非双方都采取艰难且痛苦的行动来避免冲突"。这是一个不恰当的类比。首先,他简单地认为美国更像雅典而中国更像斯巴达,而修昔底德着重强调了不同民族性格在国家行为方面的重要性。艾利森不仅滥用修昔底德,试图强行将《伯罗奔尼撒战争史》引入一个不合适的论据,更令人吃惊的是他不断误读修昔底德,低级错误比比皆是。例如,艾利森宣称修昔底德"没能活着看到"战争的结束。这与修昔底德的回忆相矛盾:"我经历了整个过程,处

---

① 石斌:《中美在东亚的战略共识与分歧》,载《亚洲新未来》,南京:南京大学出版社 2016 年版,第 175-177 页。

② Graham Allison, *Destined for War: Can America and China Escape Thucydides's Trap?* Boston: Houghton Mifflin Harcourt, 2017.

③ Jonathan Kirshner, "Handle Him with Care: The Importance of Getting Thucydides Right," *Security Studies*, Vol. 28, No. 1, Jan. 2019, pp. 1-24.

在理解事件并关注它们的时限。"这场战争发生在公元前 5 世纪前期至公元前 411 年，而修昔底德的生卒年代一般认为在公元前 460 至公元前 400/396 年之间。

艾利森坚称伯罗奔尼撒战争是一场双方都不想参与的悲剧，认为"他们一再试图避免冲突"和"尽最大努力防止冲突"。他断言，伯里克利不希望战争，但最终"屈服于民众的压力，不情愿地制订了战争计划"。这一观点是错误的，战争双方并没有努力争取和平。而伯里克利更是这场战争的坚定拥护者。他拒绝妥协和协商解决方案的提议，并发表了一篇振奋人心的演讲，其中心思想是"必须彻底认识到战争是必要的"。在公开辩论中，公众也赞成战争，因为他们"被他的智慧说服了"。斯巴达也没有急切地寻求和平解决的方案，相反他们拒绝了仲裁提议，直到后来才明确承认自己的错误。

艾利森宣称："《伯罗奔尼撒战争史》上的 600 页中，每一页都提供了引人注目的细节，关于通往战争之路的曲折。"这也大错特错，因为该书讲述的绝大多数内容都是战争开始后发生的事件。《注定一战》以第一次世界大战和古巴导弹危机开篇，警示中美可能陷入一场双方都不愿发生的战争之中。这看起来貌似有理。一场牵涉美国和中国利益的国际危机，特别是一场由于管理不善与误判，再加上被民族主义狂热煽动的危机，可能会失控并导致一场毁灭性的、不必要的战争。但是艾利森的核心类比并不成立——雅典人和斯巴达人并非不知道即将爆发的冲突的本质，但比起和平双方似乎都更偏爱战争，古希腊城邦间通过战争解决争端也是当时一种普遍的合法手段。然而在当今世界，人们对这种冲突所带来的巨大代价和机会成本更加谨慎，也更加清楚地认识到赤裸裸的侵略并不是解决争端的合理与合法方式。

《伯罗奔尼撒战争史》本身所提供的历史经验当然也有许多值得参考之处。例如，在解释事件的结局时，修昔底德强调了不确定性和偶然性在其中的关键作用。有研究者认为，修昔底德提供了两个意味深长、值得注意的警示性教训:文明的脆弱性和傲慢自大的危害。修昔底德通过描述战争后一年在雅典蔓延的瘟疫来体现文明的脆弱性,而突如其来的自然灾害也会影响政策的施行。最重要的是,修昔底德认为雅典的失败不是因为对手的强大实力,而是毁于自身的傲慢和不计后果的野心。雅典的沦陷并不是因为被敌人占领,而是因为其目空一切而忽视了自身力量的短板。简言之,修昔底德作为战争提倡者伯里克利的忠实拥护者,并不认为雅典人的悲剧在于决定发动战争,而是源于傲慢与目空一切,并因此导致了自身的毁灭,这才是《伯罗奔尼撒战争史》体现的深刻教训。[①] 这个教训或许更值得被艾利森类比为雅典帝国的美国吸取。

中国人显然并不认为艾利森所总结的这些"历史经验"及其"陷阱说"具有绝对、普遍的意义。中国并没有任何主观意图要把美国赶出亚洲。事实上,在冷战结束之后的 20 年里,中国一直坚持"增加信任,减少麻烦,发展合作,不搞对抗"的对美关系原则。罔顾当今国际政治经济环境与技术环境的巨大变迁,把今天的中国与历史上的崛起大国相提并论,实在过于牵强。[②] 即使在西方国家,也有许多学者并不同意所谓新兴国家与现存大国之间一定会产生对抗、战争不可避免的历史"遗训"。他们认为,中美两国在反恐、阻止核扩散、促进经济金融稳定、应对气候变化、保护环境方面有着广泛的共同利益,两个大国之间产生的任何分歧都可以通过和平的方式解决。[③]

更重要的是,避免"修昔底德陷阱",并不只是崛起国家的任务,也是守成国家的责任。中国俗话说,"一个巴掌拍不响"。"老大"与"老二"之间会形成

---

① Jonathan Kirshner, "Handle Him with Care: The Importance of Getting Thucydides Right," *Security Studies*, Vol. 28, No. 1, Jan. 2019, pp. 1 - 24.

② 详见石斌:《中美战略关系与亚太安全秩序——基本历史经验对于未来的启示》,载《南大亚太评论》第 1 辑,南京:南京大学出版社 2017 年版;石斌:《中美在东亚的战略共识与分歧》,载《亚洲新未来》,南京:南京大学出版社 2016 年版,第 63 - 64 页。

③ 《专家研究中美两国保持克制的关系框架》,美国《凤凰华人资讯网》,http://usaphoenixnews. com/newsshow-35845. html.

怎样一种关系,是双方互动的结果,并不单独取决于哪一方。要避免重蹈历史上大国关系的"覆辙",实现建立新型大国关系的目标,双方都需要做出重要努力。

习近平总书记在党的十九大报告中向世界呼吁,各国人民同心协力,构建人类命运共同体。这为破解所谓"修昔底德陷阱"指明了方向,合作共赢才是大国相处之道。改革开放以来的中国对外关系实践证明,中国是现行国际体系的参与者、贡献者和改革者,而绝非对抗者、颠覆者。中国提出构建新型国际关系,中国持续快速发展使构建新型国际关系成为可能。

习近平主席强调,看待中美关系,要看大局,不能只盯着两国之间的分歧,正所谓"得其大者可以兼其小"。中美两国在全球治理中具有广泛共同利益,完全能够以合作化解冲突,建设性管控分歧,共同完善全球治理体系,构建人类命运共同体。这不仅有利于发挥各自优势、加强合作,而且有利于推动解决当前人类面临的重大挑战。①

五、"金德尔伯格陷阱"论

当今世界正处在"百年未有之大变局"时期,处于大发展、大变革、大调整之中,全球治理体系和国际秩序变革加速推进。处于转型期的国际体系面临诸多不确定性的风险,除了所谓"中等收入国家陷阱""修昔底德陷阱"等若干陷阱,哈佛大学教授约瑟夫·奈还提出了"金德尔伯格陷阱"。尽管各种"陷阱论"均源于历史经验的类比和演绎,貌似有理有据,但历史与现实仅具有相似性,绝非完全契合,不能脱离时代背景进行简单类比,用这些概念来解释当今国际政治时,不能回避这些说法本身存在的问题。②

---

① 王义桅:《合作共赢才是大国相处之道》,载《人民日报》2017 年 12 月 10 日 05 版。
② 施嘉恒、张建新:《约瑟夫·奈的"金德尔伯格陷阱"及其悖论》,载《复旦国际关系评论》2019 年第 2 期。

查尔斯·金德尔伯格(Charles P. Kindleberger)是美国麻省理工学院教授,也是马歇尔计划的思想构建者之一。他在《大萧条中的世界》一书中认为,20世纪30年代世界经济大萧条的根本原因在于国际公共产品的缺失。[①] 第一次世界大战后,美国取代英国成为世界上实力最强的国家,但美国未能接替英国扮演的角色发挥领导作用、提供国际公共产品,结果导致全球经济衰退和世界大战。简言之,"金德尔伯格陷阱"是指在全球权力转移过程中,如果新兴大国不能承担领导责任,就会导致国际公共产品短缺,进而造成全球经济混乱和安全失序。[②]

国际公共产品是指那些具有很强国际性、外部性的资源、服务、政策体制等,例如自由开放的贸易体系、稳定高效的金融市场、防止冲突与战争的安全机制等。一般情况下,主要大国对于国际公共产品供应负有更大责任。由于国际公共产品的使用不具有排他性,因此搭便车现象较为普遍,这使得国际公共产品常常处于供不应求状态。特朗普当选美国总统后,强调美国优先,不愿继续无偿提供国际公共产品。在这种情况下,国际社会更加关注作为世界第二大经济体的中国是否有能力、有意愿填补美国留下的责任赤字,承担提供国际公共产品的责任。特别是接踵而来的国际金融危机、反恐战争、政治动荡加剧了人们对世界再次陷入灾难、重蹈历史覆辙的担忧,对金德尔伯格陷阱的讨论也越来越多。[③]

进入21世纪,在旷日持久的反恐战争和国际金融危机冲击下,美国实力相对下降,以中国、俄罗斯、印度、巴西、南非等为代表的新兴经济体迅速崛起。根据联合国贸发会议的统计数据,从1990年到2015年,发达国家占全球

---

① Charles P. Kindleberger, *The World in Depression*, *1929—1939*, Los Angeles: University of California Press, 1973.

② 高飞:《中国不断发挥负责任大国作用》,载《人民日报》2018年1月7日。

③ 高飞:《中国不断发挥负责任大国作用》,载《人民日报》2018年1月7日。

GDP 的比重从 78.7% 降至 56.8%,而新兴市场国家占全球 GDP 的比重则由 19.0% 上升至 39.2%。实力对比的此消彼长使得美国和西方不可能再像过去一样主导国际事务。这一巨大变化使美国等一些西方国家不惜通过"开历史倒车"的方式来维护自身既得利益和国际地位。一是采取贸易保护主义,强调本国利益优先。从 2008 年到 2016 年,美国对其他国家采取了 600 多项歧视性贸易措施,仅 2015 年就采取了 90 项之多。根据全球贸易预警组织的资料,2015 年各国实施的歧视性贸易措施比 2014 年增加 50%。在贸易保护主义影响下,2016 年全球贸易跌到近 10 年来的低谷。二是采用规则矫正主义,企图以制度霸权维护既得利益。实力的相对衰落使美国更倾向于通过制度霸权来维护自身在国际事务中的主导地位。在降低多边机制的管控成本、提高控制效率的同时,美国力图减损竞争对手在规则体系中的收益,增加中国等新兴经济体在规则体系中获益的难度。三是滑向政治孤立主义,逃避国际责任。特朗普上台后退出气候变化《巴黎协定》、退出联合国教科文组织,表现出强烈的孤立主义倾向。如同过去在军事上不负责任地干预一样,美国不负责任地收缩和逃避国际责任,加剧了国际金融市场动荡、地区冲突升级、恐怖主义蔓延、民粹主义盛行,给世界带来新的威胁和不确定性。[1]

　　改革开放以来,中国国家实力不断提升,为参与全球治理奠定坚实基础。国际金融危机爆发以来,中国对世界经济增长贡献率超过 30%,为世界的繁荣稳定做出重要贡献。今天,在全球治理的任何一个领域,没有中国的参与都难以取得成功。世界期盼中国在全球治理中发挥更大作用,为应对全球性挑战提出中国方案。作为负责任的大国,中国以开放、包容的姿态努力将自身的发展变成与世界各国共同进步的机遇。2014 年 8 月,习近平主席在蒙古国国家大呼拉尔发表题为《守望相助,共创中蒙关系发展新时代》的演讲,提出中国

---

① 高飞:《中国不断发挥负责任大国作用》,载《人民日报》2018 年 1 月 7 日。

愿意为周边国家提供共同发展的机遇和空间,"欢迎大家搭乘中国发展的列车,搭快车也好,搭便车也好,我们都欢迎"。2016 年 8 月,在推进"一带一路"建设工作座谈会上,他再次强调,中国欢迎各方搭乘中国发展的快车、便车,欢迎世界各国和国际组织参与到合作中来。[①]

作为联合国安理会常任理事国,中国坚定维护联合国在维护国际和平与安全方面发挥主导作用,中国在国际维和行动、国际人道主义救援行动中扮演着重要角色;中国积极参与国际货币基金组织、世界银行等金融机构改革,支持扩大发展中国家在国际事务中的代表性和发言权;在深海、极地、太空、网络等人类活动与国际政治"新疆域",中国主动引领国际规则的制定,为完善全球治理体系发挥着建设性作用。2013 年,中国提出"一带一路"倡议。这一倡议得到国际社会的普遍欢迎,已经成为当代全球治理中一个最耀眼的中国方案,也为当下"失序"的世界贡献了新的重要国际公共产品。近年来,中国还连续成功举办 APEC(亚太经合组织)领导人非正式会议、二十国集团领导人杭州峰会、"一带一路"国际合作高峰论坛、金砖国家领导人厦门会晤等一系列理念先进、举措务实的标志性会议,有力推动和引领全球治理体系变革。[②]

随着人类面临的全球性挑战日益增多、国家之间的相互依存不断加深,世界成为紧密相连的命运共同体,对全球治理体系进行相应的调整、改革和完善已势在必行。全球治理体系只有适应国际变革的新要求,才能为全球发展提供有力保障。为此,中国倡导构建人类命运共同体。

作为世界上最大的发展中国家,中国的发展与全球治理体系的完善紧密相连。在参与全球事务中不断提升中国的国际影响力、感召力、塑造力,是中国建设社会主义现代化强国的内在要求。在促进全球治理体系变革中,中国

---

① 高飞:《中国不断发挥负责任大国作用》,载《人民日报》2018 年 1 月 7 日。
② 高飞:《中国不断发挥负责任大国作用》,载《人民日报》2018 年 1 月 7 日。

主张的变革不是推倒重来，也不是另起炉灶，而是创新完善，使全球治理体系更好地反映国际格局的变化，更加平衡地反映大多数国家特别是新兴市场国家和发展中国家的意愿和利益。全球治理体系是由全球共商共建共享的，不可能由哪一个国家说了算。习近平主席提出："各国都应成为全球发展的参与者、贡献者、受益者。不能一个国家发展、其他国家不发展，一部分国家发展、另一部分国家不发展。各国能力和水平有差异，在同一目标下，应该承担共同但有区别的责任。"作为负责任的大国，中国积极推动构建人类命运共同体。中国正前所未有地走近世界舞台中央。在民族复兴的道路上，遇到各种各样的"陷阱"在所难免，我们要坚定自信、保持定力、尽力而为、量力而行，通过承担相应的国际责任提高我国国际影响力、感召力、塑造力，推动构建人类命运共同体。只有这样，才能与世界各国一道解决西方思维难以破解的全球权力转移中出现的国际公共产品供给难题，在实现中华民族伟大复兴的同时利己达人，为人类的和平与进步事业做出更大贡献。①

有研究者指出，"金德尔伯格陷阱"不仅内涵模糊，而且存在着三大悖论：首先，"金德尔伯格陷阱"的逻辑并非什么无可置疑的历史规律；其次，约瑟夫·奈在引申中修改了"金德尔伯格陷阱"的两个要件，其一是认为美国政府缺乏为稳定世界市场提供国际公共产品的意愿，就特朗普政府而言，这个大致成立，但从大尺度的历史眼光来看却未必，现在就下结论为时尚早。其二是认为中国缺乏提供国际公共产品的实力。事实上，中国提供公共产品的意愿和能力都在上升。虽然目前实力不足，但量力而行，积极为国际社会提供公共产品。第三，"金德尔伯格陷阱"并未摆脱"霸权稳定论"的窠臼，而约瑟夫·奈却回避了霸权稳定论的一个根本性问题，即美国霸权是否如 20 世纪 30 年代的英国那样急剧衰落。因此，总的来说。"金德尔伯格陷阱"这一概念最多适用

---

① 高飞：《中国不断发挥负责任大国作用》，载《人民日报》2018 年 1 月 7 日。

于 20 世纪 30 年代,对于今天的国际关系来说,却未必贴切。[①]

六、"萨缪尔森陷阱"论

2004 年,美国著名经济学家萨缪尔森(Paul Samuelson)在《经济展望》发表了一篇引发争议的论文,预言在自由贸易条件下,如果中国在美国具有比较优势的部门取得技术进步,提高劳动生产率,美国将遭受所谓净福利损失。此论一出,一度引起轰动,贸易保护主义者更是如获至宝,将其作为"保护政策"的理论根据。因为传统贸易理论认为,自由贸易即使会损害部分产业和人群,也只会给两国带来总的净福利增长。[②]

在 2018 年以来美国向中国发起史上最大规模关税战,贸易自由化与保护主义思想激烈交锋的背景下,有人借此提出"萨缪尔森陷阱"(Samuelson Trap)的说法,认为中美经贸关系已经变质,它只对中国有利,经贸往来成了中美关系中的一个所谓结构性障碍。这实际上未必是萨缪尔森的本意。萨缪尔森在文中指出,中美根据各自比较优势,通过自由贸易便可以提高两国福利水平,因为自由贸易下的经济总产出水平最高。如果中国在自己的传统优势领域实现技术进步,两国保持自由贸易,则中国福利因生产率提升得到改善,同时美国的福利也将得到改善,因为同等条件下进口成本下降了。这意味着自由贸易仍然是双赢,与传统贸易理论并无本质区别。

但萨氏也指出了另一种可能性:如果中国在美国本来具备优势的部门(如飞机制造)实现技术突破,大幅提高生产率,改变比较优势,结果则会不同。这时继续自由贸易,中国将获得净福利的增加,而美国将受损失。反对自由贸易和全球化的人往往就是拿这点作为"证据",主张实施贸易保护主义。这实际

---

① 施嘉恒、张建新:《约瑟夫·奈的"金德尔伯格陷阱"及其悖论》,载《复旦国际关系评论》2019 年第 2 期。

② 详见廖峥嵘:《"萨缪尔森陷阱说"为何不妥》,载《环球时报》2021 年 1 月 11 日第 14 版。

上断章取义,曲解了萨氏的本意。萨氏本人特别强调,他的分析无非假设了一国生产率提高可能带来的变化,从中"并不能得出应不应该采取选择性的保护主义的结论"。

萨缪尔森并未否认自由贸易和比较优势理论,自由贸易仍然可以使彼此受益。萨缪尔森提出,美国在自由贸易中遭受的所谓福利净损失,是相对于美国技术领先于中国时而言,而非中美开展自由贸易之前而言。换言之,美国即使在先进技术领域遭受所谓福利损失,总体福利水平相对于开展自由贸易之前也是增加的,而且这种变化也是因为中国取得了技术进步,而不是因为与中国开展了自由贸易。事实上,根据萨缪尔森统计,只有当中国的技术进步精确到恰好与美国技术水平相当,两国相对优势正好消失,这时才会发生中国单方面受益,美国单方面受损。但现实中这样的情形几乎不会发生。中美都是超级经济体,贸易部门为数众多,各领域、各部门、各行业的发展不可能保持绝对平衡和充分,生产率的内外差距永远存在。从经济学意义上讲,任何时候两国均存在可获利的贸易领域、部门、行业。即使按照萨缪尔森的推论,两国开展贸易不论达到何种程度,均好于完全不贸易。

不过,萨缪尔森的理论也不无新意。传统的比较优势论强调自由贸易带来的福利总量改善,但忽略了福利在不同人群、团体和国度间的不均分配。在发达国家,虽然全球化和自由贸易带来的收益一般来说是普遍的,但不同人群的获得感却有差别。较之制造业劳工,技术精英和资本阶层受益相对更多,但劳工群体人数更多,这是近几年一些国家的民粹主义和保护主义抬头的重要原因。萨缪尔森观点的新意在于,如果发达国家在高技术领域的优势逐渐丧失,这可能影响到此前在全球化中受益较多的精英,进而导致全球化的损益结构发生变化,这将改变技术和资本对全球化的支持。美国一些高科技企业对华态度的变化一定程度上就反映了这一点。虽然萨氏的理论并不能成为保护主义的理论依据,但客观上对美国政府也起到一定警示作用,即美国应当关注高技术领域的优势可能会被别国赶超,美国竞争力的衰退可能带来国际贸易和全球化收益的重新分配,原先受益的技术资本可能转而成为受损者。[1]

总的来说,许多研究者倾向于认为,随着美国特朗普政府的贸易保护主义日益加剧,"金德尔伯格陷阱"和"萨缪尔森陷阱"不过是被一些人作为美国贸易保护的理论工具。如果仔细梳理一下金德尔伯格和萨缪尔森的经济贸易理论,不难发现,金德尔伯格和萨缪尔森本质上都是自由贸易的支持者,他们所担忧的共同问题实际上是由美国自身的经济运行模式、国内制度规则和单边主义作风所造成的国家竞争力的不断衰落。"金德尔伯格陷阱"和"萨缪尔森陷阱"都是美国保护主义者的理论曲解的产物,他们所支持的贸易保护政策无助于解决美国面临的一系列问题,并且将对国际经济秩序的稳定产生负面冲击。[2]

第三节　发达国家国际秩序观念的根本
缺陷及其社会历史根源

上述有关国际秩序的思想观念或理论学说在学术上往往自成体系、自圆其说,其学术寿命长短不一,有的昙花一现,有的经久不衰,但都曾被学术界反复引用或讨论,也为诸多西方国家的决策者所津津乐道,更由于美国和西方在国际话语权方面的长期主导地位而在全球范围流布甚广,影响较大。然而,这些形形色色的国际秩序观念或理论都存在着各种各样的问题,其中也包括许多共同的缺陷,例如,社会达尔文主义的丛林法则与基于权力政治逻辑的冲突型战略文化与秩序观念处于主导地位,美国-西方中心主义的思维方式与价值

---

[1]　廖峥嵘:《"萨缪尔森陷阱说"为何不妥》,载《环球时报》2021年1月11日第14版。
[2]　原倩:《萨缪尔森之忧、金德尔伯格陷阱与美国贸易保护主义》,载《经济学动态》2018年第10期。

取向更是无处不在,许多理论的出发点甚至可以说主要是为确立、维持或巩固
西方发达国家的全球主导地位进行理论说明或提供舆论支撑。这些秩序观念
有着深刻的社会历史根源,同时也是基于西方发达国家在世界政治经济体系
乃至全球文化与意识形态格局中的优势地位。这同时也意味着,在国际体系
发生真正的结构性变革之前,这类国际秩序观念还有着深厚的现实土壤和显
著的延续性。

一、发达国家国际秩序观的根本缺陷

前述几种代表性的西方世界秩序观或理论学说,大多偏重权力结构的体
系秩序观与冲突秩序观,具有浓厚的西方中心主义、社会达尔文主义和道德普
遍主义色彩。

1. 西方中心主义与利己主义

西方中心主义或西方中心论,是西方国家在现代资本主义的生成与扩展
过程中,尤其是在全球的殖民化进程中逐步形成的某种优越感、自负心理与思
维方式。其核心是认为西方文化优于、高于非西方文化,人类的历史围绕西方
文化展开,西方文化特征、理想或价值具有"普世性",代表了非西方世界或者
说整个人类的未来发展方向。

西方中心主义最极端、最露骨和最粗劣的形式是种族优越论。但更多地
以较为"温和"、隐晦的形式出现,使人难以察觉,特别当它隐含在各种"科学
化"、概念化的理论学说之中时,让人一时难以察觉而信以为真,西方现代化理
论以及许多国际政治与世界秩序理论就是如此。西方中心论认为,西方文化
原本是在特殊的历史环境下发展出来的特殊的社会现象、制度设计、价值观念
与生活方式,具有普遍意义。西方文化及其社会政治体制与经济模式在全球
范围内的成功扩张,更加强化着这种普遍观念。因此,西方中心论是一种西方
人与生俱来的有色眼镜,它本质上是西方的"看法"。只要处于这种文化中,便

不自觉地拥有这种"看法"。

西方中心论较为表层、粗俗、很容易让人辨识和反感的表现是其强烈的文化、意识形态与道德优越感,以及对非西方文明、非西方民主("非我族类")的傲慢和蔑视;但更为深层和隐晦的是,西方中心论构成了一套概念设定,把西方与非西方分别置于高低不同甚至相互对立的概念等级或价值等级之中,并赋予出自西方社会的概念、模式、理论、观念等以最高优先权,例如理性与非理性、开明与蒙昧、科学与玄学;在政治价值观和意识形态上,还派生出民主与专制、自由与奴役、人权与反人权,等等。总之,西方中心论是西方人以自己的价值观、世界观(实际上还有自我利益)作为尺度来看待和评判非西方社会和非西方文明,本质上体现的不过西方的观点或立场。缘于西方文化的这套概念结构,规定了西方看待世界的方式。因此,任何人包括非西方人,如果不加批判地接受和使用这套概念工具,在理论研究和政治实践中把西方理论奉为圭臬和解决自身问题的唯一途径,甚至脱离特定的历史条件与社会境遇,把"西方的问题"与问题意识等于自身的问题和关切,①那就无异于采取了西方的立场,不自觉地加入了西方中心主义的合唱。

西方中心主义的思维方式,具体表现在国际秩序问题上就是,倾向于认为国际秩序的制度安排和交往规则应该遵循西方的经验和价值选择,西方世界在全球政治经济与文化格局的主导地位是理所当然和不容挑战的,西方国家尤其是西方大国自身的价值偏好和利益需求才是最重要的。照此逻辑,非西方世界的发展特别是新兴大国的崛起,就构成了对西方的威胁;非西方大国寻求国际秩序改良和全球治理体系变革,希望现有秩序更加公正、合理、和平的正当诉求,就构成了对现有"规则"的破坏或对现行秩序的挑战。"霸权稳定论""文明冲突论""权力转移论"以及各种"陷阱论",无不明示或隐含着这样的

---

① 魏传光:《警惕理论研究中的"西方中心主义"》,载《红旗文稿》2018 年第 17 期。

逻辑。但与此同时，西方大国或出于自身利益需要而肆意践踏国际法准则，无视甚至任意抛弃某些国际制度安排，乃至滥用武力干涉他国内政的行为，却被贴上各种理论符号或道德标签，用另一套标准、以强词夺理的方式来加以辩解和论证。因此也可以说，西方中心主义实质上也是西方利己主义。

2. 意识形态与道德普遍主义

与西方中心论密切相关，或者说作为其不可避免的一个结果，是西方社会在意识形态、价值观或伦理道德上占主导地位的普遍主义与绝对主义倾向。意识形态与文化价值观上的普遍主义和绝对主义，简言之就是将自己的价值观等同于普世价值观，将自己的政治体制、经济模式与生活方式视为唯一合理、可行的形式。用阿布戴尔-马里克的话说，西方中心论实际上就是西方"把自己各个不同时期的主导意识形态作为所有可能存在的社会的意识形态"。①在李约瑟看来，西方中心主义或其早期形态欧洲中心主义，"根本错误是那样一种心照不宣的假设，即事实上在文艺复兴的欧洲才扎下根来的现代科学技术是普遍的，随之而来的则是，凡是欧洲的就同样是普遍的"。②

西方自由国际主义的国际政治观念同样蕴含着浓厚的道德普遍主义和绝对主义倾向。例如，20世纪以来集自由国际主义思想之大成的威尔逊主义，就有一个著名的口号："必须在全球保卫民主"（The world must be made safe for democracy）。③民主和平论、历史终结论、文明冲突论等，无不明示或暗含着这种逻辑。这种逻辑在当代西方大国对外政策中的突出表现，就是把不同于西方意识形态与价值观的社会政治体制和发展模式一概视为"异端"甚至威

---

① ［法］阿努瓦·阿布戴尔-马里克：《文明与社会理论》，张宁等译，杭州：浙江人民出版社1989年版，第23页。

② ［法］阿努瓦·阿布戴尔-马里克：《文明与社会理论》，第114页。

③ President Wilson's Declaration of War Message to Congress，April 2，1917，Records of the United States Senate；Record Group 46，National Archives. President Wilson's Message to Congress，January 8，1918，Records of the United States Senate；Record Group 46，National Archives.

胁,必欲教化、改造甚至消除之而后快,从而走向强人所难且不加节制的对外干涉主义。

3. 社会达尔文主义的强权政治逻辑

非常吊诡的是,美国等西方大国一方面高举"自由主义-国际主义"的道义大旗,另一方面却又对现实主义的权力政治逻辑情有独钟并且身体力行。这两种看似矛盾的国际政治哲学在西方大国的对外关系实践中并行不悖。

按照一项代表性的研究,国际秩序观念虽然多种多样,但基本集中在两个维度上:一是认为国际体系中的实力结构决定国际秩序;二是认为国际社会中的规则、制度、规范和认同维持着国际秩序。前者可称为国际体系秩序观,后者可称为国际社会秩序观。前者主要包括霸权秩序观(认为只要国际体系的格局是霸权或单极结构,国际秩序就趋于稳定)和均势秩序观(认为只有均势结构才能维持秩序的稳定);后者主要包括法制秩序观(认为国际社会中的规则和制度或者说国际性法律和准法律体系才是秩序的根本保证)和文化秩序观(认为只有在一定的文化结构中才能建立真正稳定的秩序,而国家之间可以建构共同体,实现利益和身份上的认同)。①

西方新旧自由主义和新旧现实主义国际政治理论所蕴含的世界秩序观,包括由这两大理论传统衍生出来的或与之多少有所关联的霸权秩序论、均势秩序论、文明冲突论,以及有关大国崛起与国际体系变迁的各种理论学说,其中大多属于以权力政治思维为核心的国际体系秩序观的范畴。

"自由主义"和道德普遍主义与现实主义的强权政治和利己主义,看似两个极端,实际上却相辅相成,构成了西方大国尤其是美国对外政策的一体两面。以美国为例,其对外政策与对外行为的独特之处就在于它与美国意识形

---

① 详见秦亚青:《全球治理:多元世界的秩序重建》,北京:世界知识出版社 2019 年版,第 7 - 9 页。

态即"美国生活方式"具有"普世性"与优越性的深刻信念密不可分。美国权势的扩张与美国生活方式的拓展总是相伴相生、并行不悖。美国安全战略传统的另一大特征，是对实力尤其是军事实力的极度推崇。"以实力求安全"，是美国人所持有的安全观念与战略思想中的一个非常重要的特点，也是一种经久不衰的战略现实主义思想传统。美国安全战略始终把武备放在首位，把武力作为重要政策工具。这实际上体现了美国两党政府共享的战略观念，只不过在某些保守派战略思想中表现得更加突出而已。美国的战略文化具有浓厚的社会达尔文主义色彩和突出的冲突型特征，反映了"西方战略文化中的冲突与暴力传统"。[①] 美国的安全战略与对外行为，常常力图把激进的外交和军事政策与传统的宗教价值结合起来，塑造一个没有对等竞争对手的世界。无论是打击所谓"无赖国家"，扩展民主，还是遏制竞争对手，都不排除采取战争行动。[②] 美国的这种"好战特征"被人们称为"黩武主义"或"新军国主义"。[③] 表现在国家安全政策上，它有内外两层含义：对内把军事准备放在治国方略和安全战略的首要地位，对外把武力作为解决国际政治与外交问题的一种重要工具。[④]

美国的全球战略特别是其中所包含的强权政治思想甚至"黩武主义"倾向，其特色就在于，以"特选论（上帝选民）""天命观""例外论"等价值观为理论基础与精神动力，以美国实力优势为物质条件，试图通过武力等强制手段来推广美国"价值"、实现美国"理想"，而不只是满足于追求一般的物质"利益"。冷战时期著名的国家安全委员会第 68 号文件就是这种思想传统的集中反映。

---

① 宫玉振：《中国战略文化解析》，北京：军事科学出版社 2002 年版，第 49 页。
② 李少军：《全球重大武装冲突：现状与走势》，载李慎明、王逸舟主编：《2006 年：全球政治与安全报告》，北京：社会科学文献出版社 2006 年版，第 1 章。
③ 例如，[美]安德鲁·巴塞维奇：《美国新军国主义》，葛腾飞译，上海：华东师范大学出版社 2008 年版；Michael Mann, *Incoherent Empir*, London: Verso, 2003; Ismael Hosein-zadeh, *The Political Economy of U. S. Militarism*, New York: Palgrave Macmillan, 2006; Chalmers Johnson, *The Sorrows of Empire: Militarism Secrecy, and the End of the Republic*, New York: Metropolitan Books, 2004.
④ 石斌：《美国"黩武主义"探源》，载《外交评论》2014 年第 3 期，第 82 页。

从冷战后一度得势的新保守派那里，仍然可以清楚地看到此种战略观念的影响。主导了小布什政府外交政策的那批"武装的威尔逊主义者"，其战略思想的基本特征，就是武力手段与意识形态旗帜并举。①

4. 排他性、竞争性的冲突秩序观

西方现代政治思想中所弥漫的社会达尔文主义倾向和强权政治逻辑，体现在国际秩序与国际关系问题上，必然导向一种以冲突为基调的秩序观。霸权秩序论、均势秩序论、权力转移论，更不要说文明冲突论与民主和平论，都明示或者蕴含着强烈的冲突倾向。② 霸权稳定论强调霸权存在的"必要性"，而要维护霸权就必然要打压霸权的挑战者，甚至因此发动战争或引发战争；权力转移论同样强调，在权力转移的过程中，霸权国与挑战者之间的争霸战争几乎是不可避免的；均势论在历史上具有某种弱势国家联合"反霸、遏霸"的作用，但其力量制衡原则本身就是一种对抗逻辑，由于力量均势本身的不确定性、不稳定性或不充足性，平衡一旦不成立或者被打破，最终往往走向冲突与战争。文明冲突论、民主和平论更是明确认为文明形态、政治体制、意识形态与生活方式本身就有高低贵贱之别，甚至具有排他性和竞争性，这实际上使得干涉主义包括军事干涉被合理化，导致所谓强势的同质"文明"干涉弱势的"异质"文明，"为民主而走向强权""为和平而发动战争"。用华尔兹的话说，"民主国家之所以发动战争，是因为它们经常认为，维护和平的最好方式就是打败非民主国家，或者把它们变成民主国家"。③

---

① 石斌:《美国国家安全战略的思想根源》，载《国际政治研究》2021 年第 1 期。

② 高奇琦:《全球共治:中西方世界秩序观的差异及其调和》，载《世界经济与政治》2015 年第 4 期，第 70 页。

③ ［美］肯尼思·沃尔兹:《冷战后的结构现实主义》，载［美］约翰·伊肯伯里主编:《美国无敌:均势的未来》，韩召颖译，北京:北京大学出版社 2005 年版，第 36 页。

二、发达国家国际秩序观的社会历史根源

西方国际秩序观念所隐含、折射或凸显的西方中心主义、道德普遍主义和社会达尔文主义特征或者毋宁说缺陷与局限性,与西方主流国际政治思想传统一脉相承,其思想源头可以追溯到西方的近代政治哲学,其现实背景则与现代资本主义生成和扩展的历史进程密切相连,与西方大国在现代世界体系中的实力地位有关。

其一,西方中心主义立场及其利己主义倾向,其来有自。

西方中心主义大约从 17、18 世纪开始出现,至今已有 300 余年的发展演变历程。在此过程中,西方资本主义的历史地位和处境经历几次重大变化,西方中心主义的实践指向也相应发生了变化。17、18 世纪,西方资产阶级处在反封建的革命时期,其意识形态代表人物主要强调的是以资本主义自由、民主、人权为核心的价值体系和社会政治经济制度在反封建方面的进步性和优越性。19 世纪中叶以后,西方列强在国外面临殖民地、半殖民地人民反对帝国主义和殖民主义的斗争,在本国则面临无产阶级反对资本主义的斗争。在这个背景下,资本主义意识形态的代表人物必须面对两大对象——殖民地和半殖民地人民以及本国或本土的无产阶级,来宣扬资本主义价值体系和社会制度之进步性、优越性和不可取代性。

到了 20 世纪,对资本主义历史地位和西方中心主义的理论解说又有了新的发展。例如,马克斯·韦伯断言,基督新教伦理中的勤奋敬业和讲求实效的"理性精神"是推动西方"理性资本主义"发生和发展的一个重要原因;此种"理性精神"是从西方古代犹太人、希腊人和中世纪基督徒精神中的某种近乎基因似的要素中发育而来的,是西方文明特有的优越性所在,一切非西方的宗教包括他所理解的"儒教"、道教、佛教和伊斯兰教都没有所谓的"理性精神",不可能产生"理性资本主义",也不可能产生与"理性资本主义"相联系的"民主的"

政治制度和"独立的"法制体系,只能在专制制度压迫下停滞不前、苟且生存。美国社会学家帕森斯(Talcott Parsons)在韦伯理论的基础上编制出一套"现代化=西方化=美国化"的理论,宣称非西方国家要实现现代化,就只能走西方化或美国化的道路。弗里德里希·哈耶克也曾断言,在基督教以及希腊人和罗马人奠定的基础上逐渐成长起来的西方文明,其最珍贵的核心价值,就是对"个人自由"的尊重,由此建立起来的一整套体现自由主义原则的政治、经济、法律和社会制度,是非西方国家应当效法的榜样。当今西方中心主义意识形态的现实指向,则进一步表现为向非西方世界大力推广以西方资本主义自由、民主、人权为核心的"普世价值"。这已成为西方国家对非西方世界推行"和平演变"和各种形式"颜色革命"的长期战略的一部分。①

西方中心主义思维方式与行为模式的产生和发展,当然不是依靠纯粹的理论演绎,而是有其非常现实的物质条件和权力政治基础,与现代资本主义生成和扩展的历史进程密切相连,与西方大国在现代世界体系中的实力地位有关,或者说的更直接一点,与资本主义的全球化进程,也即资本主义生产方式与社会政治组织方式及其政治意识形态在取得历史性优势和主导地位之后的全球性扩展有关。其实,马克思和恩格斯在《共产党宣言》中早就深刻和清楚地指出了这一点。我们在此不妨重温其中几个重要的相关论断:首先,"现代资产阶级本身是一个长期发展过程的产物,是生产方式和交换方式的一系列变革的产物"。"资产阶级在历史上曾经起过非常革命的作用。"其次,"资产阶级在它已经取得了统治的地方把一切封建的、宗法的和田园般的关系都破坏了"。"资产阶级除非对生产工具,从而对生产关系,从而对全部社会关系不断地进行革命,否则就不能生存下去。"最后,"资产阶级,由于开拓了世界市场,使一切国家的生产和消费都成为世界性的了"。"过去那种地方的和民族的自

---

① 详见庞卓恒:《西方中心主义的历史演进和现实指向》,载《理论导报》2016年第9期。

给自足和闭关自守状态,被各民族的各方面的互相往来和各方面的互相依赖所代替了。物质的生产是如此,精神的生产也是如此。"①这里说的就是资本主义的全球化进程——当然主要指的是它在上升期与鼎盛期的全球性扩张和对世界落后地区的政治、经济以及文化和意识形态影响。

其二,西方国际秩序观所蕴含的意识形态与道德普遍主义,与西方中心论和利己主义是一脉相承的,是其思想上的必然产物与逻辑延伸,其现实基础则是西方发达国家在现当代世界体系中的长期权力优势。

"西方中心论"与利己主义的实质,就是以西方的权势、利益与价值为基点和圭臬,并假定"西方的就是世界的"。这一特征无论在主观意识上还是客观表现上都非常明显。

如果说西方的现实主义理论语言主要围绕权力政治及其所界定的现实利益展开,其价值观与意识形态内涵较为隐晦;那么,由自由主义这种西方主流政治哲学所派生出来的各种理论,其利益诉求、价值取向和意识形态偏好则非常明显。在此并不需要做过多的论证。战后以来,西方大国致力于确立和维护所谓"自由国际主义秩序",并基于它们在现当代国际体系中的总体优势地位,把西方社会基于自身历史经验和文化价值观念所定义的"自由""民主""人权"等概念视为"普世价值"来加以强行推广,具有鲜明的道德普遍主义特征和强烈的意识形态色彩。"民主和平论""文明冲突论""历史终结论""霸权稳定论",等等,无不体现了西方权势的傲慢与意识形态偏见。

事实上,几乎所有的社会科学知识都是"地方性知识"。② 仅仅或主要基于任何一种地方性或区域性文明、文化的政治思想与秩序观念,本质上只是特定认识主体在特定环境下对世界的一己之见,并不能代表、替代其他文明背景

---

① 马克思、恩格斯:《共产党宣言》,北京:人民出版社 1997 年版,第 29 - 31 页。
② 秦亚青:《国际关系理论发展的现状》,载《国际观察》2016 年第 1 期,第 5 页。

下的认识主体的见解。每个民族都有自己的价值体系,没有哪一种价值体系先验地具有优势,人类的共有知识与共享价值也不可能被强行灌注,而只能在不同文明交流互鉴的过程中自然形成。然而在西方权力优势的加持下,西方中心主义的世界观与历史观却使缘于西方世界的地方性知识被普遍化,同时使得非西方世界在自身发展过程中所累积的知识、经验与价值理念被边缘化。实际上,"当地人"和"在地化"的知识与经验具有不可替代性。只有通过充分的跨学科与跨文明对话,从全球历史经验与知识体系出发,才能构建超越"西方中心",为国际社会所共享的世界政治经典知识,并构建以弘扬人类共同利益与共同价值为根本目标的新型国际秩序理论。

更重要的是,世界历史本身的巨大变化已经使世界政治呈现出与经典政治理论大不相同的图景,使西方主流国际政治理论与国际秩序观念受到强烈冲击。在美国霸权衰退、新自由主义遭遇困境、全球格局"东升西降"、国际秩序动荡变革、世界处于"百年变局"的大背景下,非西方世界在自身发展过程中所累积的物质基础以及知识、经验与价值理念,对于全球治理体系的变革和世界秩序的重塑,正在变得越来越不可或缺。"百年大变局"涉及众多维度,其核心是力量格局、思想观念与制度规范的变化,其实质是"东升西降"即西方力量优势和全球主导地位首次面临可能被打破的前景——这意味着传统"中心—外围"结构和"西方中心论"的真正终结。[①] 中国等新兴国家的发展证明,西方模式并不是唯一的选择。西方国际政治理论与国际秩序观念的局限性在"大变局"的背景下日益突出,无法充分解释不同发展模式下的新兴大国崛起等重要现象。西方大国在意识形态与道德价值观上的普遍主义或绝对主义思维,其实早已不合时宜。

其三,社会达尔文主义与强权政治逻辑同样植根于西方政治思想史与对

---

① 石斌:《全球史研究与国际关系理论创新:困境与出路》,载《世界经济与政治》2024 年第 1 期。

外关系史,构成了西方政治思维与战略实践的文化基因。

社会达尔文主义一般是指由达尔文生物进化理论派生出来的西方社会学观点,其早期思想家实际上还包括赫伯特・斯宾塞(Herbert Spencer)等人。其核心观点是用达尔文的生存竞争与自然选择的观点来解释社会的发展规律和人类之间的关系,认为人类社会具有物竞天择、弱肉强食、优胜劣汰、适者生存等特征,只有强者才能生存,弱者只能遭受灭亡的命运。社会达尔文主义在19世纪后期和20世纪前期在欧美都曾广泛流行,甚至被一些人用来为社会不平等、种族主义和帝国主义正名。虽然在二战结束之后,社会达尔文主义因其显而易见的谬误已经不再时髦,但实际上已经挥之不去,深刻地影响了当代美国-西方社会的政治与战略思维。

从政治思想史的角度看,以权力政治思维为核心的政治现实主义思想传统,实际上是一种跨文化传统,并非西方社会所独有。就此而论,现实主义实际上是不同文明体系中或多或少都具备的有诸多相似性的“一类”思想,而不是纯粹出自西方的“一种”思想;同时也是一种不断演化的思想传统而不是一个一成不变的思想体系。简言之,现实主义在不同的时代和文化背景下有不同的思维模式和表现形式。然而被当代西方国际政治学所理论化和系统化的现实主义思想已经被打上了西方独特的历史印记和文化烙印,例如国家中心主义、社会达尔文主义、大国政治观念与大国特权意识;尤其是从权力政治逻辑中衍生或推演出来的各种子理论或战略思想,例如均势、地缘政治、联盟等思想理论及其战略实践,更是西方政治价值观和利益诉求的直接反映。美式现实主义还经常伪装成实用主义,以至于美国政治家常常不得不用“有原则的现实主义”来加以粉饰。

西方国际关系理论中的现实主义,其各种分支所共享的基本观点或核心假定,大多是由传统现实主义所确立的,例如:悲观的人性论,国际体系无政府状态论,国家中心论,权势-利益论,“非道德”国际政治论,以及均势、传统外交、联盟政策、有限战争等政策工具与安全策略。

就西方现实主义权力政治观的实践含义而言,如果说传统现实主义者所主张的多极均势主要基于近现代欧洲国际体系与国际秩序的历史经验,肯尼思·华尔兹的两极均势稳定论,则显然是基于冷战历史经验。在华尔兹看来,如果霸权体系被证明难以确立和维系,一个相对简单的两极格局不仅更为稳定,且由于两极均势主要基于相互战略威慑,美国及其西方盟国实际上拥有总体优势和更具可持续性的竞争力,当然也更值得推崇。其中的价值取向不言自明。如前所言,进攻性现实主义认为在一个安全稀缺的无政府体系中,国家总是想谋求优势而不是维持均势。

"进攻性现实主义"与"防御性现实主义"这一分野的出现及其流行,实际上与冷战后世界政治经济形势的发展趋势,包括中国等新兴大国崛起的现实背景密切相关。尤其是以米尔斯海默为代表的所谓进攻性现实主义,在流传过程中逐渐把中国作为其主要分析案例,近些年已成为质疑大国"和平崛起"之可能性的主要理论工具。米尔斯海默反复宣称"中国不可能和平崛起"。然而他从未认真论证过为何中国就不可能采取和平发展战略,对中国长期以来寻求与美国和平共处、互利共赢的努力视而不见,对中国的政治传统与战略文化更是不屑一顾——其极端化的"结构主义"逻辑也根本容纳不下这些内容。实际上,正如他本人所言,美国不会允许世界任何一个地区出现一个美国之外的霸权,那样不仅美国的地区利益会被排斥,美国的全球地位也将面临一个强劲对手(尽管他同时又认为"任何一个国家都不可能成为全球霸主")。[1] 换言之,所谓中国不可能和平崛起,说到底还是因为美国不愿意看到中国崛起,甚

---

① "John Mearsheimer Interview: Conversations with History," Institute of International Studies, UC Berkeley, April 8, 2002, http://globetrotter. berkeley. edu/people2/Mearsheimer/mearsheimer-con0. html.

至不允许中国崛起! 这才是问题的实质。①

防御型现实主义更强调国家对意图的表达和认知及其可能的安全合作行为,看起来是对进攻性现实主义的一种"纠偏",但并未解决国家意图的不确定性所导致的安全困境问题,其所谓"攻守平衡"论,不仅难以从技术上区分和测量,也难以保证防御性优势不被转化为进攻性优势,因此也可以被用来为一些国家破坏全球战略稳定的行为背书。美国发展和部署导弹防御系统引发中俄等许多国家的忧虑和反对,就反映了防御现实主义的理论主张在实践中所面临的困境。②

其四,就国际秩序而言,社会达尔文主义和强权政治逻辑必然导向冲突秩序观,与西方政治思想传统的许多类似特征不谋而合。

例如,英国思想家托马斯·霍布斯(Thomas Hobbes)一般被视为政治现实主义在近代西方的一个重要代表。霍布斯就较早对冲突秩序观做过系统论述。霍布斯认为,人类的天性是争斗,而造成争斗的原因主要有三种:竞争、猜疑和荣誉。基于对人性的这种悲观看法,霍布斯认为人类的自然状态就是战争状态。霍布斯指出:"在没有一个共同权力使大家慑服的时候,人们便处在所谓的战争状态之下。这种战争是每一个人对每个人的战争。"因为人们长期处于这种战争状态的煎熬之中,所以人们将自己的权利让渡出来,通过相互订约(即所谓社会契约)的方式组成国家。霍布斯就此写道:"我承认这个人或这个集体,并放弃我管理自己的权利,把它授与这人或这个集体,但条件是你也把自己的权利拿出来授与他,并以同样的方式承认他的一切行为。这一点办到之后,像这样统一在一个人格之中的一群人就称为国家。"③这其中的逻辑链条是:人性本恶或者人性中的固有缺陷,导致人们彼此处于以冲突为特征的

① 石斌:《国际关系思想史研究的重要实践意义》,载《史学月刊》2021年第1期,第5—12页。
② 刘丰:《现实主义理论的内部论争及其发展方向》,载《国际论坛》2006年第3期,第7—11页。
③ [英]霍布斯:《利维坦》,黎思复等译,北京:商务印书馆1995年版,第92—96页。

自然状态,为缓解这种处境,人们相互订立契约,形成所谓"利维坦式"的国家。人与人之间的冲突和不信任是这种逻辑推演的主要动因。无论是法国思想家孟德斯鸠(C. L. Montesquieu)所论证的三权分立、相互制衡,还是英国思想家约翰·斯图尔特·密尔(John Stuart Mill)所倡导的以代议制和选举为核心的政治参与方式,乃至英国思想家约翰·洛克(John Locke)所阐述的社会与国家对抗逻辑,都体现了这种冲突和不信任关系。[①]

这种原本主要基于国内政治的冲突逻辑,被后世众多思想家进一步推演到国际政治层面,从而产生构成现实主义传统的若干重要命题,如国际体系的主要行为体是各自主权独立并垄断暴力使用权的国家;由国家构成的国际体系由于没有更高权威,同样处于自然状态,即无政府状态;在无政府国际体系中国家只能奉行自助原则,彼此猜忌、竞争甚至对抗;国际政治的本质因此就只能是权力政治;解决矛盾与冲突、维持国际秩序稳定的途径只能是均势、同盟、有限战争等等,而这些手段本质上都基于权力政治逻辑。

显然,基于西方竞争性思维模式和冲突型价值观、具有实用主义和社会达尔文主义倾向的各种国际政治理论与国际秩序观念,既无法为这些理论本身所提出的问题如安全困境、修昔底德陷阱、"国强必霸"、大国权势转移中的冲突等提供有效解决方案,更无助于把国际关系引向更加积极、健康的方向。

第四节 "自由国际秩序"的神话与现实

最后,让我们回到人们常说的"战后国际秩序"或"现行国际秩序"的基本

---

① 高奇琦:《全球共治:中西方世界秩序观的差异及其调和》,载《世界经济与政治》2015 年第 4 期,第 67-87 页。

性质这个现实问题。战后秩序或现行秩序是一种所谓"自由国际秩序"吗?①

　　人类社会政治诸领域的许多重要概念或"关键词",直接影响了人们理解历史和现实的路径与方式。概念史其实也是观念史和思想史,是历史的重要乃至核心组成部分。然而概念的缘起、流变与扩散都有其特定的时空背景,作为一种"知识"或"话语",更是政治现实与权力格局的折射。在概念的传播和使用过程中,往往会出现有意无意的误解或曲解,误用或滥用,甚至以讹传讹,成为"错误的常识"。因此,概念的正本清源至关重要。

　　在国际关系研究中,国际秩序(或更为广泛的世界秩序与全球秩序)始终是一个具有全局和长远意义的重大主题。其中一个非常值得注意的现象是,现当代尤其是二战后国际秩序,经常被西方主流话语贴上"自由(主义)国际秩序"(liberal international order)或"自由国际主义秩序"(liberal internationalist order)的标签,而且这个标签也经常被非西方学者采用。然而这其实是一个伪命题,是美国等西方大国所塑造的一种全球性主导话语,一种禁不起科学验证的虚构叙述和主观价值,既不符合事实也不符合逻辑,本质上就是一个神话,一种"迷思"(mythos/myth)。

　　当今世界所面临的"大变局",具有丰富的内涵,涉及格局之变、制度之变、技术之变、观念之变等多个层面。其中最为深刻的变化,大概就是与中国等新兴大国的崛起有关的国际体系结构变迁以及相应的国际秩序变革。国际秩序的走向再次成为世界政治中的一个热点议题。然而,现有国际秩序或者人们常说的"战后国际秩序",其基本性质与主要特征是什么? 它真的是一种"自由国际秩序"吗? 不弄清楚这些基本问题,就无法理解国际秩序变革的意义与方向。

---

① 本节内容主要取自石斌:《"自由国际主义"的迷思与世界秩序的危机》,载《史学集刊》2020年第4期。

一、"自由国际主义"的理论与实践

要理解"自由主义国际秩序"或"自由国际主义秩序",必须先了解"自由国际主义"的国际政治思想。

在国际政治思想史上,传统自由主义一般被称为"自由国际主义"(批评者称之为理想主义或乌托邦主义)。其思想源流主要经历了三个历史阶段:在18世纪由孟德斯鸠、康德等启蒙思想家"肇其端";在19世纪由边沁、穆勒等自由主义政治哲学家"扬其波";在二十世纪二三十年代由美国总统威尔逊为代表的一批欧美自由主义者"总其成"。自由主义国际政治思想的基本格局至此已大致定型,此后都不过是修修补补。自20世纪70年代以来,经过自我调整又以"新自由(制度)主义"的面目卷土重来,并在世纪之交即冷战结束前后进入又一个"辉煌"时期,直到大约持续20年的"后冷战时代"结束。而所谓新自由制度主义,不过是与现实主义进一步妥协,更多聚焦于自由主义传统原本就包含的"制度"要素(正如新现实主义之聚焦于"结构")。

在国际政治实践中,自由国际主义是一套国际秩序改革方案,旨在使国际关系适应西方国家的宪政自由民主模式,据称这可以为人类带来和平、自由和繁荣。整个20世纪,至少就舆论宣传和政治动员而言,美国是其主要推广者。

自由国际主义改造国际秩序的基本思路就是主张建立国际制度、限制军备、推动自由贸易、促进民主政治和保障人权。如前文所言,其改革方案主要包含三种形式或途径。一是适用于跨国层面的商业自由主义(贸易和平论);主张推动跨国自由贸易。其核心假设是国家间在经济上的相互依赖可以减少使用武力的动机和提高使用武力的代价。其二是适用于国家层面的共和自由主义(民主和平论)主张在全球扩张民主,认为国内政治民主化有助于实现国际和平。其三是制度自由主义(制度和平论),认为国际制度与规范有助于缓解国际无政府体系所蕴含的冲突和安全困境。

这背后的哲学基础和理论信条却颇为庞杂:一是信奉理性主义和历史进步论,认为人类能够通过自己的理性不断改变世界,推动社会历史的进步,具有乐观主义精神;二是强调"规则""制度"与"法治",具有制度主义和法理主义倾向;三是主张"开放"与"合作",反对各自为政、孤立自处,因此具有"国际主义"或全球主义特征;四是崇尚"自由""民主""人权"等"普世价值";强调个人价值,反对国家中心主义,具有普遍主义和道德主义特征,以及强烈的意识形态色彩;五是倡导"共同利益"与"集体安全",具有多边主义特征。

按照西方学术界的流行观点,"自由主义国际秩序"是英美等"自由主义国家"崛起的产物,发端于19世纪,成型于20世纪下半叶。英国在19世纪率先推动贸易开放、金本位、海上航行自由等自由主义国际制度。一战后美国总统威尔逊提出"十四点"和平计划,首次系统阐述了具有典型"自由国际主义(威尔逊主义)"特征的国际秩序主张。二战期间,美英领导人即罗斯福和丘吉尔在《大西洋宪章》中重新阐述了具有自由主义色彩的国际秩序观念。二战结束后,主要战胜国通过制定《联合国宪章》,试图建立一个以大国合作为基础的国际秩序,并建立了布雷顿森林体系即国际经济秩序。[①] 但冷战的爆发导致世界分裂,"自由国际秩序"实际上成为美国领导下的西方秩序。非西方世界主要参与的是联合国体制(中国甚至一度被排除这个体制之外)。在20世纪70年代东西方关系缓和的背景下,这种西方秩序得以逐步向非西方世界扩展,并在冷战结束之后与联合国体制一道构成了全球秩序的主要内容。

二、"战后国际秩序"的基本性质

在当代全球政治话语中,"自由国际秩序"是一个使用频率极高的概念,它有时又被表述为"自由国际主义秩序",但并无实质区别。"国际主义"一词在

---

① 达巍:《西方"自由主义国际秩序"的困境与中国的选择》,载《战略研究》2017年第3期。

美国人的语境中主要是相对于孤立主义而言的。相应地,美国确立、巩固或维系这种秩序的战略也被称为"自由国际主义大战略"。

所谓战后自由国际秩序,即使不是"羊头狗肉",至少也是以偏概全。

首先,如前所言,在长达至少40余年的冷战格局下,不可能存在一个全球性的自由国际秩序,那最多只是一种西方秩序。关贸总协定、世界银行、国际货币基金组织这类具有自由主义色彩的国际贸易金融制度安排,都是由西方大国主导确立并且长期主要适用于西方世界内部,只是在冷战后才具有全球性质。而且,所谓战后国际秩序,除了西方国家"自弹自唱"的自由主义秩序,还包括由主要战胜国共同创建的联合国体制,以及迄今为止逐步达成的涉及众多实践领域的各类国际协定或制度安排。

其次,国际秩序的性质既涉及作为其思想基础的价值观念与意识形态格局,也体现在经济、贸易、金融,以及政治、安全等具体实践领域。各个领域的实际情况并不相同甚至大相径庭,不可一概而论。

从思想基础或价值理念上看,"自由国际(主义)秩序"这个标签本身试图表明它是传统自由国际主义思想的体现,包含(或隐含)了"自由主义"和"国际主义"两个关键词,但在实践中其思想底色并非如此单纯。

从具体的制度设计上看,战后国际秩序主要由内容庞杂,有时甚至互相冲突的三类国际制度组成。一是旨在消除经济交往壁垒的国际经济制度。如世贸组织、世界银行、国际货币基金组织等,以及联合国框架下的国际发展机构和众多地区经济与双边经济条约。二是旨在限制武力、防止大规模战争的政治-安全机制,如联合国集体安全机制,美国的联盟体系,欧盟、东盟等地区组织,以及各种军控机制和国际信任措施等。三是旨在促进人类社会"正义"与"善治"的各种伦理-法律规范、问题解决机制与制度安排,如联合国框架下的人权规范或机制，以及气候、环境、产业等众多功能性领域的制度安排。①

从国际秩序的实践领域看，其实主要是国际经济贸易与金融秩序，以及占据全球话语主导地位的政治意识形态具有较多自由主义特征。国际安全秩序则远非如此。除了经常被大国政治左右、实际作用极不稳定的联合国集体安全体制，战后美国在西方所建立的以联盟体系为核心的国际安全秩序则完全是现实主义逻辑的产物。即使在后冷战时期，这种西方安全秩序（主要表现为美国主导下的总体军事优势、多边与双边军事同盟和海外基地网络）仍然得以延续，并与联合国集体安全制度一道，成为国际安全秩序的重要组成部分。而且，美国及其盟国经常绕开联合国实施对外军事干涉。

再次，更重要的是，无论给这些秩序或制度贴上何种意识形态与价值标签，都不能掩盖一个基本和重要的事实，那就是美国在大部分时间、几乎所有重要领域都占据主导地位甚至拥有绝对优势。这种秩序的意义具有两重性：一方面，美国是其主要缔造者和最大受益者，在这种身份与地位没有变化之前，自然也乐于充当其主要护持者；另一方面，这种秩序（或者相对于混乱与失序而言的任何一种秩序），客观上也有其积极的一面，并非一无是处，一定程度上或特定条件下有助于全球或地区政治稳定与经济发展，尤其是推动了全球市场经济和贸易自由化的发展，尽管这种发展并不平衡。西方学者将这两个方面强行勾连起来，发明了"霸权稳定论"，这种说辞恰恰彰显了这种秩序的本质。

换言之，战后国际秩序的本质，不是什么"自由国际秩序"，而是"自由主义霸权秩序"，或者说美国主导的"霸权制度秩序"，说到底，就是美国霸权秩序！

从思想基础上讲，它包含了自由主义与现实主义两种理念成分。从核心内容上讲，主要包含一系列正式与非正式的国际制度与安排，但这些制度与安排并不必然源于自由主义的价值理念，同样也可以出于现实主义的利益考量。

---

① 达巍：《西方"自由主义国际秩序"的困境与中国的选择》，载《战略研究》2017 年第 3 期。

从权力结构上讲,是美国权势主导的秩序。从价值取向上讲,主要反映的是美国和西方的利益与偏好。总之,从来不存在什么单纯的"自由国际秩序"。更重要的是,自由主义的道德旗号与现实主义的实际利益,前者是表,后者是里,前者不过是手段,后者才是目的。这是不容混淆的一个基本事实。

当然,任何秩序大概都只能是多种成分的混合物。然而,如果说自由主义与现实主义尚有相互妥协乃至局部"合流"的余地,"自由"与"霸权"的"兼容"则充其量只能是一种表象。所谓"自由霸权"之说,纯属强词夺理的无稽之谈!"自由国际秩序"不仅有表里之别,更蕴含着深刻的非正义性和不稳定性。这不但可以解释为什么发展中国家一直要求改革现有国际政治经济秩序,同样也可以解释,为什么美国现在看上去比中国等新兴国家更像是现有秩序的"颠覆者"。因为,随着国际体系结构的变化,美国正在丧失其霸权的自信心和"舒适感",于是要修改规则、重塑秩序。内外环境的变化经常导致美国人产生强烈的危机感或"战略忧患意识",这实际上是美国政治与战略思维的一个突出特征。①

战后以来的美国全球战略,也被贴上了"自由国际主义大战略"的标签,这同样名不副实。

美国什么时候奉行过纯粹的"自由国际主义"大战略? 军事同盟、军备竞赛、核威慑、导弹防御、全球最高水平的国防开支和最广泛的前沿军事存在,这些东西与自由主义何干? 即使是理论上被认为集自由国际主义之大成的"威尔逊主义",在美国外交实践中,也与现实主义的权力政治互为表里、如影随形。这其实是美国外交传统的一大特点,反映了理想与现实、自利与利他、自助与合作之间的持久冲突与张力。

实际上,约翰·伊肯伯里的说法更接近真相,美国从来都是"两手抓":一

---

① 详见石斌:《核时代的美国安全观念与战略传统》,载《史学月刊》2018 年第 9 期。

手抓自由主义的多边贸易体系与国际制度，一手抓现实主义的权力政治与军事准备。[①] 美国从来都是两条腿走路，只不过根据内外条件的变化，有时左腿长一点、快一点，有时右腿长一点、快一点。特朗普政府宣称要奉行"有原则的现实主义"，不过是说得更直白一点，谈不上是什么"大战略转型"。

　　所谓自由国际主义秩序，即使不是子虚乌有，也有很多想象和虚构的成分。更何况，美国一手打造的这个所谓自由国际主义秩序，在许多批评者看来既不"自由"（因为常常依靠强制手段推广自身价值，缺乏对多样性的包容），也不"国际"（因为强调等级制，而且内外亲疏有别，具有排他性和选择性），更无"秩序"（因为经常在世界各地引起动荡与混乱）。米尔斯海默甚至坦率承认，美国从来都是"按照现实主义的要求行事，但是却用自由主义的意识形态来为自己的政策辩护"。[②] 这种包装的对外目的自不待言，对内亦属不可或缺，因为美国政治精英所建构的自由民主形象，早已嵌入大多数美国公众的政治想象，以至于难以接受过于露骨的权力政治逻辑。当然，有人可能还会争辩说，美国其实只是想用现实主义的手段来实现自由主义的目标。如果就小布什时期那帮"武装的威尔逊主义者"即新保守派战略家而言，这个说法倒也十分贴切，他们确实热衷于用权力甚至武力来推广美国价值，实现美国"理想"。不过，鉴于美国在历史上经常扶持一些专制政权，或者颠覆某些民选合法政府，这种说辞在逻辑上还是无法自洽。[③] 特朗普政府的战略调整更是清楚地表明，自由主义、国际主义等意识形态口号都不过是手段，有时甚至仅仅是政治修辞和舆论包装，从属和服务于维护美国国家利益和霸权地位这个根本目的。

　　值得注意的是，迄今为止，仍有许多人把当今国际秩序称为"自由主义国

---

　　① G. John Ikenberry, "American's Imperial Ambition," *Foreign Affairs*, Vol. 81, No. 5, Sep-Oct, 2002, pp. 44 - 60.

　　② "John Mearsheimer Interview: Conversations with History," IIS, UC Berkeley, April 8, 2002.

　　③ 石斌：《国际关系思想史研究的重要实践意义》，载《史学月刊》2020 年第 1 期。

际秩序"——这实际上是认为,现行国际秩序的主要成分仍然是由美国和西方主导创设和维系的那些国际制度、规则与规范。只不过,近些年来,无论在西方世界还是非西方世界,也无论是这种秩序的拥护者还是反对者,人们更多讨论的是这种所谓"自由主义国际秩序"的衰落、坍塌甚或"终结"的现实或前景。

例如,2019年俄罗斯前驻英国大使在《俄罗斯报》发表一篇文章,题目就是"自由主义世界秩序终结"。他的主要观点是,美国式自由主义世界秩序终结,原因是美式自由主义导致民众与精英对立,民众对政府的政策缺乏信任度,作为支撑自由主义秩序的中产阶级基础遭到破坏,社会矛盾加剧,民主的根基遭到毁坏,以规则为基础的世界秩序与现实经济社会文化之间发生多样性冲突。

说"终结"可能为时过早。但正如许多研究者所指出的,以2016年特朗普当选美国总统与英国脱欧为标志,西方自由主义国际秩序确实呈现出加速衰落的趋势。一方面,欧美国家内部身份政治兴起,社会思潮混乱,分配机制失灵,民众对自由主义的生活方式和发展模式普遍产生怀疑。另一方面,国际关系中的现实主义权力回潮,大国地缘战略竞争加剧,非国家行为体地位上升的趋势被打断。这种西方自由主义国际秩序的衰落趋势主要有三个原因或者说源自三种变化。一是西方资产阶级在垄断了政治经济资源之后,因崇拜无限增值的资本主义精神而拒绝引导资源继续下沉,未能造福更广大的社会民众,正在走向现代化生活的对立面。在财富两极分化、社会撕裂加剧、民粹主义严重的现实比对下,自由主义包装在西方国家内部越来越难以自圆其说。二是美国科技创新速度与产业化进程正在放缓。作为西方自由主义国际秩序的最大维护者和受益者,美国为自由主义思想提供物质基础的能力正在下降。由于资本力量为求缩短盈利周期,愈发倾向于投资娱乐、金融等快进快出的行业,耕耘周期较长的基础科学研究进步速度缓慢;同时主要由高校、研究机构主导的科技创新成果与市场需求差距较大,科研项目更多沦为自娱自乐的游戏。因此,美国由生产力发展推动的利益增量空间严重缩水,被迫转向与全世界争夺利益存量,致使国际社会戾气大增,合作氛围遭到破坏,自由主义思潮顿歇。三是全球范围内涌现出大量非国家主体无法解决的治理难题,全球治理赤字客观上要求国家权力"回归"。而国家出面解决全球治理赤字意味着政治、安全、意识形态等权力要素的地位上升,自由主义思想所倡导的基于国际机制的全球合作进程不得不暂时告一段落。①

战后国际秩序或现行国际秩序以及全球治理体系本身,也确实越来越不能适应正在发生的全球"大变局"。这至少表现在三个方面。其一,尽管迄今为止联合国体系还是全球治理体系的基本支柱,但在许多方面已不能适应变化的形势,也不能有效解决面临的诸多问题,因此,联合国体系面临着改革的巨大压力。其二,自冷战结束以来,美国和西方主导制定的国际秩序规则成为主流,以自由主义原则为核心的制度规范,曾经推动了全球化和一体化的快速发展。但 2008 年成为一个分水岭,由美国次贷危机引发的全球性金融、经济危机,是二战后最严重的危机。以往积累的许多问题集中爆发出来,全球化下的国际分工、基于产业链分工的国际贸易等受到质疑,尤其是社会财富积累与收入分配失衡,成为激发民粹主义、保守主义、保护主义、反全球化、逆全球化等现象兴起的导火索。其三是二战后获得独立的新生国家以多样化的方式确立起自己的国家制度和发展模式。冷战结束后,绝大多数新生国家实行开放发展政策,加入了自由主义主导的经济体系,借助开放的环境、低劳动力成本和市场潜力等因素,吸引了大量投资流入,多数国家实现了经济快速发展。发展中国家群体经济总量已接近发达国家群体经济总量,未来升值有可能实现超越。世界经济格局的这一重大变化趋势,使得改革国际经济秩序的呼声不断增大。这几个方面的情况表明,世界的发展面临许多问题和困难,人类正处

---

① 张一飞:《西方自由主义国际秩序的终结》,载《中国社会科学报》2023 年 4 月 13 日。

于某种十字路口,国际秩序与全球治理体系的变革已是当务之急。但改革需要充分的共识、合理的目标和有效的方式,孤立主义、保护主义、排外主义等并不能解决问题,全球化进程也不可逆转,退回到闭关自守的时代既不现实,也不会有出路。因此,在一个新旧秩序相互激荡、稳定与变革需求并存的时代,简单或仓促认定某种秩序的"终结",并不能深刻、完整地反映当今的世界现实,也并不能解决所面临的问题。世界处在内容复杂、广泛的大变局时期。这个大变局不仅是大国力量对比的变化,还涉及百年来所逐步确立的体系、制度、规则、价值观等方面的变化,对此,还需要进行长期观察、深入研判与合理应对。①

三、中国、美国与现行国际秩序

战后国际秩序确实正在陷入某种深刻的危机。大致以 2008 年全球金融危机的爆发为标志,所谓"后冷战时代"实际上已经结束。近十余年来,随着新兴大国的崛起,国际体系发生重大变化;民族主义、民粹主义、反全球化等思潮泛滥并对许多国家的内外政策构成直接影响;大国权力政治回潮,地缘战略竞争、高技术竞争,以及网络、外空、深海、极地等国际政治新疆域的竞争加剧,世界政治似乎正重新走向分化与分裂,国际秩序的许多要素面临坍塌的危险。英国脱欧和美国特朗普政府的内外政策,甚至被认为是"自由主义国家"内部对国际秩序的"反叛"。所谓"自由国际秩序"是否正在走向衰落,甚至已经"终结",成为一个全球性热门话题。②

---

① 张蕴岭:《自由主义世界秩序终结了吗?》,载《世界知识》2019 年第 18 期。
② 例如 G. John Ikenbery, "The End of the liberal international order," *International Affairs*, Vol. 94, Issue 1, 1 January, 2018, pp. 7 - 23; Doug Stokes, "Trump, American hegemony and the future of the liberal international order," *ibid.*, pp. 133 - 150;[美]约瑟夫·奈:"美国的领导力及自由主义国际秩序的未来",[加]阿米塔夫·阿查亚:"中国与自由主义国际秩序的危机",均见《中国国际战略评论 2017》,北京:世界知识出版社 2017 年版;王栋:《自由国际主义的兴衰与美国大战略》,载《外交评论》2015 年第 1 期;张旗:《特朗普的"外交革命"与自由国际主义的衰落》,载《东北亚论坛》2018 年第 1 期。

　　任何不能平衡公平与效率的秩序,都难免出现危机。尤其是进入 21 世纪以来,自由国际主义的理论与实践面临许多显而易见的挑战。以自由国际主义的三大改革路径为例,贸易纽带并不能保证国家间关系的稳定与和谐,如当前中美关系所示,经济关系与其说是政治关系的压舱石,不如说是政治关系的产物;民主与和平之间也没有可靠的必然联系;制度霸权更是具有明显的非正义性,这样的制度之所以能够维持和运转,不过是凭借权力优势。然而,各国政治经济的不平衡发展是不以人意志为转移的客观现象。一旦体系结构发生变化,原有秩序自然就会受到冲击。

　　自由国际主义所倡导的自由贸易、国际制度、民主政治这三种途径还时常处于互相矛盾的状态。商业自由主义究竟是促进还是阻碍了共和自由主义的发展? 实际上,许多国家采纳了资本主义的经济发展模式,却并没有实现民主。更重要的是,一方面,自由国际主义的许多价值客观上并未在全球范围内被普遍接受;另一方面,"自由主义国际秩序"又被有意无意地视为只有"自由主义国家"才能真正享有和衷心拥戴的秩序,这等于将国际秩序延伸到国内秩序。"新文明标准""西方与非西方"(亨廷顿)"内部与外部"或"后历史世界与历史世界"(福山)等说法皆属此类。那么对于所谓"自由主义国家"来说,"非自由主义国家"是应该被包容还是强制改变? 如何避免强制所导致的混乱、冲突和失序? 自由国际主义还经常陷入主权与人权的两难困境。他们声称国家主权不应该绝对化,然而无法回答这样一个尖锐的问题:以自由、人权为理由的人道主义干涉,难道不会削弱国际规则的作用,甚至为强国追求一己私利大开方便之门?

　　就主要大国的国际秩序观念与战略行为而言,当今世界并不存在真正意义上的"革命主义"国家。俄罗斯等少数国家似乎希望将国际秩序推倒重来,但更多地流于言辞与姿态,主要还是为了表达对自身国际处境的不满,希望国际秩序朝着对自己更有利的方向发展。

中国一再强调自己是现行国际秩序或战后国际秩序的参与者、维护者和建设者。但这里的"现行"或"战后"国际秩序并不是指"自由国际秩序"。按照中国政府的表述，现行国际秩序是以联合国为核心、以《联合国宪章》的宗旨和原则为基础、由国际社会共同确立的，其根本原则是各国相互尊重主权和领土完整、平等相待、互不干涉内政。中国要努力维护的主要是联合国框架下的多边秩序，而不是战后美国一手缔造并竭力维系的全部国际制度安排与规则，以及美国在众多国际机制中的主导地位乃至特权。但中国并不完全反对美国主导的具有自由主义色彩的国际秩序，尤其是自由贸易体制与多边合作机制等仍然合理、有效的成分。

反过来看，美国更不可能是什么"革命主义"国家，要彻底颠覆自己一手塑造、长期护持的战后秩序。特朗普的战略调整，无非是因为美国霸权地位相对衰落，国内矛盾加剧，民族主义与孤立主义抬头，于是强调国内优先、"美国第一"，进而认为一些多边合作机制与制度安排已不能满足美国的需要，或者束缚了自己的手脚，因此试图调整、重塑世界秩序，以便继续获取最大收益，防止或延缓美国霸权的衰退；此外还试图通过减少国际义务，推卸"领导责任"，以便积蓄国力，"重振国威"或"再次伟大"。而且，特朗普的政策行为具有激进色彩，一定程度上属于"非常态"。拜登的外交政策主张，其核心是"美国将再次领导"。拜登政府上台，确实也采取了一些"纠偏"措施，例如重新加入一些国际组织或协议。因此，认为美国已经改变了战后以来的自由国际主义外交战略并不准确，因为原本就不存在这样的战略，而且美国没有也不会改变其霸权护持的基本战略目标，不会轻易放弃其全球主导地位。就此而论，那些令人眼花缭乱的政策变化更多地具有战术和策略调整的性质。

当然，在美国国内，近些年主张美国利益优先、反对全球化、质疑全球治理必要性的极端化观点也不绝于耳。例如，原美国驻联合国大使，2018 年 3 月日被美国总统特朗普任命为国家安全顾问的约翰·罗伯特·博尔顿（John R.

Bolton),早在 2000 年就曾在《芝加哥国际法》杂志发表题为《我们应该认真对待全球治理吗?》一文,在文中宣称,全球主义者抓住了冷战结束的时机在各个领域推进他们的全球治理,这极大地威胁了美国人民的主权与国家的国际力量。然而这一点并没有得到美国主义者们的重视。而他作为一个坚定的美国主义者,认为应该认真对待这个问题,并阻止全球治理趋势的推进。[①] "美国主义者"这种"捍卫美国主权,坚决反对全球化"的极端言论,虽然未必为博尔顿所说的美国"全球主义者"所认同,但在一定程度上也反映了部分美国人面对美国霸权衰退的焦虑情绪和孤立主义心态。

在国际无政府状态下,既要维持体系和平与秩序稳定,又要兼顾公平与正义,无论在逻辑上还是实践上都是一个难题。现实主义者一般认为秩序应该优先于正义,因为秩序是实现其他价值的前提条件。但相反的观点也很有说服力,如果没有正义,任何秩序都很难保持稳定。革命主义者以及各种批判理论家甚至认为,所谓秩序,不过是被现有国际体系权力结构所固化、制度化或合法化的不公正状态而已。总之,如何平衡秩序与正义、稳定与变革的关系,疏解其中的价值冲突,是每个时代都会面临的一个核心问题。全球化时代的利益格局错综复杂,价值体系日趋多元,维持秩序或追求正义,并不能与"保守"或"革命"简单画等号;在国际秩序问题上,"守成"或"挑战",与传统大国或新兴大国似乎也不能构成直接的对应关系。实际上,面对"大变局",无论是新兴大国还是传统大国,都必须做出战略调整以因应时代环境的变化。关键问题在于,大国的国际秩序观念与战略,是否能够超越上述各种二元对立模式,尤其是能否在关注自身利益的同时,兼顾国际社会共同利益。因为,无论要摆脱危机还是重建秩序,都需要真正负责任的大国。

[①] John R. Bolton, "Should We Take Global Governance Seriously?" *Chicago Journal of International Law*, Vol. 1, No. 2, Article 2 (2000).

第三章

受困与抗争：发展中国家的国际秩序观念

在国际秩序的构建、维系或变革等问题上，处于不同发展阶段或发展水平、在国际体系与国际秩序中的地位和处境差异甚大的国家，它们各自的国际秩序观念与诉求自然也大不相同。现有国际秩序总的来说并不能反映和适应发展中国家的需求。即使对于能够较好适应和利用全球化进程、综合实力得到显著提升的新兴大国来说，现有秩序中的许多不合理成分也构成了它们进一步发展的障碍，甚至可以说，现有国际秩序已经不能适应国际体系的结构性变化，权力结构与权利（利益）分配格局之间的落差越来越大，因而产生许多潜在的矛盾和冲突因素。从发展中国家的国际处境和发展需求出发，国际秩序变革的基本目标是建立一种更加公正、合理、和平的国际新秩序。国际秩序变革的一个主要任务就是维护和加强以联合国体制为核心，以《联合国宪章》的宗旨和原则为基础的秩序，实现国际关系的民主化、法治化与合理化，弱化乃至彻底改革主要反映西方大国地位和利益的强权秩序，提升发展中国家特别是新兴大国群体在秩序变革和全球治理中的话语权，同时不断创新能够反映国际体系结构变化的国际制度与规范。

第一节 发展中国家的国际处境与发展需求

经过多年的不懈努力，特别是一批新兴经济体的崛起，发展中国家的地位和影响力总体有了显著上升。但发展中国家不仅数量大，而且在政治体制、发展模式和社会环境等方面千差万别，发展很不平衡。随着全球化进程的深入，发展中国家面临的变化、挑战和诉求也在不断变化。与此同时，广大发展中国家在现有国际体系与国际秩序中也有许多共性，例如它们大多面临着繁重的发展任务，不仅是普遍的经济发展问题，一部分国家还面临政治稳定与社会发展问题；它们大多有沦为殖民、半殖民地的历史经历，对国际关系中的强权政治和霸权主义心有余悸，希望国际秩序朝着更加公正、合理、和平的方向发展，希望有一个更有利于自身发展的国际环境；但它们在国际政治经济秩序乃至全球文化与意识形态格局中的话语权和影响力与发达国家相比总体上还处于弱势。就此而论，新兴大国群体是发展中国家整体改变自身命运的希望所在。新兴大国群体作为发展中国家中的佼佼者，不仅有可能为国际秩序与全球治理体系的变革注入新的动力，也对此负有重要的历史责任。

一、发展中国家群体的多样性与新兴大国群体地位的凸显

发展中国家作为一个整体概念，强调的是这些国家在历史经验、发展水平、现实需求等方面的一些突出共性。例如，大多数发展中国家在现代化进程中起步较晚，发展程度较低。这是由历史和现实的多种原因造成的，包括殖民主义的统治、国内政治不稳定以及缺乏科技和创新等；许多发展中国家面临着基础设施落后、教育水平低、科技创新不足等挑战。这些因素限制了它们在全球市场上的竞争力，阻碍了它们实现现代化的进程；许多发展中国家面临着环

境问题、资源短缺和人口增长等挑战。这些问题对它们的经济发展和可持续发展产生了负面影响;许多发展中国家需要外部支持和合作来推动它们的现代化进程,包括资金、技术、知识和经验等方面的支持,以及在国际舞台上获得更多的参与和发展机会,等等。

但发展中国家数量众多,占世界人口总量的大多数,实际上千差万别、类型多样,而且这其中的多样性、不平衡性甚至相互竞争性还在继续发展。

发展中国家的类别多种多样。如果采用不同的分类标准,还会出现不同的类别。从综合实力和综合影响看,中国、印度、巴西、南非、墨西哥等国家经济总量大、发展潜力大、发展前景可观,属于具有重要国际影响的发展中大国。埃及、阿根廷、巴基斯坦、尼日利亚、哈萨克斯坦等,则属于在各自地区有重要影响的国家;其他多数发展中国家规模小,综合实力和影响都有限,其中50个最不发达国家更是处于被严重边缘化的地位。从它们与西方发达国家特别是美国的关系来看,有伊朗、委内瑞拉、叙利亚等与美国关系对立的所谓"敏感国家";有缅甸、津巴布韦等坚持自身政治体制的所谓"问题国家";有伊拉克、阿富汗、苏丹等深受外部影响和干预的"热点国家";有沙特、埃及、约旦以及多数中美洲小国等与西方保持较好关系的"盟友国家"。此外还有一些中小发展中国家,或者采用实用主义和机会主义立场,试图左右逢源,在夹缝中求生存,或者态度中立,注意与西方国家保持距离,避免引火烧身。[1]

当今世界正处于百年未有之大变局,全球和地区形势正在发生复杂、深刻的变化,全球化和区域化也在加快向纵深发展,发展中国家发展的多样性、不平衡性、竞争性问题日益突出。例如,东亚、东南亚和部分南亚国家注意把历史传统、具体国情、发展道路相结合,并深入推进各类区域一体化进程,其国家

---

[1]　杨鸿玺:《发展中国家:新形势与新课题》,载《中国经济时报》2008年6月26日、2008年7月14日。

发展与区域合作有望保持相对良性和高速发展的态势。自20世纪90年代以来,非洲地区多数国家政治稳定,并保持了3%—5%的经济增长率,在世界格局中的地位和影响呈上升趋势。尽管存在某些不确定性,但拉美国家的新左派思潮和国有化运动也有望使不少拉美国家摆脱长期衰退的困局,保持相对缓慢的增长态势。政治经济与社会环境参差不一的伊斯兰世界则继续呈现明显的分野势头。总之,虽然发展中国家的基本类别与发展分层短期内不会有根本改变,但动态性的地位升降始终存在,分化与分野仍在加速。不少发展中国家继续保持政治稳定、经济平稳增长,但也有一些发展中国家政局动荡,部分发展中国家之间存在冲突,缺乏基本的发展环境;一些国家发展战略失当,国内腐败盛行,经济结构畸形,外债严重,无法摆脱恶性循环;50个左右最不发达国家大多还处于赤贫状态,为求基本的生存而苦苦挣扎。受到国际资源和能源市场价格的剧烈变化、西方大国对外政策调整以及世界政治思潮演变的影响,不少发展中国家的发展前景仍然存在不确定性。非洲地区个别国家依然政局动荡,拉美一些国家流行的新左派和国有化潮流走向及其影响仍然存在未知数;一些亚洲国家的发展也存在脆弱性的一面,地区稳定与发展环境还面临许多挑战。从国际体系和国际秩序等外部环境看,发达国家在制定和操控国际规则与机制方面具有优势,其发展仍包含着对发展中国家的大量盘剥因素;不公平、不合理的国际政治经济秩序仍然严重束缚着发展中国家的发展;此外,许多发展中国家无法抵御全球化的冲击,面临进一步被边缘化的境地。

即使是金砖国家所代表的新兴大国,实际上也是一个既有诸多共同点,也存在许多差异的多样化群体。金砖国家无论在地域上还是生产要素禀赋上都存在巨大差异。例如,印度是人口大国,具有竞争力十足的人口结构,也具有较高的居民消费率;俄罗斯在21世纪依靠石油、天然气出口迅速积累了国家资本,按产业结构过分倚重能源产业,导致其于金融危机中经历了金砖国家中最严重的经济衰退；巴西拥有丰富多样的自然资源、领先的工业技术和科学水平以及较发达的金融市场，经济发展具有多引擎特质。这些差异导致了后危机时代的发展出现分化。"金砖国家"概念被提出的 2001 年，中国、巴西、南非、俄罗斯、印度的人均 GDP 分别是 1 000 美元、3 000 美元、2 600 美元、2 100美元、450 美元，20 年后的 2019 年，分别增长了约 10 倍、3 倍、2 倍、5 倍、4 倍。中印两国的增长曲线非常平滑稳定，俄罗斯、巴西、南非的曲线却剧烈波动，且在 2011、2013 年达到顶点后，已经下滑近 10 年，分别下滑了 34％、25％、27％，而且今天仍然看不到走出"中等收入陷阱"的苗头。造成这种差异的原因很多，包括自然资源禀赋、制造业状况、对外开放程度、投资比重与结构，等等。相比俄罗斯、巴西、南非主要出口自然资源（占比 50％），中国的工业制成品出口占比超 90％。最近几年，由于全球政治经济环境的变化和各国内外政策等原因，除了中国，其他金砖国家的发展都出现了不同程度的迟滞情况。

不过，从"百年变局"的视野与尺度来看，最值得注意的仍然是，新兴发展中大国和地区力量在世界格局中的地位持续上升，客观上成为发展中阵营的核心国家，进一步增强了发展中国家的发言权。随着中国、印度、俄罗斯、巴西、南非、墨西哥等国综合国力的不断提升，它们对世界经济、政治、安全等方面的影响也日益明显，可望在推动南南合作和南北对话中进一步争取和维护发展中国家的利益，在国际政治经济秩序和全球治理体系变革中提高发展中国家的话语权，并在气候变化、环保、反恐、人权与主权、国际规则制定等方面起到领头羊的作用，促使西方大国特别是美国调整政策并引发国际力量的重新分化组合，并对国际体系施加越来越大的影响。埃及、印尼、阿根廷等在各自地区具有地区影响的国家也积极与发展中大国保持协调，并从多维度与发达国家发展关系。可以说，地区中等国家与发展中大国一道，谋求区域整合和集体优势，对地区和世界经济的发展也起到了明显带动作用，继续推动发展中国家整体的地位上升。[①]

二、发展中国家共同面临的新旧挑战

随着国际政治经济形势的发展变化，经济全球化深入发展，在新兴大国的引领下，发展中国家的发言权进一步增强，发达国家对发展中国家的借重也在增多，发展中国家因此获得一些新的发展机遇。但与此同时，除了仍然面临许多传统挑战，一些新挑战、新困难也接踵而来。许多发展中国家面临人口问题、粮食短缺、能源和资源短缺、环境污染、生态失衡、债务问题、核扩散、恐怖主义、疫病传播等全球性问题；全球化进程中的国际金融风险也在增大，而发展中国家往往是最大受害方；同时，民族、宗教、领土、资源等因素引发的地区冲突也将继续此起彼伏；许多发展中国家在反恐、气候变化、生态与环保、人权与民主等问题上被发达国家强加标准和规则；发达国家提出的全球治理规则以及"有限主权""人权高于主权"等主张，往往干涉发展中国家内政、损害它们的主权；全球性和地区性国际组织以及跨国公司的扩张和渗透，也对发展中国家的主权构成某种制约甚至侵蚀。因此可以说，在现有国际体系与全球治理体系下，发展中国家在世界政治经济秩序中的不利处境总体上并没有改变，多数发展中国家与发达国家的差距还很大并且有继续扩大的趋势。

概括而言，发展中国家普遍面临的挑战一般涉及三个方面。一是经济挑战。主要表现为：1. 贫困和收入不平等，发展中国家一般存在大量贫困人口，同时也存在收入不平等现象，这些问题导致社会稳定性的下降和经济增长的减缓；2. 经济增长通常不稳定，政治不稳定、天灾等因素导致经济增长的起伏波动；3. 资源短缺和能源依赖，许多国家倚重从其他国家进口原材料和能源，

[①] 杨鸿玺：《发展中国家：新形势与新课题》，载《中国经济时报》2008 年 6 月 26 日、2008 年 7 月 14 日。

这可能还导致其他政治经济问题。二是环境挑战。主要包括：1.水资源短缺和水污染，许多发展中国家和地区面临水资源短缺和水污染问题，影响人民健康和经济发展；2.气候变化和环境破坏，许多发展中国家地区由于大量人口涌入和经济的粗放发展，导致环境破坏现象，此外气候变化也对这些地区构成了影响和挑战。三是社会挑战。主要表现为：1.极端主义和恐怖主义的威胁，影响到社会稳定和社会和谐发展；2.教育不足和文化差异。发展中国家许多民众缺乏足够的教育机会和国际视野，语言文化上的差异也给国际交流带来障碍。

面对各种新旧挑战，一些发展中国家显得应对乏力或只能被动应对，但也有许多发展中国家迎难而上，积极调整内外政策，将挑战转化为机遇。要赢得主权独立和国家发展，首先要自强自立，既要治内忧外，也要防外患。只有自身经济发展、社会稳定，才能平等参与国际竞争，获得进一步发展的机会。

发展中国家的一个普遍诉求是独立选择发展道路，在政治体制、经济模式、意识形态和社会管理方式等方面不受外来干涉，维护自己的主权、安全与发展利益。然而，西方发达国家为了维护其发展模式和价值理念的主导地位，并不会轻易放弃其普遍主义与干涉主义逻辑，发展中国家的主权、安全与发展利益面临长期挑战。

在气候变化、环保标准、生态保护等新的发展问题或全球治理问题上，发展中国家普遍认识到，如果按照发达国家的要求和标准，发展中国家将面临更高的技术门槛、更高的经济成本和起点的不公平，因此要求遵循"共同但有区别的责任"原则，一方面承认各国都有责任和义务来应对这类全球性问题；另一方面，也要考虑导致这些问题的主要原因，而且发达国家和发展中国家所处的不同发展阶段，客观条件与能力不同，因此应分别承担不同的责任。同样，发展中国家的这种诉求仍然会遭到发达国家的种种阻挠和反对，全球治理体系与治理规则的变革与完善仍然任重道远。[①]

在经济领域，近些年新兴市场和发展中国家共同面临的困难和挑战主要有五个方面。其一是增长前景仍不明朗。与发达经济体相比，新兴市场和发展中国家的政策空间和资源调动能力都相对有限，受外部冲击的影响更为严重，需要花更长时间才能让产出恢复至疫情前的趋势水平。这或许也意味着，经历这个特殊时期后，其中一些国家与发达经济体之间的差距可能会进一步扩大。与此同时，新兴市场内部也在分化，东南亚、南亚和中东的一些经济体经济恢复相对较快，中东的能源出口国受影响相对较小，而基本面较为脆弱的经济体和低收入经济体面临的困难更大。其二是通胀压力仍在持续。粮食和能源价格上涨，令那些高度依赖食品和燃料进口的新兴经济体和发展中国家受到更大冲击，且冲击还在持续扩散。对于弱势群体而言，通胀带来的影响会更加严重。其三是债务风险上升。主要经济体货币政策收紧，推动利率上行，债务国债务负担和偿债成本进一步上升，一些新兴市场国家已经陷入债务困境，斯里兰卡、巴基斯坦和阿根廷等都已向 IMF（国际货币基金组织）申请援助贷款。下一阶段，陷入债务困境的经济体还可能进一步增多。其四是货币贬值和资本外流压力加大。2022 年 3 月以来，美联储连续加息。在强势美元的影响下，新兴市场国家的货币都有不同程度的贬值，资本流出明显增加。根据国际金融协会的数据，新兴市场国家外汇储备总额出现下降。一些国家为了稳定外汇市场和控制资本外流，被迫提高利率，但这又增加了偿债成本，使其经济复苏更加困难。其五是南北鸿沟可能进一步扩大。人类发展指数近30 年来首次出现连续两年下降，贫困人口大幅增加，新兴市场和发展中国家在粮食、能源、应对气候变化，以及就业、教育等民生领域面临的困难加剧，落

---

① 杨鸿玺：《发展中国家：新形势与新课题》，载《中国经济时报》2008 年 6 月 26 日、2008 年 7 月14 日。

实联合国可持续发展议程或将面临更大挑战。①

消除贫困,实现可持续发展,是所有发展中国面临的共同任务。在完成联合国千年目标之后,如何更加彻底地消除世界各地尤其是发展中地区的贫困现象,仍然是一项艰巨任务。与此同时,实现可持续发展也早已成为国际社会特别是发展中国家的共同期待与焦点议题。

联合国千年发展目标(MDGs)是 2000 年 9 月联合国首脑会议上由 189 个国家签署《联合国千年宣言》后一致通过的一项行动计划。该计划包括减少全球贫困人口、促进男女平等、普及小学教育等八项目标。其中关键是将全球贫困水平在 2015 年之前降低一半(以 1990 年的水平为标准)。在联合国与世界各国的共同努力下,2000 年到 2015 年,超过 6 亿人摆脱了贫困。千年发展目标还动员了政治意愿,提高了公众意识,关注发展问题,支持落实以人类发展为重点的议程。千年发展目标取得了巨大进展,是有史以来最成功的全球性消除贫困行动。其中,中国的成绩令世人瞩目。中国作为世界上最大发展中国家,有着庞大的人口基数,在全球目标的实现中是较大的影响因子。在千年目标提出 15 年之后,中国在减少贫困人口、减少饥饿人口,推进卫生、教育、妇女权利等方面有明显提升。② 2015 年 7 月下旬,中国外交部与联合国驻华系统共同发布了《中国实施千年发展目标报告》,报告指出,中国提前完成了多个千年发展目标,受到联合国的肯定。

经济发展能帮助人民脱贫,但脱贫更建立在可持续的经济社会发展之上。自 2000 年《联合国千年宣言》公布千年发展目标以来,尽管发展成绩斐然,但区域之间的发展仍然很不平衡,并且全球经济危机的影响仍然阻碍着发展工作的进程。在 2000—2015 年千年发展目标到期之后,为了继续指导全球发展

---

① 王一鸣:《新兴市场和发展中国家面临的挑战与应对》,载新浪财经,2022 - 12 - 23.
② 《联合国千年计划 全球脱贫工作中国功不可没》,载中国青年网.2015 - 06 - 28.

工作，2015 年 9 月 25 日，联合国可持续发展峰会在纽约总部召开，联合国 193
个成员国在峰会上正式通过 17 项联合国可持续发展目标（SDGs），指导
2015—2030 年的全球发展。可持续发展目标旨在从 2015 年到 2030 年以综
合方式彻底解决社会、经济和环境三个维度的发展问题，转向可持续发展
道路。

　　总之，发展中国家面临的困难非常多，许多问题将继续限制发展中国家投
资、环保、教育、健康和其他方面的能力。因此，除了发展中国家自身的努力，
国际社会对发展中国家提供持续支持至关重要，包括进一步开放市场、提供足
够资金，以及提高它们的技术能力。

第二节　发展中国家国际秩序观念的一般特征

　　2020 年 9 月 10 日，时任中国外长王毅在莫斯科与俄罗斯外长拉夫罗夫、
印度外长苏杰生会晤时曾表示，尽管外界对中俄印三国的合作前景有各种质
疑，但三国拥有广泛深刻的共同利益和共同理念，例如：都支持世界走向多极
化，这是人类社会发展的必然趋势，为此要积极推动国际关系的民主化进程；
都支持多边主义，这代表着人类文明发展方向，世界不能倒退到"丛林法则"时
代；都主张维护国际法权威，尤其是《联合国宪章》宗旨和原则以及和平共处五
项原则应得到严格遵循；都反对干涉别国内政，一国内部事务应由该国决定，
各国人民都有自主选择发展道路的权利；都主张顺应全球化潮流，应维护全球
产业链和供应链稳定，推动全球化朝着普惠、共赢方向发展；都致力于民族发
展振兴，三国发展互为机遇，应相互扶持，相互促进，在发展道路上结伴而行；
都支持全球治理，希望提升国际机构有效应对新威胁新挑战的能力，为全球能

力现代化提供制度保障。① 王毅外长所概括的这些共同的利益和理念,不仅是中俄印三国的共同点以及开展合作的重要政治基础,实际上在很大程度上也反映了发展中国家国际秩序观念的共同点。

发展中国家基于历史经验、国际处境和发展需求等方面的许多相似性或共通性,在国际秩序观念上存在若干交集,尤其是在维护联合国体系、强调主权平等、反对外来干涉、希望改良国际政治经济等方面,有着诸多共同诉求。

一、主张维护联合国体系为核心的战后国际秩序

现行国际秩序虽然经历了几十年的发展,特别是冷战前后的变化,成分与成效都比较复杂,但以联合国为核心的国际体系和以联合国宪章等国际制度为基础的国际秩序,在维护世界和平、促进同发展等方面发挥了积极作用,迄今为止总体上仍然有效,符合大多数国家的利益。共享持久和平,实现可持续发展,是世界人民的共同愿望,也是联合国的崇高目标和使命。联合国体系所确立的主权平等和不干涉内政等核心原则,是二战后人类政治文明的重要成果之一,也是当今主权民族国家体系与国际秩序赖以运行的基石。当今世界存在的各种矛盾、对抗与不公,并不是因为《联合国宪章》宗旨和原则已不合时宜,而恰恰是由于这些宗旨和原则未能得到切实履行。《联合国宪章》既确立了联合国的宗旨、原则和组织机构设置,又规定了成员国的责任、权利和义务,以及处理国际关系、维护世界和平与安全的基本原则和方法。因此,遵守《联合国宪章》、维护联合国威信是每个成员国不可推脱的责任。

但联合国体制也不断受到挑战。冷战时期,美苏两大政治军事集团的对抗曾经对联合国构成了严重挑战。冷战结束后,美国也一直在挑战联合国秩

---

① 《王毅谈中俄印三国的共同利益》,中华人民共和国外交部,访问时间:2020 - 09 - 11,https://www. fmprc. gov. cn/web/gjhdq_676201/gj_676203/yz_676205/1206_677220/xgxw_677226/202009/t20200911_8008634. shtml。

序,试图构建自己主导的霸权秩序。中国则主张维护以联合国体制为核心的战后秩序。

自1945年创建以来,世界已经发生了巨大变化,联合国体制在许多方面已经不能完全适应形势发展的需要,需要进行一些必要的改革。但在改革的方向上,国际社会尤其是主要国家的立场并不一致。总的来说,在当今国际社会,虽然维护联合国体制为核心的战后国际秩序的正面力量在不断增强,但破坏性因素依然存在,特别是围绕主权平等与不干涉内政原则的两种对立思想观念与政策行为之间的矛盾,以及以合作共赢为核心的新型国际关系思想与基于冷战对抗思维的陈旧国际政治实践之间的矛盾,仍然是当前全球治理体系与国际秩序建设所面临的主要矛盾。

构建以合作共赢为核心的新型国际关系,是构建更加公正、合理、和平的国际新秩序的重要内容。然而,在当今以主权平等为基石的民族国家体系与国际法体系中,一些国家仍在支持和鼓励他国内部的分裂主义,以公开或隐蔽的方式强行推翻他国合法政权;对抗性军事联盟、势力范围政策、代理人战争等旧国际政治模式仍然拥有一定的市场。冷战结束特别是进入21世纪以来,新干涉主义、"民主扩展"、"保护的责任"等政策理念与政策行为,是一些国家和地区内部混乱与动荡的重要外部因素。[1] 这些无疑都对主权国家体系本身的稳定与延续构成了严重挑战。在近现代历史上,相对稳定、持续时间较长的国际秩序,除了基于主要国家之间的力量均势与战略稳定,通常还建立在国际体系成员相互尊重主权的基础上;相反,国际秩序的每一次动荡、混乱和战争,都是从践踏主权原则、侵害他国主权开始的。我们既要看到并主动引导新型国际关系发展的积极因素,同时又要认识到强权政治、黩武主义、冷战思维及其产生根源并没有消失。世界上制约战争的综合力量在增加,但是利用武力

---

① 苏长和:《充分认识当今世界格局新变化》,载《人民日报》2017年01月03日。

干涉乃至动辄以武力手段解决问题的倾向仍然存在。①

相对于发达国家,发展中国家一般都更加重视维护联合国体系。它们对联合国体系的基本态度主要体现在以下几个方面。首先,强调尊重《联合国宪章》的宗旨与原则及国际关系基本准则。其中尤其强调主权平等和不干涉内政原则,认为各国国情和发展阶段不同,有权选择自己的发展道路和发展模式。在事关主权国家内部事务与切身利益的问题上,包括一些国家在经历战乱重建和平的过程中,国际社会都应尊重当事国主权、意愿和主导作用,并且应当以加强政治安全建设与发展能力为总体目标,重在提升当事国自身能力,加强预防冲突,推动向发展重建转型,而不是以"民主"和平等为由,将外来意志、外部模式甚至自身利益强加于他国。

其次,强调发展和安全并重,标本兼治解决冲突根源。例如中国政府主张,国际社会要树立共商、共建、共享的全球治理观,全面落实 2030 年可持续发展议程,强化全球发展伙伴关系,落实对发展中国家的援助承诺,帮助它们改善民生,探索符合自身国情的发展道路,增强自身发展能力,从而以可持续发展促进可持续和平。相反,将安全与发展割裂开来,既不能从根本上解决国际秩序的和平与稳定问题,更不能解决事关发展中国家民众切身利益的经济社会发展问题。

再次,强调应加强联合国在国际政治经济与安全事务中的统筹协调能力,同时要重视发挥区域组织优势,鼓励区域组织在本地区的和平发展事务中发挥积极作用。此外,世界银行、国际货币基金组织等国际金融机构也应专注于支持发展中国家实现经济社会发展,消除贫困等冲突根源。②

① 苏长和:《充分认识当今世界格局新变化》,载《人民日报》2017 年 01 月 03 日。
② 《马朝旭就联合国建设和平与持续和平问题提出三点主张》,2018 年 4 月 26 日。https://baijiahao.baidu.com/s?id=1598761883420693784&wfr=spider&for=pc。

二、强调主权平等,反对外来干涉

国际干涉一般指影响一个主权国家内部事务的外部行为。国际法上的干涉通常是指一国、数国、国家集团或国际组织,为实现自身意图,使用政治、经济甚至军事手段,以直接或间接、公开或隐蔽的方式干涉另一国的内外事务,试图使被干涉国按照干涉国的意图行事,以改变被干涉国所推行的某种方针、政策或某种存在的情势。干涉可采取军事、政治、经济、外交等多种手段,非法使用武力并非干涉的唯一方式。在现代国际关系中,干涉的方式除了公开露骨的干涉,也采用较为隐蔽的方式,如在他国收买代理人,在他国内部组织、制造、资助、煽动或怂恿颠覆活动,或者制造或插手他国内乱,对他国的内政事务指手画脚,等等。干涉也可以是多种方式或手段同时进行,例如可能以强制性的使用武力或武力威胁为主,同时伴有外加压力、经济制裁、敌对宣传等方式。

主权平等和不干涉内政,是《联合国宪章》等现代国际法所主张的国际关系基本原则,二者密切联系、相辅相成。因此国际干涉在一般情况下都是非法的。但由联合国组织或授权的国际干涉通常被认为具有合法性,其原因在于这是以集体安全的名义来防止和消除对和平的威胁,制止侵略或其他破坏和平的行为。然而,由于集体安全思想与主权平等原则有内在矛盾,加上集体安全制度本身并不完善,在许多情况下,国际干涉不仅没有达到预期目的,反而暴露了许多缺陷甚至造成很多问题,因此,即使是联合国这种有广泛代表性的国际组织所组织或授权的国际干涉行动,也经常引发巨大的争议。这表明,即使是对于看似有必要、有合法性的国际干涉行动,也必须慎之又慎,以防国际干涉被非法利用、错误利用或强行滥用,对于在国际体系中处于弱势地位、经常成为强国干涉对象的发展中国家来说尤其如此。

国际干涉的动因、目标与形式多种多样。在冷战结束以后,所谓"人道主义干涉"和"保护的责任"之说一度大行其道,可以说是所谓"后冷战时期"的突出特征之一。这类被称为"新干涉主义"的理论模式或政策行为,其主要特征是以维护人权和捍卫西方价值观为借口的,以武力干涉别国内政为主要手段,以推行霸权主义和强权政治,构建有利于西方的冷战后国际秩序为目的。

以捍卫"人道主义"为由的国际干涉并非新现象。至少在 19 世纪就有迹可循。例如,1827 年英法俄三国联合干涉土耳其,1876—1878 年俄国干涉波斯尼亚—黑塞哥维那和保加利亚,1898 年美国干涉古巴等,都打着这类旗号。在 19 世纪末之前,传统国际法将战争视为推行国家政策、解决国际争端的合法手段,因此这种现象虽有争议却并未引起广泛注意。进入 20 世纪,这种传统观念逐步被否定。随着国家主权及不干涉内政原则的逐步确立和巩固,反对"人道主义干涉"的呼声不断高涨。1920 年国际联盟成立后,特别是 1928 年《非战公约》的缔结,国家的战争权受到了重大限制,"人道主义干涉"的合法论受到了更大质疑。

1945 年联合国建立后,所谓的"人道主义干涉"更无合法性可言。《联合国宪章》明确规定,"各会员国在其国际关系上不得使用威胁或武力,或以与联合国宗旨不符之任何其他办法,侵害任何会员国或国家之领土完整或政治独立。"除了依据宪章第五十一条的规定行使合法自卫权和安理会依宪章规定采取集体安全行动外,任何在国际关系中使用武力或武力威胁的行为,都是非法的。

然而,以"人道主义"为由对他国进行武力干涉的事件仍时有发生,例如1983 年美国武装干涉格林纳达,但多数国家对其持否定态度。在"冷战"结束之后,"自由国际主义"与干涉主义得以大行其道,"人道主义干涉"合法论及其政策实践再度盛行,这其实是西方大国借助冷战结束之后在权势与意识形态方面的有利地位,推行强权政治和霸权主义的表现。

人道主义干涉对国际秩序的危害显而易见。在国际政治体系方面,人道主义干涉往往会打破原来相对稳定、相对平衡的国际格局和政治经济秩序,增加国际政治舞台的不确定、不稳定因素,甚至可能激化体系中的一些结构性矛盾;在国际法律体制方面,人道主义干涉的影响更为严重,因为它会打破数百年来形成的以国家主权原则为理论基石的国际法体系,使国际法失去其应有的公平、正义、安全和秩序价值。最糟糕的是,人道主义干涉倡导"人权高于主权"的法律精神,这在实践中就意味着,当干涉者认为某个国家的人权受到侵犯或者人权状况恶化时,它就可以"国际警察""世界政府"的身份去"匡扶正义""替天行道",如果这样的逻辑和行为成为惯例,国际法势必会朝着有利于大国霸权主义和强权政治的方向发展。① 如果国际体系中的少数国家,特别是大国、强国或军事集团,仅凭自己对相关国家、地区形势或所谓人道主义危机的主观判断,不经安理会授权就擅自动用武力,进行所谓"人道主义"干预,势必会严重削弱联合国在维持国际和平与安全方面的主导地位和作用,破坏以《联合国宪章》为基础的现行集体安全体制,为强权政治和霸权主义大开方便之门。实际上,所谓"人道主义干涉",大多是强大国家或国家集团对弱小国家的干涉,并且总是隐藏着干涉国的某些政治经济目的。正如有的国际法学者所指出的,在充满人道主义因素但不能为外国带来政治或经济利益的大量事例中,外国是极少有兴趣进行强制性干预的。"人道主义"作为干涉的理由不过是以强凌弱的一种幌子或借口。如果让人权压倒主权,大国强国可以恣意妄为,广大发展中国家将毫无安全可言,世界也将永无宁日。

人道主义干涉缺乏伦理道德基础,那么它有没有法律依据或法理基础呢?

"人道主义干涉"的所谓"法理"论据,概括起来主要有这样几点。其一,《联合国宪章》并未禁止为人道主义目的而使用武力的行为,因其目的并非侵犯被干涉国的领土完整或政治独立。这种观点进而认为,出于人道主义的动

---

① 李培昌:《论"人道主义干涉"》,载中国法学网,http://iolaw. cssn. cn/lgxd/200508/t20050822_4596833. shtml。

因而使用武力非但不与联合国的宗旨相悖，相反与联合国的根本目的是一致的。其二，在特定情形下，在冲突的最低限度化和人权的法律保护这两种目的之间必须保持适当平衡。在涉及严重的非人道待遇的极端场合，保护人权原则优先于禁止使用武力原则。其三，"人道主义干涉"是行使国家单独或集体自卫的权利，包括所谓"预先自卫"的权利。当一国内部种族冲突影响到邻国或相关地区的和平与安全时，有关国家或国家集团可以援引宪章第五十一条所规定的自卫权，进行"人道主义干涉"。其四，联合国成立以来的"人道主义干涉"实践表明，"人道主义干涉"的习惯国际法至今仍然有效。

上述企图使"人道主义干涉"合法化的论据，在法律上都是站不住脚的。首先，依据《联合国宪章》第二条第四款，各成员国在其国际关系上不得使用威胁或武力，或以与联合国宗旨不符的任何其他方法侵害任何国家的领土完整或政治独立。宪章第二条第七款禁止干涉在本质上属于任何国家国内管辖范围的事项，除非联合国安理会决定适用宪章第七章下的强制措施。1970年的《国际法原则宣言》也明确规定，任何国家或国家集团均无权以任何理由直接或间接干涉任何其他国家的内政或外交事务。武装干涉，以及对国家人格或其政治、经济及文化要素之一切其他形式的干预或试图威胁，均系违反国际法。因此，以"人道主义"为由的武装干涉，同样构成了对被干涉国领土完整或政治独立的严重侵犯。

其次，以《联合国宪章》关于尊重和保护人权的规定来对抗禁止使用武力的规定的观点，与宪章的精神也是不相容的。联合国的首要宗旨是"维持国际和平及安全"，而禁止使用威胁或武力是各成员国为实现这一宗旨所承担的最基本的义务；而在《联合国宪章》的体制中，尊重和保护人权的宗旨是为维持国际和平的首要宗旨服务的。因此"保护人权"的理由并不能使非法使用武力的行为合法化。

再次，以自卫权作为"人道主义干涉"的合法根据的观点更加荒诞。自卫是对已经实际发生的武力攻击进行的反击。按照宪章第五十一条的规定,"受武力攻击"是联合国成员国得以行使自卫权的首要条件和唯一合法理由,任何其他情况下的所谓自卫都是非法的。

最后,关于国际法问题,值得指出的是,即使在《联合国宪章》制订之前,"人道主义干涉"也未得到普遍承认。在当代更没有足够证据表明有这种权利存在。如果详加审查,在宣称的"人道主义干涉"事例中,鲜有完全出于人道主义动机而不夹带有利己主义目的的例子;此外,主张"人道主义干涉"合法的国家,对于世界上发生的人道主义危机事件,还明显采用双重标准,干涉还是不干涉是高度选择性的;更重要的是,世界上大多数国家都坚持主权平等和不干涉原则,对于所谓"人道主义干涉"是持反对和否定态度的。[1]

总之,主要出自西方国家和学者的所谓"人道主义干涉"及其理论的实质,是为了否定国家主权,干涉他国内政。所谓"人权高于主权"和"人道主义干涉"的理论观点成为西方国家破坏他国主权和干涉别国内政的理论根据。所谓"人道主义干涉"既不合理,也不合法。

此外,与上述问题相关,"保护的责任"是 21 世纪初出现的一个新概念。2005 年《世界首脑会议成果文件》对"保护的责任"做了较为谨慎的描述,将"保护的责任"的适用范围严格限于"种族灭绝、战争罪、种族清洗和反人类罪"等四种严重的国际罪行。但此后几年,各方对这个概念的内涵和适用性仍存在争议。对于该概念涉及的许多具体问题,各国有不同解释。"保护的责任"能否得到各国一致接受、能否真正有效履行,还需要在联合国或有关区域组织内进一步探讨。总之,"保护的责任"迄今还只是一个概念,尚不构成一项国际

---

① 向彪:《论人道主义干涉》,载中国法学网,http://iolaw. cssn. cn/lgxd/200403/t20040315_4589331. shtml;迟德强:《人道主义干涉合法性辨析》,载《理论月刊》2006 年第 6 期;金克胜:《国际法发展动向与人道主义干涉》,载《世界经济与政治》2000 年第 4 期;刘波:《人道主义干预合法性问题再思考》,载《改革与开放》2013 年第 4 期;王剑虹:《对"人道主义干涉"的国际法思考——兼评"人道主义干涉"的正当性与合法性问题》,载《集美大学学报(哲学社会科学版)》2003 年第 1 期。

法规则,因此,各国应避免将"保护的责任"作为向他国施压的外交手段。

中国政府的相关立场,颇能反映发展中国家在所谓"保护的责任"问题上的处境和看法。例如,中国驻联合国大使在联大发言中曾指出,首先,各国政府负有保护本国公民的首要责任。国际社会可以提供协助,但保护其民众归根结底还要靠有关国家政府。这与主权原则是一致的。因此,"保护的责任"的履行不应违背主权原则和不干涉内政原则。尽管世界发生了复杂深刻的变化,但《联合国宪章》宗旨和原则的基础地位没有改变,尊重各国主权和不干涉内政原则不能动摇。其次,"保护的责任"概念只适用于种族灭绝、战争罪、种族清洗和反人类罪等四种国际罪行。各国均不应对该概念作扩大或任意解释,更要避免滥用。要防止将"保护的责任"用作"人道主义干涉"的另一种翻版。在出现上述四大类危机时,缓解和制止危机是国际社会的普遍共识和正当要求。但有关行动须严格遵守《联合国宪章》规定,尊重当事国政府和所在地区组织的意见,要坚持在联合国框架下处理,并用尽一切和平手段。再次,当发生上述四大类危机且需要联合国做出反应时,安理会可发挥一定作用,但安理会必须根据具体情况判断和处置,并应慎重行事。需要指出的是,宪章赋予安理会的职责是维护国际和平与安全,其采取行动的前提是发生了构成"对和平的威胁、对和平的破坏及侵略行为"。安理会应将"保护的责任"放在维护国际和平与安全的大框架内一并考虑,应防止滥用。最后,在联合国及区域组织范围内,应将正常的人道主义援助与履行"保护的责任"时的国际援助相区别,以保持人道主义援助的中立性和公正性,并避免"保护的责任"的滥用。①

出于历史和现实的原因,非西方国家尤其是发展中国家对国际干涉一般都更加谨慎,甚至非常反感。发展中国家固然需要接受国际规范中的合理成

---

① 《刘振民大使在联大关于"保护的责任"问题全会上的发言》,2009 年 7 月 24 日,http://un. china-mission. gov. cn/chn/lhghywj/ldhy/63rd_ga/200907/t20090725_8350378. htm。

分,以便更好地融入国际社会,寻求经济社会发展和提高在国际秩序中的地位与作用;但与此同时,它们也要防止西方国家以人道主义干涉为借口来干涉他国内政。事实上,有学者指出,非西方国家对于"保护的责任"这一规范抱有警惕的原因主要在于它与国家主权的原则相冲突。同发达国家相比,发展中国家对于主权问题往往更为敏感,对于任何有可能侵犯其主权的行为和规范也更加警惕。① 由于现代国际体系本质上仍然是主权民族国家体系,主权平等和不干涉内政原则仍然是国际关系中最为核心的规范,发展中国家防止西方国家干涉和支配的最主要武器就是国家主权。因此,捍卫国家主权,消除西方话语霸权,反对西方大国以捍卫人权、民主、自由等为借口,谋求维护自身主导地位和现实利益的国际干涉,从而维护自身的主权、安全与发展利益,是发展中国家的长期任务。

三、希望改良国际政治经济秩序

(一) 现行国际秩序与全球治理体系有待进一步改良和完善

二战后国际秩序或现行国际秩序有其合理性与有效性,特别是联合国体制所代表的国际关系准则和国际秩序规范,例如国际政治与安全秩序所赖以维系的联合国三大基本原则——主权平等、不干涉内政、和平解决国际争端——是二战后世界尽管经历了长期冷战但仍然得以保持相对和平稳定的重要基础,也是冷战后全球化进程加速、许多国家经济得以持续发展的重要制度保障,因此联合国体制是应该坚决维护的。但现行国际秩序从来都不是完美无瑕的,尤其是西方发达国家所主导确立的许多秩序规则或制度规范,反映的主要是西方的国际地位、利益需要与价值取向,长期以来对广大发展中国家来说是不公平、不合理的,这也是发展中国家长期要求改良国际政治经济秩序并

---

① 赵洋:《国家主权与国际干涉:一种以规范为基础的解读》,载《教学与研究》2017 年第 2 期。

为此展开持久斗争的根本原因。再者,70多年来,世界形势已经发生了很大变化,随着经济全球化的发展,一批发展中国家或者说新兴市场国家正在群体性崛起,成为全球政治经济中的一支不容忽视的力量。随着国际体系中的力量消长,国际秩序也必须要进行相应的变革,这样才能适应世界形势的发展。

现行国际秩序包括政治经济与安全秩序都在面临前所未有的挑战。国际秩序的变革需求与动因主要来自三个方面:其一是广大发展中国家要求进一步改良国际政治经济秩序的一贯诉求;其二是随着新兴市场经济国家特别是新兴大国的崛起,全球治理体系已不能反映实际上已经发生显著变化的世界政治结构与经济权重;其三来自发达国家内部,这些国家原本在国际体系与国际秩序中长期占据主导地位,但是现在开始认为,现行国际秩序特别是经济秩序已无法保证继续维持自己的优势地位、继续实现其利益的最大化,因此也希望重塑国际秩序,目的是维系和巩固自身的有利地位。

如果说国际政治与安全秩序的基本稳定主要得益于联合国体制特别是《联合国宪章》所确立的国际交往规则,那么国际经济秩序的基础则要复杂得多。二战后的国际经济秩序主要是以美国为中心的西方发达国家主导确立的,是对国际经济事务进行管理的一整套制度安排。这套制度从总体上塑造了世界经济的基本格局和运行模式,尤其是塑造了西方殖民体系瓦解之后发达国家经济运行所依赖的外部环境,避免了西方列强之间的尖锐冲突和世界战争的再次发生。但这个体系在制度设计之处就存在许多明显缺陷。

世界经济的发展在20世纪60年代逐步超越了原有的国际经济制度安排,其中最为重要的特征是跨国资本及商品、劳务、技术等方面的全球流动使世界经济进入了真正的全球化时代。而应对各种经济金融危机成为全球化时代世界各国共同面临的难题,也是现行国际经济秩序必须面对的问题。美国等西方国家不得不调整其全球经济战略,但始终无法克服其经济政策与现有国际经济秩序的冲突,更未能解决经济全球化与现有国际经济秩序之间的冲突。特别是 20 世纪 90 年代以来,尽管各种双边和区域间国际协调机构和协议越来越多,但是国际经济秩序的运行状况却日趋混乱。2008 年由美国次贷危机所触发的全球金融危机在全球范围内造成了一系列强烈的金融冲击,引发了连锁式的经济失败,将世界推到了持续性的经济萧条边缘。这是自 20 世纪 30 年代经济大萧条以来最严重的全球经济危机。这场经济危机并非完全出于偶然,而是国际秩序的改良进程长期滞后于全球化时代的经济结构变迁,许多国家特别是主导国际经济秩序的发达国家也未能改革内外政策以适应经济全球化、贸易自由化和监管宽松化所带来的经济关系变化的结果。这表明,顺应全球化的时代需求,用新的理念重新塑造世界经济事务与全球治理体系,已成为当务之急。

然而危机不仅体现在经济方面,也体现在政治和社会方面。在全球化进程中感到被剥夺、遗弃或边缘化的国家与个人,将问题归咎于全球化与市场化本身,并把矛头指向政府机构、国家领导人或精英群体,反全球化、逆全球化、保护主义、本土主义、民族主义甚至民粹主义等思潮于是在全球范围内重新抬头,所谓"自由国际秩序"受到严重质疑;与此同时,由于国内政治压力加剧,许多国家纷纷把重心转向国内。特朗普政府甚至公开推行一系列反全球化政策,拒绝为经济全球化继续提供公共产品,并抛弃了许多现行国际经济秩序的制度安排,试图用双边协议替代多边协议,用国内法替代国际法,用国别之间的零和博弈来替代国际合作与国际经济秩序的改革完善。

广大发展中国家就全球治理达成新的共识,其核心或在于摆脱西方主流意识形态和市场原教旨主义的束缚,尝试在文明多样、价值多元、制度与生活方式千差万别的客观现实与基本前提下,提高世界各国包括发展中国家尤其是新兴大国参与全球事务与全球治理的能力。总之,在更加多边、多元、民主的国际政治框架下改良国际秩序,强调人类作为命运共同体所拥有的共同利益与共同价值,坚持共商、共建、共享的原则,是国际秩序与全球治理体系变革的正确方向。

(二)南南合作是推动解决南北关系问题的重要途径

发展中国家一般认为,改良国际经济秩序,首先就是要解决南北经济关系不平等问题,而要实现这一点,必须加强南南合作,以壮大自身阵营,在南北对话与交流中提高"全球南方"的整体话语权。南南合作有着优秀的传统和悠久的历史。南南合作这一概念简单地说就是发展中国家互相帮助。

1982年10月22日,邓小平在会见印度外宾时指出,第三世界仅寄希望于南北问题的解决是不够的,南南之间还要进行合作。他说:"改变国际经济秩序,首先是解决南北关系问题,同时要采取新途径加强南南之间的合作。"①2015年9月26日,习近平主席在纽约联合国总部出席并主持了由中国和联合国共同举办的南南合作圆桌会。习近平主席在讲话中指出,南南合作是发展中国家联合自强的伟大创举,是平等互信、互利共赢、团结互助的合作,帮助我们开辟出一条崭新的发展繁荣之路。伴随着发展中国家整体力量提升,南南合作必将在推动发展中国家崛起和促进世界经济强劲、持久、平衡、包容增长中发挥更大作用。习近平主席还就新时期南南合作提出建议:一要致力于探索多元发展道路;二要致力于促进各国发展战略对接;三要致力于实现务实发展成效;四要致力于完善全球发展架构。习近平强调,同广大发展中国家团结合作,是中国对外关系不可动摇的根基。②

南南合作的最终目的在于加强发展中国家的政治独立、经济独立和集体实力,改革和建立国际经济新秩序。与此同时,发展中国家也要辩证看待南北关系所具有的两面性,在努力维护自身权益的同时,积极拓展南北关系中的合

---

① 《增进中印友谊,加强南南合作》(一九八二年十月二十二日),载《邓小平文选》(第三卷),北京:人民出版社1993年版,第19—20页。

② 《习近平在南南合作圆桌会上发表讲话,阐述新时期南南合作倡议,强调要把南南合作事业推向更高水平》,中国政府网,https://www.gov.cn/guowuyuan/2015-09/27/content_2939428.htm。

作面,促成自身发展进入新阶段。尽管发达国家的主导地位短期内不会改变,但南北相互依存的趋势继续加深,经济全球化、世界多极化以及可持续发展将继续成为改善南北关系的重要纽带和契机。帮助发展中国家实现共同发展既是发达国家的责任和义务,也是其发展的客观需要。发达国家必须意识到,整个世界的可持续发展不可能长期建立在南北差距持续拉大之上,发达国家不仅有责任增加对发展中国家的援助,促进其发展,更要尊重其发展模式,不干涉其内政,增加发展中国家在对话形式选择、议题设定、对话成果落实与分享等方面的发言权,并切实考虑发展中国家在气候变化、环保标准、国际规则等方面的新诉求,促进世界的和平发展、和谐发展。广大发展中国家加快发展是实现全人类共同发展的关键,国际社会应更多倾听发展中国家的呼声,多从发展中国家的视角探讨全球治理问题的解决途径,为其加快发展排忧解难。①总之,南北关系的发展是一个合作与斗争交织的长期过程,需要南北双方继续努力。

(三) 改良国际金融秩序是全球治理体系变革的核心内容

国际秩序与全球治理体系变革,主要涉及对现有国际政治安全和经济贸易的机制与规则的改革,包括以安理会改革为核心的联合国改革,以及国际货币基金组织(IMF)、世贸组织(WTO)和世界银行三大国际经济金融机制的改革,使之更能反映国际力量格局变化的现实和适应维护国际和平与发展的需要。例如,IMF是联合国下属专门负责国际货币和金融事务的国际机构,对维护全球经济和金融稳定起到核心作用。但长期以来,发达国家一直在基金组织份额和投票权中占主导地位,其中美国就拥有17%的份额(IMF决策一般需要50%以上的投票权通过,重大决策需要85%的投票权通过,因此发达国家足以主导IMF的日常决策,美国更是拥有对重大决策的一票否决权)。

---

① 《全球治理应充分考虑发展中国家利益与诉求》,《人民日报》2012年12月18日。

发展中国家在 IMF 中的代表性严重不足,这是造成 IMF 监督缺失的根本原因。进入 21 世纪以来,新兴市场国家和发展中国家的群体性崛起成为时代潮流。这些国家对世界经济增长的贡献率稳居高位,已成为世界经济的主引擎。现有 IMF 份额比例及其投票权比重已远不能反映这种新的世界经济格局与发展趋势,不足以反映广大发展中国家在世界经济中的比重和对全球经济增长的贡献。尽管 IMF 在 2016 年进行了第一次改革,使中国的投票权升至第 3 位,另外三个新兴市场国家印度、俄罗斯和巴西的份额也都跻身于 IMF 前十位,但 IMF 的基本格局和框架并未发生实质性改变,美国的投票权份额仅仅微调降至 16.5%,仍旧保留了超过 15% 这一否决权门槛,IMF 改革任重而道远。①

国际金融秩序是全球经济治理体系的核心内容,保障国际金融稳定成为促进全球经济健康发展的重要公共产品。自 2008 年全球金融危机以来,世界各国对金融溢出效应极为关注,期待通过国际协调创新国际金融治理机制,加强对金融风险的管控和应对。

美国金融危机的爆发对世界经济构成了严重威胁,也对始于 1975 年以七国集团(G7)为核心的国际金融治理模式提出了严峻挑战。由于传统国际金融治理机制的失灵,已经运转了十年的二十国集团(G20)从部长级会议正式升级为首脑级会议,并且在两年的时间里召开了五次首脑峰会,开创了既有国际机制的先例。在 2009 年的匹兹堡峰会上,二十国集团首脑峰会被正式制度化,并被提升为治理国际金融体系最主要的制度平台。国际金融治理机制发生了从"G7 时代"向"G20 时代"的重大转变。此次国际金融治理机制变迁的原因在于国际经济的权力结构发生了变化,传统的治理模式难以为继,而国际金融危机的爆发加剧了传统机制的失灵。在此背景下,二十国集团取代了七

---

① 邹治波、李雪:《世界格局的变化与全球治理的发展》,载《拉丁美洲研究》2018 年第 6 期。

国集团成为国际社会应对金融危机最核心的机制，进而实现了国际金融治理机制的变迁。二十国集团之所以能够取代七国集团，成为治理金融危机的核心制度平台，主要源于该机制适应了国际经济权力结构的变迁，正式承认了新兴国家在国际金融治理中的制度地位。[①]

当前国际金融秩序的基本架构总体上延续了二战后的布雷顿森林体系，即美元主导的国际货币体系与国际货币基金组织、世界银行集团等两大支柱。长期以来以 G7 为代表的发达大国在国际金融秩序中拥有绝对主导地位，美元、欧元、日元及英镑等四种货币在全球外汇储备中占据 90% 以上的份额，国际货币基金组织总裁一直由欧洲人担任，世界银行行长由美国人担任。美国在国际货币基金组织和世界银行等机构中拥有重大事项的否决权。

2008 年的全球金融危机，暴露了由美欧发达国家控制和主导的现行国际经济治理秩序的弊端。随后，发展中国家推动国际经济治理体系改革"破冰"，它们在世界银行、国际货币基金组织等国际经济治理机构中的发言权有所提升，但不合理的国际经济秩序并未得到根本改变。

自 2018 年金融危机以来，持续推动国际金融秩序改革成为 G20 的重要任务之一。G20 推动国际金融秩序改革的重点在于，推动解决金融危机以来国际货币体系及国际货币基金组织、世界银行集团等机构治理机制暴露出来的新问题。金融危机以来，美欧日等国际货币发行国持续实施量化宽松等非常规货币政策，促使国际货币体系不稳定的问题日益突出。同时，新兴经济体及发展中国家经济总量占全球经济已接近半壁江山，发达大国主导的国际金融秩序缺乏代表性的问题突出。[②]

尽管近年来国际金融秩序改革取得了一定进展，但国际金融问题依然突

---

① 崔志楠、邢悦：《从"G7 时代"到"G20 时代"——国际金融治理机制的变迁》，载《世界经济与政治》2011 年第 1 期。

② 陈建奇：《二十国集团与国际金融秩序改革》，载《光明日报》2016 年 8 月 24 日。

出。G20 成员需要着力推动包括金融改革在内的结构性改革,促进资本更好地服务于实体经济发展;G20 峰会也需要继续倡导推动国际货币体系改革及国际货币基金组织、世界银行集团的治理机制改革;同时还要加强金融风险防控体系建设,防范系统性金融风险的爆发,为宏观经济发展营造稳定的金融环境;此外,推动国际货币基金组织通过份额调整提高有活力的经济体的份额占比,充分反映新兴经济体在世界经济中的相对地位,也应成为国际金融秩序改革的一项重要目标。[①]

应该看到,虽然发展中国家要求改革国际经济治理体系的呼声非常强烈,但这一过程必然是长期而艰难的。欧美发达国家作为既得利益者不会轻易让出主导权,它们势必会想方设法拖延改革进程,或者为改革设定底线。

但同时也要看到,进入 21 世纪以来,尤其是 2008 年金融危机以来,"百年变局"正在全面、加速展开,美国-西方主导的国际秩序正在发生许多深刻的变化。国际力量对比的消长是这场秩序变革的最根本原因。事实上,任何国际秩序都是建立在权力基础上的,它以权力为基础、以规范为表现形式。21 世纪初国际力量对比的深刻变化正在推动着现有秩序的转变。现存秩序本身存在的种种缺陷也是这场变革的重要原因。

毫无疑问,对于广大发展中国家而言,未来理想的国际新秩序应该具有更多的自由属性而非霸权属性,更多的经济逻辑而非政治安全逻辑;随着新兴国家的崛起,发展中国家还应该在国际事务中拥有更大的发言权,在全球与地区治理中发挥更大的作用。总之,相对于现行秩序中西方利益与价值一家独大的局面以及挥之不去的"西方中心主义"梦魇,一个更加公正、合理、和平的国际政治经济新秩序应该能够更加贴近现实,容纳更多的政治、经济和文化多样性。

---

① 陈建奇:《二十国集团与国际金融秩序改革》,载《光明日报》2016 年 8 月 24 日。

第四章

因应与革新:新兴大国国际地位与
理论视野的独特性

冷战结束之后,关于国际体系结构和各国之间权力分配的讨论兴起。在国际政治和国际经济变革的环境中,许多新出现的术语得以流行并被国际关系研究者应用。"新兴国家"一词是来自华尔街的术语,被纳入国际货币基金组织、世界银行和其他多边组织的分类框架,关于"新兴国家"没有统一的界定,最初可与"发展中国家"一词交换使用。尽管形容词"发展"和"新兴"之间的语义差异非常微妙,但其外延给它们带来了不同的含义。"新兴大国"的概念也是在这一基础上产生的。

第一节　何谓"新兴大国"?

近些年来,国际形势中大国发展不平衡现象凸显。新兴大国的崛起是当今世界有着时代和历史意义的重大事件,已经并将继续对世界战略格局和国际政治、经济秩序产生深刻影响。对于除传统发达国家之外经济社会发展成效较为显著的国家,或者在国际政治经济格局中的地位和影响力不断上升的国家,曾经有过许多不同的称呼,例如"新兴工业化国家""新兴市场""新兴经济体",及近年来的"新兴国家"和"新兴大国"。

一、新兴工业化国家

"新兴工业化国家"这个概念广泛流行于二十世纪七八十年代。当时国际政治正处于震荡、分化与重组阶段,在国际经济领域,西欧和日本实现了经济复兴,美国主导的布雷顿森林体系解体,美元的霸权地位衰落,美国在世界经济中的绝对优势动摇,特别是 1974 年世界经济危机之后,美国经济进入了"滞胀阶段"。以至于亨利·基辛格(Henry Kissinger)在描述当时的国际格局时,都不得不承认世界经济格局多极化的现实与趋势,尽管世界经济秩序仍然是以西方大国为中心。①

此时的"新兴工业化国家",实际上是指一些国家和地区在工业化的初级阶段实现了快速增长,有成为工业发达国家(地区)的潜力与趋势。这些国家和地区与当时在经济上已经实现复兴的德国和日本有所不同。德国和日本有着相当的工业化发展经验与基础,因此在战争废墟上逐步重建起可与大国媲美的强大现代化工业体系;而拉美和东亚一些国家和地区则只能不断探索适合自身发展的工业化道路。因此,所谓"新兴工业化"的说法,隐含了对这些国家和地区作为世界经济体系中表现优异的"新学生"的赞誉。由于这些新兴工业化国家和地区的发展规模与力量的局限性,当时只是将其视为一种特殊的经济发展战略模式来研究,即人们更多的是关注"进口替代型"战略与"出口导向型"战略的优劣性,将它们当作发展中国家工业化进程中的一种范本来进行

---

① 唐辉、程又中:《新兴国家:概念演变及未来展望》,载《世界社会主义问题》2015 年第 4 期,第 23-36 页。

研究。①

二、世纪之交涌现的"新兴市场"

新兴市场(emerging markets)的概念最初由前世界银行经济学家阿格塔米尔(Antoine van Agtmael)在 1981 年提出,有时也指新兴经济体(emerging economies)。其最显著的特点是处于发展中经济向发达经济的转型阶段。随着发展中国家的群体性崛起,新兴市场数量从 10 个增长到近 40 个。近年来,出现一些新的术语来描述新兴经济体,例如金砖国家(BRICS,巴西、俄罗斯、印度、中国、南非)、新钻十一国(N-11,孟加拉国、埃及、印度尼西亚、伊朗、墨西哥、尼日利亚、巴基斯坦、菲律宾、南非、土耳其、越南)、展望五国(VISTA,越南、印度尼西亚、南非、土耳其、阿根廷)、灵猫六国(CIVETS,哥伦比亚、印度尼西亚、越南、埃及、土耳其、南非)。从世界力量对比、世界格局变化和全球治理角度等各方面看,新兴市场已成为一支不可或缺的力量。它们广泛分布在各大洲,并且都是各地区的主要经济体和各地区组织的核心成员,对本地区发展起着重大的带动作用。虽然它们的社会制度、经济水平、意识形态各不相同,但在全球政治经济格局中,已经单独被视为一类国家。《世界经济展望》报告曾把世界各经济体分为先进经济体、发展中经济体、转轨经济体三大类,从 2004 年起分为先进经济体(包括亚洲新兴工业经济体)、新兴经济体和发展中经济体。

"新兴市场"一般指市场经济体制逐步完善、经济发展速度较高、市场发展潜力较大的市场或国家。其最显著的特点是处于发展中经济向发达经济的转型阶段。随着一些新兴工业化国家和地区的成功,越来越多的发展中国家走

---

① 唐辉、程又中:《新兴国家:概念演变及未来展望》,载《世界社会主义问题》2015 年第 4 期,第 23-36 页。

上了快速工业化的轨道。如果说工业化是一个国家走向现代化的必然道路，那么经济全球化趋势同时也要求这些国家在工业化进程中适应更多新的要求。因此，衡量一个国家经济要素的重点不仅仅局限于工业生产，还要更多地关注集中了消费、投资、贸易等要素的市场。

原美国商务部副部长杰弗里·加藤（Jeffrey Garten）在20世纪90年代提出了"新兴大市场"的概念。美国商务部在1994年研究报告中把中国经济区、印度、东盟诸国、韩国、土耳其、墨西哥、巴西、阿根廷、波兰和南非列为新兴大市场。杰弗里·加藤认为，在世纪之交的十年中，这十个"新兴大市场"将改变全球经济格局，未来世界贸易增长、全球金融稳定以及亚洲、中欧和拉丁美洲向自由市场经济转变的过程中，新兴大市场是决定性因素。这些国家人口众多、资源丰富、市场潜力巨大、经济开放性逐步加强，并且有着相对稳定的政局与社会秩序，因此它们希望扩大在国际政治经济格局中的发言权，并在全球经济中占据更大的份额。杰弗里·加藤对"新兴大市场"国家发展趋势的预测大体是准确的，只是没有预料到美国的新经济趋势并没有在21世纪头十年里延续下去、新兴市场国家的持续增长也不止十年。总之，新兴市场国家与西方国家之间的经济差距正在迅速缩小。[①]

三、"新兴大国"群体的崛起

回顾历史，自近代以来，西方国家借助其先进的生产方式和社会政治组织与管理方式，凭借坚船利炮，不断对其他大陆进行武装侵略和掠夺，并对其夺取和控制的土地进行殖民统治，这使得亚非拉各大洲国家和人民处于被统治、被殖民地位，也使得他们始终处于贫困落后境地。二战后，虽然广大发展中国

---

① 唐辉、程又中:《新兴国家:概念演变及未来展望》，载《世界社会主义问题》2015年第4期，第23-36页。

家纷纷获得了国家独立和民族解放,但由于国际事务主导权和国际秩序为西方国家所控制,发展中国家仍然处于被动、弱势地位,东西方力量对比仍然处于严重不对等、不平衡状态。①

进入 21 世纪以来,特别是 2008 年金融危机以来,随着西方国家发展遇到困境和以中印等国为代表的新兴经济体的崛起,国际体系开始发生结构性变化,东西方国家力量朝着平衡方向发展。金融危机发生 10 年之后,新兴市场国家和发展中国家的经济总量占世界的比重已接近 40%。② 东西力量对比开始出现历史性逆转,这是人类历史过去百年来从未有过的"变局"。

新兴市场中的佼佼者,如中国、巴西、俄罗斯、印度、南非、墨西哥、埃及等在全球和地区具有重要影响的国家,随后又被称为"新兴大国"。美国高盛集团首席经济学家吉姆·奥尼尔(Jim O'Neil)首次将巴西、俄罗斯、印度和中国并称为"金砖四国"。"金砖四国"概念一经推出,迅即成为国际社会的流行词汇,并逐渐成为新兴大国的标志性概念。一般认为,所谓新兴大国就是金砖四国(巴西、俄罗斯、印度和中国)。不过,另有一些国家在地区甚至全球的影响日益增加,成为不同意义上的新兴大国。如西班牙国际关系基金会研究员认为,墨西哥、南非在经济上正成为新兴大国,而巴基斯坦和伊朗就军事实力的全球影响力而言也能被视为新兴大国。③

2005 年,高盛集团又提出"新钻十一国"的概念,指那些与金砖国家一样能与 G7 抗衡的一类国家。N-11 内部差异很大,但都有较大的人口规模和市场影响力。④ 2007 年,日本学者门仓贵史则提出"展望五国"概念,即越南、印

---

① 邹治波、李雪:《世界格局的变化与全球治理的发展》,载《拉丁美洲研究》2018 年第 6 期。

② 《习近平:顺应时代潮流 实现共同发展———在金砖国家工商论坛上的讲话》,中国共产党新闻网,2018 年 7 月 26 日。http://cpc.people.com.cn/n1/2018/0726/c64094-30170246.html。

③ Susanne Gratius, "The International Arena and Emerging Powers: Stabilizing or Destabilizing Forces?" *FRIDE*, April, 2008.

④ Dominic Wilson & Anna Stupnytska, "The N-11: More than an Acronym," Goldman Sacks, March 28, 2007.

度尼西亚、南非、土耳其和阿根廷。

尽管新兴大国的定义并未统一,但它们有一些共同特点:(1) 较大的人口规模(人口居世界前 20%);(2) 一定规模的 GDP(居世界前 20%);(3) 较高的增长率和继续高速增长的潜力;(4) 中、高水平的人类发展指标(HDI)。[①]将 HDI 作为一个指标,旨在强调持续的经济增长不一定会带来社会发展。如尼日利亚属于 N-11,是第 6 人口大国,而且近 10 年来经济高速增长,但在 177 个国家中 HDI 掉到 160 名之后,因此算不上新兴大国。巴西、俄罗斯、印度、中国、南非等金砖五国(BRICS)则是目前最符合上述特征的新兴市场国家。

综合各种理解或界定,"新兴大国"一般是指在经济、科技、军事等方面实力不断增强,在全球格局与世界事务中逐渐崭露头角,影响越来越大的国家。它们是综合实力正在崛起或已经崛起,但尚未达到传统大国地位的一类特殊国家群体。相对于传统大国而言它们是"新兴"大国,且意味着巨大的潜力与希望;相对于一般发展中国家而言,它们又是其中的佼佼者,是发展中的"大国"。

在经济领域,新兴大国在相当长一段时间内保持了较为强劲的增长势头。它们通过推行经济体制改革和对外开放政策,大量吸引外资,同时加快技术创新与产业升级,取得了显著成就。这些国家正在成为全球贸易中心和制造业基地,其市场规模也日益扩大,对世界经济的增长和国际经济秩序的稳定起到了积极的推动作用。在科技领域,新兴大国也取得了较大进展。它们加大教育科技投入,鼓励创新创业精神,在信息技术、生物医药、人工智能等前沿领域涌现出一批优秀企业和科研人员。这不仅提升了本国的综合实力,而且为解决全球性问题提供了更多的动能与可能性。在军事能力与国防建设方面,新

---

① Liliana Rojas-Suarez, "Access to Financial Services in Emerging Powers: Why hasn't Increased Economic Force Improved Access?" Center for Global Development, June 2009.

兴大国致力于提升自身国家安全特别是军事安全保障能力。它们进行相关战略调整与军队军事改革,注重发展先进武器装备,在确保本国安全利益的同时也为维护世界与地区和平与稳定做出了越来越多的贡献。

第二节　新兴大国集体身份的厘定与建构

一、新兴大国集体身份的厘定

"身份"或者"认同"(identity)是国际政治中的一个关键概念和重要影响因素。但大量研究表明,人们对"身份"的理解和定义多种多样。针对身份定义的混乱状况,若伊·奥比代尔(Rawi Abdelal)、赫雷拉(Yoshiko M. Herrera)、江忆恩(Alastair Iain Johnston)和罗斯·麦克戴蒙特(Rose McDermott)曾撰文构建了有关身份内涵的分析框架。他们认为,身份在本质上来说是一个关系性和社会性的概念,身份的界定是通过与他者的互动和关系来进行的。互动进程和互动情境的改变推动身份的改变。[1]

然而仅仅将身份定义为互动中行为体对自我的领悟和理解,还不能使身份成为一个有用的分析变量。为此又有许多学者对身份做了进一步的分析。在一些学者看来,集体身份作为社会类别,可以从两个维度来分析——内容(content)和争议(contestation)。就内容而言,"集体身份"描述的是身份的意义,主要表现为四个方面。其一是构成性规范(constitutive norms),指的是界定成员资格的正式和非正式的规则。就新兴大国来说,国际社会对此的界定多以新兴大国的内在属性为依据,如人口、国土面积、经济发展规模、世界经济

---

[1]　花勇:《论新兴大国集体身份及建构路径》,载《国际论坛》2012年第5期,第49-52页。

影响力等,较少涉及成员资格的规定。从新兴大国的描述性定义来看,新兴大国并没有为自己设定准入门槛,构成性规范还不明确。其二是社会性目的(social purposes),指的是为成员所共享的目标。社会性目的是集体的社会目标和集体意愿。新兴大国在这方面的共同点较多。在国际货币金融制度改革方面,它们一般都主张提高新兴市场和发展中国家在国际金融机构中的发言权和代表性;在贸易自由化方面,反对贸易保护主义,承诺并支持多边贸易体系;在国际社会秩序与发展上,强调并支持在国际法治、平等合作、互相尊重、由各国协调行动和集体决策的基础上,建立一个更加平等和公正的世界;在环境保护方面,愿与国际社会共同努力,就加强《联合国气候变化框架公约》及其《京都议定书》实施形成全面、平衡和有约束力的成果。新兴大国在上述多个方面有着美好的愿景期望和社会目的,但在具体的实施中尚有不少分歧。例如在碳排放方面,中国、印度、巴西和南非组成的"基础四国",代表了新兴发展中经济体,而俄罗斯的立场则更接近发达国家。总之,就整体的社会性目的来说,新兴大国之间有许多共识或共同点,但同时也还存在着许多差异,社会意图的共识和一致性还不够充足。① 其三是关系性比较(relational comparisons),指的是通过明确集体不是什么,集体看待他者的方式来界定自我身份,尤其是关于他者的认识是起决定性作用的部分。集体身份的关系性比较是通过与他者的对比来确定自己的身份。新兴大国的提法是相对于传统大国而言的,从一开始主要指的是新兴大国的经济增长速度要高于传统大国,对世界经济格局的影响力在上升。这方面的比较不是为了区分集体内和集体外的根本差异。新兴大国的目的在于推动国际经济秩序变革,而不是推翻现有秩序,因为它们在不同程度上都是现有国际社会的受益者,主张通过合作方式,推动国际社会的包容性发展。其四是认知性模式(cognitive models),指的是集体内成

---

① 花勇:《论新兴大国集体身份及建构路径》,载《国际论坛》2012年第5期,第49-52页。

员的世界观或者对政治条件和物质条件的理解。集体身份的认知性模式就是集体成员看待世界的方式。新兴国家的认知模式和各自的文化传统联系密切。例如俄罗斯崇尚东正教,有着强烈的大俄罗斯情怀;巴西受欧洲基督教文化影响较深;印度的主要宗教是印度教,倡导的是西方式民主理念和价值观;中国则受儒家思想影响,以和合文化来认识国际社会,处理与他国的关系。相对而言,这些新兴大国在文化传统上的差异性要远大于相似点。而且意识形态上的差异也容易造成彼此世界观和价值观的不同。总的来说,新兴大国还没有形成足够统一的认知模式。①

当今国际体系的成员结构与力量组合都非常复杂,并非简单的西方与非西方、发达国家与发展中国家的二元对立。就政治结构而言,西方发达国家无疑是一个阵营,但并非铁板一块。非西方世界则更为复杂,可分为新兴大国、新兴市场经济国家、伊斯兰世界、反美主义国家和失败国家等多种类型。由于政治经济发展的不平衡,发展中国家在具备诸多共性的同时,各自关心的问题也有所不同。例如,新兴市场经济国家主要关注如何降低发达国家的贸易保护主义和开拓发达国家市场;阿拉伯产油国关心石油价格;拉美等地区国家希望减免债务;最不发达国家希望得到更多援助。这些客观存在的差异,加上发达国家所采取的一些分化策略,必然会削弱发展中国家的整体影响力。而新兴大国要作为一个群体在国际政治经济秩序中发挥更大的作用,首先取决于其内部凝聚力,即集体身份的明确和巩固;而这种集体身份,主要来源于它们的共性、共识也即共有身份特征。

抛开复杂的理论论证,如果我们从新兴大国自身的历史经验与现实诉求两方面看,就不难发现新兴大国之间的许多共性,这些共性在过去实际上已经在一定程度上构成了它们的集体身份特征,在新的历史条件下,如果这些共性

---

① 花勇:《论新兴大国集体身份及建构路径》,载《国际论坛》2012 年第 5 期,第 49 - 52 页。

得到充分发掘、巩固和利用,将有助于进一步夯实这种集体身份。

金砖国家为代表的新兴大国有许多共同点,例如都是新兴市场国家,发展多样性,走"和平发展之路"。共同目标是推动发展中国家整体崛起,推动国际秩序民主化,推动世界经济均衡发展,推动国际货币和金融体系改革。金砖国家走到一起,是国际关系发展的客观要求,是互利共赢的选择和符合国际社会共同利益。新兴大国的共同点,最值得注意的是以下三方面。

第一,新兴大国大多有共同或者相似的历史经验。它们在二战前大多是殖民地、半殖民地国家,深受外来压迫与强权政治之害。因此长期以来,这些国家都非常重视全力维护本国的主权、安全和发展利益,一直都在努力争取建立更加公正、合理、和平的国际秩序。它们都倾向于通过合作争取发展中国家的合理权益,反对西方列强主宰世界秩序与国际关系,主张以协商与合作来改良国际体系,构建新的国际秩序与全球治理体系。今天,新兴大国正在多个层面践行着一种全新的合作模式。在新兴大国之间,各种双边战略伙伴关系、多边协调机制日臻成熟。

第二,新兴大国在国际政治经济体系中处于某种"中间"位置,其地位与作用具有一些特殊性甚或"两重性",因此有可能兼顾不同的利益需求,平衡秩序稳定与改良的矛盾。例如,它们过去大多处于国际体系的边缘或"外围",有共同的历史经验,当前都在向"核心"迈进,但还带有某些"半外围"国家的特点,有相似的国际处境。这就决定了其地位、需要与作用的特殊性:一方面,曾经作为殖民地或半殖民地的共同历史遭遇,反对外来干涉、强调主权平等的共同情感与价值取向,发展民族经济、实现民族复兴的相同历史任务,使大多数新兴经济体与发展中国家有天然联系;但另一方面,新兴国家特别是新兴大国对于全球化已经有较强适应能力,并取得了显著的社会经济成就,因此无意全盘否定现有国际秩序,但发展需求又使它们寻求秩序改良,要求国际制度安排和权力结构更加合理、均衡。一方面,新兴国家是正在崛起、对国际体系的演变和国际秩序的转型有重要影响的国家。例如发展中国家在消除贫困方面的进步和全球经济份额的上升,就主要得益于一批新兴经济体的贡献;但另一方面,它们的绝对实力与发达国家还有较大差距,在许多领域都仍然是发展中国家。① 新兴大国在经济结构和创新能力上仍处于相对弱势,塑造国际规则与议题的能力也较为有限,在国际重要商品定价权、世界主流意识形态生产即观念与价值创新等领域也还比较被动。此外,新兴大国内部普遍面临诸如社会转型、贫富差距、腐败滋生等各种治理挑战。② 这一方面在不同程度上制约了它们影响国际事务、承担国际责任的能力,另一方面使它们在国际处境和利益诉求上产生了许多共鸣。

第三,新兴大国在对外政策与对外行为上有许多相似性与共通性。在全球层面,新兴大国除了主张加强南南合作,同时也以积极、建设性的姿态与发达国家展开南北对话。二十国集团峰会、八国集团与发展中国家领导人的对话会议,成为世界主要发展中国家与发达国家对话、协调与合作的重要平台。2008 年国际金融危机爆发后,二十国集团峰会被国际社会视为应对危机的最重要机制。这表明新兴大国正逐步走向国际舞台的中心。在地区层面,新兴大国以主动、负责任的姿态推动地区合作深入发展。新兴大国积极参与的地区性组织在维护地区和平、促进地区繁荣、制定国际规范等方面正发挥着越来越重要的作用。

从以上分析来看,新兴大国既是一个有着某种集体身份、正在成为一种独特国际力量的国家群体,也是一个有待进一步加强合作、强化集体身份以便在国际秩序变革进程中发挥更大作用的新型群体。从"新兴工业化国家""新兴市场"到"新兴大国",新概念层出不穷,但其交集与合集已勾勒出新兴大国这

---

① 石斌:《秩序转型、分配正义与新兴大国的历史责任》,载《世界经济与政治》2010 年 12 期。
② 参见金灿荣、刘世强:《告别西方中心主义》,载《国际观察》2010 年第 2 期,第 9 页;秦亚青:《国际体系的延续与变革》,载《外交评论》2010 年第 1 期,第 13 页。

个集合体,标志着一种独特的国际政治力量的出现,这一发展态势正在改变国际体系的结构并为国际秩序的变革注入了新的动能,使世界政治经济格局与国际关系呈现新的面貌。

面对日益增多的共同威胁和挑战,无论传统大国还是新兴大国都需要认真思考,共同应对。新兴大国的群体性崛起正在给广大发展中国家带来新的历史性机遇。分布在世界各大区域的新兴大国正在成为世界和平与繁荣的支点,遵循不同发展路径的新兴大国为世界提供了多样的发展模式,为不同文明的和谐共生诸如新的活力。加强发展中国家群体以及新兴大国之间的团结与合作,深入开展新兴大国与传统大国之间的交流对话,推动解决各种全球性问题,推动顺应世界潮流的国际秩序与全球治理体系变革,是新兴大国肩负的时代重任。

二、新兴大国集体身份的建构

新兴大国在全球治理中的国际政治影响力空前提升,有关其集体身份建构问题的思考,既是理论难点,又有重要的现实意义。如前所言,新兴大国是一个有着某种集体身份、正在成为一种独特国际力量的新型国家群体,但这种集体身份还处于发展阶段,尚未得到完全定型和巩固,其国际影响很大程度上取决于群体内部的凝聚力。如果要在世界政治经济舞台上拥有更高的地位,发挥更大的作用,尤其是在国际秩序与全球治理体系的变革过程中拥有更多的话语权,还必须通过进一步缩小分歧、扩大共识,协调政策、加强合作,从而不断构建、强化和巩固这种集体身份,借助集体的力量来发展自己、影响世界。

(一)新兴大国群体的象征:"金砖国家"

2013年3月26日至27日,中国国家主席习近平在上任伊始就出访南非港口城市德班,参加在此举行的"金砖国家"领导人第五次会晤。这向金砖成员和世界表示,中国高度重视金砖机制的巩固和推进,并将积极承担作为金砖成员国的责任。

　　"金砖国家"的概念最早见于 2001 年高盛研究团队发布的一份研究报告。该报告称:中国、印度、巴西、俄罗斯这四个国家经济增长迅猛,如果增长势头保持下去,四国将在 21 世纪最初 10 年改变全球增长格局。2003 年,该团队又提出新猜想:到 21 世纪前半期尾声,金砖四国将跻身全球最大六个经济体之列,与美国和日本一起构成"新六强"。报告创造出"BRIC"这个缩写词,集合了巴西、俄罗斯、印度和中国的英文首字母。该词与英文单词"砖"发音相似,中国媒体和学者将其译为金砖国家,最初称"金砖四国"。2011 年,南非正式加入金砖国家,英文名称定为 BRICS,是为"金砖五国"。

　　金砖国家国土面积占世界领土总面积 26.46%,人口占世界总人口41.93%。据估算,2021 年五国经济总量约占世界的 25.24%,贸易总额占世界的 17.9%。2022 年,五国在世界银行的投票权为 14.06%,在国际货币基金组织的份额总量为 14.15%。

　　2006 年,金砖国家外长在联合国大会期间举行首次会晤,开启金砖国家合作序幕。2009 年 6 月,金砖国家领导人在俄罗斯叶卡捷琳堡举行首次会晤,推动金砖合作升级至峰会层次。自 2009 年以来,金砖国家领导人共进行了 15 次会晤和 9 次非正式会晤。此外,金砖国家领导人自 2011 年起在二十国集团领导人峰会期间也举行非正式会晤。

　　2023 年 8 月 22 至 24 日,金砖国家领导人第十五次会晤在南非约翰内斯堡举办。60 多个南方国家参加会议,并完成了金砖扩容,阿根廷、埃及、埃塞俄比亚、伊朗、沙特阿拉伯、阿联酋这六个具有代表性的国家加入了金砖组织。这次会议影响巨大,意义十分深远,它预示着,自俄乌冲突以来剧烈波动的国际格局正发生实质性的变化,一个以非西方国家为主导的新的世界体系的雏形正在出现。

　　金砖机制不断扩容与新体系影响力日渐扩大的主要原因在于,广大第三世界国家对传统国际体系的不满,西方对他国主权的随意侵犯、国际货币基金组织、世界银行等西方主导的经济组织对发展援助的西方标准、美国对他国的任意制裁,以及美元利率潮汐涨落对南方国家的伤害,等等。传统的不平等不合理的国际秩序引发的不满是普遍性的,这是金砖机制从一个纯粹经济议题的讨论平台,逐渐转变为代表全球南方国家的政治经济组织的最主要原因。金砖国家为代表的发展中国家对现行秩序和美国霸权的不满,使它们日益紧密地团结起来。[①]

在金砖国家的合作进程中,中国发挥了重要的积极作用。

2008年金融危机以来,美国金融政策变动导致国际金融市场波动,对新兴市场国家的币值稳定造成很大影响。金砖国家为避免在下一轮金融危机中受到货币不稳定的影响,开始计划构筑一个共同的金融安全网。一旦出现货币不稳定,可以借助这个资金池兑换一部分外汇来应急。应急储备基金是由中国提出的倡议,主要是为了解决金砖国家短期金融危机,是一种救助机制,不是盈利机制。2011年4月13日至14日,巴西、俄罗斯、印度、中国、南非等"金砖国家"领导人在中国三亚举行第三次领导人会晤,会晤就国际形势、经济、金融、发展等问题深入交换意见,规划金砖国家未来合作。会晤发表了《三亚宣言》,首次推行本币贸易结算。加强金融合作成为本次金砖国家领导人会晤的一个重要成果。在五国领导人的见证下,正式签署《金砖国家银行合作机制金融合作框架协议》。2013年3月,第五次金砖国家领导人峰会上决定建立金砖国家新开发银行(New Development Bank)。2015年7月,金砖国家新开发银行正式开业。新开发银行由巴西、俄罗斯、印度、中国和南非共同成立,旨在简化金砖国家间的相互结算与贷款业务,从而减少对美元和欧元的依赖,为金砖国家等新兴经济体和发展中国家的基础设施和可持续发展项目调动资

---

① 编辑部:《新型国际体系已显露雏形》,载《文化纵横》2023年10月号。

源,补充多边和区域金融机构为全球增长和发展所做的努力。金砖银行所有的管理、章程、条款等都是基于平等的基础,因此不会由任何一个国家控制。2021年12月,总部位于上海的金砖国家新开发银行正式宣布将迎来新成员国埃及。2023年,埃及正式成为新开发银行成员国。同年7月,津巴布韦宣布申请加入。

值得一提的是,金砖五国还先后全部成为亚投行意向创始成员国。2014年10月24日,包括中国、印度、新加坡等在内的21个首批意向创始成员国的财长和授权代表在北京签约,共同决定成立投行。2015年12月,亚洲基础设施投资银行(Asian Infrastructure Investment Bank,简称亚投行,AIIB)正式成立。亚投行是首个由中国倡议设立的多边金融机构,总部设在北京。它是一个政府间性质的亚洲区域多边开发机构,重点支持基础设施建设。其宗旨是促进亚洲区域的建设互联互通化和经济一体化的进程,并且加强中国及其他亚洲国家和地区的合作。到2023年9月为止,亚投行成员数量已增至109个,覆盖了世界81%的人口和全球65%的GDP。金砖银行与亚投行不是竞争关系,虽然二者都关注基础设施建设项目,但亚投行主要聚焦亚洲市场。全球基础设施建设的需求很大,并非某一个组织就可以完全满足,金砖银行与亚投行可以共同推进基础设施建设。

2017年,中国成功主办金砖国家领导人厦门会晤。五国领导人一致决定发展更紧密、更广泛、更全面的战略伙伴关系,巩固经贸合作、政治安全、人文交流“三轮驱动”合作框架,确立“金砖＋”合作理念,开启了金砖国家合作第二个“金色十年”。2022年,中国接任金砖国家主席国,并于6月23日成功主办金砖国家领导人第十四次会晤,五国领导人围绕“构建高质量伙伴关系,共创全球发展新时代”的主题,就金砖国家各领域合作和共同关心的重大问题深入交换意见,达成许多重要共识。会晤通过并发表《金砖国家领导人第十四次会晤北京宣言》。6月24日,习近平主席主持全球发展高层对话会,金砖五国领导人同其他 13 个具有广泛代表性的新兴市场国家和发展中国家领导人云聚一堂,就促进全球发展达成重要共识。会议发表《主席声明》,并发布 32 项成果清单。

金砖国家合作机制成立以来,合作基础日益夯实,领域逐渐拓展,已形成以领导人会晤为引领,以安全事务高级代表会议、外长会晤等部长级会议为支撑,在经贸、财金、科技、农业、文化、教育、卫生、智库、友城等数十个领域开展务实合作的全方位、多层次架构。随着五国国力不断增强,金砖国家合作走深走实,合作影响力已经超越 5 国范畴,成为促进世界经济增长、完善全球治理、推动国际关系民主化的建设性力量。[①] 近年来,金砖国家机制的影响力和吸引力持续提升。五国坚持公平正义,积极推动全球治理体系改革,就国际和地区热点问题发出金砖声音,不仅有力提升了新兴市场国家和发展中国家国际话语权,也成为推动南南合作的重要平台。金砖国家合作得到发展中国家广泛认可,在联合国、二十国集团、世界银行、国际货币基金组织等多边机制中地位和作用不断提升。[②]

有评论指出,金砖机制与传统的南南合作相比有两点主要区别。第一,它有着明确的价值观和文明叙事。它以发展为旗帜,以文明多样性和包容性为特征,中国的全球发展倡议、全球安全倡议、全球文明倡议有别于西方"民主与威权"的意识形态二分法,正在深刻影响金砖机制和全球南方国家。区域性的南南合作的主要诉求一般是经济利益与安全利益,能够形成文化政治叙事的少之又少,而金砖机制正在形成以"发展、多元、包容"为理念的新型价值观,这是它具有强大感召力的首要因素。第二,它拥有更为强大的物质手段。金砖

---

① 《金砖国家》,中华人民共和国外交部,访问日期 2023 - 10 - 11,https://www.mfa.gov.cn/web/gjhdq_676201/gjhdqzz_681964/jzgj_682158/jbqk_682160/。

② 《金砖国家简介》,金砖国家领导人第十四次会晤官网,2022 - 02 - 21,访问日期 2023 - 10 - 11。

机制成立了新开发银行,为发展中国家提供发展融资贷款,这开辟了有别于西方主导的国际金融的新渠道和新选择。这种由南方国家设立、专为发展中国家提供融资贷款的国际性开发银行,在世界上尚属首例。可以想象,随着金砖机制的不断扩容,它的金融力量会不断加强,经济影响力会日益扩大。

2022 年 5 月 19 日,中国国家主席习近平在金砖国家外长会晤开幕式致辞中指出,作为国际社会积极、向上、建设性力量,金砖国家应该以实际行动促进和平发展,维护公平正义,倡导民主自由,为处于动荡变革期的国际关系注入稳定性和正能量。金砖国家要加强政治互信和安全合作,就重大国际和地区问题密切沟通协调,照顾彼此核心利益和重大关切,相互尊重主权、安全、发展利益,反对霸权主义和强权政治,抵制冷战思维和集团对抗,共建人类安全共同体。习近平强调,发展是新兴市场国家和发展中国家的共同任务。面对当前各种风险挑战,加强新兴市场国家和发展中国家团结合作,比以往任何时候都更为重要。五国要同更多新兴市场国家和发展中国家开展对话交流,增进理解互信,拉紧合作纽带,加深利益交融,让合作的蛋糕越做越大,让进步的力量越聚越强,为实现构建人类命运共同体的美好愿景做出更大贡献。[①]

2023 年的金砖会议,其意义堪与 1956 年在印度尼西亚召开的倡导不结盟的万隆会议比肩。不结盟运动塑造了冷战时代广大第三世界的外交和政治行为模式。随着冷战结束,美国一家独大,第三世界国家被裹挟进入西方秩序和西方体系,不结盟运动难以维系。而金砖会议让人们看到了不结盟精神的某种回归。但这一次的"不结盟",不是重复冷战时代在两极体制之间的徘徊,而是由第三世界国家构成了一个与西方性质不同的新型国际体系。这一体系虽然还不够成熟,其内部矛盾冲突也并不鲜见,但假以时日,这种不断上升的

---

① 《习近平在金砖国家外长会晤开幕式上发表视频致辞》,载《人民日报》2022 年 5 月 19 日。

体系必然在国际政治经济秩序中发挥日益重要的作用。①

总之,在过去近 20 年的合作进程中,金砖国家经济发展较快、综合实力不断增强,在全球治理中的合作协调不断深化,日益走近世界舞台中央。

金砖国家目前只是建立起了一种合作机制,并非传统意义上的国际组织。金砖合作机制并不完全是因为地缘相近而形成的区域性合作机制,也不是因为经济联系特别紧密而建立的合作机制,而是以彼此相似的发展阶段和规模特征为纽带形成的特殊多边合作关系。这些共性特征使它们有着相似的国际政治经济诉求,比较容易在相关国际议题上取得一致意见,进而构建正式的沟通、协商机制。

但整体而言,金砖国家尚未在国际秩序与全球治理变革进程中占据核心地位。金砖合作机制还面临着许多制约因素。这些因素涉及经济诉求、政治关切、历史遗留甚至相互认同等问题。如果不能克服或缓解这些制约因素,金砖机制将难以进一步深化。总的说来,金砖五国都是区域性强国,有各自的国家战略追求,也有着不同的历史文化与社会体制。政治制度、经济模式、意识形态和社会文化方面的差异,尤其部分成员国之间在历史遗留问题上的分歧和地缘政治上的竞争,势必影响成员国的立场和观点,从而制约金砖机制发展的广度和深度。

首先,金砖五国具有经贸互补性,但也存在经济竞争和一些潜在冲突。例如,中国与其他金砖国家的双边贸易,具有制造业大国与原料、燃料、大宗农产品供应国之间互补性经贸关系的特点。随着其他成员国开始大力发展制造业,就有可能引发贸易保护主义和经济摩擦。要妥善化解或有效解决这些潜在的矛盾,需要求同存异、共谋发展的大局观和集体意识。此外,金砖国家仍具有发展中国家和转型经济的特征,各自面临着不同的经济社会转型压力。例如

---

① 编辑部:《新型国际体系已显露雏形》,载《文化纵横》2023 年 10 月号。

巴西经济对自然资源高度依赖，投资能力不足；俄罗斯的财政金融容易受到世界能源价格和外部制裁压力的影响；印度基础设施和制造业竞争力不强，社会结构仍有许多落后成分。因此，如何把内部经济转型与金砖合作机制有机联系起来，实现从新兴国家到新兴强国的转变，是金砖国家共同面临的重要任务。

其次，其他金砖成员国对中国的认知和需求也不尽相同。在现有国际环境下，加上美国等西方大国主导性话语权的影响，其他新兴国家对中国发展的认识还不够全面。其对华舆论和对华政策需求也呈现某种多样性甚至多面性。它们的对华报道一般较为中性或相对正面。它们主要基于各自国家利益，偏重与中国的双边关系而不是整体形象。例如，印度特别关注中国军事实力的增长，俄罗斯重视中俄能源开发，巴西与南非则注重与中国的全方位经贸合作。总之，相对于中国而言，其他四国对金砖国家的集体身份缺乏足够自觉，塑造群体形象与集体力量的意愿还不够强烈。

最后，金砖机制与现有国际机制存在某些功能上的重合，在合作目标上还有待进一步明确，以便凝聚和加强合作动力，发挥更大效用。传统的国家集团一般都建立在较为明确的合作需求基础之上，或出于地缘政治需求，如欧盟、东盟、上合组织，或为了应对共同面临的特定问题，比如北约、欧佩克集团。而金砖国家作为一个群体与传统的国家集团有所不同，其以经贸合作为主要动因的合作机制与模式还处于探索阶段，且金砖合作机制与 G20、G3、G8＋5 等也有交叉重合，其合作议题和领域还需要进一步聚焦。

总之，如何定位和塑造金砖机制，强化集体身份认同，缩小差异和缓解各种现实与潜在冲突，从而实现互利共赢，并为国际秩序与全球治理体系变革注入一股全新的动力，是各成员国需要共同努力的目标。

（二）新兴大国集体身份的构建逻辑

有关新兴大国集体身份的讨论，学界已经产生了许多研究成果。国内方面，如就国际伦理与分配正义而言，新兴大国处于国际政治经济体系的某种

"中间"位置,即带有某些"半外围"国家的特点;从治理权转移的角度看,全球治理体系由西方国家向新兴大国转移,而新兴大国应以集体身份和共同努力来推进全球治理体系改革;或以身份认同为起点,认为新兴大国的集体身份认同较低,其集体身份的建构以商谈逻辑为有效路径;或从国际合法性视角出发,认为新兴大国的秩序理念突破了单方面追求绝对安全的强权思维模式,因此与历史上主导的国际秩序理念(尤其均势)之间存在较大差异。与国内学界突出新兴国家主体性的"理论化"兴趣有所不同,国外有关新兴大国集体身份的讨论较少也较为谨慎,而是主要将新兴大国置于诸如全球治理、全球竞争格局、全球化与资本主义等更为宽广的叙事情境中进行考察,其实质仍是探讨既有国际体系和新兴大国之间的兼容性。

从现有研究的分歧或相关争论来看,当前新兴大国似乎陷入了某种集体身份有待理论论证和实践证明的状况。不过,相关研究也常常将新兴大国与集体身份这两个概念随机换用,或将二者等同处理,基本预设了新兴大国集体身份形成之可能性及其潜在路径。

事实上,一国崛起为新兴国家,并不等于就自然获得了相应的群体化的集体身份。集体身份的形成,不仅需要考虑主体间性、(主客观)构成性/限制性条件等,而且,施动性往往还取决于共同的话语背景/叙事情境。换言之,文本识读的叙事情境决定了这种集体身份的边界,比如国际金融危机、全球气候政治等复合相互依赖议题领域,为新兴大国可能的集体身份之塑造、再造或强化提供了"时势"场域。因此,我们需要对新兴大国集体身份的形成进行可能性分析,也需要从叙事情境上给予一定的"时空"考察,并从议题导向上敲定文本分析的话语背景,从而进一步讨论新兴大国集体身份问题对中国外交战略的启迪。①

---

① 赵斌:《新兴大国的集体身份迷思——以气候政治为叙事情境》,载《西安交通大学学报(社会科学版)》2018年第1期。

例如,以气候政治为叙事情境来考察新兴大国的集体身份可以发现,受制于具体议题导向下的分歧、主体间认知差异,新兴大国在这个议题领域的集体身份似乎暂未有效形成。从现象上看,很容易辨识的是基础四国(BASIC)与金砖国家(BRICS)之间在成员国上的差异,即"巴西、南非、印度和中国"/"俄罗斯",显然俄罗斯位列伞形国家群体,但由于金砖国家平台这一非正式国际机制的存在,也仍与基础四国为代表的新兴大国群体存在利益共容和相互协调的上升空间。总的看来,BASIC承担了深化新兴大国气候政治合作的重任。但相关谈判过程中出现的分歧表明,新兴大国在气候政治领域的集体身份的形成,或者说金砖国家在气候变化问题上要继续发挥重要作用,不仅取决于基础四国间持续的协同合作,而且有赖于金砖国家内部的协调。尤其是俄罗斯与基础四国之间就气候政治议题的良性互动。

从国际体系的结构性因素上看,新兴大国仍然面临来自传统大国的压力。以《联合国气候变化框架公约》(UNFCCC)和《京都议定书》为主体的气候政治制度,仍对新兴大国群体的行动构成相当程度的约束。然而对于崛起中的中国、印度、巴西、南非等地区大国而言,在发达国家尤其以美国、日本等为代表的伞形国家履约乏力的同时,捍卫并推动全球气候政治发展及其制度化建设,不仅有助于增强新兴大国群体在国际体系中的合法性认同,而且有望尽可能为这些仍属于发展中世界的大国争取更具有历史意义的气候政治公平与伦理价值,从而为新兴大国的崛起进程赢得宝贵的战略空间。

从社会建构主义所说的"进程"来看,新兴大国气候政治有效互动仍显得不足。在联合国政府间气候变化谈判进程中,最为显著的矛盾似以发展中国家与发达国家之"南北两极"对立为主线。但南北国家群体内部自身亦存在严重的分化现象,使原有的发达国家群体与发展中国家群体之二元对立开始至少裂变为发达国家、新兴大国和其他发展中国家之"三足鼎立"态势。全球气候政治互动,可能建构不同的自群体认同。不难想见,新兴大国群体内部可能还存在着诸多分歧,这直接影响到这些国家对共同命运、相互依存、同质性等的认知,从而可能对该群体"抱团打拼"于全球气候政治结构时的团结一致构成挑战。如果说,国际气候政治权力与制度结构压力是外部冲击或客观事实的话,主体间认知差异则可被视为内生动因。所谓有效互动不足至少表现在三个方面:新兴大国间的群体内互动、新兴大国与伞形国家间互动、新兴大国与其他发展中国家间互动。

虽然气候变化问题只是众多国际治理议题中的一个方面,但至少对理解新兴大国的集体身份问题有所启发。其中,我们似乎看到一个悖论,一方面,在全球气候变化议题领域,实现新兴大国间的气候政治合作,目前更多是一种愿景;但另一方面,为使全球气候治理有所突破,客观上又需要新兴国家间达成某种准集体身份的和谐与合作。理论上,我们需要思考崛起中的新兴大国对于全球气候治理和更广泛的全球治理体系变革的重要意义;现实中,则需要进一步思考中国在气候等具体问题领域的外交战略与策略,特别是如何寻求基于某种共同愿景的集体身份认同,同时又能够容纳群体身份中仍存在的分歧与冲突。分歧并不排斥合作、合作本身往往与分歧联系在一起,并部分说明采取成功的努力以克服潜在或现实分歧的必要性。从某种意义上讲,合作恰恰是对分歧的一种反应,如果没有分歧,也就没有了合作的必要。

总之,新兴大国崛起是当前国际关系中颇受关注的一种群体现象,在全球金融危机和气候政治等复合相互依赖议题领域,该国家群体的国际政治影响力引人瞩目。然而,就集体身份而论,集体身份的形成,受到主客观诸多严苛条件和复杂互动的限制。理论上,多个行为体间的互动进程可能建构出"群我"(自群体)与"共同他者";具体的叙事情境为群体间互动提供了"时势"场域;同时,行为体亦非社会化的囚徒,主体间性的突出使集体身份的形成更为复杂化。只有当在一定叙事情境内的主客观条件契合时,集体身份才有可能

形成。^①

(三) 新兴大国的共同目标:推动国际秩序与全球治理体系变革

共同利益与共同目标的体认与实践,是凝聚新兴大国群体力量、加强集体身份认同的关键。

新兴大国最大的集体利益在于创造一个合作机制,实现共同崛起的目标。大多数金砖国家严格说来都是非西方国家,在国际体系中都具有独立行动能力。它们都认识到本国在世界经济和全球治理中处于非支配性地位,希望凝聚成一股群体性力量,并且已经展现了和平渐进地改变世界权力结构的动机、能力和决心。由于新兴经济体经济总规模举足轻重,整体上实已拥有与西方国家博弈的能力,而这是任何单一国家所做不到的。显然,金砖国家的机制化或集团化是一个权力倍增器,它将显著地增加东方或南方新兴国家的地位和权力。因此,金砖国家只有在推动国际秩序与全球治理体系变革的过程中,在众多多边治理的问题上,努力把国家利益协调起来,把国家力量汇聚成一个整体,以一个声音说话,采取共同的平衡战略,才能实现共同崛起的目标。^②

当今国际秩序与全球治理体系深受美国等西方国家的影响和主导。面对新兴大国不断崛起的现实,西方大国近些年特别强调要维护所谓"基于规则的秩序"。然而问题在于,这些"规则"实际上主要是发达国家主导制定的,在全球格局和历史条件已经发生许多重大变化的情况下,其缺陷与弊端、不合理性与不公正性日益突出,不能适应时代发展的需要。新兴国家要取得与其实际能力和发展需求相称的国际地位和权益,就必须改革国际秩序与全球治理体系中的不合理、不公正因素。

到目前为止,广大发展中国家尤其是新兴国家的发展仍然严重依赖或受

---

① 详细的论证,见赵斌:《新兴大国的集体身份迷思——以气候政治为叙事情境》,载《西安交通大学学报(社会科学版)》2018年第1期。
② 张建新:《后西方国际体系与东方的兴起》,载《世界经济与政治》2012年第5期。

制于西方国家,在国际议题的设定、国际规则的制定上也较少拥有发言权。例如,新兴国家的出口长期依靠发达国家市场,国内市场、就业、汇率等经济变量均受到发达国家市场需求的影响。相反,新兴国家无法制约或监管发达国家的金融市场,一旦出现金融危机,新兴国家却要给发达国家买单。此外,在国际组织和多边体制中,发展中国家的权益也没有保障。自 2008 年金融危机以来,改革世界银行和国际货币基金组织的呼声日益高涨,原因就在于这些机构无法约束西方国家的行为,也不能有效回应发展中国家的要求。

因此,面对这种结构性的力量差距,新兴国家必须团结起来,一方面致力于改变美国等西方国家在国际体系与国际秩序中的长期和近乎无条件的主导地位,另一方面努力提升广大发展中国家的国际地位,为发展中国家争取更多的发展空间和国际支持。这两点应该成为国际秩序变革的基本目标,而新兴大国的崛起则为这种努力提供了前所未有的新动能。

有研究者指出,在未来国际秩序与全球治理体系的变革中,金砖国家需要展现出更大的决心和更强的凝聚力,在应对共同挑战方面采取共同政策、在全球治理体系中发挥更强领导力。为此,必须在以下几个方面做出努力。其一,是增强价值引导。金砖国家必须努力弘扬基于共商共建共享、平等公平合理的全球治理价值观的舆论引导和普及,以推动和引领全球治理朝着正确方向前进。这包括进一步阐明对于新型全球化、国际秩序与全球治理体系变革的共同立场,逐步构建适应时代潮流的话语体系与话语地位;合作提高全球治理主张的传播力度和效率,增强国际社会对金砖国家全球治理理念的理解和支持。其二,是增强内部互信协调和群体合力,通过协调一致的战略凝聚和发挥各自相对优势,从而改变发达国家长期主导国际体系以国际秩序的局面。其中包括:增强金砖国家内部战略互信和凝聚力,推动建构一个更加公平包容普惠和具有代表性的多极国际秩序;扩大自身阵营并改善组织机制建设;自觉抵御美西方势力的挑拨瓦解。其三,是努力增强国际公共产品供给竞争力。金砖国家必须通过深化发展战略和政策对接加速发展和壮大综合实力,从而为国际社会提供更多更好的公共产品。其四,是提高全球治理变革引领力。金砖国家应该加强政策协调,提出更多适应时代需求的全球治理体系变革新理念与新思路,为国际社会提供新的价值导向与领导能力。为此不仅要深入研究全球治理改革方案,对解决全球公共治理问题提供更多实质性支持,还必须树立国家善治的良好形象,提升对多边治理变革的感召力和引导力,同时增强规则执行力和示范带动性,为广大发展中国家提供新的前行理念、实践样板与务实合作行动力。其五,是增强与其他国际组织的协作力。金砖国家要加强与其他重要国家及多边组织协作形成变革合力并在其中争取发挥重要作用;一方面要与联合国、世界银行、国际货币基金组织、世界贸易组织、G20等重要多边治理组织紧密合作,另一方面也要继续深化与发展中国家的南南合作,通过加强与非盟、阿盟、77国集团、环印度洋组织、加勒比共同体等的协作,强化全球治理变革推动力。[①]

第三节　新兴大国国际地位与作用的独特性

中国等新兴大国的崛起,正在改变国际体系的力量结构,使国际政治经济格局日益呈现"多极三元化"(政治多极化、经济三元化)的发展趋势,也给国际秩序的调整与全球治理体系的变革注入了新机遇和新动力,同时也使传统的"中心—外围"模式首次面临被彻底打破的可能。这一具有世界历史意义的重大发展趋势,正是"百年未有之大变局"的核心内容。

[①] 林跃勤、郑雪平:《治理赤字下金砖国家增强全球治理变革推动力研究》,载《亚太经济》2023年第1期。

与此同时,新兴大国的国际身份还具有"两重性":一方面,它们是发展中国家中的佼佼者,另一方面,它们仍是发展中国家。这种身份的"两重性"决定了它们的国际秩序观念"两重性"或者说独特性:一方面,它们的一些国际秩序观念具有特殊性,处于发达国家和一般发展中国家的中间区域;另一方面,它们仍然具有一般发展中国家的基本特征和利益诉求,与发展中国家仍然具有天然的联系。

一、新兴大国正在改变世界体系的传统"中心—外围"格局

相对于近代以来直到 20 世纪末为止的漫长时期,进入 21 世纪以来,新兴经济体特别是其中的新兴大国在国际体系结构和国际政治经济秩序中的整体地位与作用出现了前所未有的显著提升,而且这种发展势头迄今为止尚未出现明显逆转,这是一个举世公认的事实。

尤其是 2008 年全球经济危机发生以来,世界政治经济格局出现了重大调整。以金砖国家为代表的新兴大国在其中发挥了重要作用。早在 2006 年,美国耶鲁大学管理学院院长加腾就发表文章称:"新兴市场已从全球的边缘走向中心。"[①]

首先,新兴大国已经成为全球经济增长的重要动力。20 世纪 80 年代,人们认为世界经济的火车头是美国和日本,90 年代主要是美国。进入 21 世纪以来,新兴市场特别是金砖国家等新兴大国所起作用显著加强。据 IMF 在 2011 年的统计,"金砖四国"对全球 GDP 增长的贡献,1990—2000 年为 32.2%,2000—2008 年 46.3%,2008—2014 年预计达 61.3%。[②] 到 2023 年为

---

① Jeffrey E. Garten, "Hot Markets, Solid Ground: Why Emerging Nations are a New Force for Stability in the World Economy, Not a New Crisis-in-the-making," *Newsweek*, 9 January 2006。

② World Bank, *Bridging the Atlantic—Brazil and Sub-Saharan Africa: South-South Partnering for Growth*, December 14, 2011.

止,金砖国家的实际贡献率已经高达 50%。不仅超过七国集团,而且超过发达经济体的总和。中印经济增速位居主要经济体前列。中国稳居世界第二大经济体,近 10 年中国经济平均增速超过 6.2%,印度已超越英国成为世界第五大经济体。从金砖国家的经济规模来看,金砖五国经济规模从 21 世纪初的占全球经济的 8% 提升到 2022 年的 25.77%,如果按照购买力平价来计算占比超过 31.5%,超过了七国集团的总和。不仅如此,金砖五国有丰富的外汇储备,全球占比超过 35%,吸引外资超过 45%。同时金砖五国人力资源丰富,人口总数超过 32 亿,占全球人口总数约 42%。扩员后的金砖十一国人口总量更占到全球人口的 47%。从金砖国家的增长潜力来看,金砖国家有丰厚的自然资源禀赋,扩员后的金砖国家有着丰富的人力资源、技术资源、资本资源及广阔的市场,拥有世界石油储备的 44.35%,成长潜力更大。中印两国人口总数均超过 14 亿,而且金砖国家的劳动力人口素质高,经济发展潜力大。国际机构普遍预测 2023 年世界经济增长不足 3%,而金砖国家的经济增长率均超过该水平,其中中国和印度均超过 5%。通过加强经贸领域务实合作,金砖国家成为世界经济增长的重要引擎。[①]

其次,新兴经济体已成为巨大的商品供应国和销售市场,新兴市场已成为全球投资的重要对象,也是新兴投资者和资金来源。金融危机发生五年之后,新兴市场国家在世界贸易中所占的份额已经增长到 33%。以"世界五百强"为代表的跨国公司纷纷大幅投资金砖国家和其他新兴市场,新兴市场接受外包业务已成为一种普遍现象。与此同时,新兴大国企业"走出去"成为常态,加腾把新兴市场这种"本土跨国公司"的发展称作一个"关键变化"。同时,新兴大国对外援助和贷款不断增长,甚至成为债务危机中欧美国家的重要资金

---

①　刘英:《金砖国家成世界经济增长重要引擎》,载《经济日报》2023 年 8 月 30 日。

来源。①

再次,新兴大国已成为全球治理和重塑国际格局的重要力量。当代世界面临的各种问题,没有新兴大国的参与就难以解决。G20 中有 11 个新兴经济体,包括金砖国家和其他新兴市场国家,是新兴大国参与和推动国际政治经济秩序改革的重要标志。

金砖国家致力于推进国际金融体系改革。金砖国家机制于 2009 年正式成立,这正是 2008 年金融危机爆发,发达国家无能为力之际。金砖国家自成立之日起就致力于推进国际金融体系变革,不断推动世界银行、国际货币基金组织等国际金融机构改革,提升发展中国家和新兴经济体的占比、代表性和发言权。金砖国家还创立了金融新组织、新机构。为加强成员国之间的绿色发展及经济合作,金砖国家机制成立不久就创设了注册资本 1 000 亿美元的金砖国家新开发银行并进行了 1 000 亿美元的应急储备安排,通过建立新组织,创新和完善国际金融体系。金砖国家在共同货币、跨境支付、基金组织方面都有巨大的合作可能。特别是金砖五国的货币,即雷亚尔、卢布、卢比、人民币和兰特都是以 R 开头,R5 在共同货币特别是数字货币方面的合作备受期待。

金砖国家已成为重塑国际格局的重要力量。其中,中国的发展最为引人注目,即使不考虑新兴经济体的整体情况,仅就中国的崛起而言,其对国际体系与国际秩序的重构所带来的影响也非常明显。

中国的崛起对资本主义世界经济"核心、半边缘和边缘"的传统分层或者说原有结构正在产生深刻影响。对此,以伊曼纽尔·沃勒斯坦为代表的世界体系理论,尽管有许多局限性,例如对中心、半外围、外围国家的划分没有定量标准,主要从世界体系角度分析世界发展,相对忽视了生产力和科技发展的作

---

① Jeffrey E. Garten, "Hot Markets, Solid Ground: Why Emerging Nations are a New Force for Stability in the World Economy, not a New Crisis-in-the-making," *Newsweek*, 9 January 2006.

用,对半外围国家的独特性分析相对不够充分,等等,①但其中心(经济发达地区)、边缘(经济落后地区)和半边缘(介于前二者之间)的结构分层、对各层次形成的背景及其相互关系以及地位升降和霸权兴衰问题的阐述,仍然可以为我们提供许多启发。

有学者指出,自1978年改革开放以来,中国经济逐步融入世界经济体系,其经济崛起给广大的南方国家和北方国家都带来了巨大的经济利益和发展空间,同时也正在改变和调整被世界体系理论所定义的有关核心、半边缘与边缘地区的传统世界经济分层,以及这三个经济区的构成与比例大小,世界经济体系传统的以"小核心、分散且较大的半边缘、广阔的边缘"为特征的分层正在被重构。以中国经济崛起为主导的全球转型正在引领世界走向区域和全球劳动再分工。随着中国经济的不断发展和科技水平的不断提高,中国从原来在世界经济体系分层中的边缘国家地位逐渐提升到半边缘国家地位,中国的部分经济领域和人口进入了世界核心国家的分层地位。中国经济分层地位的提高,不仅加剧了中国与传统核心国家的矛盾,一定程度上也改变了与南方国家的经济关系,使中国处于更加主动和有利的地位。②

我们知道,关于世界总体形势与发展趋势,近些年人们的看法已经发生了很大变化,认为世界已经进入了一个与大约持续了20年左右的"后冷战"大不相同的新时期。众所周知,中国政府对世界形势与时代特征的有两个基本判断,即"百年未有之大变局"和"新的动荡变革期"。仅2020年,习近平主席在多个场合多次强调:"当今世界正经历'百年未有之大变局'。……世界进入'动荡变革期'。"2022年的党的二十大报告,没有再出现延续了多年的"和平

---

① 中国科学院中国现代化研究中心中国现代化战略研究课题组:《中国现代化报告2008—国际现代化研究》,北京:北京大学出版社2008年版,第2章第1节。

② Xing Li,"The Rise of China and its Impact on World Economic Stratification and Re-stratification," *Cambridge Review of International Affairs*,Published on 11 Aug 2020,https://doi.org/10.1080/09557571.2020.1800589.

发展是时代主题"这类表述,而是指出,"百年变局加速演进","世界进入新的动荡变革期"。近些年人们在讨论"百年未有之大变局"这个时代命题以及"世界进入新的动荡变革期"这个战略判断的内涵与特点时,普遍认为,其中一个最关键的因素是国际体系的结构性变化,即所谓"东升西降"趋势。

主要由新兴大国群体推动的"东升西降"趋势,本身就意味着国际力量格局的变化,或者说传统"中心—外围"格局正在发生动摇;由于国际秩序与国际权力结构存在密切联系,国际秩序的形成和维系是以特定的国际权力结构为基础,国际体系的变化客观上要求国际秩序做出相应的调整,新兴大国的崛起也势必对现有国际秩序构成冲击。然而必须指出的是,西方世界眼中的所谓"自由主义国际秩序"当前所面临的挑战,并不像许多人认为的那样仅仅来自"外部",尤其是来自以中国为代表的新兴大国。实际上,正如加拿大学者阿米塔夫·阿查亚(Amitav Acharya)所言,近些年在美国和西方国家内部所发生的许多问题表明,"新兴大国并未扮演好挑战者的角色。相反,自由主义国际秩序正在经历内部瓦解。特朗普的当选及英国'脱欧'预示着自由主义国际秩序的主要挑战亦源于内部,特别是源于对全球化影响的失望"。

但他同时也指出,自由主义秩序的危机为中国提供了一个在国际事务中提高自身领导力的机会。中国并不否认自己是全球化的主要受益者之一,但中国对全球化的捍卫并不必然意味着它将接受由西方主导的当代全球化进程中的方方面面,特别是政治方面的主张。相反,中国和其他新兴国家很可能去探索一条完全不同的全球化路径。这场全球化可能更多地由东方世界而非西方世界主导,更多地由中国、印度这些新兴国家而非守成大国主导,它将在南南国家之间创建多于南北国家之间的联系。这场全球化将更加尊重国家主权,它将绕过那些传统的多边经济机构,如国际货币基金组织、世界银行和世界贸易组织,更多地通过由新兴国家创建的新机构展开,如亚洲基础设施投资银行和其他新的多边机构等。这些新多边机构并不会取代现行的多边机构,但它们将为自己争取活动空间并竞争全球化的管理权。事实上,较之南北国家间和发达国家间的贸易量,南南国家间的贸易量一直保持增长,其中商品贸易增长率从 2008 年的不到 8%,增长到 2011 年的超过 26%。① 在投资领域,根据联合国贸易和发展会议提供的数据,南南国家间的直接投资量占全球投资总量的 1/3 以上。2015 年,来自亚洲的跨国公司首次成为世界上最大的投资群体,几乎占世界总量的 1/3。中国跨国企业对外投资的增速高于外资流入,并在 2015 年创造了 1 160 亿美元的新高。②

阿查亚还认为,自由主义秩序的衰落可能也促使中国在重塑全球和地区治理中发挥更加积极的作用。通过积极创建亚洲基础设施投资银行、金砖国家新开发银行和应急储备安排机制,中国已经在加速发挥这种作用。尽管中国提出的"一带一路"倡议并不是一个多边机制,但它还是具备重塑战后发展重点和融资协定的潜力。中国的倡议表明全球化的未来将更加强调发展而非着重贸易。此外,自由主义秩序的衰落也为中国提供了深化与新兴国家和发展中国家关系的机会,这些国家包括金砖国家及亚洲、非洲、中东和拉丁美洲的区域性大国,它们正寄希望于减少对西方的依赖。③

自新冠疫情暴发以来,大国关系呈现进一步恶化的趋势,加上俄乌冲突等,大国地缘战略竞争也呈加剧趋势。在这个背景下,国际力量格局如何发生进一步的分化与重组,成为一个备受关注的问题。美国著名学者约翰·伊肯伯里认为,在俄乌冲突的众多影响中,最重要的是可能将世界划分为三部分——全球西方、全球东方和全球南方。全球西方由美欧领导,全球东方由中

---

① United Nations Development Program, *Human Development Report 2013. The Rise of the South: Hu-man Progress in a Diverse World*, New York: United Nations Development Program, 2013, p. 2.

② http://unctad. org/en/PublicationsLibrary/wir2015_ en. Pdf, pp. 5, 8 - 9.

③ [加拿大]阿米塔夫·阿查亚:《中国与自由主义国际秩序的危机》,崔志楠译,载《全球秩序》2018 年第 1 期。

俄领导,全球南方则由发展中国家群体组成,还未形成明确领导者。这三个世界并非联盟或紧密的谈判集团,而是松散的、建构的、不断发展的全球派别。他进一步提出四个观点:首先,"三个世界"体系形成了一种相当持久的全球秩序模式,并由此推动三方围绕国际规则和国际制度进行竞争;其次,"三个世界"体系将鼓励世界秩序的重建,全球西方和全球东方将围绕争夺全球南方的支持与合作进行竞争;再次,全球秩序的基本原则为"三个世界"的竞争奠定了基础;最后,如果全球西方想要在未来几十年继续处于世界秩序的中心,它就需要同时适应全球东方和全球南方的存在,并适应一个更加多元化的世界。但在与全球东方争夺全球南方的过程中,它占有优势。全球南方对全球西方的批判不是因为全球西方提供了通往现代性的错误道路,而是因为西方没有践行自身提出的原则,也没有充分分享现代性的物质成果。①

伊肯伯里的观点不无新意,其关于"全球西方"所面临的危机与挑战及其必须面对非西方世界崛起的现实等观点,不无启发性。但他所说的中俄领导的"全球东方"不仅具体内容语焉不详,也缺乏足够说服力,更多的是受到近些年美国-西方与中俄关系趋于紧张或者说美国把中俄视为主要战略竞争对手的现实政治形势的影响。其中最关键的一个逻辑问题在于,中国从来都认为自己是发展中国家,也即"全球南方"的一部分,新兴大国群体也都把深化与广大发展中国家的"南南合作"视为推动国际政治经济秩序与全球治理体系变革的一个重要方面。代表新兴大国合作的金砖机制,也是一个连接不同大陆的平台,其成员国主要来自"全球南方"国家。金砖机制的吸引力,就在于它为"全球南方"提供了发声和团结的平台,它尊重成员国不同的文化背景,尊重成员国寻找适合本国国情的发展道路,以实际行动助力成员国通力合作,共同改

---

① G. John Ikenberry, "Three Worlds: The West, East and South and the Competition to Shape Global Order," *International Affairs*, Vol. 100, No1, 2024, pp. 121 - 138.

善经济。

总之，百年未有之大变局，其最大特征就是以中国为代表的新兴市场国家和发展中国家的群体性崛起，这正在从根本上改变国际力量的对比，并正在改变西方世界自工业革命以来在国际政治经济格局中长期占据主导地位的局面。真正实现国际力量对比的相对平衡和基本稳定，虽然还需要国际社会的长期不懈努力，但其已经迈出了坚实的步伐。①

二、新兴大国国际身份的"两重性"

首先，新兴大国是发展中国家的佼佼者。就其总体经济社会发展水平和国际地位与影响力而言，它们超过了大多数发展中国家，在某些方面，尤其是中国所取得的许多成就，甚至接近或超过发达国家水平。

发展问题从来就不是一个纯粹的经济问题，"发展"的含义也十分复杂。但以"发展"的程度或阶段性水平等为核心来进行国家分类一直是国际社会的惯例，欠发达国家、发展中国家，以及近些年开始流行的"全球南方"国家等，都是用来指发展阶段相对滞后的一类国家。

"全球南方"的概念据说是卡尔·奥格斯比（Carl Oglesby）首先提出的。其初衷是倡导推动解决南北不平衡和贫富差距的问题。2022 年俄乌冲突发生以来，"全球北方"国家搅动世界政治版图的历史情景再现，给世界和平与发展蒙上了阴影，而"全球南方"叙事则带来了国际关系的新变化，赋予了世界政治以新气象，因此日益受到关注。

进入 21 世纪以来，全球南方国家在国际政治经济中的分量越来越重，在国际社会中也逐渐被看作整体性的力量。"全球南方"这个概念在 2023 年的

---

① 杨洁勉：《当代国际体系的渐变和嬗变——基于两个三十年的比较与思考》，载《国际展望》2022 年第 2 期。

使用频率大大超过以往。在全球南方议题上,既有大国权力政治博弈,也有新兴大国争当全球南方国家引领者的可能,还有霸权守成国试图拉拢全球南方国家的努力。总的来说,国际政治博弈主体和对象都有进一步转向全球南方国家的趋势。

尽管其发展前景还有待观察,但全球南方作为非西方国家的某种群体身份,其意义正在凸显。这在客观上有助于塑造一种新的世界政治观,催生一种非西方的世界发展潮流,为全球治理体系变革和国际秩序改良提供新的观念与动能。在这个进程中,新兴大国群体的示范与引领作用,是相当明显和至关重要的。国际社会普遍认为,新兴大国群体所建立的"金砖国家"合作机制是全球南方的主要代理机制,使全球南方这个原本较为抽象或宽泛的概念得以更加具体化。自金砖合作机制建立以来,通过扩员逐步涵盖了全球南方的主要人力与资源大国,逐渐成为全球南方国家之间最重要的合作机制。就全球治理而言,在欧美发达国家主导的全球治理机制渐趋衰落或作用乏力之际,金砖机制可以说提供了一种来自全球南方国家的"新型"公共产品。①

关于新兴经济体特别是新兴大国在国际体系与国际秩序中的实际地位,本项目第八卷《国际体系与国际秩序定量分析》做了专门研究。此项定量研究着重考察了经济力量、军事力量和国家软实力这三个最能体现国家综合实力的领域,具体分析和比较其中各项主要指标。为了呈现在比较视野下新兴大国的国际地位,必须将典型的发达国家也纳入样本,因此以 G20 作为分析的基本框架。G20 作为国际经济合作论坛,其宗旨就是推动工业化的发达国家与新兴市场国家之间的对话合作。G20 不仅包括了各大评介机构之间相对具有共识的新兴发展中大国,而且包括了主要的西方发达国家经济体,集团成员涵盖面广、代表性强,人口将近世界总人口的 2/3,GDP 占全球经济的 90% 左

---

① 张云:《从"发展中国家"到"全球南方"国家》,载《中国社会科学报》2023 年 10 月 19 日第 7 版。

右,贸易额占全球的 80%。①

研究表明,在经济领域,通过对 G20 各成员 GDP 总量的水平、人均 GDP 水平以及 GDP 增速的详细数据分析,我们看到,在西方发达国家集团之外的确成长出了一批在总体经济体量上迅速扩展、增长强劲的国家,它们的确给世界各国的投资人带来更多的市场机遇,证明了以美国为首的资本主义国家之外也有市场。在世界总体的经济规模中,这些新兴国家比过去占得了更多的份额,经济扩张的势头也较为明显,确实体现出经济"兴起"国家的迹象。新兴发展中国家的经济增速应和了其经济总量在全球份额的扩张,绝大部分新兴发展中国家的经济增速在过去 30 年超越了世界平均水平,而绝大部分 G7 国家的经济增长同期则在世界平均水平之下。数据表明,2008 年金融危机对西方国家经济增长的打击超过了新兴国家,后危机的十余年时间内,包括中国、印度、韩国、印尼、沙特及土耳其在内的新兴国家的经济增长表现仍然较为突出。②

在军事领域,以 2018 年 G20 军费总开支、军费开支占 GDP 的份额、人均军费开支,以及军费支出占政府支出份额为例,数据表明,新兴的发展中国家的军费开销呈现出多元化趋势,并没有呈现出统一的趋势,但其中一些国家军事开支水平的增长是显而易见的。按 2018 年的军费总开销来看,其中中国、印度、沙特及俄罗斯处在所列国家的第一阵营,其水平已超过了除美国之外的 G7 集团其他六个国家,但这四个国家军费开销占国民经济比重的特征各不相同。中国大份额的军费总量所占的经济总量的比率(1.9%)位于所列国家的中等水平,所占政府总开支的比率相对较高(5.5%),但也是军费总量较高的国家中比率相对较低的。从开销的绝对体量来看,除去具有特殊地缘战略需

---

① 见祁玲玲:《新兴大国崛起与全球秩序变革第 8 卷:国际体系与国际秩序定量分析》,南京:南京大学出版社 2023 年版,第 21-86 页。

② 祁玲玲:《新兴大国崛起与全球秩序变革第 8 卷:国际体系与国际秩序定量分析》,第 45 页。

求的部分国家,各国军费开销规模大体与其经济体量的扩张相应和,中国也不例外。

按照2017年世界银行统计的G20各成员军队总人数以及人口总量情况,G20共占全球军队总数的约48.5%,其中13个新兴国家占38%,G7集团占约9.9%。军队人数总量以及占全球份额最多的国家分别为印度、中国及俄罗斯。印度2017年的军队总人数超过了303万,中国的军队总人数约270万,而俄罗斯以145万人的军队体量约为中国的一半。在G7集团中,军队体量最大的国家是美国,有135.9万人,排在G20中第四的位置。

综合各国军队规模和军费开销两项指标来看,当前美国、中国、俄罗斯、印度等军事大国的相对位置表明,美国的军事大国地位仍然不可撼动,印度、中国在国力快速增长的前提下目前的军事实力可圈可点,尽管远不及美国。俄罗斯的军事实力仍然超越了绝大部分新兴国家及发达国家。就全球局势来看,军事实力领域也体现着一超多强的基本格局。

按照"国家间战争"数据库(Correlates of War)中有助于综合衡量各国硬实力尤其是军事实力的"国家物质能力综合指标"(CINC)(涵盖了军费开销、军队规模、钢铁产量、能源消耗量以及人口、城市人口规模等指标),尽管该数据仅延伸到2012年,但已然显示出,排名前五位的分别为中国、美国、印度、俄罗斯和日本,加上排名第六的巴西,金砖四国俨然已经超越除美、日之外的所有发达国家,跻身"国家物质能力"最强的国家之列。其中最引人注目的是,中国的CINC指标(0.218)远远超过了美国(0.139),更是遥遥领先于其他国家。除去军费开销,其他包括军队人数、钢铁产量、能源消耗及人口总量在内的所有指标绝对值,中国都位列第一。尽管这个指标体系可能存在某些缺陷,例如一国实力显然不能直接等同于一国的物质力量等,但中国作为一个客观意义上的大国的体量不言而喻。实际上,印度仅次于美国之后排列第三,也是其国家绝对体量的直接反映。数据还表明,在过去200年间,西方八国的国家物质实力都经历了程度不同的衰落,尽管衰退路径各不相同,但衰退的趋势却较为明显。相对于发达国家的超长时间轨迹中的衰退之势,发展中国家在过去的两百多年里国家物质实力的嬗变则呈现出多元而复杂的情景。中国、俄罗斯、印度及土耳其都是拥有很长文明的传统大国,与其说是"新兴"国家,不如说是"复兴"中的国家。但所有"新兴国家"在二战后基本上都经历了不同程度的实力增长。

在软实力领域,通过对 20 国的政府能力、历史文化吸引力及教育水平的量化比较研究,我们发现,政府治理能力相对较强的新兴国家是波兰和韩国,它们以较大分值超越了意大利;而南非的表现也非常抢眼。在文化吸引力方面,部分新兴国家已经随着经济实力的增长呈现文化影响力抬升的势头,其传统文化也在全球化进程中及与西方文明的碰撞中爆发了活力。在教育方面,俄罗斯的吸引力超过了日本和加拿大,中国等其他新兴国家对留学生的吸引力也呈现上升趋势。[①]

其次,新兴大国仍然是发展中国家。与发达国家相比,它们在许多方面还有相当差距,还没有真正进入发达国家行列。

在经济方面,正如本项目第八卷的量化分析所示,如果做更为深入、细致的分析,对于新兴国家的经济水平和国际经济地位也不能过于乐观:以 G20 为例,新兴国家的优势主要体现在 GDP 总量的相对份额上,而且这也是将新兴国家视为一个整体来进行统计的结果。此外,应该指出的是,中国在经济总量和增速两个维度大大提升了新兴国家作为整体的指标,但中国的状况显然不能代表整个新兴国家群体的特征。因为经济增长并不能完全展示经济实力本身,尤其是在经济总量本身并不足够大的前提下,综合 GDP 总量以人均值

[①] 祁玲玲:《新兴大国崛起与全球秩序变革第 8 卷:国际体系与国际秩序定量分析》,第 47－70 页。

来看,新兴经济体各国与 G7 各国的 GDP 总量及其人均 GDP 绝对值的差距巨大,除中国经济总量这一指标显著之外,绝大部分新兴国家的经济总量与人均水平并不能与西方诸国相提并论,而总量上占据第二位的中国的人均值也还处于世界中下水平。而且,新兴各国之间的经济发展差异性相当复杂,不同的经济结构、经济规模、增长模式、人口结构的组合使得这些新兴国家的经济水平在相对较低层面呈现了多样性。最后,对于新兴国家及西方发达国家经济实力最新状况,尽管各国增速在数据上的差距并不惊人,但在经济整体体量及人均 GDP 的水平上存有巨大鸿沟。因此,我们要谨慎阐释"新兴国家"之"新兴"的含义,以及它们在"兴起"过程中所面临的困难与挑战。至于"新兴大国"之"大"的含义,至少在经济指标意义上更需要谨慎,目前来看,能在经济主要指标上与 G7 各国真正抗衡的新兴大国实际上尚未出现,至少尚未完全成型。①

在军事方面,同样以 2018 年 G20 军费总开支、军费开支占 GDP 的份额、人均军费开支,以及军费支出占政府支出份额为例,数据表明,美国的军费开销达到 6111 多万亿美金,是其他任何新兴国家或西方其他发达国家无可匹敌的。如果排名第二的中国不计算在其内,美国的军费开销超过其他 18 国的总和,也是中国的 2.5 倍。按照占政府开销的比例来看,美国达到 9.3%,虽然低于沙特的 24.6%,俄罗斯的 11.4% 以及韩国的 12.4%,但其份额是所有西方七国中比例最高的。美国的人均军费开销也是 20 国中很高的(人均 1 985.5 美元),仅略低于沙特。尽管美国的军费支出会随着经济状况的起伏而有所增减,但其军费开销绝对水平及人均水平都是全球其他任何国家不可同日而语的。总的来看,在全球军费开支的基本格局中,美国军费开销规模的

---

① 具体分析见祁玲玲:《新兴大国崛起与全球秩序变革第 8 卷:国际体系与国际秩序定量分析》,第 48-49 页。

主导地位仍然不可撼动。①

在软实力方面，作为软实力重要维度的政府能力，相比于新兴国家，西方七国及澳大利亚整体上优势明显。尽管在恐怖主义、族群冲突等全球性问题的冲击之下，西方各国面临政治稳定方面的严峻挑战，但相比起国家能力更加脆弱的发展中国家，其宏观形势上的稳定性仍然优于绝大部分新兴国家。如果说在经济总量及国家物质力量上，体量较大的新兴国家已经有超越部分西方国家的态势，那么在政治能力的打造中仍存在长足的进步空间。与此同时，西方国家在文化吸引力方面仍然占据着极大的优势。在教育方面，西方八国（除了意大利）仍然是吸引留学生最多的国家，尤其是美国，仍然是吸引年轻一代前往学习的最重要国家。对于新兴国家来说，软实力的提升与硬实力的增长存在既相互牵连又各自独立的关系。一方面，如果国家硬实力展示不出强劲实力，则很难在与西方发达国家竞争中占得一席之地，软实力的展示也就失去了拓展空间和必要的社会经济基础；另一方面，即便在国家的硬实力得到相当提升的前提下，其软实力如何能够在当前西方文化占据优势的基本格局中获得生长空间仍然是艰巨的课题。国际秩序的变迁带来的不仅仅是现实利益的公开较量，同时也蕴含着价值和文明的冲突。大众在日常生活中的取向的细节变化，已然表明在西方主导的价值体系中多元诉求日渐明显，但非西方国家在提升软实力方面还需要做出更多努力，可谓任重道远。②

就中国而言，关于"中国到底是发展中国家还是发达国家"，时任中国外交部长王毅曾 2019 年在欧洲的一次演说中有很好的解答。他指出，随着中国经济快速发展，有些欧洲朋友认为中国已经是一个发达国家了，开始用发达国家

---

① 详见祁玲玲：《新兴大国崛起与全球秩序变革第 8 卷：国际体系与国际秩序定量分析》，第 21 - 46 页。

② 详见祁玲玲：《新兴大国崛起与全球秩序变革第 8 卷：国际体系与国际秩序定量分析》，第 71 - 86 页。

的标准来审视中国,甚至提出要事事"对等"。但就像一场百米赛,一方已跑出50米,却要求与刚刚起跑的选手对等,这显然并不合理。当然,如果是场马拉松,能有更多时间给后发的选手,相信只要努力,仍有可能后来居上。但中国目前确实仍然是一个发展中国家。尽管经济总量已达世界第二,但人均GDP仅为美国的1/6、欧盟的1/4,人类发展指数也排在世界80位以后,科技教育水平与发达国家还有明显差距,发展不平衡、不充分问题依然突出,工业化进程尚未完成。因此无论从哪方面来说,要求一个刚发展几十年的国家同发展了几百年的国家"对等",这本身就是一种"不对等"。他还指出,从不同角度观察事物当然会得出不同的结论。如果以实事求是的态度,从发展中国家的角度看中国的话,将呈现出一幅极为亮丽的风景。中国不仅在自身发展上取得巨大成就,而且为世界做出了远超其他国家的贡献。比如在增长方面,中国对全球经济增长的贡献率连续10多年保持30%以上,成为世界经济增长主要动力源。在开放方面,中国已超额完成加入WTO时的各项承诺,平均关税降至7.5%,超过所有发展中大国,正在接近发达国家水平;在营商环境方面,在世界银行发布的排名中,中国在过去两年快速提升了47位,前进至第31位,成为世界上改善幅度最大的经济体。在减排环保方面,过去20年中国植被增加量占全球25%以上,2018年中国碳排放强度比2005年下降45.8%,提前实现对国际社会的承诺目标。在国际合作方面,中国已成为联合国第二大会费国和维和摊款国,是安理会五大常任理事国中派出维和人员最多的国家。这样一个蒸蒸日上,并且为人类发展进步做出越来越大贡献的发展中大国,应当得到欧洲以及国际社会的欢迎和肯定。①

第三,"崛起中"的中国必须积极应对、妥善处理与自身在特定历史时期的

---

① 《增进互信,深化合作,迎接中欧关系更加美好的明天——王毅国务委员兼外长在欧洲政策中心举办的欧洲智库媒体交流会上的演讲》,2019年12月16日,布鲁塞尔,中国外交部网站。

国际身份与发展需求有关的各种挑战。

"崛起中"的中国在国际身份与角色定位、全球地位与利益需求等方面的这种"两重性"或复杂性,在新兴大国群体中很有代表性。顾名思义,"崛起中"的中国既不是崛起前的中国,也不是崛起后的中国。崛起前的中国是一个贫穷、落后、虚弱、受人欺辱和在世界上没有多少影响力的国家。崛起后的中国应是一个富裕、先进、强大、受人尊敬和在世界上有重要影响力的国家。所以说,"崛起中"的中国,既不是"崛起前"的中国,也不是"崛起后"的中国,但在崛起的过程中又兼有这二者的许多特点。①

崛起中的中国,其最大的特点就是它在多方面具有双重身份和利益,这些身份和利益在某些方面有时是自相矛盾甚至是相互冲突的。从身份的角度讲,崛起中的中国既是发展中国家,也是发达国家;既是穷国,也是富国;既是弱国,也是强国;既是普通国家,也是超级大国。崛起中的中国也是一个在许多方面出现根本变革过程中的中国,其演变方向是从计划经济国家向市场经济国家演变,从发展中国家向发达国家演变,从穷国向富国演变,从弱国向强国演变,从普通国家向超级大国演变。身份决定利益,中国的利益演变方向也是如此。

从利益的角度看,崛起中的中国既有作为发展中国家的利益(如在气候问题上强调发展权),也有作为发达国家的利益(如在气候问题上积极节能减排);既有作为穷国的利益(如在国际援助问题上主张大幅增加援助金额),也有作为富国的利益(如在国际援助问题上强调量力而行);既有作为普通国家的利益(如单边追求国家利益最大化),也有作为超级大国的利益(如通过维护国际秩序维护国家利益)。

---

① 贾庆国:《崛起中的中国身份和利益的双重性:对中美关系的影响》,载《财经》2015 - 12 - 02, http://magazine. caijing. com. cn/20151202/4023834. shtml。

国际秩序的理论探索

　　崛起中的中国身份和利益的这种双重性和矛盾性，也会对中国处理对外关系带来许多严峻挑战。首先，这可能会增加判断和权衡本国国家利益的难度。以气候变化问题为例，中国到底应该坚决维护作为发展中国家的发展权，还是作为发达国家在节能减排方面的利益？这些利益都很重要，但也存在一些相互矛盾，在价值优先等级和优先次序上需要做出合理取舍。其次，这可能导致对外政策至少在表面上呈现出某种不确定性和不稳定性。国家利益是制定对外政策的依据。由于崛起中的中国利益在多方面的双重性和矛盾性，中国的对外政策需要不断做出选择和调试，短期内自然会呈现出某些不确定性。再次，与前一点有关，这可能会增加其他国家判断中国对外政策的难度，进而对中国采取两手策略：一方面继续保持与中国接触，希望与中国发展合作互利的关系；另一方面，又加紧防范。当这些国家采取防范措施时，出于自身安全的考虑，中国也会采取一些相应的措施。在这种情况下，就比较容易出现相互猜疑甚至关系紧张的局面。[1]

　　上述问题，实际上就是自中国改革开放以来特别是最近十几年来人们一直在讨论或争论的一个关键问题：中国与国际体系的关系特别是中国在其中的角色定位问题。中国政府始终强调中国将坚持走和平发展道路，是现行国际秩序和全球化进程的参与者、建设者甚至受益者。西方政界和学界主要关心的则是，中国在强大之后是否会成为一个改变现状的革命主义国家，在处理国际关系时会不会采取进攻性的战略姿态。因此，争论的焦点在于，中国是一个改变现状国家还是一个维持现状国家，是一个进攻性国家还是防御性国家？[2]

---

　　[1]　贾庆国：《崛起中的中国身份和利益的双重性：对中美关系的影响》，载《财经》2015 - 12 - 02，http://magazine.caijing.com.cn/20151202/4023834.shtml。

　　[2]　David Shambaugh, "China or America: Which Is the Revisionist Power?" *Survival*, Vol. 43, No. 3, 2001, pp. 25 - 30；江忆恩：《中国对国际秩序的态度》，载《国际政治科学》2005 年第 2 期，第 26 - 67 页。

354

实际上,中国领导人对于中国在国际体系与国际秩序中的角色定位问题有清醒的认识。从改革开放开始,中国领导人就意识到,面对一个实质上由美国-西方主导的国际政治经济秩序,为了谋求自身发展,中国必须加入这一体系而不是继续游离于这个体系之外。中国认识到,必须融入现有体系以利用其有利的条件和因素发展壮大自己,因此必须积极参与到国际分工中,从全球价值链的低端起步,逐渐向价值链的中高端扩展,在国际分工体系中提升自己的地位。如今的中国已经更加坦然和比较全面地接受现行国际秩序,融入国际体系与全球化进程。中国政府的政策宣示也不断表明了对中国在国际体系中的角色定位,即中国奉行和平发展战略,坚持走和平发展道路,力图"做和平发展的实践者、共同发展的推动者、多边贸易体制的维护者、全球经济治理的参与者"。①

总之,中国在崛起的过程中、在从世界的"边缘"走向舞台中央的过程中所面临的许多挑战和困难,本质上都不过是大国"成长的烦恼",虽然是不可避免的,却并不是无法克服的,只要紧紧围绕国家复兴目标,抓住主要矛盾,对各种价值冲突做出合理选择,对各种矛盾进行妥善处理,随着中国国力的不断增强,国际地位的日益提升,许多问题都会迎刃而解。

三、新兴大国国际秩序观念的"独特性"

上述处境与身份,决定了新兴大国国际秩序观念的"两重性"或者说复杂性。身份与地位决定立场和观念。围绕国际秩序问题的博弈,表面看是制度、规则问题,本质上涉及的也是权力与利益的分配问题;全球治理涉及国际责任的分配问题,但治理体系如何变革本质上也是权利与利益问题。由于每个国

---

① 参见中共中央总书记习近平在 2013 年 1 月 28 日十八届中共中央政治局就坚定不移走和平发展道路进行第三次集体学习时的讲话,http://politics. people. com. cn/n/2013/0130/c1001 - 20367778. html。

家的目标诉求不同,观念因素在国际秩序中起到重要影响。新兴大国的国际秩序观如何能在维护自身利益的同时适应时代的特点和要求,是未来需要重点思考的课题。

金砖国家《约翰内斯堡宣言》中指出:"我们认识到推动非洲基础设施建设、互联互通的重要性,认同非盟在确定和应对非洲大陆基础设施挑战方面的进步,特别是在非洲发展新伙伴计划、非洲基础设施发展规划上所作的努力。我们支持在互惠基础上鼓励基础设施投资,以支持非洲发展工业、创造就业、开发技能、食品和营养安全、消除贫困、促进可持续发展。我们重申支持非洲基础设施可持续发展,包括解决基础设施融资赤字。"

全球化理念如今处于深重的系统性危机之中。究其原因有很多,但主要原因之一是——这个过程的发动机美国滥用权力。美国人确实多年来都是全球化的主要推动力量。不过美国的领导地位走向霸权(或企图获得霸权)对全球化理念造成了重创。美国以民主理念为借口进行人文干涉和实行政权更迭的意图严重损害了自由民主理念的声誉。此外,为向对手施压,美国人积极地、示威性地滥用其对世界金融制度的控制权。甚至连自由主义世界秩序的基础本身都沦为施压的牺牲品。美国甚至开始对自己的盟友下最后通牒,在本国的国家安全理论中将武力和武力威胁作为外交的主要工具。

在这种形势下,世界需要全球化的替代发动机——金砖国家由此亮相。这是一群试图将全球化与主权相结合的国家。参与国强调,金砖国家以相互尊重、公正和互利合作为基础。该组织的主要推动力量当然是中国。金砖国家已尝试建立新的全球管理体系——比如金砖国家开发银行和推行在相互贸易中改用本币的构想。需要明白的是——统一货币(就是美元)具备一系列优势:没有换汇损失,随后可用于进口第三方国家的商品。不过这种便利被该货币的持有国美国毫不负责的行为抵消了。美国按自己的意愿"排除"敌对国家。正因如此,金砖国家在寻找替代方案。

金砖机制的诞生和发展,是世界经济变迁和国际格局演变的产物。在第一个 10 年里,金砖合作乘势而起,亮点纷呈。五国秉持开放包容、合作共赢金砖精神,推动各领域务实合作不断深入,深化了团结互信,增进了五国人民福祉,拉紧了利益和情感纽带,为世界经济企稳复苏并重回增长之路做出突出贡献。

当今世界正面临百年未有之大变局。对广大新兴市场国家和发展中国家而言,这个世界既充满机遇,也存在挑战。我们要在国际格局演变的历史进程中运筹金砖合作,在世界发展和金砖国家共同发展的历史进程中谋求自身发展,在"金色十年"里实现新的飞跃。

未来 10 年,将是世界经济新旧动能转换的关键 10 年。人工智能、大数据、量子信息、生物技术等新一轮科技革命和产业变革正在积聚力量,催生大量新产业、新业态、新模式,给全球发展和人类生产生活带来翻天覆地的变化。我们要抓住这个重大机遇,推动新兴市场国家和发展中国家实现跨越式发展。未来 10 年,将是国际格局和力量对比加速演变的 10 年。新兴市场国家和发展中国家对世界经济增长的贡献率已经达到 80%。按汇率法计算,这些国家的经济总量占世界的比重接近 40%。保持现在的发展速度,10 年后将接近世界总量一半。新兴市场国家和发展中国家群体性崛起势不可挡,将使全球发展的版图更加全面均衡,使世界和平的基础更为坚实稳固。未来 10 年,将是全球治理体系深刻重塑的 10 年。世界多极化、经济全球化在曲折中前行,地缘政治热点此起彼伏,恐怖主义、武装冲突的阴霾挥之不去。单边主义、保护主义愈演愈烈,多边主义和多边贸易体制受到严重冲击。要合作还是要对立,要开放还是要封闭,要互利共赢还是要以邻为壑,国际社会再次来到何去何从的十字路口。全球治理体系的走向,关乎各国特别是新兴市场国家和发展中国家发展空间,关乎全世界繁荣稳定。①

金砖国家要顺应历史大势,把握发展机遇,合力克服挑战,为构建新型国际关系、构建人类命运共同体发挥建设性作用。

第一,坚持合作共赢,建设开放经济。开放合作是科技进步和生产力发展的必然逻辑。贸易战不可取,因为不会有赢家。经济霸权主义更要不得,因为这将损害国际社会共同利益,最终也将搬起石头砸自己的脚。在世界经济经历深刻调整变革之时,只有开放才能使不同国家相互受益、共同繁荣、持久发展,才是各国应当作出的明智选择。金砖国家要坚定建设开放型世界经济,旗帜鲜明反对单边主义和保护主义,促进贸易和投资自由化便利化,共同引导经济全球化朝着更加开放、包容、普惠、平衡、共赢方向发展。要让经济全球化的正面效应更多释放出来,帮助新兴市场国家和发展中国家,特别是非洲国家和最不发达国家有效参与国际产业分工,共享经济全球化的红利。②

第二,坚持创新引领,把握发展机遇。科技是第一生产力,为人类文明进步提供了不竭动力。人类曾经历农业文明、工业文明的数次飞跃带来了社会生产力大发展,同时也伴生着蜕变的阵痛。今天,世界再次来到这样一个重要历史节点。在新一轮科技革命和产业变革大潮中,除旧布新必然导致产业变革,这个过程是艰难痛苦的。成功跨越蜕变,各国将得到发展新生机、新活力,给人民带来更好生活、更多福祉。在新科技带来的新机遇面前,每个国家都有平等发展权利。潮流来了,跟不上就会落后,就会被淘汰。我们能够做的和应该做的就是要抢抓机遇,加大创新投入,着力培育新的经济增长点,实现新旧动能转换。要全力推进结构性改革,消除一切不利于创新的体制机制障碍,充

① 习近平:《顺应时代潮流 实现共同发展——在金砖国家工商论坛上的讲话》,新华社,2018年7月26日,http://www.gov.cn/xinwen/2018-07/26/content_5309266.htm。
② 《习近平在金砖国家工商论坛上的讲话》,新华社,2018年7月26日,http://www.xinhuanet.com/2018-07/26/c_1123177214.htm。

分激发创新潜能和市场活力。要树立全球视野，深化国际创新交流合作，发挥各自比较优势和资源禀赋，让科技进步惠及更多国家和人民。同时，我们要妥善化解信息化、自动化、智能化对传统产业的冲击，在培育新产业过程中创造新的就业机会。[1]

第三，坚持包容普惠，造福各国人民。发展不平衡、不充分问题是各国面临的共同挑战。一方面，新兴市场国家和发展中国家同发达国家的南北差距仍很明显。另一方面，在各国内部也都不同程度存在发展差距。2030 年可持续发展议程为国际社会提供了综合行动方案。金砖国家要立足自身国情，将2030 年议程同本国发展战略深入对接，坚持以人民为中心，统筹经济、社会、环境发展，不断增强人民群众的获得感、幸福感。要坚持人与自然和谐共生，推动国际社会全面落实《巴黎协定》，加快构筑尊崇自然、绿色发展的生态体系。要积极推动国际发展合作，敦促发达国家履行官方发展援助承诺，增加对广大发展中国家的支持。非洲是发展中国家最集中的大陆，也是全球最具发展潜力的地区。我们要加强对非合作，支持非洲发展，努力把金砖国家同非洲合作打造成南南合作的样板。具体合作中，应该结合自身实际，积极同非洲国家开展减贫、粮食安全、创新、基础设施建设、工业化等领域项目合作，帮助各国经济结构发展，为落实非盟《2063 年议程》提供助力，让古老的非洲大地展现出旺盛生机活力。[2]

第四，坚持多边主义，完善全球治理。良好稳定的外部环境，是所有国家发展的重要前提，对新兴市场国家和发展中国家来说更是如此。现行国际秩序并不完美，但只要它以规则为基础，以公平为导向，以共赢为目标，就不能随

---

① 《习近平在金砖国家工商论坛上的讲话》，新华社，2018 年 7 月 26 日，http://www.xinhuanet.com/2018－07/26/c_1123177214.htm。

② 《习近平在金砖国家工商论坛上的讲话》，新华社，2018 年 7 月 26 日，http://www.xinhuanet.com/2018－07/26/c_1123177214.htm。

意被舍弃,更容不得推倒重来。金砖国家要坚定奉行多边主义,敦促各方切实遵守共同制定的国际规则,坚持大小国家一律平等,大家的事商量着办,反对霸权主义和强权政治。要倡导共同、综合、合作、可持续的安全观,积极参与斡旋解决地缘政治热点问题。要坚定支持多边贸易体制,继续推进全球经济治理改革,提高新兴市场国家和发展中国家代表性和发言权。不管是创新、贸易投资、知识产权保护等问题,还是网络、外空、极地等新疆域,在制定新规则时都要充分听取新兴市场国家和发展中国家意见,反映他们的利益和诉求,确保他们的发展空间。①

第四节　新兴大国崛起与当代国际秩序理论的重构

一、“百年大变局”与国际秩序三大基础的重构

当今世界正处于“百年未有之大变局”。这个大变局涉及众多维度,而国际体系的变迁与国际秩序的变革是其中彼此相关的两个重要方面。“大变局”至少涉及国际格局、经济环境、竞争场域、多边制度、安全挑战、大国政策、技术创新、人口变迁、国家治理、社会思潮等十个维度。这十个方面所出现的各种变化,不一定都是新现象或新问题,也并不都是百年大变局的核心或关键。但事物是相互联系的,“大变局”无疑是由多种因素的叠加造成的。我们可以通过观察这十个方面所蕴含的新现象和新趋势,来把握全球格局和世界秩序的整体走向。

---

① 《习近平在金砖国家工商论坛上的讲话》,新华社,2018 年 7 月 26 日,http://www.xinhuanet.com/2018－07/26/c_1123177214.htm。

这十个维度可以大致归纳为三个层次:其一,客观条件或现实环境的变化,这主要涉及国际格局、经济环境、竞争场域、技术创新与安全挑战方面的变化;其二,主观认识或思想观念的变化,这主要涉及大国政策观念、社会思潮与身份认同方面的变化;其三,主客观条件相互作用下的国际互动模式与交往规则,以及各国国内政策的变化,这主要涉及国际国内秩序与治理体系的发展趋势,集中表现在多边国际制度的调整和国家治理模式的变迁两个方面。简言之,"大变局"的核心是力量格局、思想观念与制度规范的变化,如鼎之三足。①而这三个方面,正是国际秩序的主要特征和基本性质所赖以确立的重要基础,或者说,国际秩序的变化集中体现为这三个方面的变化。

(一) 政治经济格局与权力基础

"大变局"首先是国际格局之变。"百年未有之大变局"是对国际体系力量结构变迁的重要判断。国际力量对比是百年变局中最关键的变量。

回顾人类历史,近代以来的全球国际体系一直是一个不平等的以西方为中心的体系。

在 19 世纪以前的年代里,农业的权势与生产模式处于支配地位,国家之间的交往能力低下,商品、人员和信息的流动缓慢、危险而昂贵,因此那时甚至不存在一个完整意义上的全球性国际体系。所谓"威斯特伐利亚体系"主要限于欧洲范围内。那是一个去中心化的世界,其中,各个文明孤岛根据各自的意愿自行其是。大约在 19 世纪 30 年代以后,农业权势模式开始向现代工业权势模式转变。在这场巨变中,所有事态都加速变化,现代国际体系开始形成。

然而 19 世纪以来,随着西方权势的崛起和扩展所建立的国际体系,是一个极端的中心—外围体系,一个极度不平等的殖民帝国体系。这个体系的典

---

① 石斌:《"后冷战"的终结与"大变局"的展开——理解全球格局与世界秩序走向的十个维度》,载《南大亚太评论》2022 年第 1 期。

型特征是,现代化工业国家组成了一个范围有限的、处于支配地位的中心地区,其他因为各种原因尚未完成现代性革命的国家和民族构成了一个规模巨大的、处于服从地位的外围地区。现代国际体系的起点就是这样一种高度不平衡而又相互联系的发展状态,它在这两个方面的极端性超过了此前任何一个体系。这个西方殖民化的国际社会从 19 世纪 40 年代一直持续到 1945 年前后。1945 年以后,不平衡性有所减弱。帝国主义、殖民主义制度被推翻,种族主义制度也在很大程度上被削弱。因此,种族的、政治的不平等和不平衡确实有所改善;另一方面,相互联系以及经济不平衡却急剧加强。换言之,全球政治经济体系变得无所不在,将更多的民族卷入其中。但它依然是一个中心—外围体系,有一个由处于支配地位的西方国家构成的规模相对有限的中心地区,以及一个由亚非拉发展中国家组成的范围广大的外围地区。尽管 1945 年以来,国际体系经历了一个从西方殖民化国际社会到西方全球性国际社会的转变过程,它不再是一个殖民化体系,但它不仅在经济上而且相当大程度在政治上依然控制在主要由西方国家组成的小集团手中——当然,冷战格局在一定程度上削弱了其控制范围。主要的西方国家以及东亚的日本都先后完成了现代性变革,并享有这些变革所造就的权势模式。随后这个发达的中心地区开始缓慢地扩大。越来越多的国家和地区——韩国、新加坡最为显眼——开始以一种深入而持久的方式掀起现代性变革,找到了适合各自历史文化的现代性发展道路。在这个过程当中,相互联系不断加强,出现了罗伯特·基欧汉等人在 20 世纪 70 年代开始强调的全球"相互依存"状态,这成为 19 世纪初以来国际体系演进历程中的一大重要而持久的特征。①

更大的变化发生在冷战结束以后,尤其是 2008 年的全球经济危机,可能标志着西方全球性国际社会宣告终结的开端,19 世纪确立的以现代性为中心

---

① ［英］巴里·布赞:《全球性变革与国际秩序的演进》,载《外交评论》2015 年第 6 期。

的、极其不平衡但又相互联系的国际社会,正在逐步让位于另外一种国际秩序。这个新的全球秩序尚未定型。但有几个特征已经很明显。其一个是不平衡性在不断减弱。中心地区变得越来越大,欠发达国家数量不断减少,这就是法里德·扎卡利亚(Fareed Zakaria)所说的"非西方的崛起"。此外,还意味着,世界正在迈向一个没有超级大国的世界。因为超级大国正是此前的巨大不平衡性的一大表象。美国显然正在失去控制权。作为一个全球超级大国,它必须拥有大约全世界40%的国内生产总值———英国和美国在其如日中天之际正是如此。但今后似乎没有哪个国家可以做到这一点。与此同时,中国和其他许多国家也在崛起。就此而论,世界正在走向或者说回归到前现代时期的那种权势分布相对平衡的状态。① 简言之,国际体系已经进入一个可能出现多个全球性大国和很多地区性大国的多极化进程。

从另一个角度概括起来说,自近代以来的国际体系与国际秩序大体经历了四个发展时期。第一个时期是从欧洲资产阶级革命后现代民族国家体系形成到第二次世界大战,国际秩序由欧美大国即西方列强主宰;第二个时期是从二战结束到冷战结束,国际秩序的主要特点是东西方冷战对抗,从20世纪60年代后期起,则是美苏两个超级大国对世界霸权的争夺;第三个时期是冷战结束到2008年金融危机前后的所谓"后冷战"时期,随着苏联的解体,国际力量结构重新向西方倾斜,基本上回到由美国等西方大国主导的局面,一度甚至出现了所谓美国"单极时刻",②这个阶段是西方自由主义高歌猛进,经济全球化加速发展的时期,但与此同时,中国等一些发展中国家也借东西方对抗结束之后的相对和平,加快了经济市场化和融入世界经济体系的步伐;第四个阶段则是2008年金融危机以来直到今天,全球格局"东升西降"的趋势日益明显,新

---

① ［英］巴里·布赞:《全球性变革与国际秩序的演进》,载《外交评论》2015年第6期。
② 尹承德:《新兴大国的崛起与国际秩序的重构》,载《南京政治学院学报》2009年第1期,第77 - 81页。

兴大国群体崛起的态势不断增强,新兴大国所代表的发展中国家或全球南方国家地位和作用显著上升。

在过去二三十年间,主要国家间的力量对比已从量变积累转化为某种程度上的质变,使国际经济实力对比发生结构性变化。历经三次工业革命,西方国家稳稳抓住世界生产力的主导权。在信息技术革命后,美国更是成为世界经济的执牛耳者。但是,新千年以来,在多次经济危机中寻找出路的西方人突然发现,"西方不亮东方亮"正在成为常态。① 尤其是 2008 年金融危机以后,西方出现了自工业革命以来的第一次全面颓势。欧洲经济增长乏力,并已陷入老龄化困境。金融危机不仅重创了世界经济秩序,也暴露了美国的制度缺陷。美国全球地位相对衰落,国内社会矛盾激化,保护主义、民粹主义与孤立主义抬头,以至于美国政府试图以"退群""砌墙""贸易战"等方式,力挽美国霸权颓势。而一批新兴国家集体崛起,且不再唯西方模式马首是瞻,各国自主选择发展道路之风日盛。2010 年中国超越美国成为世界制造业第一大国,同时超越日本成为世界第二大经济体。新兴市场国家和发展中国家对世界经济增长的贡献率已经达到 80%。国际体系结构的变化使全球力量重心和国际领导力正在向亚洲转移。亚洲国家在市场活力、工业制造、创新研发、基础设施、电子商务、移动支付乃至众多消费文化行业的软硬实力增长态势,越来越多地使西方相形见绌。

21 世纪以来,曾经是西方"救济"对象的发展中世界,开始成为过去几次世界经济危机中的稳定器,甚至成为西方经济危机重灾区的救援者。2019 年 3 月,英国《金融时报》一篇题为《亚洲世纪即将开启》的文章提供的数据震撼了西方读者:全世界前 30 个大城市中,有 21 个位于亚洲;以购买力平价计算,越南经济规模早在 2000 年就超过了比利时和瑞士,菲律宾经济规模目前已经

---

① 严文斌:《解构百年大变局之"变"与"局"》,载《参考消息》2019 年 8 月 22 日。

超过了荷兰,中国更是遥遥领先;到 2020 年,按购买力平价计算的亚洲经济总量将超过亚洲以外经济体的总和。①

世界力量格局的变化必然催生世界政治经济权力的再分配,围绕权力再分配的博弈将影响未来世界秩序的重构。尽管特朗普等美国领导人一再强调要使美国重新强大,要打造新的"美国世纪",然而随着新兴大国群体崛起的态势愈加清晰,既有的主要形成于二战后的权力架构已不能适应世界的现实变化。如在气候变化问题上,原来的"三架马车"(美欧日)已让位于"基础四国"与美国、欧盟的三足鼎立。在全球与地区安全事务上,中俄等新兴大国所倡导的"集体安全""共同安全",与以美国—西方国家所强调的排他性"同盟安全"形成了一定的制衡关系。随着国际力量对比的进一步变化,力量对比与既有权力架构间的错位将更加严重,并进一步加剧各大力量之间的猜忌、戒备甚至摩擦,大国竞合博弈势必会升级升温,世界政治"碎片化"的风险也在加大。现存国际秩序将受到进一步考验,而新的国际秩序的形成却远非一蹴而就,从混乱、失序的空窗期,到完善和再生的纠结、磨合乃至共识的形成,将是一个艰难曲折的过程。②

总之,百年变局最为深刻的变化,就是与中国等新兴大国的崛起有关的国际体系结构变迁以及相应的国际秩序变革需求。习近平说"国际格局日趋均衡",中国的发展与世界大变局"两者同步交织、相互激荡",本身就包含国际格局之变是百年变局的关键这层意义。新兴经济体是推动百年变局的关键力量,它们的崛起客观上改变了国际体系的实力对比乃至价值理念格局,使国际秩序原有制度安排难以完全适应这种新格局,必须重新分配权利与利益。③

---

① 严文斌:《解构百年大变局之"变"与"局"》,载《参考消息》2019 年 8 月 22 日。

② 傅梦孜、付宇:《变化的世界,不确定的时代——当前国际秩序演变的趋势》,载《学术前沿》2017 年 4 月(上)。

③ 石斌:《"后冷战"的终结与"大变局"的展开——理解全球格局与世界秩序走向的十个维度》,载《南大亚太评论》2022 年第 1 期。

经济格局的变化也反映在政治层面。一方面,发展中国家之间的区域性组织、跨区域性组织,如东盟、金砖国家组织等都在积极开展活动,在许多重大国际问题上表现出越来越多的独立自主性,联合自强意识也在逐步增强;另一方面,发展中国家对于全球治理体系与国际新秩序的变革有着更为迫切的希望,并致力于推动建立基于《联合国宪章》宗旨和原则,以国家主权平等、不干涉他国内政为核心的国际政治经济新秩序。[①]

总之,随着国际体系的结构发生重大变化,围绕国际秩序特别是国际制度(包括国际规则、规范、机制、机构等)的竞争日益成为当今国际关系中的重要现象,国际体系中的主要力量都在积极塑造和影响不同形式的国际制度,以实现各自的权力、利益或价值诉求,这使得国际制度竞争在全球与区域等不同层次、经济和政治等各个议题中都极为激烈。规则、机制、机构和秩序之争由低到高构成了国际制度竞争的四种维度和形态。规则之争主要表现为国家争取国际规则制定权,它是国际制度竞争的最初形式与根本;国际机制比规则更为具体、可感,其建设成本与难度与国际机构比较也相对更低,因此在当今全球治理体系中涌现出大量的国际机制,机制之争成为国际制度竞争最为普遍的形态,其分布层次和议题领域也相当多元化;比国际机制更加实体化的国际机构更加不易生成,所需资源也更多,因此机构之争相对更少却更为关键,主要出现在国际开发性金融、能源、军事安全和外太空治理等具有战略意义的少数议题领域,竞争烈度也相对较高。世界主要大国围绕国际规则、国际机制和国际机构的权力竞争,其最终目的是要构建对本国有利甚至以本国为中心的国际秩序,规则之争、机制之争与机构之争最终服务于秩序之争。[②]

---

① 丁原洪:《世界格局正在经历前所未有的深刻变动》,新华网,2017 年 6 月 12 日。
② 李巍、罗仪馥:《从规则到秩序——国际制度竞争的逻辑》,载《世界经济与政治》2019 年第 4 期。

（二）思想文化格局与价值基础

"大变局"也是思想文化与社会思潮之变。习近平指出：单边主义、贸易保护主义、逆全球化思潮"不断有新的表现"，冷战思维、零和博弈、文明冲突、文明优越等论调"不时沉渣泛起"。① 近年来，民族主义、民粹主义、本土主义、保护主义、孤立主义以及反全球化与逆全球化等各种新旧观念、思潮或意识形态在许多国家或地区大行其道，相互交织、激荡，对人类的思想格局与价值观念构成了强烈冲击。与此同时，网络技术的发展和普及，极大地拓展了传播的主体、载体、容量和速率，显著提高了民众获取信息、接触新观念和自我表达的热情与便利，激发了民众权利意识的普遍觉醒，使民粹主义、民族主义等各种意识形态与社会思潮得以迅速扩散与凝聚，从而对各国内政外交都产生了深刻影响。

社会思潮的变化还涉及身份认同的变化。全球化潮流中的跨国人口流动正在改变许多国家的族群结构，社会经济发展状况则在改变人口的年龄结构。族群结构的变化衍生出种族、族群和文化价值观等方面的认同危机与社会冲突，导致许多国家的政治极化现象。年龄结构的变化也带来诸多挑战。一方面，发达国家乃至新兴国家的老龄化进程涉及社会保障体系、政府宏观政策、储蓄与投资、政治态度与政治参与等一系列问题。习近平就此指出，"主要经济体先后进入老龄化社会，人口增长率下降，给各国经济社会带来压力"。② 另一方面，许多发展中国家人口爆炸导致的年轻化，则对社会稳定和资源需求产生巨大压力。总之，与社会融合、政治稳定乃至内外政策密切相关的人口结构和"人口政治"问题正日益凸显，由此还引发或加剧了政治认同与身份认同

---

① 习近平：《弘扬"上海精神"，构建命运共同体》，《习近平谈治国理政》（第三卷），北京：外文出版社 2020 年版，第 440 页。

② 习近平：《构建创新、活力、联动、包容的世界经济》，《习近平谈治国理政》（第二卷），北京：外文出版社 2017 年版，第 470 页。

问题,以及民粹主义、排外主义等社会思潮的兴起;如果与原有民族、种族、文化等方面的矛盾叠加,甚至导致分裂主义;而原本属于国内政治的身份认同问题,还可能被一些西方大国用作国际斗争的手段。[①]

全球化时代的资本、技术、商品、劳务、人才及思想文化等各个领域的跨国流动,使得各国之间在科学技术、管理制度、思想文化、发展道路等方面的交流和互鉴异常活跃。人们不仅能够日益感受到世界各国及其人民在互联互通中逐步萌生、日益增长的人类命运共同体意识,同时也不难注意到思想文化与意识形态领域出现的某些交锋、对立现象,以及本土主义、排外主义、保护主义、孤立主义、极端主义等思潮的抬头所产生的影响和危害。尤其值得注意的是,在发展道路和社会制度的选择上,一方面,越来越多的国家致力于独立探索发展道路和社会政治事务的组织与管理制度,在交流互鉴中取长补短,从而极大地促进和丰富了人类政治文明;但另一方面,把某种社会制度或发展模式作为人类政治文明的最佳样板或唯一代表,进而对外输出甚至强加于人的现象仍然存在,这是严重阻碍人类政治文明进步的一种现象,也是国际社会必须努力克服的一对矛盾。

事实上,自从进入 21 世纪以来,人类文明在思想文化领域的重大变化之一,就是西式自由民主意识形态的衰退以及文明多样、价值多元、发展模式自主化得到进一步肯定。世界历史在各种道路、制度、方案的比较和竞争中展现出更多、更新的可能和机遇。[②]

可以说,大变局之"变",也体现在国际价值体系认同方面的变化。西方自由主义本身所面临的困境,即使不是有人所说的"最大的世界变局",但其重要性至少不亚于新兴大国崛起。

---

① 石斌:《"后冷战"的终结与"大变局"的展开——理解全球格局与世界秩序走向的十个维度》,载《南大亚太评论》2022 年第 1 期。

② 苏长和:《充分认识当今世界格局新变化》,载《人民日报》2017 年 01 月 03 日。

按照约瑟夫·奈的说法,1945 年以后的所谓"自由国际秩序"由一系列松散的多边机构组成,美国借此渠道和网络提供包括自由贸易和海洋航行自由等全球公共产品。弱国则通过这些国际机构获得上述公共产品。以美元体系和国际货币基金组织、世界银行为核心的布雷顿森林体系,以及以美国海军在全球海洋的"自由航行"为条件来确保贸易畅通,就是两个典型的例子。二战后全球化的再次兴起与发展就是以这一自由国际秩序为制度性保障的。同时,全球自由秩序的建立和发展推动了"自由民主国家"数量的增加。到 20 世纪 80 年代末、90 年代初冷战结束,苏联解体和东欧剧变,西方国家认为"自由民主政治体制"已大获全胜,世界政治体制竞争的历史由此"终结",世界只有美国这一座"山上的灯塔"。然而,历史的发展并不是由西方国家说了算的。在冷战结束后的 30 余年里,美西方推崇的新自由主义经济和"全球自由秩序"盛极而衰,逐步走向自己的反面。2008 年世界金融危机似乎敲响了新自由主义的"丧钟",全球自由秩序也由此遭到质疑和挑战。①

2008 年以来发生的一系列事件联系起来看都在说明这一点。看似互不相关的重大事件,却体现出一个共同特点:长期在西方世界占据主导地位的自由主义价值体系和规则体系遭遇了巨大冲击,而且,自由主义体系当下面临的最大挑战主要不是来自外部,而是来自其自我衰落和内部瓦解。诸如民粹主义,以及主要出现在西方社会的"反建制主义"思潮,其对自由主义所带来的挑战显然不同于非西方国家的崛起对国际秩序的影响。②

除了诸如新兴大国崛起所带来的物质实力上的局部挑战,自由主义体系并没有遭遇外部思想体系的强有力挑战。客观地说,迄今为止,在思想和价值体系方面世界上尚未形成一种全新的、替代性的学说体系。自由主义的困境

---

① 何亚非:《从全球治理改革到重塑国际秩序——"自由政体"与"非自由政体"之争》,载《第一财经日报》2017 年 3 月 20 日第 A10 版。

② 阎学通:《反建制主义与国际秩序》,载《国际政治科学》2017 年第 2 期。

和衰落,源自它无法解决当今世界所面临的一些重大问题。首先,它解决不了日益严峻的人与人之间差距的问题,包括财富差距、权利地位差距、信息占有差距、教育差距、地区差距、种族差距等,以及由这种差距所带来的社会矛盾。这个问题民主选举解决不了,自由市场解决不了,福利国家解决不了,有限政府也解决不了。这实际上也是许多西方国家面临法治危机和民粹力量兴起的重要原因。其次,自由主义也解决不了经济要素的全球流动和以地域或宗教为基础的文化体系的巨大差异之间的矛盾。全球化要求规则和理念的趋同,但是文化的多样性对这种趋同进行了顽强抵抗。相对于国家与市场的矛盾,文化多元与市场统一的矛盾可能更加深刻。再次,在现代科技的进步面前,国家的治理出现了两种倾向,要么是完全没有能力进行有效治理,要么就是通过加强集权和技术的控制来治理。技术的进步如果不匹配好的治理体制和好的人文价值体系,未必是人类社会的福音。而自由主义对这一问题基本没有回答。最后,自由主义的"药方"无法解决核时代和经济相互依赖时代的大国权力竞争问题。中美等大国战略竞争的加剧,激烈的贸易战和技术战更加凸显了经济领域问题的严峻性。全球化的供应链和产业链正遭到紧张的地缘政治形势的巨大压力。这表明,经济全球化远不是人类的终点。①

从另一个角度看,自由主义价值体系的全球扩张正在陷入困境。自冷战结束以来,凭借强大的物质力量优势,美国等西方国家向世界其他地区不遗余力地输出西方价值观。但是在新千年后的三场战争中,所谓西式民主不仅没有在阿富汗、伊拉克、利比亚落地生根,相反,在这些国家内部造成巨大苦痛,使战争硝烟持久不散。不仅如此,战争触发的难民潮还祸及西方自身。同时,一些西方国家内部民粹主义泛滥,利用选举制度绑架民意,党争加剧,族群对立,社会分裂;而越来越多的发展中国家则坚持和平与发展主题,认同合作共

---

① 李巍:《自由主义的困境是最大的世界变局》,载《世界知识》2019 年年第 20 期。

赢理念,在"逆全球化"思潮中努力维系全球化和多边主义的时代主流。[1]

在自由主义的理论与实践遭遇困境的同时,中国、俄罗斯、印度、巴西、南非、印尼、土耳其等一大批新兴市场经济体和发展中国家融入全球化大潮,改写了全球治理体系和整个世界发展的历史。特别是中国坚持走自己的发展道路,取得了世界经济发展历史的奇迹。同时,无论是 G20 的异军突起、金砖机制发展成长,还是亚洲基础设施投资银行和金砖国家新开发银行等新型国际金融机构的建立,都标志着全球治理体系和国际秩序已经开始发生创新性变化。全球化新时期与国际秩序转换期正在同步展开。但许多西方国家依然固守狭隘的意识形态条条框框,给与其发展道路不同、政治体制不同的国家贴上"非自由政体国家"的政治标签,这不仅无助于西方国家和社会为适应全球化变化所必需的自我革新和调整,对世界范围的全球治理改革、国际秩序重塑更是有百害而无一利。[2]

在当代国际关系中,为了满足党派利益而在政治竞选中发表对他国不负责任的极端言论,出于宗教、文化、意识形态等偏见而对他国内政指手画脚,假借国内政治因素在国际舞台上出尔反尔,在国际承诺与国际义务上反复无常,对待国际公认的历史事实与历史观念虚与委蛇,在安全政策上口是心非、假公济私……这些屡见不鲜的负面现象只会败坏国际政治文化,增加国际关系中的猜忌、怀疑和不信任。由此可见,人类在彼此认知、理解、交往的基本规范和态度上,亟须确立一种的新的、更具包容性的文化立场,向更完善的文化交流格局迈进,以促进各国各民族文化在交流互鉴中多元共生、并行不悖、互利共赢。在世界历史进入关键转折关口的"大变局"时期,人类需要有一种先进文

---

① 严文斌:《解构百年大变局之"变"与"局"》,载《参考消息》2019 年 8 月 22 日。

② 何亚非:《从全球治理改革到重塑国际秩序——"自由政体"与"非自由政体"之争》,载《第一财经日报》2017 年 3 月 20 日第 A10 版。

化、知识和方案的引领。①

上述正反两方面的现象都充分说明，人类的进步不仅有赖于物质技术的进步，更有赖于思想文化的昌明。更进一步说，在国际秩序的理论与实践问题上，不宜过分强调力量对比对国际秩序的决定性作用，而忽视思想、习俗、规范和价值观等观念性因素的影响。事实上，回顾历史，思想观念方面的因素一直以来并非可有可无。许多决定国际秩序的重要历史事件表明，许多重要的思想或思想家对国际秩序的构建往往起到了至关重要的作用，甚至可以说，如果没有思想家们的努力，力量对比的变化不会自动、直接转化为国际秩序的变化，而且往往是在思想观念发生根本性变化的时候，国际秩序才会发生实质性变化。从思想史的视角来看，近代以来的国际秩序主要地受到了西方思想的深刻影响。西方思想家的讨论往往很难摆脱根深蒂固的哲学认识论基础，就此而论，当今国际秩序的危机某种程度上反映了是西方思想界或西方思想体系的总体危机，是近代以来现代性思想危机的表现。②

总之，虽然国际社会在思想文化领域出现了许多消极因素和发展逆流，不同文化与文明之间的矛盾、碰撞甚至冲突也在所难免，但文明的差异与多样性是客观现实，不同文明之间的交流互鉴和取长补短不仅是历史潮流，也是符合人类共同利益的普遍诉求。随着文明交流的不断拓展，特别是非西方世界影响力的不断上升，人类在发现和培育共同价值与共同利益的同时，世界各国发展模式的多样化也逐渐成为新的国际现实。

（三）法律规则规范与制度基础

国际秩序的本质就是国际社会的交往规则与行为规范。国际法律规则、规范与各种相关制度，是国际秩序的主要表现形式。

---

① 苏长和：《充分认识当今世界格局新变化》，载《人民日报》2017 年 01 月 03 日。
② 赵可金：《从国际秩序到全球秩序：一种思想史的视角》，载《国际政治研究》2016 年第 1 期。

"大变局"也是国际制度之变。多边国际制度是国际秩序与全球治理体系的主要基石和集中体现。习近平指出，"全球治理体制变革正处在历史转折点上"。与国际格局的变化和大国的政策调整直接相关，作为国际秩序重要基础的多边国际制度与全球治理体系正进入瓦解与重构交织的过程。特朗普政府先后退出《巴黎协定》《跨太平洋伙伴关系协定》《伊核协议》《中导条约》《开放天空条约》和联合国教科文组织与人权理事会，并扬言要退出世贸组织，猛烈抨击联合国甚至北约。表面看来，美国以单边主义和保护主义对抗多边主义和自由贸易，似乎是要抛弃其一手主导建立的多边国际制度，实际上，美国的战略调整主要是因为自身地位相对衰落，民族主义与孤立主义抬头，认为一些多边合作机制已不能满足自身需要或者束缚了自己的手脚，因此试图修改规则、重塑秩序，以便继续获取最大收益，重拾自信心与"舒适感"；此外还试图通过减少国际义务，以便积蓄国力"再次伟大"。与此同时，全球性问题的不断恶化和治理赤字的扩大，客观上为国际制度的重建提出了巨大需求，因此尽管有一些多边制度濒临瓦解，但全球治理的新设想和新架构仍在不断涌现。然而，在这个过程中，与中国等其他国家致力于改良全球治理体系的努力不同，美国正在不断构建或巩固的是各种排他性的小圈子、"亚洲版北约"或"微型联盟"，例如（美日印澳）印太四方安全对话（Quad）、美英澳三边安全伙伴关系（AUKUS）、"印太"经济框架（IPEF）以及传统的"五眼联盟"。[①]

无论如何理解"大变局"的含义，有一点是毋庸置疑的，这个大变局既事关国际体系力量格局的重大变化，也涉及国际秩序相关制度、规则、规范的深刻变化，因此其发展趋势和最终结果也就事关人类的生存环境与未来命运。其中的关键是国际体系结构的变化趋势。甚至可以说，大变局的本质是国际力

---

① 石斌：《"后冷战"的终结与"大变局"的展开——理解全球格局与世界秩序走向的十个维度》，载《南大亚太评论》2022年第1期。

量对比的变化。由于中国等一批新兴市场经济国家特别是新兴大国的崛起，在现代国际体系的演变进程中，首次出现西方力量优势地位及其相应的全球秩序主导地位有可能被打破的局面或前景。这当然是一个具有重大世界历史意义的事态发展。

世界确实进入了一个充满危机、动荡和挑战的"大变局"时期。不过，我们似乎不必对此过于悲观，或者不如退一步说，悲观情绪支配下的盲目行动、消极反应或无所作为都无助于问题的解决。首先，最重要的是，正如习近平所指出的，"和平与发展"的时代主题没有改变，"和平、发展、合作、共赢"的世界潮流没有变，"世界多极化和经济全球化的时代潮流也不可能逆转"；"要充分估计国际秩序之争的长期性，更要看到国际体系变革方向不会改变"。① 其次，变局仍在发展，尚未定型，而且变化中也蕴含着不变。例如，人类处于核武器时代这一现实并未改变，这对大国冲突仍将构成制约；各国经济与安全高度相互依存这一现实没有变，这意味着全球化进程难以逆转，相互孤立、"脱钩"不切实际。"没有哪个国家能够独自应对人类面临的各种挑战，也没有哪个国家能够退回到自我封闭的孤岛。"②

最后，对中国而言，尤其是就当今中国的世界地位与国际处境而言，这个百年变局，完全不同于晚清时期的千年变局。"千年未有之大变局"，指的是西方列强在生产方式和社会政治组织与管理方式，以及科学技术、思想理念等方面已经全面领先，中国不但远远落后了，而且备受列强欺凌，有史以来第一次面临民族的生存危机，如果不救亡求存、变革图强，可能被时代淘汰，数千年生生不息的中华文明可能被彻底边缘化甚至退出历史舞台；"百年未有之大变局"则正相反，其中的"东升西降"之势，蕴含着中华民族伟大复兴的历史性机

---

① 习近平：《中国必须有自己特色的大国外交》，《习近平谈治国理政》第二卷，第442页。
② 习近平：《决胜全面建成小康社会，夺取新时代中国特色社会主义伟大胜利》，《习近平谈治国理政》（第三卷），第46页。

遇。当然,机遇很大,挑战也很多,不可能一帆风顺,如何趋利避害、行稳致远,还需要全社会特别是精英群体的深入思考和共同努力。①

二、新兴大国群体崛起对国际秩序变革的理论启示

新兴大国的崛起,不仅正在改变国际体系的力量结构,而且对传统的国际秩序观念与思想理论构成挑战,促使人们重新思考国际秩序乃至全球秩序的相关理论与实践问题。国际体系的结构性变迁和国际秩序的演进,既有一定的历史规律,也受到不断发展变化的社会历史环境的影响。国际秩序的思想观念与理论学说的不断发展,既是国际体系以及更为广泛的时代环境变化的产物,也是不同认识主体自身的政策关切与价值取向的产物。后发国家的崛起与赶超既是一国内部发展的结果,也是与被赶超国家的发展差异相对缩小的表现,是世界政治经济发展不平衡规律作用的结果。大国的崛起既涉及诸多政治经济与社会发展的现实问题,也内嵌着众多需要深入探索的理论问题。对于中国等新兴大国而言,其崛起过程中的努力探索与有效行动,都需要相关理论准备和理论支撑。

(一) 国际体系的力量结构是国际秩序走向与性质的决定性因素

国际体系的核心是力量结构或者说国际格局,因此国际体系与国际秩序既有共性又有区别。其共性是,无论国际格局还是国际秩序,都有现实的力量对比关系,但也都包括各国认可的国际交往规则也就是国际关系准则和国际法原则。二者的区别大概在于,国际格局更强调力量对比的外在形态与物质色彩,而国际秩序更强调运行规则与制度建设,更体现不同国家追求的理想国际社会的运行规则。但无论是国际格局还是国际秩序的形成,最终都是各种

---

① 石斌:《"后冷战"的终结与"大变局"的展开——理解全球格局与世界秩序走向的十个维度》,载《南大亚太评论》2022年第1期。

力量相互作用、相互博弈的结果。①

如果对国际体系和国际秩序各自的核心要素,也即界定特定形态的体系或秩序并且可以用来衡量其变化的指标做一个对比,可以更好地理解二者的关系。

按照肯尼思·华尔兹在其代表作《国际政治理论》中的论述,国际体系由结构和互动的单元构成,结构是全系统范围内的组成部分,使得系统能够被视为一个整体。国际体系的界定取决于三个要素:(1) 系统各组成单元的组织和排列原则(principles by which units of the system are ordered),如果一种排列原则代替了另一种排列原则,系统就发生了改变,例如:从无政府状态到等级制,但迄今为止排列原则仍然是无政府状态,这个原则看来也不大可能改变;(2) 系统各单元的差异及其功能的规定(the differentiation and function of their units),如果功能有了不同的规定和分配,系统就发生了变化,但这个标准对无政府系统不适用,因其由同类单元(like units)组成;(3) 各单元之间能力的分配(the distribution of capabilities across those units),无论无政府还是等级制系统,这方面的变化都是系统的变化,由此可见,国际体系的变化实际上主要体现在能力(权力)的变化上。②

所谓"秩序",本质上是"一个社会系统内的可预测性(可预见性)的程度,而这种可预测性通常是因为在一个社会系统内部,行为体的行为、社会交往以及社会结构均受到了一定的调控"。③ 简言之,只要一个社会系统出现了一定的可预测性,就可以认定该系统是有秩序的。国际秩序就是国际系统中的秩序,其在时空中的变化就是国际秩序的"变迁"。按照这种理解,国际秩序的特

① 杨闯:《关于中国的外交战略与国际秩序理论》,载《外交学院学报》2004 年第 4 期。
② [美]肯尼斯·沃尔兹:《国际政治理论》,信强译、苏长和校,上海:上海人民出版社 2003 年版,第 118 - 131 页。
③ Shiping Tang, "Order: A Conceptual Analysis," *Chinese Political Science Review*, Vol. 1, 2016, pp. 30 - 46.

点及其变迁主要体现在四个方面。其一，秩序覆盖空间和领域的广度。一个秩序可以覆盖次地区、地区或者全球等不同空间范围，同时还可以覆盖不同的领域，如政治、经济等。显然，覆盖的空间和领域越大，秩序建立和维持的难度和成本越大。其二，秩序对权力的相对集中或者垄断。人类社会的秩序始终是建立在对权力不同程度的相对垄断基础之上的。因此，秩序内的权力分布是衡量该秩序的一个关键维度。权力分布的显著变化（权力转移）通常会导致秩序的重要变化。其三，制度化的程度，任何秩序的延续，除了依靠权力的强制力，还必须通过制度和规范来规制人们的行为。一般而言，制度化程度越高，秩序的稳定性就越高，体系也越和平。其四，制度被内化的程度。即自觉遵守规则的程度。一般而言，制度被内化的程度越高，秩序越稳定。

上述四个维度中的任一维度如果发生显著变化，例如，秩序的覆盖广度出现了显著的收缩或者扩展，或者其权力分布有了显著的变化，或者其基石性制度发生了重大变迁，均可以认为该秩序发生了显著变迁。总之，国际秩序变迁的核心动因是秩序所覆盖区域的变化、秩序内权力分布的变化、秩序内制度化程度的变化（特别是其基石性制度的变化）。其中，制度变迁的"核心动力"是通过权力的选择和支持将一些特定的观念变成制度。[①]

近现代历史上所有重要的国际秩序变迁都表明，秩序内权力分布的显著变化将导致秩序的显著变化。例如，德国的统一、美国在美洲的崛起、"东方阵营"内部核心国家的衰落。外来强大力量的介入会导致权力分布的显著变化，例如，东亚秩序的崩溃。历史经验还表明，就具体国家而言，塑造国际秩序需要超强的综合国力，包括引领科技进步的能力以及广泛的国际支持。例如，从美国相对顺利地将西班牙和英国逐出美洲进而建立美国治下的美洲秩序来看，当时美国的经济总量已经是英国经济总量的 1.5 倍，且英国还面临来自诸

---

① 唐世平：《国际秩序变迁与中国的选项》，载《中国社会科学》2019 年第 3 期，第 189－190 页。

多方向的挑战。此外,现代国家的竞争很大程度上还是技术层面的竞争。例如,1840年,英国的经济总量远不及清王朝,但英国以工业时代的军事技术水平对抗清朝农业时代的军事技术水平,依靠坚船利炮在沿海轻易击败清王朝。而德国、苏联在综合国力达到第二但没有全面技术优势的情况下,试图用武力或高度对抗的手段改变既有秩序,结果都失败了。就国际支持而言,第一次世界大战前,美国已是世界第一大经济体和主要军事强国,但由于英法等欧洲国家在一战后并不甘心追随美国,在战后列强构建的国际秩序即凡尔赛-华盛顿体系中,美国仅取得与英国大致同等的地位。而二战后的欧洲因别无选择而不得不追随美国,使美国得以主导塑造了欧洲秩序乃至西方秩序。①

可以说,国际秩序的走向与性质,从根本上讲是由国际体系的力量结构所决定的,也就是由其中在物质力量与价值观念两方面都占主导地位的大国或大国群体所决定的。人们一般认为,当今世界这个"百年未有之大变局",其核心是世界格局也即国际力量结构之变,其动能之一是以中国为代表的新兴大国群体的崛起。

人类社会任何一次称得上"大变局"的历史现象,几乎都发端于物质力量对比的变化。从某种程度上说,谁率先掌握了先进的生产方式或主导了世界生产力,谁就能推动国际格局的力量之变。例如,起源于英国的第一次工业命,所激发出的强大工业生产能力,以及这种生产能力在西方世界的扩散,使西方成为后来两百多年世界生产能力的绝对主导者,被称为世界的"力量中心"。

相关数据显示,第一次工业革命结束的19世纪中期,西方国家与非西方国家(以中国和印度为主)工业生产品在世界的占比基本上还是各50%。但到20世纪90年代,西方国家工业生产品的占比达到了近90%,包括中国、印

---

① 唐世平:《国际秩序变迁与中国的选项》,载《中国社会科学》2019年第3期,第196—198页。

度以及其他新兴经济体在内的非西方国家占比仅为约 10%。进入 21 世纪后,力量对比发生了明显变化。2010 年,西方与非西方国家在制造品上的占比分别是 60% 和 40%。有研究机构预测,到 2050 年,这个比例很可能会颠倒过来,即西方国家占比 40%,非西方国家占比 60%。换言之,从 18 世纪中期第一次工业革命开启到 21 世纪中期这 300 年里,世界可能首次出现“力量中心”从西方国家向非西方国家转移。

这个变化趋势,很大程度上就是中国等新兴大国的发展所推动的。根据 2017 年金砖国家厦门峰会期间公布的数据,2017 年金砖国家(巴西、俄罗斯、印度、中国、南非)经济总量的全球占比,从 2007 年的 12% 增加到 23%,几乎增长了一倍;而且这些国家对世界经济增长的贡献率已经超过 50%。金砖国家在经济总量世界占比上已经逼近美国和欧盟。这些国家既是新兴经济体的典型,也是非西方国家的代表。它们的经济实力相对于西方国家的变化,无疑是世界“力量中心”正在变化的一个重要表现。

在这轮“力量之变”中,最突出的变量是中国因素。在近 300 年的历史里,中国经济实力世界占比的变化与经济中心在西方与非西方之间的转移高度吻合。原因很明显,因为在那近 300 年历史中,非西方世界中物资生产能力的主力一直都是中国。因此中国生产能力的升降起伏,成为观察世界生产力主导者变迁的一个重要指标。

1840 年第一次鸦片战争爆发时,中国的经济总量依然占世界经济总量的约 1/3,彼时英国经济总量世界占比约为 5%。但当时中国在物质生产能力上的优势,掩盖了其在经济增长潜力上的劣势。1800 年清朝政府的税收总额中,工业和贸易占比仅为 30%,而同时期的英国已经超过 80%。财政收入结构反映的是经济结构,当时中国以田赋为主要税基的经济结构,已经被工业革命抛在了时代的后面。中国从此进入“屈辱百年”。

直到 1980 年,中国的经济总量世界占也比不到 2%。当时,包括中国在内的整个发展中国家的工业生产品世界占比不到 10%。然而到了 2018 年，中国经济总量世界占比为 16%（仅次于美国的 24%），包括中国在内的非西方国家工业制造品世界占比增加到 40%。不难看出，中国的变化曲线也是生产力中心在西方与非西方国家之间变化的曲线。①

从 G20 的形成和发展历程也可以观察到国际体系与国际秩序重构的多重意蕴。

二战结束后，由美国主导创建的国际秩序一方面是以联合国为核心的国际政治协调架构，另一方面则是以世界银行、国际货币基金组织、世界贸易组织为基础的国际经济治理架构，虽然这些国际秩序在全球治理层面发挥了重要作用，但是国际社会的治理实践特别是全球经济治理主要依赖以美国为首的七国集团，特别是核心的五国集团（美、日、英、法、德）。1973—1975 年的经济危机使西方国家在 1976 年正式形成了七国集团（G7），1998 年俄罗斯正式加入后称为八国集团（G8）。1997 年，亚洲金融危机爆发后，发展中国家在全球经济体系中的地位逐步上升。在 2008 年发生的全球金融和经济危机中，欧洲经济衰落并陷入严重的主权债务危机。与此相反，亚太地区经济保持快速增长的势头，成为带领世界经济走出危机、实现经济增长的强大引擎。为了共同应对新的全球经济危机，必须发挥新兴经济体国家的重要作用。2009 年 9 月，全球 19 个主要经济体和欧盟领导人在美国匹兹堡宣布，G20 峰会代替 G8 峰会成为国际经济合作与协调的首要全球性论坛。G20 的创立标志着全球经济治理改革取得重要进展，也反映了国际力量对比的新变化。它表明西方七国集团或以美国为首的西方国家不能独自解决全球金融和经济危机问题，必须与新兴经济体国家携手合作，以共同解决全球经济治理问题。其核心意义在于从发达国家掌控全球经济治理的决策权，过渡到当今发达经济体与

---

① 雷墨：《究竟什么是百年未有之大变局》，载《南风窗》，2019 年 10 月 1 日。

新兴经济体共同商讨应对全球经济问题的机制上来。

国际秩序重构的一个前提是各国经济实力的对比变化,尤其是各国在全球经济总量结构的比重变化。冷战结束前后,七个主要发达国家的国内生产总值约占世界经济比重的70%,七国集团一旦决定重大全球治理问题就会对国际社会产生导向效应。如今G20成员构成兼顾了发达国家和发展中国家以及不同地域之间的平衡,人口占全球的2/3,国土面积占全球的60%,国内生产总值占全球的90%,贸易额占全球的80%。在G20框架内,各成员国的平等性得到进一步体现,G20采用协商一致的原则运作,新兴市场国家同发达国家在相对平等的地位上就国际金融货币政策、国际金融体系改革、世界经济发展等问题交换看法。中国等金砖国家在国际经济秩序中的话语权,相对于西方发达国家正在逐步上升,代表了国际秩序重构的一种基本趋势。

但也应该看到,国际秩序包括国际经济治理秩序的演变是一个较长乃至曲折的历史进程。在21世纪第二个10年结束时,无论是经济实力还是科技实力,东西方的力量天平并没有完全改变,充其量只能说在逼近力量均衡的临界点。世界多极化的趋势固然没有改变,但美国作为唯一超级大国的地位在可预见的未来仍将得以维持。[①]

不过,冷战后的世界格局日益呈现的"东升西降"趋势,正在为国际秩序的新一轮调整和变革提供前所未有的物质基础和思想动力。新兴国家群体的崛起,明显改变了世界政治权力的原有布局。就经济规模而言,美国正在逐步失去压倒性的优势地位。"金砖国家"的综合国力与国际影响力已经大幅提升。就思想理念与政策实践而言,新兴大国和发展中国家通过"金砖国家"峰会、G20等组织与机制,以更加开放、公正与公平的立场推动国际秩序朝更加公平合理的方向发展,扮演的角色越来越重要。与美国在意识形态和发展模式上

---

① 雷墨:《究竟什么是百年未有之大变局》,载《南风窗》,2019年10月1日。

的"一元论"和"普世主义"不同,中国的发展理念与价值取向承认和尊重世界的多元性和多样性,认为适合自己国家的制度和价值不一定同样适合世界其他国家。与美国奉行霸权主义、力图改变世界的做法不同,中国坚持国际关系民主化和国际治理法治化,不要求别国屈服于自己的意志,主张超越社会制度与意识形态的异同,最大限度地谋求共同利益。[①]

随着冷战时期美苏对峙的两极格局解体,美国成为唯一霸权国,试图确立以"美国治下的和平"为特征的单极世界。然而,在经济全球化大潮的推动下,世界格局实际上呈现的是"一超多强"形态。经过 20 多年的演进和多种力量消长的相互作用,后冷战时期的世界格局在 21 世纪的第二个十年开始发生动摇。中国的上升和美国的收缩,构成新一轮世界格局调整的主要牵动因素。中国经济实现了较长时期高速增长,人民生活水平显著提升,尤其基础设施之完备、制造业规模之巨大,受到全球瞩目和认可。在 2008 年美国次贷危机引发的全球金融和经济危机中,中国经济表现良好,在全球经济增长中发挥了"火车头"的作用。

中美在国际体系中的地位出现反向演进,必然带来国际权力调整的张力,也更加凸显两国包括政治异质在内的结构性矛盾。未来相当长时期,美国无力阻挡中国的崛起和发展,中国也不具备全面取代和挑战美国的充分条件,双方相互竞争、彼此防范,但又无法彻底对立隔绝。在真正确立多极格局之前,世界将在过渡期中摸索前行,这期间的不确定性和机遇、风险都会更加复杂。

无论如何,中美关系正在成为左右未来世界格局和国际秩序演进方向的关键。

国际关系理论惯用"权力转移"来描绘世界格局转换,其基本逻辑是:主导国通常不肯让权给崛起国,而崛起国必然会利用自身快速增长的实力,拓展海

---

① 李文:《告别霸权时代:新型国际秩序的四个重要特点》,载《学术前沿》2017 年 2 月(下)。

外市场、堆积军事能力、垄断尖端技术、排挤主导国利益,借此改变原有秩序和规则,谋求与自身新的实力地位相匹配的"国际特权",由此导致既有秩序瓦解。当崛起国的努力取得成功、世界主导权的过渡完成时,新的秩序就建立了。近代以来的世界"领导权"转换都是在西方国家间发生的,虽不乏激烈争夺,但竞逐者有着相通的历史、文化和制度背景,所谓"权力转移"本质上是同一政治文明形态内部的"领导权"更迭。例如 19 世纪后半叶美国与英国之间的世界权力更迭,基本上以和平方式实现。但进入 21 世纪,世界格局再度出现调整的动向,而这次推动变化的张力不是完全来自西方同质文化圈内的国家关系变化,新的冲击力至少部分是由中国这样一个在历史、文化乃至政治信仰和发展道路上都与现存的主导性大国截然不同的国家之崛起带来的。中美多重特质差异决定了这一轮格局调整中的利益重置和规则的再确立,其特殊性、广泛性和复杂性,都将是数百年来国际关系史上所未有的。①

"百年未有之大变局"的根本动因来自世界主要力量的消长变化。国际体系的结构性变迁,尤其是随着新兴大国群体崛起加速发展的多极化趋势,是国际秩序变革的主要推动力,因为,多极化的基本特征是权力扩散,其实质是"去中心化",确切地说是"去美国中心化""去美国霸权化"。②

崛起的中国既是"变局"的一大促进因素,又是"变局"巨大影响的承受者,更是其方向的重要影响者之一。"百年未有之大变局"是和平与发展大趋势动态演进的结果。尽管世界乱象横生,但尚未打破大国的相互制衡,尚未瓦解经济全球化条件下的相互依存,也未能颠覆二战后行之有效的外交原则和国际机制。世界总体和平与发展的态势没有发生根本性改变,中国的积极影响也将日益强有力地作用于这个世界大趋势。正如习近平总书记做出的论断:"和

---

① 傅莹:《把握变局、做好自己,迎接新的全球时代》,载《世界知识》2019 年第 19 期。
② 崔立如:《国际格局演变与多极时代的秩序建构(上)》,载《现代国际关系》2016 年第 1 期。

平与发展仍是时代主题。同时,世界面临的不稳定性不确定性突出,人类面临许多共同挑战。"这一论断提示我们,在对和平与发展保持信心的同时,不能高枕无忧,对变化视而不见,必须对风险挑战的不断增多有足够警觉和反应,统筹好国内与国际两个大局、发展和安全两件大事,主动博弈、积极引导,努力塑造良性发展条件,有效防范、应对各类风险。①

(二)新兴大国群体的凝聚力是其推动国际秩序变革的重要条件

新兴大国群体自身的团结和凝聚力是它们发挥集体作用,推动国际秩序改良的重要前提条件。这种凝聚力必须在应对它们共同面临的各种全球性问题的实践过程中加以塑造和强化。

首先是共同应对全球化进程中的政治经济挑战。自冷战结束以来,"全球化"特别是经济全球化成为时代潮流,在理论上和实践上都逐渐被普遍接受。在相当长一段时间里,许多国家都享受着全球化进程不断深化和扩大带来的红利。来自西方的"全球资本"和日新月异的技术,与金砖国家为代表的"劳动力红利"和"生态环境(包括土地)红利"相互联系,极大地深化、延伸了全球化,缔造了人类历史上前所未有的发展局面。这一进程曾经被认为是前所未有地影响了地球上几乎所有地方和所有人群。

然而,全球化内涵和外延的扩大只能暂时缓解全球化的困境。从 2008 年金融危机发生以来,出现了如下一些情况。首先,中国和其他金砖国家也遭遇了不同程度的经济下滑,出现所谓的"金砖的成色"不足。中国经济增长方式的转型也一直没有完全实现,人口老龄化和气候变化等问题对经济的可持续性构成了挑战。其次,西方国家内部一直试图通过政治调整来应对全球化带来的失衡,解决全球化带来的问题,但旧的政治难以应付全球化进程中的新经济问题。美国就通过政治变革来回应全球化的挑战。美国选民把奥巴马当作

---

① 博莹:《把握变局、做好自己,迎接新的全球时代》,载《世界知识》2019 年第 19 期。

改变的"希望",奥巴马就是打着"改变"的旗号当选的。其上台后的医改和气候变化政策都是在应对全球化的挑战。但奥巴马八年的调整并没有从根本上解决问题。[①] 不仅如此,众所周知,随着美国国内环境的变化特别是政治极化的加剧,特朗普上台后几乎全面颠覆了奥巴马政府的政策。特朗普政府上台后的许多政策举措,带有明显的反全球化甚至逆全球化特征。

全球化进程在最近十几年来所遭遇的挫折,很大程度上是因为越来越多的国家、非国家行为体以及民众已经意识到,全球化在深化人类相互联系的同时,也导致了国际国内层面各种不平等现象的扩大和环境恶化、资源枯竭等灾难性的后果。

不仅欧美国家要面对全球化带来的问题,金砖国家也需要面对全球化带来的问题。全球化对发展中国家包括新兴大国的挑战要比对欧美国家的挑战更严峻。因此,金砖国家必须并把"金砖合作"作为回应全球化挑战的集体行动方案。欧美国家已经率先出手应对全球化挑战,金砖国家应该更有急迫感,不仅要在国内层面深化改革,而且要在相互合作的全球层面纠正全球化失衡的问题。金砖合作的未来取决于成员国对全球化及其发展方向的新共识。全球化从过去的"不可避免"到如今的"放缓"甚至在某些方面的"逆转",使金砖国家不得不"抱团取暖"以获取共同市场。

中国政府发起"一带一路"倡议,试图走出一条"新全球化"之路。从指导思想上看,这是十分正确的,并受到了国际社会的肯定。"新全球化"之"新",在于首先努力解决过去被严重忽略了的实体性、基础性经济问题。中国试图通过基础设施投资把世界各地,尤其是把亚洲、非洲、欧洲,甚至拉美等地区"互联互通"。如果达成,这将是相互联系的世界的最大发展。就此而论,中国的政策和行动首先需要得到金砖国家所代表的新兴市场经济体的积极回应。

---

① 庞中英:《金砖合作面对的世界秩序和全球化挑战》,载《国际观察》2017 年第 4 期。

金砖合作能否和"一带一路"相辅相成？实际情况可能并没有这么乐观。在金砖国家内部，如巴西，仍然困于旧的全球化带来的问题——新的政治和经济危机都是旧的问题的延续。而在印度，则总是从地缘政治的角度来考虑和回应中国发起的国际倡议。印度目前不仅没有在战略上真正与中国发起的国际倡议"对接"，反而是采取了与美国的"印太战略"相呼应，与中国展开竞争的态势。这不仅影响了中印两国在包括金砖体制在内的多边框架下的合作成效，也削弱了新兴大国群体的内部凝聚力和集体影响力。

因此，金砖国家必须就全球化的正确方向及"新全球化"达成共识，并在国内、地区和全球层面做出集体努力，应对全球化的消极一面；把"新发展"，即减少人类不平等性、促进人的自由发展、维护人类社会普遍安全和长期和平，促进人类社会、经济与环境、生态可持续发展等，作为共同追求的全球化目标。总之，以金砖国家合作为代表的新兴大国群体之间的合作，是当今国际秩序与全球治理体系变革以及全球化进程中的一个最大的新动能，但其前景仍然充满不确定性。[1] 新兴大国群体能否克服各种内部差异、困难或矛盾，加强务实合作，夯实集体身份，是它们能否在国际秩序与全球治理体系变革中取得主动地位、发挥重要作用的关键因素。

其次，是共同应对"百年未有之大变局"中的一个核心问题，即随着新兴大国群体整体实力的上升，国际体系的力量结构正在发生的"东升西降"趋势，近代以来由西方发达国家主导的传统中心—外围模式首次面临可能被打破的局面，以及由此产生的新一轮国际政治冲突。在这个博弈过程中，新兴大国的内外战略和发展进程将面临来自发达国家的各种干扰甚至打压，也将面临美国等发达国家对新兴大国的拉拢或分化政策，例如美国的"印太战略"旨在遏制中国的发展，为此印度就成为其拉拢的对象，而中印之间存在的一些矛盾和问

---

① 庞中英：《金砖合作面对的世界秩序和全球化挑战》，载《国际观察》2017年第4期。

题势必会被美国利用。毋庸讳言,新兴大国之间,以及为数更多的新兴市场经济体之间,不仅在经济社会发展水平上还存在着许多差异,在政治体制、意识形态、文化价值观及对外关系等方面,也具有差异性和多样性。因此,新兴大国之间如何求同存异,扩大共识,扩展和深化合作,从而提高群体内部的凝聚力和集体认同感,是它们在集体崛起、共同发展的过程中必须积极面对、努力解决的一个关键问题,也是它们作为国际社会中的一个特殊群体和新兴力量,在国际秩序与全球治理体系变革过程中不断提高自身地位、发挥更大作用的一个重要前提条件。

(三) 新兴大国崛起与国际秩序变革进程需要科学理论的指引

1. 新兴大国崛起需要对大国兴衰的历史经验进行全面深入的理论总结

保罗·肯尼迪曾经希望其《大国的兴衰》一书能够为 21 世纪的世界格局提供一种"全新的解释路径"。但这一抱负显然并未实现。他自己也曾坦言,最初是想撰写一篇与利奥波德·兰克(Leopold von Ranke)1833 年发表的《论列强》性质相同的世界史论文。兰克的《论列强》一文提出了关于近代欧洲国际关系史最有说服力的解释框架——均势,并将均势的自我修复机制用于预测欧洲强国的长期前途。《大国的兴衰》本质上只是将兰克的学说扩大到全球层面,以"多极化"(全球均势)之类的新术语描绘了一幅本质上仍然极为传统的世界图景。就此而论,该书虽然影响巨大,其主要内容在于用大量史实展示"均势""霸权""地缘政治"等传统观点的实践内涵,并进一步论证一些国家在生产方式与社会政治组织及管理方式等方面的重大变革对于自身崛起,以及对于推动世界历史进程的关键意义,但本质上没有太多理论创新,对于理解21 世纪以来的世界形势所具有的参考价值是有限的。[①] 在当今世界面临百年未有之大变局的情况下,我们必须以更加广阔的时空维度、更加合理的价值标

---

① 刘怡:《30 年前〈大国的兴衰〉说错了什么》,载《南风窗》2017 年第 5 期。

尺、更高层次的精神境界来看待人类的命运与历史进程,重新思考和总结大国兴衰、体系变迁与秩序变革的经验教训。

有学者指出,世界新兴国家由大而强的过程中,都经历了一个关键性阶段。这个将强未强的特殊历史阶段一般为 10 年左右,其间相关国家面临的风险和挑战较前明显增大,事关兴衰成败。其中,英、美是成功的典型,法、德、日、苏则提供了历史教训。[①]

英国在 1763 年击败法国成为欧洲强国,从此自称"日不落帝国"。此时与其 1784 年彻底取代荷兰在世界上的地位之前,存在一个关键性阶段。在这期间,英国通过工业革命,创造了"比过去一切时代创造的生产力还要多"的生产力,加快了向工业社会的转型,成为第一个"世界工厂",为英国进入全盛时期打下了坚实基础。美国在南北战争后积极采取措施缓和南北矛盾,实现国家重建,到 1894 年成为世界第一大经济体,开始步入关键性阶段。尽管美国在经济体量上占据世界首位,但综合实力还不及英国。尤其是美国国内问题丛生,垄断加剧,腐败横行,社会矛盾尖锐。西奥多·罗斯福就任总统后,大力开展以反垄断为主要内容的社会进步主义运动,出台了一系列改革措施,赢得了"托拉斯爆破手"的美誉,为美国问鼎世界铺平了道路。拿破仑于 1804 年建立法兰西第一帝国,标志着法国进入关键性阶段。但拿破仑犯了一系列战略性错误,特别是 1812 年贸然发动对俄战争,劳师远袭,铩羽而归,最终于 1815 年兵败滑铁卢,使法国丧失了问鼎世界强国的机会。德、日类似的事例也一再上演。苏联的教训更为惨痛。在迅速崛起为超级大国后,苏联领导人犯下了一系列战略性失误,尤其是走上军事称霸对抗的错误道路,1979 年侵略阿富汗,

---

① 孙劲松、刘悦斌、王兆勤、彭公璞、左凤荣:《风物宜长放眼量——从强国兴衰规律看我国面临的外部挑战》,载《人民日报》2018 年 09 月 11 日。

陷入 10 年战争泥潭，最终在这个"帝国坟场"自掘坟墓，撤兵两年后即宣告解体。①

回顾大国兴衰历史，一些国家用 30 年左右时间实现跨越式发展，是一种普遍现象。这个时候达到了一个重要历史节点，此后 10 年左右是其兴衰成败的关键阶段，有的成功，有的不成功，也是一种普遍现象。在此期间，如果发展战略选择正确，实力将日益增强，最终会成为世界强国，英美都是如此；如果选择不正确，出现战略性失误，国家将迅速衰落，失去进一步发展的历史机遇，法、德、日、苏即如此。②

有的学者认为，大国崛起的历史经验具有不对称性，其理论准备也未必是有意进行的。对许多国家来说，防止战略失误更为重要。大国崛起的历史经验较少且差异性很大，故得出的结论未必可靠。但大国崛起有一些共性与普遍性，例如：确保实力稳定增长，极力避免被守成大国打压，实行集约方式，乘势而上实现崛起，等等。对崛起国而言，将物质实力转化为战略力量相对更为困难。单极秩序下的崛起最为困难，因为霸主更易集中精力遏制崛起国，其他国家也易追随霸主，崛起国需要充分的战略耐心。③ 有学者指出，对崛起国而言，面临的挑战首先是处理好与霸主的关系，使打压处于可承受的范围之内，但这明显不符合霸主本意。其次是处理好与周边国家的关系，不让其成为战略负担，避免导致两线作战的困境。再次，权力和平转移本身意味着崛起或权势转移并不彻底，和平崛起意味着崛起之路更为漫长，成果如果不够显著，崛

---

① 孙劲松、刘悦斌、王兆勤、彭公璞、左凤荣：《风物宜长放眼量——从强国兴衰规律看我国面临的外部挑战》，载《人民日报》2018 年 09 月 11 日。
② 孙劲松、刘悦斌、王兆勤、彭公璞、左凤荣：《风物宜长放眼量——从强国兴衰规律看我国面临的外部挑战》，载《人民日报》2018 年 09 月 11 日。
③ 周士新：《"大国崛起的理论准备"学术研讨会综述》，载《国际展望》2013 年第 3 期，第 129 - 134 页。

起地位也不会太稳固。① 这些观点或讨论表明,大国崛起的大战略不仅是个重大理论问题,更是一个需要把握好分寸的战略实践问题。

2. 新兴大国崛起需要理论创新与自主知识体系建设

在新的时代环境下,新兴大国无法简单复制传统大国崛起的模式与路径。第二次世界大战之前,各国竞相遵循、效仿弱肉强食的丛林法则。葡萄牙、西班牙、荷兰、法国、英国、美国、苏联、德国和日本等在谋求崛起过程中均曾诉诸武力,通过战争掠夺弱小国家的领土、人口、资源来实现财富积累、实力扩张和大国优势。二战之后,特别是进入 21 世纪以来,人类文明水平显著提高,国际秩序与制度规范进一步完善,国家经济发展动力源泉和国际交往模式发生巨大变化,和平共处、合作共赢成为新的时代潮流。新兴大国的崛起无法再采用战争模式来获取,相反,需要在和平环境下展开谋求互利共赢的良性、正和竞争,而非恶性、零和竞争。而这意味着,这种崛起模式的难度更大、效率更低、时间更长。②

迄今为止,有关大国特别是当今新兴大国崛起的理论研究还很不充分。美国学者保罗·肯尼迪在 20 世纪 80 年代出版的《大国的兴衰》一书,一度被认为是研究大国崛起的代表性论著。但该书主要探讨的是 20 世纪 80 年代之前五个世纪的主要大国崛起案例,没有考察 20 世纪末以来主要出自非西方世界的新兴大国群体的崛起与赶超现象,更遑论揭示其中的发展规律、主要特点以及对国际关系和世界历史进程可能产生的独特影响。与此同时,新兴经济体对于自身在新时期的崛起环境、特点、规律和相应的战略策略等问题也还缺乏充分的研究,无法为中国等新兴大国的进一步发展提供及时、有效的理论支持。相关研究学术话语权仍掌握在西方学界手里,而西方学术界主要关心自

---

① 周士新:《"大国崛起的理论准备"学术研讨会综述》,载《国际展望》2013 年第 3 期,第 129 - 134 页。

② 林跃勤:《论新兴大国崛起的理论准备》,载《南京社会科学》2013 年第 7 期,第 1 - 8 页。

身的地位与处境,对新兴经济体的崛起不可能有足够的关注和理解,更遑论提供合理的理论支持或政策建议。诚如南非约翰内斯堡大学教授彼得·维尔(Peter Vale)2013 年 3 月在英国阿伯里斯特威斯大学举办的研讨会上所言,目前整个全球体系研究被欧美国家占据,其他国家都被视为外围,有关发展中国家的发展问题研究被严重忽略,此外英语作为主要研究语言和交流工具的状况,也使相关研究受到了限制。学术界特别是西方学术界未将对欧美以外国家的研究视为全球体系研究中独立的一部分。国际关系研究的主体发展始终局限在欧美发达国家的知识圈子内。这显然与新兴经济体国际地位的上升及其发展问题理应受到的关注很不相称。[1]

　　总之,新兴大国在崛起过程中正在或可能面临的各种现实问题尚无现成答案,依靠发达国家学术界来为新兴经济体的崛起提供理论解说和思想支撑显然很不现实。[2] 这就意味着,新兴经济体特别是新兴大国必须加强自身的理论自觉与理论创新,从自身的国际处境、发展需求、价值关切和问题意识出发,努力构建有关国际体系与国际秩序等全球性问题的自主知识体系。

　　二战结束以来,中国经历了从当时两极体系的组成部分到反对力量的转变,并逐步过渡到现行体系与秩序的获益者、维护者和改革者。中国在 2008 年开启了国际体系建设的新进程,党的十八大以后加强了这方面的实践探索并不断进行理念创新和理论体系构建。中国在逐步走近世界舞台中央的历史进程中将对世界做出更大贡献,在此基础上,中国也将对新国际体系与国际秩序的理论建设做出更大贡献。有研究者认为,中国的国际体系与国际秩序理论建设,需要注意三个方面的问题。

　　第一,国际主要矛盾的界定和应对。当前国际社会的主要矛盾是什么,这

---

[1]　林跃勤:《论新兴大国崛起的理论准备》,载《南京社会科学》2013 年第 7 期,第 1－8 页。

[2]　林跃勤:《论新兴大国崛起的理论准备》,载《南京社会科学》2013 年第 7 期,第 1－8 页。

是一个非常重要和复杂的问题。在面临百年巨变和重大转折的历史时期,需要科学界定未来几十年国际社会的主要矛盾,充分认识其主要特点并有效应对。首先,科学界定国际社会共同面临的主要矛盾。尽管国际社会不同国家的发展阶段及其任务不尽相同,但大都面临在政治独立和经济发展之后的历史性任务,即解决各自的发展问题和国际社会的共同挑战,于是对公平正义的普遍需求和供给的相对不足将越来越成为国际社会发展的主要矛盾。其次,国际社会需要逐步认识这一主要矛盾的特点。公平正义的需求和供给不足之间的矛盾正在不断显现,国际社会对此需要深化认识,并不断总结其特点。从目前来看,全球性、普遍性、溢出性和紧迫性是其主要特点。再次,应对国际社会主要矛盾的重点在于抓住主要矛盾的主要方面,即增加公平正义的有效供给。这方面的供给越来越多地来自以新兴国家为代表的非西方国家群体。从整个人类社会向着更加进步和更高阶段发展来看,公平正义的目标和方向意义将更加突出。

第二,回答当前和未来的时代命题。认识国际社会的主要矛盾和主要方面是回答未来三十年时代命题的基础。习近平主席指出,"我们坚信,和平与发展是当今时代的主题,也是时代的命题,需要国际社会以团结、智慧、勇气,扛起历史责任,解答时代命题,展现时代担当。……面对时代命题,中国将积极参与全球治理,秉持共商、共建、共享的全球治理观。中国始终是世界和平的建设者、全球发展的贡献者、国际秩序的维护者,支持扩大发展中国家在国际事务中的代表性和发言权,支持补强全球治理体系中的南方短板,支持汇聚南南合作的力量,推动全球治理体系更加平衡地反映大多数国家特别是发展中国家的意愿和利益"。中国在解决时代命题的实践中积累经验、提升理性认识水平,并不断充实时代主题的内涵,如持续和平与高质量发展。

第三,国际体系理论的与时俱进。中国在规划和建设未来国际体系时怀有强烈的使命感。首先,要强调符合时代发展的理论意识。习近平主席指出,

"国际社会普遍认为,全球治理体制变革正处在历史转折点。国际力量对比发生深刻变化,新兴市场国家和一大批发展中国家快速发展,国际影响力不断增强,是近代以来国际力量对比中最具革命性的变化"。其次,要推动全球治理理念创新发展。党的十八大以来,我们提出践行正确义利观,推动构建以合作共赢为核心的新型国际关系、打造人类命运共同体,打造遍布全球的伙伴关系网络,倡导共同、综合、合作、可持续的安全观,等等。近年来,习近平主席在国际上大力倡导全人类共同价值。此外,中国关于国际体系的理念还蕴含着吸收人类一切优秀文化元素的内在要求。[①]

事实上,近年来中国国际关系理论研究的自主创新意识也在不断增强。这首先表现在,众多学者以构建具有中国特色的国际关系理论为目标,在原初性的概念创造,体系层面知识谱系的构建,以及价值、规范层面的阐释中,都越来越注重体现中国文化传统、中国学术风格以及中国学人自身的"知识关切"。应该承认,中国的国际关系学科在草创时期和早期发展阶段主要是引进和借鉴西方的成果,在知识体系、理论范式和方法论等方面,都深受西方学术的影响。随着中国综合国力的增强和国际地位的提高,无论是国内的改革与建设,还是在更高的层次、更广泛的维度上参与世界事务,都迫切需要自主知识体系与理论创新的支撑。但理论创新也需要海纳百川的精神,借鉴仍然必不可少。一方面要善于吸收外来文化、外来理论的合理成分;另一方面,更应该立足中国国情,着眼现实需要,从中国优秀传统文化中汲取营养。

3. 新型国际关系理念是新兴大国崛起的重要理论指引

构建以合作共赢为核心的新型国际关系和新型大国关系,是中国国家主席习近平总揽世界大势提出的重要外交理念之一。在新型国际关系中,新型

---

① 杨洁勉:《当代国际体系的渐变和嬗变:基于两个三十年的比较与思考》,载《国际展望》2022年第2期。

大国关系又是关键,在中国外交中占据优先重要地位。"新型大国关系"这一概念肇始于 20 世纪 90 年代,成型于 2012 年党的十八大,并在最近十几年里得到进一步的系统化、理论化。构建新型大国关系,是当代中国外交思想的重大创新,并已在国际关系实践中取得重大进展。[①]

党的十八大报告明确指出:"我们将改善和发展同发达国家关系,拓宽合作领域,妥善处理分歧,推动建立长期稳定健康发展的新型大国关系。"新型大国关系由此成为中国外交战略的重要内容。中国政府还按照"大国是关键、周边是首要、发展中国家是基础、多边是重要舞台"的框架,运筹全局,积极主动开展外交实践。十九大报告也指出:"中国特色大国外交要推动构建新型国际关系,推动构建人类命运共同体。""中国将高举和平、发展、合作、共赢的旗帜,恪守维护世界和平、促进共同发展的外交政策宗旨,坚定不移在和平共处五项原则基础上发展同各国的友好合作,推动建设相互尊重、公平正义、合作共赢的新型国际关系。"二十大报告再次强调,"中国坚持在和平共处五项原则基础上同各国发展友好合作,推动构建新型国际关系,深化拓展平等、开放、合作的全球伙伴关系,致力于扩大同各国利益的汇合点。促进大国协调和良性互动,推动构建和平共处、总体稳定、均衡发展的大国关系格局"。

新型大国关系的核心内容,是"相互尊重、公平正义、合作共赢"。相互尊重是基本前提,它意味着各国在交往中应视对方为平等伙伴,愿意通过协商方式和平解决彼此间的争端和分歧,这个前提与霸权主义、强权政治是根本对立的;公平正义是基本原则,它意味着各国应共同遵守具有普遍意义的国际规范,愿意通过形式正义实现实质正义,因而它与无视规则、专门利己是根本对立的;合作共赢是基本目标,它意味着各国以合作取代对抗,在相互协作中实现各自目标,因而它与单边主义、赢家通吃是根本对立的。新型大国关系的核

---

① 王存刚:《构建新型大国关系:一种理论化的解释》,载《中国社会科学报》2018 年 8 月 3 日。

心内容，与《联合国宪章》的宗旨和原则在精神实质上是一致的，与人类文明的发展趋势是完全契合的；它融入了中国传统文化的精髓，继承了当代中国外交的经验。鉴于大国关系的特殊性和影响力，可以预见的是，构建新型大国关系的实践将产生巨大示范效应，有力促进涵盖更多行为体的新型国际关系的形成，进而推动国际体系的转型和国际规范的重塑，并为构建人类命运共同体奠定坚实基础。①

新型大国关系是相对于传统大国关系而言的。传统大国关系的典型互动形态是基于防范心理而产生的战略博弈；各大国处理彼此关系的常用手段是对抗、冲突甚至战争；各方对彼此关系最为理想的预期也不过是形成力量均势。按照现实主义国际关系理论家的解释，这种传统大国关系形态之所以历久不衰，根本原因是国际体系的无政府状态。按照约翰·米尔斯海默的说法：在国际无政府状态下，"国际体系是一个险恶而残忍的角斗场，要想在其中生存，国家别无选择，只得为权力而相互竞争"。这就是所谓的"大国政治的悲剧"。② 但这种"悲剧"的反复上演显然不符合人类对和平与发展的渴望和追求。当今世界正在快速发展变化，世界多极化、经济全球化、社会信息化深入推进，各种挑战层出不穷，各国利益紧密相连。零和博弈、冲突对抗早已不合时宜，同舟共济、合作共赢成为时代要求。③

因此，如何通过国际关系与国际秩序观念的革新，以及国际制度、规则与规范的改良，构建基于跨国合作并有助于深化跨国合作的国际体系与国际秩序，特别是构建以合作共赢为核心的新型国际关系与新型大国关系，从而缓解国际无政府状态带来的不良后果，促进世界的和平、稳定和发展，成为人类社

---

① 王存刚：《构建新型大国关系：一种理论化的解释》，载《中国社会科学报》2018 年 8 月 3 日。
② 王存刚：《构建新型大国关系：一种理论化的解释》，载《中国社会科学报》2018 年 8 月 3 日。
③ 习近平：《为构建中美新型大国关系而不懈努力：在第八轮中美战略与经济对话和第七轮中美人文交流高层磋商联合开幕式上的讲话》，载《人民日报海外版》2016 年 06 月 07 日。

会的不懈追求,更是新兴国家进一步走向世界舞台中心、推动国际秩序朝着更加公正合理发展的努力方向。

三、新兴大国推动国际秩序转型的理论思考

(一) 新兴大国在国际体系与国际秩序变革中的独特地位

二战后以来,围绕国际秩序变革的斗争至少出现过三次高潮。20 世纪 60 年代中期至 70 年代初,以 77 国集团和不结盟国家首脑会议为代表,提出了建立国际经济新秩序的目标;70 年代中期,在石油输出国组织的冲击下,发达国家不得不就经济秩序问题与发展中国家展开谈判;八九十年代之交,随着冷战格局的瓦解,国际秩序的走向又成为一个热点。美、日、欧等发达国家首次变被动为主动,纷纷提出各自的秩序蓝图。但迄今为止,国际秩序主要反映的还是发达国家的权力、利益与价值观。[①]

20 年后的今天,国际秩序的走向,"世界向何处去"[②],再度成为一个大问题。与过去不同的是,新兴大国群体的崛起给国际秩序改良注入了新的活力,同时发达国家由于自身面临许多难题,至少在金融等局部领域也产生了改革需求。金融危机集中地暴露了现有国际政治经济秩序的不合理性,不仅引起了发展中国家的强烈不满,也触发了西方主流社会对全球化及其相关制度的反思,从而使南北双方都产生了改革愿望,这在历史上是罕见的。

但南北各方都希望国际秩序朝着有利于自身的方向发展。与此相关的国际竞争至少涉及三个层次:最明显的是随着实力地位的消长,围绕重构权力与利益分配格局的竞争;在更深层次上,是围绕国际制度、规则与规范的主导、控

[①] 本节内容主要取自石斌:《秩序转型、国际分配正义与新兴大国的历史责任》,载《世界经济与政治》2010 年第 12 期,第 69 - 100 页。

[②] 吴建民为布鲁斯·琼斯等著《权力与责任:构建跨国威胁时代的国际秩序》一书中文版所写的序言,见该书第 3 页。

制或塑造能力的竞争;意义最为深远的是围绕国际社会主流价值和主导意识形态的竞争,而这事关未来国际秩序的文化底色和价值基础。换言之,与制度、文化和意识形态有关的软实力因素越来越突出。各大国都将塑造软环境视为一项战略任务,其核心是抢占思想与道义"高地",争取国内外舆论支持,掌握国际话语权,拓展文化价值观和意识形态的影响力和感召力。[①] 这场竞争,从根本上讲是传统大国坚持主导权、维护既得利益与新兴国家坚持发展权、争取合法权益之争。

在国际关系中,往往是身份决定立场。国际处境与发展需求的不同,决定了"核心"与"外围"在立场上的基本分野:前者更注重秩序与稳定,后者更强调变革与正义。西方发达国家是现有国际秩序的主要塑造者和获益者,因而也是主要护持者。在危机形势下,其有限的改革意愿也主要是出于维护既得利益和巩固主导地位的目的。西方在现代国际体系中的"核心"地位是通过"制度创新、商业扩张和武力征服"逐步确立的。[②] 其中所蕴含的社会达尔文主义核心价值观,既不能消除国家、民族间的政治、经济与文化不平等,更不可能根除全球格局中的垄断、霸权与战争。历史一再表明,国际秩序的改良,不能寄望于"核心"国家的自我约束与自我矫正能力。[③]

例如,发展中国家的现代化进程原本就起步较晚,在与发达国家的竞争中至今还面临种种歧视性待遇。发展中国家的农产品出口始终面临严重壁垒。按照世贸组织 2005 年香港会议期间的协定,最贫困国家有 97% 的出口产品将享受零进口关税,但工业化国家市场只对 80% 的产品给予了免税地位。[④]

---

① 参见徐步:《关于国际秩序调整构建问题的思考》,载《外交评论》2009 年第 4 期,第 4-5 页;蔡拓:《国际秩序的转型与塑造》,载《外交评论》2009 年第 4 期,第 11 页。
② 参见金灿荣、刘世强:《告别西方中心主义》,载《国际观察》2010 年第 2 期,第 1 页。
③ 石斌:《重建"世界之中国"的核心价值观》,载《国际政治研究》2007 年第 3 期,第 14 页。
④ 联合国《千年发展目标差距问题工作组 2009 年报告》,http://www.un.org/zh/millenniumgoals/gap09/。

发达国家对发展中国家出口产品设置的配额限制以及贸易、环境和技术壁垒逐年提高,同时却对本国产品提供大量补贴,此外还利用国际市场控制权极力压低发展中国家出口产品的价格。凡此种种,都使得发展中国家长期处于不利地位。

再如,美国迄今仍是世界上平均关税率最高的国家。冷战结束以来其对外援助规模也大幅削减。按照 2008 年的一项评估,在 22 个最富有的国家中,美国对外援助仅排名第 17 位。美援的削减不仅在发展中国家引发了许多严重后果,也损害了美国的国家形象和软实力。因此奥巴马政府提出的全球发展战略将调整外援政策作为一项核心内容,但其目的仍不过是想借助外援这一传统战略工具,改善美国形象,重建"领导"地位。① 美国尽管从现有国际经济秩序中获益最大(例如在国际货币基金组织中的特别提款权份额最大,以至于可以否决任何提案),却不愿付出相应成本,更不愿与发展中国家分享决策权,其改善世界经济环境的意愿明显不足。

以国际金融体制改革问题为例,英美作为现有体制的主导者,既希望各国联手尽快度过金融危机,又希望危机之后现行金融体制的基本框架可以延续下去。德法等其他发达国家受金融危机之害,对英美主导的金融体制也有诸多不满,因此希望对其进行调整,但它们与英美在维持西方全球优势地位方面也有共同利益,因此希望改革的范围和热情是有限度的。而发展中国家包括一大批新兴市场国家,是战后金融体制的主要受害国,因此改革诉求最为强烈。中国的处境有一定特殊性,但更接近第三类立场。为了保持目前的发展势头,中国不希望国际经济环境出现大的波动,但作为发展中大国,也希望从

---

① 参见孙哲:《美国霸权的发展维度——奥巴马政府全球发展战略评析》,载《世界经济与政治》2009 年第 11 期,第 55 - 63 页。

本质上改革当前由英美为主导的国际金融体制。[①]

　　然而当今国际体系的成员结构非常复杂，并非简单的西方与非西方、发达国家与发展中国家的二元对立。新兴大国在国际政治经济体系中处于某种"中间"位置，其地位与作用显然具有两重性。因此有可能兼顾不同的利益需求，平衡秩序稳定与改良的矛盾。它们过去大多处于国际体系的边缘或"外围"，有共同的历史经验，当前都在向"核心"迈进，但还带有某些"半外围"国家的特点，有相似的国际处境。这就决定了其地位、需要与作用的特殊性：一方面，曾经作为殖民地或半殖民地的共同历史遭遇，反对外来干涉、强调主权平等的共同情感与价值取向，发展民族经济、实现民族复兴的相同历史任务，使大多数新兴经济体与发展中国家有天然联系；但另一方面，新兴国家特别是新兴大国对于全球化已经有较强适应能力，并取得了显著的社会经济成就，因此无意全盘否定现有国际秩序，但其发展需求又使它们寻求秩序改良，要求国际制度安排和权力结构更加合理、均衡。因此，传统大国与新兴大国之间的博弈将是一个长期过程，国际秩序的改良不可能一蹴而就。

　　更重要的是，新兴大国的崛起，如果只是为大国俱乐部增添几个成员，加入"维持现状"国家的行列（西方大国往往以此作为新兴国家是否"够格"成为"文明国家"的标准，当前强调新兴大国是全球化及其相关制度的主要受益者，也无非是想说明现有秩序的合理性），人们翘首以待的所谓体系变迁与秩序转型将仍不过是某种表象，或充其量不过是各国政治经济发展不平衡所导致的为数非常有限的"大国兴衰"或"权力位移"，尽管引人注目，却未必意味着国际秩序基本性质与发展方向的变化。因此，新兴大国的历史责任，在于为国际社会带来新的价值理念，为促进国际分配正义、推动秩序改良做出积极贡献。

----

　　① 参考李稻葵：《中国应以新兴大国思维积极参与国际金融体系改革》，载《中国与世界观察》2009 年第 1 期。

（二）新兴大国在促进国际正义尤其是分配正义中的独特作用

事实上，新兴大国的作用已经开始显现。

例如，2009 年的 G20 伦敦峰会不仅就金融体制改革的必要性达成共识，还认为新兴经济体和发展中国家在 IMF 和世界银行等机构中应拥有更大发言权。再如，2009 年 9 月，"金砖四国"在伦敦会议上一致认为，在 2008—2009 年的全球金融危机中，新兴市场国家帮助世界经济吸收消化了贸易下降、信贷萎缩及需求减少等负面影响，但缩小南北差距对全球经济的持续、平衡增长仍然至关重要，世界需要一个"公正、公平、包容、有序"的国际经济金融秩序，不能错失改革国际行为规范、规则和治理结果的良机。

2015 年金砖国家新开发银行正式开业，更是标志着以金砖国家为代表的新兴经济体将成为未来世界金融秩序治理的重要力量。金砖银行的成立将推动现有不合理的国际金融体系和秩序的变革。二战后由美欧主导建立的世界银行和国际货币基金组织，其主要投票权、表决权和人事权长期由美欧发达国家主导，对新兴国家和发展中国家的资金需求不够重视，贷款附加条件苛刻、官僚色彩浓厚，而且每年仅能提供 600 亿美元的发展贷款，无法满足新兴市场每年高达万亿美元以上的基础设施资金需求。同时，两大机构改革进程滞后。金砖银行和货币储备库的建立，正是金砖国家摆脱美西方主导的国际金融体系、提升全球经济治理权的正确选择。

金砖国家在合作过程中越来越认识到，要共同应对金融市场的波动，保持金砖国家金融格局整体稳健，除加强金砖国家内部合作以外，还需要不断加强金融市场的监管，并且担负起对环境和社会的责任。金砖国家也完全有能力为世界可持续发展提供相当可观的信贷额。早在 2012 年，它们的信贷总额就超过了 13.8 万亿美元，约等于西欧或北美信贷额的三分之二。当前，加强对可持续发展的投资日益成为全球的趋势，而金砖国家能真正参与其中则举足轻重。一些金砖国家的举措表明，它们在推动可持续投资方面已迈出了坚实的一步。

在国际秩序问题上，稳定性与合理性（正义性）是两个缺一不可但又具有一定内在矛盾的核心价值，严重不合理、非正义的秩序是难以保持长期稳定的。正义的内涵十分复杂，有程序正义与结果正义，交换正义与分配正义，形式正义与实质正义等不同的领域。显然，要构建更加公正、合理、和平的国际新秩序，尽可能实现国家间的实质正义或结果正义非常关键，而这首先取决于国际分配正义的实现程度。由于发达国家在这方面的改革动力不足，而多数发展中国家的能力不够，在与分配正义有关的许多具体领域，新兴大国必须发挥积极作用。

首先，在发展援助上，新兴大国应致力于提高其效率，保证其公正性。资源、财富的转移固然必要，但发展中国家只有以"发展"为动力引擎，才能推动解决包括人权在内的政治、经济、社会等问题。因此对外援助应以改善发展环境、提高发展能力为主要目标，反对附加政治条件，支持自主选择发展道路。以对非援助为例，发达国家往往强调捐赠福利，忽视非洲国家的经济社会发展能力，结果连基本的贫困问题都不能解决。援助所附加的人权条件还严重损害了有关国家经济社会自我保护与发展的能力。中国则在不带任何政治条件的援助之外，重点推进与非洲的全面经济合作，在带动非洲产业及经济社会的发展方面发挥了积极作用。[1]　此种"中国方式"表明，由发展中大国推动的发展中国家合作，有助于促进共同发展。

其次，为了帮助改善经济环境，提供发展机遇，提高竞争能力，在国际规则和标准的运用、国际责任分担等方面，必须主张对发展中国家予以适当照顾，以弥补它们由于发展起点较低、竞争能力较弱而产生的消极结果；[2]在环境治

---

[1]　详见熊文驰：《人权、援助与发展问题》，载《世界经济与政治》2010 年第 8 期，第 77 - 97 页。

[2]　参见刘志云：《全球化背景下国际分配正义在国家间的适用》，载《国际观察》2006 年第 6 期，第 40 页。

理等全球性问题上，必须争取合理的利益分配与责任分担；在国际贸易、金融体制改革方面，应致力于扩大发展中国家在国际经贸组织中合理的决策参与权，以保证它们的利益诉求得到充分反映。

以应对气候变化问题为例，各国民众收入不等、财富不均，气候变化对各个地区的影响也大相径庭，因此"最艰难的政策挑战是制定分配方面的政策"。但成本和效益的分配还远未统一。那些在很大程度上造成气候变化的富裕国家并不会在短期遭受严重影响；很多中等收入国家的排放总量正在上升，但并不像富裕国家积累的那样多，在人均排放量上仍然属于低排放国；而那些过去没有目前仍不会显著增加排放的最贫困国家却最容易遭受气候变化的影响。因此，"必须找到一条在道义和政治上都可以接受的道路"。其中最重要的，就是坚持"共同但有区别的责任"原则。发达国家的人均排放量是发展中国家的几倍甚至十几倍，显然应该也更有能力负起主要责任。

再次，必须努力加强联合国在实现千年发展目标、消除全球两极分化方面的组织协调作用。为此应积极响应联合国所倡导的"新多边主义"：优先注重提供全球公益物品，以遏制影响整个人类的各种威胁；照顾最弱势群体，给予他们极为缺乏的安全、发展和人权；加强多边架构，借助所有国家特别是新兴国家的力量，并确保重要的决策论坛能听取弱势者的声音。

此外，在资源开发、海外投资等领域，新兴大国也可以起到平衡发达国家与发展中国家不同利益需求的作用。在全球市场经济体制占绝对优势的情况下，现有国际经济秩序有其部分合理性，只是需要更多地体现发展中国家合理的利益诉求。秩序变革只能以平稳、渐进的方式进行。激进主义的变革理念要求彻底颠覆现存秩序不仅不现实，甚至可能毁坏正义存在的基础；单一标准或平均主义的分配理念则不利于经济效率和个人自由的实现。总之，新兴大国在秩序变革过程中可能起到的最重要的作用，就在于促进分配正义，避免发达国家和跨国资本占主导地位的全球化规则"扶强抑弱"的消极后果。

最后,必须承认,大国政治仍然是影响国际秩序走向的重要因素。传统大国与新兴大国之间的协调与合作对于国际秩序的平稳转型至关重要。新兴大国的利益诉求也不尽相同,要作为一个整体发挥作用,也必须妥善处理分歧,携手共进。

四、中国在国际秩序转型时期的国际身份与责任定位

中国作为发展最快并且坚持社会主义道路的新兴大国,在促进国际分配正义、推动国际秩序改良方面责无旁贷。[①]

近年来,中国在国际体系与国际秩序中的定位与作用,已成为举世关注的焦点。回顾自五四运动以来的历史,中国的国际身份与角色(主要体现为与国际体系的关系和对国际秩序的态度)大致经历了三个30年:1919—1949年,中国是一个被迫边缘化的体系外国家和面对外来压迫的"反抗者";1949—1979年,中国总体上奉行"革命外交",是西方主导的国际体系和秩序的"造反者";1979—2009年,中国转变为参与者和建设者,奉行负责任的大国外交,开始全面融入国际体系,并以"改良"替代"革命",推动改革不合理的国际秩序。[②] 这个转变决定了中国外交的基本内涵:和平与发展、合作与治理的时代观;谋求和平、发展、合作、进步的和谐秩序观;国际体系内"负责任的社会主义发展中大国"的国家定位。[③]

"负责任的社会主义发展中大国",是新时期中国在国际体系中的一个最恰当的自我定位。充分、准确地理解这一定位的含义,澄清误解、避免曲解、消

---

① 本节内容主要取自石斌:《秩序转型、国际分配正义与新兴大国的历史责任》,载《世界经济与政治》2010年第12期,第69-100页。

② 详见王逸舟、谭秀英主编:《中国外交六十年》,北京:中国社会科学出版社2009年版,第1-16页。

③ 详见秦亚青等:《国际体系与中国外交》,北京:世界知识出版社2009年版,第5-8、83-105页。

除疑虑,对中国自身和整个世界都有极重要的意义。

"负责任"意味着中国将致力于维护人类共同利益,为此承担力所能及的责任与义务,包括以世界的和平与发展为根本目标,推动建立公正、合理、和平的国际秩序,恪守国际法和公认的国际准则,尊重诸如自由、平等、民主、法治、人权以及经济繁荣和生态保护等反映人类共同文明成果的基本价值理念。但"负责任"不等于无条件认可现有国际秩序及其所体现的西方利益与价值观,充当所谓"维持现状的大国"[①]。而西方判断中国是否具备国际社会成员"资格"、是否愿意承担"国际责任"的标准,其实质是中国是否按西方的利益、规则和价值观行事。[②] "社会主义"表明了国家的根本制度,也体现了中国决心通过建设有自身特色的社会主义最终实现各民族共同繁荣、共同富裕的基本目标,即"物质文明、政治文明、精神文明、社会文明、生态文明协调发展",建设"富强民主文明和谐美丽的社会主义现代化强国"。[③] 显然,在国内最大限度地实现分配正义是这一根本制度的内在要求。"发展中大国"表明了两个基本事实及其辩证关系:一方面,中国通过改革开放取得了巨大成就,是一个国际地位与作用不断上升的新兴大国;另一方面,中国仍然是一个发展中国家,在众多领域与发达国家还有很大差距。

在当前国际格局中,这一身份定位意味着中国外交必须处理好三个层次的关系:发展中国家是我们的基本立足点、主要利益关照对象和长远战略依托;新兴大国群体是必须努力团结合作以有效推动国际秩序改良的重要力量;美国等西方大国是需要加强对话与沟通的对象。因为,中国本身是一个发展中国家;中国是新兴大国的主要成员;中国是美西方在战略上最重视的非西方

---

① Alastair Iain Johnston, "Is China a Status Quo Power?" *International Security*, Vol. 27, No4 (2003), pp. 5 - 56.

② Rosemary Foot, "Chinese Power and the Idea of a Responsible State," *The China Journal*, Vol. 45, No. 1 (2001).

③ 《中华人民共和国宪法》,尤其见"序言"与"总纲"。

大国。

　　首先,中国仍然是一个发展中国家,必须坚持维护广大发展中国家利益的原则立场。以发生国际金融危机的 2008 年为界,尽管当时中国经济总量已跃居世界第二,但人均 GDP 还排在全球 107 位。2008 年中国的人均 GDP 为 3 000 美元,远远低于 7 119 美元的世界平均值。至 2008 年年底,中国贫困人口还有 4 300 万人。如果按照世界银行人均日消费低于 1.25 美元的标准计算,中国贫困人口总数超过 2.5 亿,高居世界第二位。① 当然,十几年过去,这些情况有了极大的改观。2023 年,人均 GDP 达到 18,882 美元,升至第 63 位。脱贫攻坚任务也圆满完成,贫困人口累计减少了近一亿人。

　　中国现代化产业"大而不强",投入产出效率较低;地区发展不平衡,人民生活福利水平较低;收入差距过大,分配机制紊乱,制约手段不力,都是明显的事实。中国在设定国际议题、塑造国际规则等软实力方面,与西方大国的差距更大。这些情况在最近十几年里得到了很大的改善,但差距仍然很明显。总之,中国目前还不是"核心"国家,充其量是"准核心"国家,在某些领域甚至是"外围"或"半外围"国家,发展经济、消除贫困、实现现代化的进程依然任重道远。因此,对于那些过分夸大中国的实力,要求中国承担超过自身能力的责任等言论,必须保持高度冷静和警惕。

　　未来中国即使跻身世界强国之列,也只能是一个新型强国。因为,从主客观两方面条件看,中国的崛起不可能重复欧美大国曾经走过的老路。广大发展中国家在消除贫困、促进分配正义、推动秩序转型等问题上,对中国的作用也有所期待。从长远看,发展中国家和地区仍将是中国在国际格局中的战略与外交依托。因此,中国除了向发展中国家提供力所能及的帮助,更重要的是

---

　　① 刘振民:《联合国会费分摊应该侧重人均收入水平》,载《中国新闻网》2009 年 10 月 6 日,http://www.chinanews.com.cn/gj/gj-ywdd2/news/2009/10-06/1898797.shtml。

积极倡导全球共同发展的基本理念,鼓励发展水平相对较高的国家致力于解决全球经济不平衡发展及其所产生的各种不公正现象。

其次,中国是新兴大国中的佼佼者,有责任也有能力与其他新兴大国一道,为推动国际秩序改良做出更多贡献。事实上,中国的发展本身就是对世界的重大贡献。例如,中国为全球减贫事业做了巨大贡献。在过去 40 年,中国减贫 8.5 亿人,对全球减贫贡献率超 70%。[①] 通过有效减少贫困人口,让更多民众从现有秩序中获得发展机会,中国不仅为世界发展做了巨大贡献,有效推进减贫事业,就是对维护国际秩序的最大贡献。中国作为全球第二大经济体的显著地位,中国国家利益与国际社会日益密切的关联,客观上也要求中国必须争取更多的国际话语权。中国积极倡导诸如"和谐、均衡、普惠、共赢"等体现中国优秀传统文化并具有普遍意义的新价值、新理念,以及有助于为中国的对外政策与国际影响力得到广泛认可的伦理与价值基础。

最后,毫无疑问,美国等西方大国已将中国视为主要的战略竞争对手。中美两国在国力、利益和价值观等方面有很大差异,美国对华两手政策具有长期性。美国目前还是全球头号强国,应对和转嫁危机的能力比其他发达国家更强。因此,美国不可能与中国分享所谓世界"领导权",更不会因此削弱或改变与传统盟友的关系。其基本战略仍然是政治上依重欧盟和东盟,军事上巩固"北约"和美日韩同盟,经济上推动 G20 合作。中美关系在特定条件下的跌宕起伏因此也在意料之中。

但随着中美经贸关系的不断加深,在反恐、防扩散、维护地区安全,以及环保、应对气候变化和金融危机等领域的合作不断扩大,西方对中美关系的重要性有了更深的认识,并希望中国承担更多责任。中美硬实力差距的缩小,加上

---

① 中华人民共和国国务院新闻办公室:《改革开放 40 年中国人权事业的发展进步》白皮书,2018年 12 月 12 日。

金融危机以来西方整体实力的下降和新兴大国群体作用的上升,使美国在将中国视为竞争者的同时,仍然寻求对话与沟通,必要时甚至采用与中国事先协调立场的策略。这在 2008 年年底华盛顿峰会、伦敦 20 国金融峰会和哥本哈根会议上都有例可循。鉴于中美关系的稳定对双方和整个世界都有利,中国也不妨趋利避害、顺势而为。因此,中国虽不赞同"两国集团"论,但也认为"中美合作可以发挥独特作用,推动建立国际政治、经济新秩序"。①

　　总之,新时期中国的国家身份定位,要求我们注意平衡秩序稳定与改良的矛盾,兼顾发达国家与发展中国家的不同需求,既重视秩序与稳定,也强调公平与正义。

---

　　① 《温家宝说:不赞成"两国集团"提法》,新华网 2009 - 11 - 18,http://news. xinhuanet. com/world/2009 - 11/18/content_12485552. htm。

余 论

构建"人类命运共同体"理念引领下的"全球秩序学"

一、"多极三元化"体系结构论说及其理论与实践意涵

正如本书"主编的话"中所言,本书不仅聚焦理论思考,而且试图贯穿全书十卷的一个指导思想或者总体目标,就是强调从发展中国家特别是新兴大国的视角来探讨国际秩序的理论、历史现状与发展趋势,思考中国等新兴大国在国际秩序与全球治理体系变革过程中的地位与作用问题。从分析框架和论述结构上讲,全书涉及的基本要素包括:一种结构(多极三元化的政治经济结构),三类国家(发展中国家、发展中新兴大国、发达国家),四个层次(历史、理论、议题、战略),三大领域(国际政治与安全秩序、经济贸易与金融秩序、国际法律秩序与制度规范)。

我们认为,当前的国际政治经济体系早已超越了冷战时期的两极二元结构,而表现为一种多极三元化结构,即政治上日益多极化(包含中美俄日欧等多种政治力量),经济上日益三元化(发展中国家、新兴大国、发达国家三类经济水平)。本书认为,发达国家、新兴大国、发展中国家这三类国家在国际体系中的实力地位以及它们在国际秩序观念与政策取向方面的共性与差异,是理

解当今国际秩序稳定与变革问题的一个重要视角。作为这种多极三元结构中新兴的重要力量,新兴大国在国际身份、发展需求与实际作用等方面可能具有某种可进可退、可上可下的"两重性"。这种两重性在国际秩序的变革进程中既是一种独特优势,也可能意味着某些特殊困难,深刻认识和准确把握这种两重性的实践含义,有助于新兴国家合理确定国际秩序的改革目标,准确定位自己的身份与作用,从而制定合理的外交战略,采取有效的政策工具。[①]

这是我们在本书中提出的一种理解和思考当前国际体系的新视角。其意义或在于,首先,这是一种强调国际政治和经济意涵高度复合的国际体系观。这或许是对当今国际体系内涵与发展趋势的一种更为辩证、更贴近现实的观察视角。如果离开国际政治与世界经济两个方面中的任何一个方面,实际上都无法清晰解释当今世界百年变局中呈现的政治经济密不可分的现实,无法解释现实中大国一体化政策的实施情况,更无法对世界未来走向提供一种完整的预判。其次,提出并强调理解国际体系和国家政策的新兴大国视角。本书特别注重对新兴大国的政治经济主张的独特内涵进行辨析和界定,明确新兴大国作为一类特殊经济发展水平的力量主体的重要国际地位。我们将新兴大国与发展中国家、发达国家并立,将其视为国际政治经济中的一类相对独特的力量构成,旨在强调对新兴大国的国际政治经济地位及其发展前景应予以特别的重视和深入的研究。其三,强调差异化理解和一体化分析框架。我们认识到,发达国家、新兴大国、发展中国家在国际秩序观念与政策取向上存在着共性与差异,不仅要注重其经济内涵,更要关注其背后的政治含义和观念、政策取向对世界秩序变革的影响。这是一种差异化理解方式,但差异化理解方式的最终着眼点,是为了构建一种有利于实现人类共同利益和世界和平与

---

① 石斌主编:《新兴大国崛起与全球秩序变革》,南京:南京大学出版社 2023 年版,"主编的话",第 5 页。

发展的国际体系结构与国际秩序模式,这是一种一体化的分析框架。这种综合性理解国际体系结构的方式,是我们尝试运用马克思主义的立场、观点和方法来剖析国际体系与国际秩序的一种努力。对经济物质结构的关注,特别是对经济物质结构对国际体系变革的能动性作用的关注,有助于揭示当今国际体系变革的深层机理和逻辑。

当然,这种理论视角和论说框架只是一个初步的尝试,更多的是表达了新兴大国在百年变局时期对自身的世界地位、国际处境和发展需求的自我关切。许多理论和实际问题还需要进行更深入、更全面的研究和思考,我们仅仅希望能够起到抛砖引玉的作用。

二、国际秩序理论思考的核心问题与逻辑起点:世界政治中的秩序与正义

概括起来,关于全球秩序变革以及新兴大国在其中的地位与作用问题,本书的理论思考和思想展开主要基于这样一种逻辑链条。

第一,在世界政治与国际关系中,秩序与正义都是值得追求的核心价值。二者是对立统一的关系。没有秩序正义无从立足;没有正义则秩序难以稳定。因此关键问题是:如何平衡这两种价值之间的矛盾。

第二,随着全球化的深入发展,现有国际秩序的不合理性日益明显。其突出后果就是国家之间在物质力量与话语权力上的结构性不平等,以及在资源、财富、权利、责任、义务等方面严重的分配不正义。发展中国家的国际政治边缘地位以及发展中地区的高贫困率、高文盲率和高死亡率与发达地区的繁荣、文明和长寿形成鲜明对比,由此衍生的各种问题与危机对人类的和平与发展构成了严重挑战。因此秩序变革势在必行。

第三,人们一般认为,当前国际秩序正处于某种调整、重构甚至转型过程之中。如果这种判断符合事实,那么,仍有一个基本问题需要回答:这种变化

的基本方向和基本性质是什么？国际秩序是否正在朝着更加公正、合理、和平和稳定的方向发展？

第四，国际秩序是影响一个国家生存与发展的基本外部条件。各国发展水平、国际处境和利益需求不同，对秩序改良的立场必然不同。发达国家作为现有秩序的主要塑造者、受益者和护持者，对于国际秩序的实质性改良缺乏真正的内在动力，但出于战略和策略的考虑，也会适时做出一些局部的政策调整，在理论上、舆论上更不会放弃话语权和主动权。西方现实主义与自由主义、社群主义与世界主义等理论范式之间的分歧，实际上是将国家主权与个人人权对立起来，在实践上不是坚持大国强权政治的逻辑，便是强调跨国资本的利益，体现的都是西方的立场和需要。广大发展中国家，尤其是欠发达和不发达国家，最希望改变现状，最渴望实现分配正义，但它们能力有限，影响力较小，在理论和实践上都处于被动地位。总之，发达国家缺乏足够的改革意愿，大多数发展中国家则缺乏足够的改革能力。就像哥本哈根气候大会所表明的那样，南北之间在应对各种全球性问题时围绕利益分配与责任分担的矛盾与分歧仍然很严重。

第五，在这种情况下，新兴经济体尤其是新兴大国由于在国际地位和发展需求等方面具有两重性，在国际格局中处于某种中间位置，可以发挥独特作用。当前国际秩序转型的一个重要根源就是新兴经济体群体实力提升所带来的冲击。尤其是新兴大国，既有足够的改革意愿，又有不断增长的影响力，因此可以在议题设置、制度改革、发展援助、资源开发、海外投资等方面发挥积极作用，兼顾发达国家与发展中国家的不同利益需求，平衡秩序稳定与改良的矛盾，从而为推动国际秩序与全球治理体系的改革和建设，构建更加公正、合理、和平的国际政治经济新秩序，促进国际分配正义乃至更广泛的世界正义做出较大贡献。

正义在任何时代、任何社会都是一种核心价值，而分配正义是正义的核心问题。分配正义的正确途径必须包含权利与利益的分配,以及责任与义务的分担两个方面。前者要求尊重"差异原则",后者应坚持"共同但有区别"的原则。是更多地照顾权利还是更多地强调责任,抑或大致平衡,必须视有关国家的具体处境、发展需求和实际能力而定。分配正义概念本身在就意味着不能搞单一标准或简单的平均主义。

三、国际秩序与全球治理体系变革的伦理基础:"全人类共同价值"

生存与发展的逻辑适用于每个国家,没有哪个国家的价值体系可以宣称拥有先天的道德优势。国际秩序的合理转型,不仅体现为权力结构的重组或国际机制的调整,更体现为有别于传统强权政治逻辑的新理念、新规范得到更多的倡导和认同。[1] 如果仅仅专注于权力结构的变迁而忽视国际正义的实现,如果极端的不正义得不到有效匡正,国际关系仍然无法逾越强权与霸权的障碍,那么现有秩序"扶强抑弱"的本质就难以改变,即使有少数新兴国家跻身大国行列,也不过是被西方主导的体系与秩序"吸纳"。这同时还意味着国际秩序的构建与改良必须摆脱西方中心主义的利益主导与价值偏好,反映人类文明多样、价值多元的客观现实,在多元一体中实现全人类的共同价值与共同利益,最大限度地实现国家层面与国际层面的社会正义。

社会正义是社会稳定的基础,从根本上讲,在相互依存的条件下,帮助他人就是帮助自己。发展中国家占世界面积的 3/4 和人口的 4/5,南北差距所表明的国际分配正义问题,事关南方国家的生存和发展,也关系北方国家的可持续发展。发展问题还与许多传统与非传统安全问题密切相关。总之,任何无视广大发展中国家处境和需要的国际秩序都是不可能稳定的,任何无助于

---

① 参见蔡拓:《国际秩序的转型与塑造》,载《外交评论》2009 年第 4 期,第 12 页。

改善世界绝大多数人生存处境的正义理论与全球战略,在道德上都是可疑的。因此,国际分配正义作为国际正义的首要问题,是检验未来国际秩序基本性质与发展方向的试金石。承认差别、缩小差距,实现分配正义,是国际社会在世纪之交所确立的"价值和原则",《联合国千年宣言》对此有清楚的表述:"我们今天面临的主要挑战是确保全球化成为一股有利于全世界所有人民的积极力量。因为尽管全球化带来了巨大机遇,但它所产生的惠益目前分配非常不均,各方付出的代价也不公平。……只有以我们人类共有的多样性为基础,通过广泛和持续的努力创造共同的未来,才能使全球化充分做到兼容并蓄,公平合理。这些努力还必须包括顾及发展中国家和转型期经济体的需要,并由这两者有效参与制订和执行的全球性政策和措施。"

近代以来国际秩序的演进历史表明,西方秩序并不具有普遍性。正如基辛格在《世界秩序》一书中所言,在世界历史的大部分时期中,各种文明都曾有过自己的国际秩序定义,世界上各个不同区域奉行着各自的秩序规则,例如欧洲的均势秩序观,中东的伊斯兰教观,亚洲多样化文化起源下形成的不同秩序观,以及美国声称"代表全人类"的世界观。如果不承认这些差异和多样性,不承认西方秩序并不具有普遍性,将不可避免地造成灾难性后果。世界秩序从来都不是大一统的实体,而是受到文化和历史影响的产物。各国内部变化和宗教文化影响往往更深刻地改变国际体系和国际秩序。西方国家应当学会尊重非西方国家的文化传统,这是建立世界新秩序的关键。基辛格甚至直言,"如果一种选择是正义和无序,另一种选择是秩序和非正义,我始终都会选择后者"。这个观点虽然有点夸张,但从"阿拉伯之春"等事件的灾难性后果来看,基辛格关于在秩序和价值观之间维持平衡的国际秩序观,不失为一种明智的判断。他还指出,当今世界面临的现实挑战,是美国主导的世界秩序的衰落。在观念上,美国的国际秩序观已难以得到大部分国家的拥护,即使其欧洲盟国也经常与美国发生歧见;在能力上,美国和西方在冷战中的所谓"胜利"具有模糊性和局限性,两极格局结束,苏联解体,但美国并没实现其战略目标。美国领导世界的能力和道义越来越受到质疑。仓促应对危机、过分冒险投入和不计后果撤出、匆匆打发了事,恶性循环,每况愈下。长此以往必将造成地缘力量失衡,酿成更多军事冲突,世界将更加失序。[①]

尽管面对"百年变局",西方社会的国际秩序观念与相关国家的政策正在经历某些重要变化与调整,但长期以来,西方主流舆论一直认为,国际秩序特别是西方主导确立的国际秩序总体上是良好的并且符合西方的利益与价值观。这正是西方大国对国际秩序中的许多不公正现象视而不见的主要原因,也是所谓"自由主义国际秩序"在全球范围内日益受到质疑和挑战的主要原因。西方世界的不公正很大程度上与不平等有关。世界其他地方所经历的不公正涵盖从殖民主义及其后果(如"边缘"与"中心"的国际依附关系),到政权转型所带来的内战、饥荒、难民危机和人口流离失所等诸多现象。如果不正视自由主义国际秩序观念及其实践所面临的抨击,很难理解目前主要由奉行"自由主义"的西方所支撑着的国际秩序所面临的危机。因此,对国际秩序采取更加清醒、批判性的态度,揭示其中存在的内在矛盾以及虚伪、不公正与不合法现象,进而寻求改善的途径,比任何时候都更加重要。[②]

旧的秩序已经不能完全应对当今世界的许多问题,但新的秩序还没有明确图景,国际秩序的未来方向充满不确定性。但至少有两点可以确定,一是国际秩序改良的必要性和紧迫性;二是世界政治权力的分散化趋势,国际事务已经不可能完全由西方大国所主导,更不可能由哪个大国独霸世界。[③]

总之,世界秩序的稳定与变革、改良与进步,需要新的理念和新的动力。

---

① [美]亨利·基辛格:《世界秩序》,胡利平等译,北京:中信出版社2015年版,尤其见"序言:对世界秩序问题的思考"。

② 唐世平:《国际秩序的未来》,载《国际观察》2019年第2期。

③ 傅莹:《国际秩序未来的方向》,载《环球时报》2018年7月1日第014版。

四、国际秩序与全球治理体系变革的中国式探索

马克思主义和社会主义在现代历史上对非西方世界所产生的巨大影响力和感召力，本身主要就来自对现代世界体系中的种种不正义现象的深刻批判和对人类公平与正义等共同价值的不懈追求。在国际政治中的软实力、软环境越来越重要的今天，必须珍视其中所蕴含的精神价值与道义力量。只有站在人类整体利益的高度，才能占据道德的"制高点"。

中国是最重要的新兴大国，在冷战结束前后就提出了建立"和平、稳定、公正、合理"的国际新秩序的主张。新时期中国"负责任的社会主义发展中大国"的身份定位，要求处理好与发展中国家、新兴经济群体和西方大国三个层次的关系。在中国与西方大国之间合作与矛盾并存的状态必定会长期存在的前提下，广大发展中地区仍然是中国最重要的政治资源、经济伙伴与战略依托。这不仅是基于发展中国家共同的历史经历以及与此相关的情感诉求与价值取向，也是由它们在当今国际体系与国际秩序中共同面临的现实处境和发展需求所决定的。因此，加强与其他新兴国家的团结与合作，共同推动秩序改良，促进国际分配正义，具有重要的战略意义。

历史上的大国，无不对国际社会的基本观念和主流价值产生过重要影响。"世界之中国"①有责任也有可能凭借自己深厚的文化传统和独特的历史经验，推动国际社会以"持久和平、共同繁荣"的"和谐世界"为目标的观念变革，实现具有历史进步意义的价值创新。党的十七大报告阐明，"和谐世界"理念的一个重要内容，就是共同推动经济全球化朝着"均衡、普惠、共赢"的方向发展。这正是国际分配正义的内在要求和题中之义。和平、发展、合作的和谐秩

---

① 梁启超曾将中国历史划分为上世史、中世史和近世史三个时期，并相应地把中国的身份概括为"中国之中国""亚洲之中国"和"世界之中国"三个阶段。梁启超：《中国史叙论》，载《饮冰室文集》卷34，北京：商务印书馆 1925 年版，第 25 页。

序观与均衡、普惠、共赢的社会正义观,不仅体现了中国文化的优良传统,并具有普适性,与社会主义的核心价值理念也并行不悖。

中国政府在新时期提出的"人类命运共同体"理念,更是基于人类的共同利益,反映了和平、发展、公平、正义、民主、自由等"全人类共同价值"。正如习近平主席2015年9月在联合国论坛发言中所指出的,"当今世界,各国相互依存、休戚与共。我们要继承和弘扬联合国宪章的宗旨和原则,构建以合作共赢为核心的新型国际关系,打造人类命运共同体"。构建人类命运共同体的战略倡议是着眼于人类发展和世界前途提出的中国理念、中国方案,符合世界历史发展规律,反映了人类的共同利益与共同价值。"人类命运共同体"理念不仅是中国进行国际交往、处理国际事务、构建国际新秩序的指导思想,也是有助于推动国际秩序与全球治理体系合理变革、促进世界和平与发展的重要倡议。

新时期中国政府对于当今世界的发展趋势与所面临的主要挑战、中国外交政策目标以及国际秩序与全球治理等一系列重大问题的判断、立场或主张,都集中体现在党的二十大报告之中。报告指出:"当前,世界之变、时代之变、历史之变正以前所未有的方式展开。一方面,和平、发展、合作、共赢的历史潮流不可阻挡,人心所向、大势所趋决定了人类前途终归光明。另一方面,恃强凌弱、巧取豪夺、零和博弈等霸权霸道霸凌行径危害深重,和平赤字、发展赤字、安全赤字、治理赤字加重,人类社会面临前所未有的挑战。""中国始终坚持维护世界和平、促进共同发展的外交政策宗旨,致力于推动构建人类命运共同体。"在国际秩序与全球治理问题上,报告指出,中国积极参与全球治理体系改革和建设,践行共商共建共享的全球治理观,坚持真正的多边主义,推进国际关系民主化,推动全球治理朝着更加公正合理的方向发展。坚定维护以联合国为核心的国际体系、以国际法为基础的国际秩序、以联合国宪章宗旨和原则为基础的国际关系基本准则。报告还强调,构建人类命运共同体是世界各国人民前途所在。只有各国和睦相处、合作共赢,繁荣才能持久,安全才有保障。

中国坚持对话协商,推动建设一个持久和平的世界;坚持共建共享,推动建设一个普遍安全的世界;坚持合作共赢,推动建设一个共同繁荣的世界;坚持交流互鉴,推动建设一个开放包容的世界;坚持绿色低碳,推动建设一个清洁美丽的世界。报告还呼吁世界各国弘扬和平、发展、公平、正义、民主、自由的全人类共同价值,促进各国人民相知相亲,尊重世界文明多样性,以文明交流超越文明隔阂、文明互鉴超越文明冲突、文明共存超越文明优越,共同应对各种全球性挑战。[①]

任何重大变革都需要理念指引,以明确方向、目标与路径。作为以国际法为基础的国际秩序的维护者,中国在国际秩序转型中正发挥着理念创新的引领作用。这种创新与引领至少体现在四个方面。

首先,以"人类命运共同体"为发展方向。尽管主权国家仍然是当今世界的基本行为体,但国际组织、跨国公司、个人等非国家行为体也在国际社会中发挥着不可忽视的作用。在经济全球化的影响下,各民族、多文明、不同意识形态和社会制度高度共存,人类形成了相互依赖、命运与共的世界。作为构建更加美好世界的中国方案,人类命运共同体致力于建设一个持久和平、普遍安全、共同繁荣、开放包容、清洁美丽的世界。这应当成为国际秩序重构的指引方向,因为与人类命运共同体相匹配的国际秩序一定是公正合理的。

其次,以"全人类共同价值"为精神内核。进入 21 世纪后,美国等西方国家试图将它们定义的自由、民主等自由主义价值观包装成"普世价值"向全球推广。但所谓"普世价值"并不"普世",而是仅限于一些西方国家小圈子内的价值标准。民主与自由是人类的共同追求,但二者必须适应本国国情,而不是由哪个国家或国家集团来定义并制定衡量标准,甚至强行推广。公正合理的

---

① 石斌:《秩序转型、国际分配正义与新兴大国的历史责任》,载《世界经济与政治》2010 年第 12 期,第 69 - 100 页。

国际秩序是"更加美好的世界"不可缺少的重要组成部分,中国提出和平、发展、公平、正义、民主、自由的全人类共同价值,是基于各国人民的共同追求,为国际秩序的良性发展提供了强大的精神内核,也为国际社会共同建设一个更加美好的世界提供了正确的理念指引。

再次,以真正的多边主义作为各国行动指南。美国等部分西方国家所说的"多边主义"在实践中具有封闭排他性,多边制度往往被利用为维护自身地位的工具。中国倡导的多边主义着眼于各国人民谋和平、求发展的普遍诉求,践行开放包容、协商一致的合作理念,各国地位平等、相互尊重。构建公正合理的国际秩序是全人类的共同事业,需要世界各国共同参与,因此可以在真正多边主义的指导下,开放而不隔绝、融合而不脱钩,通过加强国际合作来推动国际秩序朝着更加公正合理的方向发展。

最后,以联合国为首要制度载体。习近平总书记指出:"推动构建人类命运共同体,需要一个强有力的联合国。"国际秩序的改革同样需要建立在联合国秩序之上,联合国宪章的基本内容和精神在可预见的未来依然适用,以联合国为核心的国际制度体系仍然具有强大生命力。①

五、人类命运共同体理念与"全球秩序学"的构建

由于民族国家迄今为止仍然是最重要的国际政治行为体,国家间秩序也即国际秩序自然也是世界秩序的核心内容。然而当今世界的许多实际问题或现实议题已经远远超出了国家间关系和国际秩序的范围,需要从"世界政治""世界秩序"或"全球秩序"等更加广阔的视野来加以审视。要理解当今世界所面临的各种问题,仅仅关注国家间关系或国家间秩序是远远不够的。国际政治或国际关系研究必须进一步拓展其研究视野,走向范围更加广阔的世界政

---

① 刘建飞:《探索国际秩序转型的中国智慧与路径》,载《中国社会科学报》2022 年 3 月 17 日。

治研究或"全球国际关系学",相应地,国际秩序研究也应该与世界秩序或全球秩序研究建立更紧密的联系。

事实上,近十余年来,世界各地有越来越多的研究者呼吁超越传统的国际政治学或国际关系学的研究视野,构建更具包容性的"全球国际关系学"。

例如,阿塔米·阿查亚认为,"全球国际关系学"(Global IR)不是一种理论,而是在国际关系学科中追求更大的包容性和多样性。这体现在许多方面:第一,它反对一元论普遍主义(a monistic universalism)。全球国际关系学建立在一种多元普遍主义(pluralistic universalism)的基础上,体认和尊重全球国际关系学界的多样性。全球国际关系学呼吁对普遍主义(universalism)或普遍性(universality)做出新的理解。在国际关系学中,普遍主义占据支配地位的含义是一元论普遍主义,即某种思想或者理论"适用于一切"或者唯一正确,其他的要么错误,要么等而下之。在国际关系学理论和方法中,这种普遍主义表现为许多武断的标准设定,唯某种理论或方法马首是瞻,而把可供选择的其他叙事、观念和方法论边缘化。而多元普遍主义则使我们能够把国际关系学的世界看成是具有多样基础的一个巨大华盖,从而为全球国际关系学提供更合理的价值基础。第二,全球国际关系学建立在世界历史(world history)的基础上,而并非只是希腊罗马、欧洲或美国的历史;它立足于西方以及非西方的观念、制度、思想视角和实践。全球国际关系学不仅超越西方和"四方"的界线,而且承认世界各个地方所有人的声音、经历和价值观。第三,全球国际关系学把现有的国际关系理论和方法归入在内,而非取代它们,同时敦促主流理论重新思考它们的假定,拓宽它们研究的范围。第四,全球国际关系学整合各地区、各种地区主义(regionalism)和地区研究。"Global IR"这个说法,并不意味着贬低地区和地区主义的重要性,也不是贬低地区研究的贡献。相反,它给予各地区和地区研究传统和路径以中心舞台。第五,真正的全球国际关系学必须避免文化例外论和偏狭性,而例外论是这样一种倾向,它把一个人所属的群体(社会、国家或文明)的特征表达为同质、独一无二和高于其他的社会、国家或文明,并经常试图证明强国支配弱国的正当性。第六,全球国际关系学承认物质力量之外的多种施动形式,包括抵抗、规范行动和全球秩序的地方建构。它采用广义的施动(agency)概念,而非如过去许多国际关系理论那样,否认非西方社会的施动作用。[①]

与阿查亚合作撰写《全球国际关系学的构建》[②]一书的巴里·布赞也指出,1945 年以后的国际关系学实际上已经被建构为一种非常"美国化"的学科,我们应该使国际关系学更具全球性,走向一个当前正在兴起的全球国际关系学。[③]

人类的行为既受到客观物质条件的制约,也受到思想观念的支配,社会秩序的变革有赖于思想变革,破旧立新首先是思想的进步与更新。就此而论,国际秩序乃至全球秩序的改良和进步,在实践上有赖于普遍确立起"人类命运共同体"意识,树立起开放、多元与包容的全球秩序观,在学术理论上也需要构建起反映人类共同利益与共同价值的"全球秩序学"。

这样的全球秩序学至少意味着必须努力实现三个超越:第一,从地缘上看,必须超越任何狭隘、封闭、地方主义尤其是西方中心主义的世界政治观与国际秩序观,使理论视野和知识关切贴近全球化时代各大洲、各个国家与地区、世界各民族命运相连、休戚与共的客观现实。第二,从行为体上看,在承认民族国家仍然是世界政治最重要的行为体的同时,在很大程度上还必须超越国家中心主义有关全球秩序的理论思考或分析框架,必须能够兼容众多非国家行为体的作用,并在全球主义与国家主义之间寻求合理平衡。第三,从议题

---

① 任晓:《全球国际关系学与中国的进路》,载《国外社会科学》2019 年第 4 期。

② [加]阿米塔·阿查亚、[英]巴里·布赞:《全球国际关系学的构建:百年国际关系学的起源和演进》,刘德斌等译,上海:上海人民出版社 2021 年版。

③ 任晓:《全球国际关系学与中国的进路》,载《国外社会科学》2019 年第 4 期。

与问题的多样性看，必须超越传统的地缘战略视野和政治、安全议题，纳入更多新兴人类活动场域与非传统的全球性议题，尤其是人类面临的能源资源短缺、生态环境恶化、流行性疾病扩散、信息化社会形态变迁、技术进步与人文价值抵牾等众多新型重大安全挑战。

参考文献

一、英文参考文献

Acharya, Amitav, *Constructing a Security Community in Southeast Asia: ASEAN and the Problem of Regional Order*, 3rd ed. , Routledge, 2014.

——, *The End of American World Order*, Polity, 2014.

Allison, Graham, *Destined for War: Can America and China Escape Thucydides's Trap?* Boston: Houghton Mifflin Harcourt, 2017.

Art, Robert and Patrick Cronin, eds. , *The United States and Coercive Diplomacy*, United States Institute of Peace Press, 2003.

Beitz, Charles R. , *Political Theory and International Relations*, Princeton, New Jersey: Princeton University Press, 1999.

Berggruen, Nicolas and Nathan Gardels, *Intelligent Governance for the 21st Century*, Polity, 2012.

Birdsall, Andrea, *The International Politics of Judicial Intervention:*

Creating a More Just Order, Routledge, 2011.

Brown, Michael E. , Sean M. Lynn-Jones, and Steven E. Miller, eds. , *Debating the Democratic Peace*, Cambridge, Mass: MIT Press, 1996.

Bull, Hedley, "States Systems and International Societies," *Review of International Studies*, Vol. 13, Issue 2, 1987.

____, "The Importance of Grocius in the Study of International Relations," Hedley Bull et al. , *Hugo Grocius and International Relations*, Oxford University Press, 1992.

____, *Justice and International Relations*, University of Waterloo, 1984.

____, "International Relations as An Academic Pursuit," *The Australian Outlook*, 26 (1972).

____, "Theory of International Politics, 1919—1969," in Brian Porter eds. , *The Aberystwyth Papers*, *International Politics*, 1919—1969, London, 1972.

____, "International Theory: The Case for A Classical Approach," *World Politics* 18/3 (April 1966).

____, *The Anarchical Society: A Study of Order in World Politics*, New York: Palgrave,1977

Bull, Hedley and Adam Watson. *The Expansion of International Society*, Oxford: Oxford University Press, 1984.

Butterfield, H. and M. Wight. *Diplomatic Investigations: Essays in the Theory of International Politics*, Harvard University Press, 1966.

Buzan Barry, "The English School as a Research Program, December 1999," http://www. leeds. ac. uk/polis/englishschool.

Buzan, B. and R. Little. *International Systems in World History*, Oxford University Press, 2000.

Christensen, Thomas J. , *Worse Than a Monolith: Alliance Politics and Problems of Coercive Diplomacy in Asia*, Princeton University Press, 2011.

Dittmer, Jason and Jo Sharp, *Geopolitics: An Introductory Reader*, Routledge, 2014.

Doyle, Michael and Stefano Recchia, "Liberalism in International Relations," in Bertrand Badie, Dirk-Berg Schlosser, and Leonardo Morlino, eds. , *International Encyclopedia of Political Science*, Los Angeles: Sage, 2011.

Dunne, Tim, *Inventing International Society: A History of the English School*, London Macmillan, 1998.

Dunne, Tim, "New Thinking on International Society," *British Journal of Politics and International Relations*, Vol. 3, No. 2 (June 2001).

Eichengreen, Barry and Bokyeong Park, eds. , *The World Economy after the Global Crisis: A New Economic Order for the 21st Century*, World Scientific Publishing Co Pte Ltd, 2012.

Emmers, Ralf, *Geopolitics and Maritime Territorial Disputes in East Asia*, Routledge, 2012.

Epp, Roger, "The English School on the Frontiers of International Society: A Hermeneutic Recollection," *Review of International Studies*, 24,1998.

Foot, Rosemary, et al. , eds. , *Order and Justice in International Relations*, Oxford University Press, 2003.

Fukuyama, Francis, "The End of History," *The National Interest*, Summer 1989.

____, *The End of History and the Last Man*, New York: Free Press, 1992.

Gilpin, Robert, *US Power and the Multinational Corporation*, New York: Basic Books, 1975.

____, *War and Change in World Politics*, New York: Cambridge University Press, 1981.

Hall, John R., *International Orders*, Polity, 1996.

Hoffmann, Stanley, *Duties Beyond Borders: On the Limits and Possibilities of Ethical International Politics*, Syracuse, NJ: Syracuse University Press, 1981.

Houlden, Gordon and Hong Nong, *Maritime Security Issues in the South China Sea and the Arctic: Sharpened Competition or Collaboration*, China Democracy and Legal System Publishing House, 2012.

Huntington, Samuel P., "The Clash of Civilization?" *Foreign Affairs*, Vol. 72, No. 3 (Summer, 1993).

Ikenberry, G. John, "American's Imperial Ambition," *Foreign Affairs* Vol. 81, No. 5 (Sept-Oct, 2002).

____, "The End of the liberal international order," *International Affairs*, Vol. 94, Issue 1, 1 January, 2018

Jackson, Robert and George Sørensen. *Introduction to International Relations*, Oxford University Press, 1999.

Jackson, Robert, "The Situational Ethics of Statecraft," Cathal Nolan, ed., *Ethics and Statecraft*, Praeger, 1995.

Johnston, Alastair Iain, "China in a World of Orders: Rethinking Compliance and Challenge in Beijing's International Relations", *International Security*, 44(2), 2019.

Kennedy, Paul, "The Rise and Fall of the Great Powers: Economic Change and Military Conflict from 1500 to 2000," http://vedpuriswar. org/Book_Review/General/The% 20rise% 20and% 20fall% 20of% 20the% 20great%20powers. pdf.

Keohane, Robert O. and Joseph S. Nye, "Power and Interdependence Revisited," *International Organization*, Vol. 41, No. 4, 1987.

Keohane, Robert O. , *After Hegemony: Cooperation & Discord in the World Political Economy*, Princeton: Princeton University Press, 1984.

____, *International Institutions and State Power: Essays in International Relations Theory*, Boulder: Westview Press, 1989.

____, "The Demand for International Regimes," *International Organization*, Vol. 36, No. 2, (Spring 1982).

____, "International Institutions: Two Approaches," *International Studies Quarterly* 32 (1988).

Kindleberger, Charles P. , *The World in Depression, 1929—1939*, Los Angeles: University of California Press, 1973.

____, "International Public Goods without International Government," *The American Economic Review*, Vol. 76, No. 1, March 1986.

Kirshner, Jonathan. "Handle Him with Care: The Importance of Getting Thucydides Right," *Security Studies*, Vol. 28, No. 1, Routledge, Jan. 2019.

Kissinger, Henry, *World Order*, Penguin Press, 2014.

Klein, Natalie, *Maritime Security and the Law of the Sea*, Oxford University Press, 2011.

Krasner, Stephen, *International Regimes*, Ithaca: Cornell University Press, 1983.

Kupchan, Charles, *No One's World: The West, the Rising Rest, and the Coming Global Turn*, Oxford, 2012.

Layne, Christopher, "Kant or Cant: The Myth of the Democratic Peace," *International Security*, vol. 19, No. 2, Fall 1994.

LeMiere, Christian, *Maritime Diplomacy in the 21st Century*, Routledge, 2014.

Linklater, A, The *Transformation of Political Community: Ethical Foundations of the Post-Westphalian Era*, Polity, 1998.

Linklater, A, *Beyond Realism and Marxism: Critical Theory and International Relations*, London, 1990.

Little, Richard, "The English School's Contribution to the Study of International Relations," *European Journal of International Relations*, Vol. 6, No. 3, 2000.

Lyons, Gerard, *The Consolations of Economics: How We Will All Benefit from the New World Order*, Faber & Faber Non-Fiction, 2014.

Malloy, M. P., *Economic Sanctions*, Edward Elgar Publishing Ltd, 2015.

March, James G. and Johan P. Olsen, "The Institutional Dynamics of International Political Orders," *International Organization*, Vol. 52, No. 4, 1998.

Mastanduno, Michael, "A Realist View: Three Images of the Coming

International Order," in T. V. Paul and John A. Hall, *International Order and the Future of World Politics*, Cambridge: Cambridge University Press, 1999.

Njolstad, Olav, *Nuclear Proliferation and International Order: Challenges to the Non-Proliferation Treaty*, Routledge, 2011.

Nye, Joseph S. Jr., *Is the American Century Over?*, Polity, 2015.

Odgaard, Liselotte, *The Balance of Power in Asia-Pacific Security: US-China Policies on Regional Order*, Routledge, 2009.

Oneal, John R. and Bruce Russett, "The Classical Liberals Were Right: Democracy, Interdependence, and Conflict, 1950—1985," *International Studies Quarterly*, Vol. 41, No. 2, June 1997.

Organski, A. F. K., *World Politics*, New York: Alfred A. Knopf, 1958.

Patterson, Dennis and Ari Afilalo, *The New Global Trading Order: The Evolving State and the Future of Trade*, Cambridge University Press, 2010.

Owen, John, "How Liberalism Produces Democratic Peace," *International Security*, Vol. 19, No. 2 (Autumn, 1994).

Paul, T. V. and John A. Hall, *International Order and the Future of World Politics*, Cambridge: Cambridge University Press, 1999

Phillips, David L., *Liberating Kosovo: Coercive Diplomacy and U. S. Intervention*, MIT Press, 2012.

Pogge, Thomas, *World Poverty and Human Rights: Cosmopolitan Responsibilities and Reforms*, MA: Blackwell Publishers, 2002.

Reus-Smit, Christian, "Imagining Society: Constructivism and the

English School," *British Journal of Politics and International Relations*, Vol. 4, No. 3, October 2002.

Rengger, Nicholas, *Just War and International Order: The Uncivil Condition in World Politics*, Cambridge University Press, 2013.

Rosencrane, Richard, *The Rise of the Trading State: Commerce and Conquest in the Modern World*, New York: Basic Book, 1986

Rozman, Gilbert, *The Sino-Russian Challenge to the World Order: National Identities, Bilateral Relations, and East versus West in the 2010s*, Stanford University Press, 2014.

Russett, Bruce M. , *Grasping the Democratic Peace*, Princeton University Press, 1993.

Schell, Orville and John Delury, *Wealth and Power: China's Long March to the Twenty-first Century*, Random House, 2013.

Smith, Martin A. , *Power in the Changing Global Order: The US, Russia and China*, Polity, 2012.

Snyder, Glenn H. , "Mearsheimer's World: Offensive Realism and the Struggle for Security," *International Security*, Vol. 27, No. 1, 2002.

Tammen, Ronald, et al. , *Power Transition: Strategies for the 21st Century*, New York: Chatham House, 2000

Vincent, John, *Nonintervention and International Order*, Princeton University Press, 1974.

____, *Human Rights and International Relations*, Cambridge University Press, 1986.

____, "The Factor of Culture in the Global International Order," *Yearbook of World Affairs*, 34, London, 1980.

Walker，William，*Weapons of Mass Destruction and International Order*，Oxford University Press，2004.

____，*A Perpetual Menace: Nuclear Weapons and International Order*，Routledge，2007.

Wæver，Ole，"International Society-Theoretical Promises Unfulfilled?" *Cooperation and Conflict*，27:1 (1992).

Wight，Martin. *International Theory: The Three Traditions*，New York，1992.

Wolfers，Arnold，"Statesmanship and Moral Choice," *World Politics*，Vol. 1，No. 2 (Jan，1949).

Zagacki，Kenneth S.，"The Rhetoric of American Decline: Paul Kennedy，Conservatives，and the Solvency Debate," *Western Journal of Communication*，Vol. 56，1992.

Zakaria，Fareed，*The Post-American World*，London：Norton & Company，2008.

Zaslove，Andrej，"Exclusion，Community，and a Populist Politi-cal Economy: The Radical Right as an Anti-Globalization Movement," *Comparative European Politics*，Vol. 6，No. 2 (2008).

二、中文论著(含译著)

(一) 中文著作(含译著)

《习近平谈治国理政》，外文出版社 2014 年版。

《习近平谈治国理政》(第二卷)，外文出版社 2017 年版。

《习近平谈治国理政》(第三卷)，外文出版社 2020 年版。

蔡拓、杨雪冬、吴志成主编：《全球治理概论》，北京大学出版社 2016 年版。

陈峰君:《亚太崛起与国际关系》,北京大学出版社 2016 年版。

陈玉刚主编:《国际秩序与国际秩序观》,上海人民出版社 2014 年版。

韩爱勇:《在权力政治与自由主义之间——冷战后东亚秩序的理论范式研究》,中央编译出版社 2015 年版。

何亚非:《选择:中国与全球治理》,中国人民大学出版社 2015 年版。

黄大慧:《变化中的东亚与美国:东亚的崛起及其秩序建构》,社会科学文献出版社 2010 年版。

李扬帆:《被误读的天下秩序》,北京大学出版社 2016 年版。

孔庆茵:《国际体系视角下的世界秩序研究》,中国社会科学出版社 2011 年版。

梁守德等编:《新型大国关系、国际秩序转型与中国外交新动向》,世界知识出版社 2014 年版。

刘鸣主编:《国际秩序中的中国与新兴国家:领导作用、制度建构与身份认同》,社会科学文献出版社 2013 年版。

刘玉龙:《国际条约与世界秩序》,国家行政学院出版社 2014 年版。

门洪华:《东亚秩序论》,上海人民出版社 2015 年版。

牛军主编:《历史的回声:二战遗产与现代东亚秩序》,人民出版社 2015 年版。

庞中英:《重建世界秩序:关于全球治理的理论与实践》,中国经济出版社 2015 年版。

潘忠岐:《世界秩序:结构、机制与模式》,上海人民出版社 2004 年版。

秦亚青等:《国际体系与中国外交》,世界知识出版社 2014 年版。

秦亚青:《全球治理:多元世界的秩序重建》,世界知识出版社 2019 年版。

秦亚青:《权力·制度·文化:国际关系理论与方法研究文集》,北京大学出版社 2005 年版。

阮宗泽:《中国崛起与东亚国际秩序的转型:共有利益的塑造与拓展》,北京大学出版社 2007 年版。

尚伟:《世界秩序的演变与重建》,中国社会科学出版社 2009 年版。

上海社会科学院世界经济与政治研究院:《后危机时代的世界秩序重构》,时事出版社 2011 年版。

沈伟:《国际经济秩序是如何形成的:法律、市场和全球化》,法律出版社 2014 年版。

沈学君:《沃勒斯坦世界体系理论与马克思世界历史思想比较研究》,中央文献出版社 2015 年版。

汤晓华主编:《世界新格局:世界秩序危机及其未来》,人民出版社 2015 年版。

唐彦林:《东亚秩序变迁中的中国角色转换》,北京师范大学出版社 2011 年版。

王逸舟、谭秀英主编:《中国外交六十年》,中国社会科学出版社 2009 年版。

王逸舟:《西方国际政治学:历史与理论》(第二版),上海人民出版社 2006 年版。

王正毅:《世界体系论与中国》,商务印书馆 2000 年版。

吴心伯等:《转型中的亚太地区秩序》,时事出版社 2013 年版。

徐秀军等:《金砖国家研究:理论与议题》,中国社会科学出版社 2016 年版。

杨成绪主编:《美国与战后世界秩序》,世界知识出版社 2016 年版。

杨松:《国际金融新秩序的法律问题》,法律出版社 2014 年版。

杨雪冬、王浩主编:《全球治理》,中央编译出版社 2015 年版。

杨雪冬、张萌萌主编:《大国治理》,中央编译出版社 2015 年版。

于光胜:《文明的融合与世界秩序研究》,中国社会科学出版社 2015 年版。

俞可平:《走向善治:国家治理现代化的中国方案》,中国文史出版社 2016

年版。

俞可平:《论国家治理现代化》,社会科学文献出版社 2014 年版。

袁鹏:《四百年未有之变局:中国、美国与世界新秩序》,中信集团出版社 2016 年版。

张乃根:《国际法与国际秩序》,上海人民出版社 2015 年版。

张小明:《从"文明标准"到"新文明标准":中国与国际规范变迁》,九州出版社 2018 年版。

赵汀阳:《天下的当代性:世界秩序的实践与想象》,中信集团出版社 2016 年版。

曾华群主编:《国际经济新秩序与国际经济法新发展》,法律出版社 2009 年版。

中国现代国际关系研究院:《太平洋足够宽广:亚太格局与跨太秩序》,时事出版社 2016 年版。

郑永年:《通往大国之路:中国与世界秩序的重塑》,东方出版社 2011 年版。

郑远民等:《非传统安全威胁下国际法律新秩序的构建》,法律出版社 2014 年版。

朱雄兵:《三百年沉浮:国际货币秩序的变迁》,经济管理出版社 2011 年版。

朱云汉:《高思在云:中国兴起与全球秩序重组》,中国人民大学出版社 2015 年版。

伊曼纽尔·沃勒斯坦:《现代世界体系》(四卷本)(郭方等译),社会科学文献出版社 2013 年版。

塞缪尔·亨廷顿:《文明的冲突与世界秩序的重建》(周琪译),新华出版社 2010 年版。

塞缪尔·亨廷顿:《我们是谁？美国国家特性面临的挑战》(程克雄译),新华出版社 2005 年版。

弗朗西斯·福山:《历史的终结及最后之人》(黄胜强译),中国社会科学出版社 2003 年版。

弗朗西斯·福山:《政治秩序的起源:从前人类时代到法国大革命》(毛俊杰译),广西师范大学出版社 2014 年版。

弗朗西斯·福山:《政治秩序与政治衰败:从工业革命到民主全球化》(毛俊杰译),广西师范大学出版社 2015 年版。

哈拉尔德·米勒:《文明的共存:对塞缪尔·亨廷顿"文明冲突论"的批判》(郦红等译),新华出版社 2002 版。

平野健一郎:《国际文化论》(张启雄等译),中国大百科全书出版社 2011 年版。

理查德·内德·勒博:《国际关系的文化理论》(陈锴译),上海社会科学院出版社 2012 年版。

亚历山大·温特:《国际政治的社会理论》(秦亚青译),北京大学出版社 2005 年版。

约瑟夫·奈:《软权力:世界政治中的成功之道》(马娟娟译),中信出版社 2013 年版。

爱德华·卡尔:《20 年危机(1919—1939):国际关系研究导论》(秦亚青译),世界知识出版社 2005 年版。

阿米塔·阿查亚:《美国世界秩序的终结》(袁正清等译),上海人民出版社 2017 年版。

阿米塔·阿查亚、巴里·布赞:《全球国际关系学的构建:百年国际关系学的起源和演进》(刘德斌等译),上海人民出版社 2021 年版。

安妮-玛丽·斯劳特:《世界新秩序》(任晓等译),复旦大学出版社 2010 年版。

赫德利·布尔:《无政府社会》(张小明译),北京大学出版社 2003 版。

詹姆斯·马亚尔:《世界政治》(胡雨谭译),江苏人民出版社 2004 版。

安德鲁·赫里尔:《全球秩序的崩塌与重建》(林曦译),中国人民大学出版社 2017 年版。

奥利弗·施廷克尔:《金砖国家与全球秩序的未来》(钱亚平译),上海人民出版社 2017 年版。

亨利·基辛格:《世界秩序》(胡利平、林华、蔡爱菊译),中信出版社 2015 年版。

约翰·伊肯伯里:《自由主义利维坦:美利坚世界秩序的起源、危机和转型》(赵明昊译),上海人民出版社 2013 年版。

罗伯特·卡根:《天堂与权力:世界新秩序中的美国与欧洲》(刘坤译),社会科学文献出版社 2013 年。

安东尼·范·阿格塔米尔:《世界是新的:新兴市场崛起与争锋的世纪》(蒋永军等译),东方出版社 2007 年版。

布鲁斯·琼斯等:《权力与责任:构建跨国威胁时代的国际秩序》(秦亚青等译),世界知识出版社 2009 年版。

安尼-玛丽·斯劳特:《世界新秩序》(任晓译),复旦大学出版社 2010 年版。

马丁·雅克:《当中国统治世界:西方世界的衰落和中国的崛起》(张莉等译),中信出版社 2010 年版。

比伦特·格卡伊等:《美国的衰落:全球断层线和改变的帝国秩序》(贾海译),新华出版社 2013 年版。

卡尔·皮尔尼:《印度、中国如何改变世界》,国际文化出版公司 2008 年版。

里德·扎卡利亚:《后美国世界:大国崛起的经济新秩序时代》(赵广成、林民旺译),中信出版社 2009 年版。

赫德利·布尔:《无政府社会:世界政治中的秩序研究》(第 4 版)(张小明

译),上海人民出版社 2015 年版。

罗伯特·考克斯:《生产、权力和世界秩序:社会力量在缔造历史中的作用》(林华译),世界知识出版社 2004 年版。

赫德利·布尔等编:《国际社会的扩展》(周桂银等译),中国社会科学出版社 2014 年版。

杰里·辛普森:《大国与法外国家:国际法律秩序中不平等的主权》(朱利江译),北京大学出版社 2008 年版。

米卫凌(Willem Middelkoop):《大洗牌:全球金融秩序最后角力》(白涛译),中国人民大学出版社 2015 年版。

艾儒蔚(Rawi Abdelal):《资本规则:国际金融秩序的演变》(杨培鸿等译),中信出版社 2010 年版。

理查德·加德纳:《英镑美元外交:当代国际经济秩序的起源与展望》(符荆捷等译),江苏人民出版社 2014 年版。

约翰·塞兹:《全球议题》(刘贞晔、李轶译),社会科学文献出版社 2010 年版。

印德尔米特·吉尔、霍米·卡拉斯:《东亚复兴:关于经济增长的观点》(黄志强译),中信出版社 2008 年版。

(二) 中文论文

巴里·布赞:《全球性变革与国际秩序的演进》,载《外交评论》2015 年第 6 期。

杜维明:《文明对话的语境:全球化与多样性》(刘德斌译),载《史学集刊》2002 年第 1 期。

蔡昉:《"中等收入陷阱"理论、经验与针对性》,载《经济学动态》2011 年第 12 期。

蔡拓:《国际秩序的转型与塑造》,载《外交评论》2009 年第 4 期。

陈承新:《国内"全球治理"研究述评》,载《政治学研究》2009年第1期。

陈建奇:《二十国集团与国际金融秩序改革》,载《光明日报》2016年8月24日。

陈燕谷:《历史终结还是全面民主?》,载《读书》1998年第12期。

陈玉刚:《全球关系与全球秩序浅议》,载《外交评论》2010年第1期。

迟德强:《人道主义干涉合法性辨析》,载《理论月刊》2006年第6期。

崔立如:《国际格局演变与多极时代的秩序建构(上)》,载《现代国际关系》2016年第1期。

崔立如:《国际格局演变与多极时代的秩序建构(下)》,载《现代国际关系》2016年第2期。

达巍:《西方"自由主义国际秩序"的困境与中国的选择》,载《战略研究》2017年第3期。

樊纲:《中等收入陷阱迷思》,载《中国流通经济》2014年第5期

傅莹:《国际秩序与中国作为》,载《中国人大杂志》2016年第4期。

高飞:《中国不断发挥负责任大国作用》,载《人民日报》2018年1月7日。

高奇琦:《全球共治:中西方世界秩序观的差异及其调和》,载《世界经济与政治》2015年第4期。

郭金兴、包彤、曹亚明:《中等收入陷阱有关争论及其对中国经济的启示》,载《江淮论坛》2020年第2期。

何星亮:《文化多样性与文明互补》,载《中山大学学报(社会科学版)》2007年第3期。

泓佐:《权力转移理论的缺陷》,载《学习时报》2011年7月。

花勇:《论新兴大国集体身份及建构路径》,载《国际论坛》2012年第5期。

贾立政、陈璐颖:《民粹主义的本质和新特点》,载《人民论坛·学术前沿》2021年12月(上)。

金克胜:《国际法发展动向与人道主义干涉》,载《世界经济与政治》2000年第4期。

李巍、罗仪馥:《从规则到秩序——国际制度竞争的逻辑》,载《世界经济与政治》2019年第4期。

李文:《建设社会主义文化强国的世界意义》,载《人民日报》2016年10月27日。

李文:《告别霸权时代:新型国际秩序的四个重要特点》,载《学术前沿》2017年2月(下)。

林跃勤:《论新兴大国崛起的理论准备》,载《南京社会科学》2013年第7期。

林毅夫:《中国怎样从"中等收入陷阱"中突围》,载《理论导报》2012年第10期。

刘波:《人道主义干预合法性问题再思考》,载《改革与开放》2013年第4期。

刘涵:《赫德利布尔的国际秩序观研究》,载《哈尔滨市委党校学报》2014年第2期。

刘丰:《国际秩序的定义与类型化辨析》,载《世界政治研究》2021年第4辑。

刘鸣:《国际社会与国际体系概念的辨析及评价》,载《现代国际关系》2003年第12期。

刘怡:《30年前"大国的兴衰"说错了什么》,载《南风窗》2017年第5期。

卢凌宇、胡鹏刚:《贸易相互依存、争议问题与国际冲突的复发——"商业和平论"批判》,载《当代亚太》2020年第5期。

毛维准:《"大逆转"结构下的民粹崛起与秩序重建》,载《学海》2018年第4期。

廖峥嵘:《"萨缪尔森陷阱说"为何不妥》,载《环球时报》2021年1月11日第14版。

庞中英:《霸权治理与全球治理》,载《外交评论》2009年第4期。

秦亚青:《国际体系的延续与变革》,载《外交评论》2010年第1期。

任剑涛:《在一致与歧见之间——全球治理的价值共识问题》,载《厦门大学学报(哲学社会科学版)》2004 年第 4 期。

石斌:《秩序转型、国际分配正义与新兴大国的历史责任》,载《世界经济与政治》2010 年第 12 期。

石斌:《重建"世界之中国"的核心价值观》,载《国际政治研究》2007 年第 3 期。

石斌:《权力、秩序、正义:英国学派国际关系理论的伦理取向》,载《欧洲研究》2004 年第 5 期。

石斌:《大国构建战略稳定关系的基本历史经验》,载《中国信息安全》2019 年第 8 期。

石斌:《国际关系伦理学:基本概念、当代论题与理论分野》,载《国外社会科学》2003 年第 2 期。

石斌:《"非道德"政治论的道德诉求》,载《欧洲》2002 年第 1 期。

石斌:《相互依赖、国际制度、全球治理:基欧汉的世界政治思想》,载《国际政治研究》2005 年第 4 期。

石斌:《英国学派国际关系理论概观》,载《历史教学问题》2005 年第 2 期。

石斌:《权力、秩序、正义——英国学派国际关系理论的伦理取向》,载《欧洲研究》2004 年第 5 期。

石斌:《"自由国际主义"的迷思与世界秩序的危机》,载《史学集刊》2020 年第 4 期。

石斌:《核时代的美国安全观念与战略传统》,载《史学月刊》2018 年第 9 期。

石斌:《国际关系思想史研究的重要实践意义》,载《史学月刊》2020 年第 1 期。

石斌:《全球史研究与国际关系理论创新:困境与出路》,载《世界经济与政治》2024 年第 1 期。

时殷弘:《国际安全的基本哲理范式》,载《中国社会科学》2000 年第 5 期。

时殷弘:《东亚安全两难与出路》,载《南京政治学院学报》2000年第6期。

时殷弘:《中国历史之中的连续和变革与中国现当代民族主义》,载《外交评论》2010年第1期。

施嘉恒、张建新:《约瑟夫·奈的"金德尔伯格陷阱"及其悖论》,载《复旦国际关系评论》2019年第2期。

苏长和:《驳"民主和平论"》,载《欧洲》1996年第2期。

苏长和:《充分认识当今世界格局新变化》,载《人民日报》2017年01月03日。

孙劲松等:《风物宜长放眼量——从强国兴衰规律看我国面临的外部挑战》,载《人民日报》2018年09月11日。

孙茹:《美国的同盟体系及其功效》,载《现代国际关系》2011年第7期。

唐辉、程又中:《新兴国家:概念演变及未来展望》,载《世界社会主义问题》2015年第4期。

唐世平:《国际秩序变迁与中国的选项》,载《中国社会科学》2019年第3期。

唐世平:《国际秩序的未来》,载《国际观察》2019年第2期。

王栋:《自由国际主义的兴衰与美国大战略》,载《外交评论》2015年第1期。

王存刚:《构建新型大国关系:一种理论化的解释》,载《中国社会科学报》2018年8月3日。

王明进:《2020年全球民粹主义的异动》,载《人民论坛》2020年12月下。

王文:《中国有能力跨越"中等收入陷阱"》,载《中国经贸》2019年第9期。

王逸舟:《国际关系与国内体制——评"民主和平论"》,载《欧洲》1995年第6期。

王毅:《在习近平总书记外交思想指引下开拓前进》,载《学习时报》2017年9月1日。

吴兴唐:《民粹主义的前世今生》,载《当代世界》2017年第7期。

徐步:《关于国际秩序调整构建问题的思考》,载《外交评论》2009年第4期。

徐步华：《非国家行为体的影响及其限度》，载《理论月刊》2014 年第 5 期。

叶江：《试析大国崛起与"安全困境"的关系》，载《世界经济与政治》2005 年第 2 期。

颜青、郑克岭：《国际关系中的安全困境理论研究》，载《学理论》2020 年第 11 期。

阎学通：《无序体系中的国际秩序》，载《国际政治科学》2016 年第 1 期。

阎学通：《反建制主义与国际秩序》，载《国际政治科学》2017 年第 2 期。

杨昊：《全球秩序：概念、内涵与模式》，载《国际观察》2014 年第 2 期。

杨鸿玺：《发展中国家：新形势与新课题》，载《中国经济时报》2008 年 6 月 26 日、2008 年 7 月 14 日。

杨洁勉：《当代国际体系的渐变和嬗变——基于两个三十年的比较与思考》，载《国际展望》2022 年第 2 期。

尹承德：《新兴大国的崛起与国际秩序的重构》，载《南京政治学院学报》2009 年第 1 期。

尹继武：《国际安全困境的缓解逻辑：一项理论比较分析》，载《教学与研究》2021 第 1 期。

尹树强：《"安全困境"概念辨析》，载《现代国际关系》2003 年第 1 期。

俞可平：《全球治理引论》，载《马克思主义与现实》2002 年第 1 期。

俞可平：《全球化时代的民粹主义》，载《国际政治研究》2017 年第 1 期。

俞可平：《现代化进程中的民粹主义》，载《战略与管理》1997 年第 1 期。

张来明：《中等收入国家成长为高收入国家的基本做法与思考》，载《管理世界》2021 年第 2 期。

张旗：《特朗普的"外交革命"与自由国际主义的衰落》，载《东北亚论坛》2018 年第 1 期。

赵川川：《全球化与国际分配正义》，载《徐州师范大学学报》（哲学社会科学版),2009 年第 4 期。

赵可金:《从国际秩序到全球秩序:一种思想史的视角》,载《国际政治研究》2016 年第 1 期。

赵祥、张海峰:《跨越中等收入陷阱的路径:动力转换与结构调整——基于广东省发展数据的分析》,载《广东社会科学》2020 年第 5 期。

周士新:《"大国崛起的理论准备"学术研讨会综述》,载《国际展望》2013 年第 3 期。

索　引